개화당의 기원과
비밀외교

개화당의 기원과
비밀외교

김종학 지음

일조각

〈일러두기〉

1. 일자는 모두 양력으로 환산해서 표기하는 것을 원칙으로 했다. 음력 일자를 표기할 때는 별도로 (음력) 이라고 표시했다.

2. 인용문은 별도의 표시가 없는 한, 모두 필자가 번역한 것이다. 인용 원문에 주석이 있는 경우 [原註]는 [ ], 필자가 덧붙인 주석[譯註]은 ( )로 표시했다.

3. 중국 인명·관직명·기관명 및 일본 관직명·기관명 등은 한자음대로 표기했다. 일본과 서양 인명은 국립 국어원 표기 원칙을 기준으로 하되, 관용적으로 쓰이는 명칭이 따로 있을 경우 그것을 따랐다. 모든 지 명은 현지음대로 표기했다.

4. 자주 인용된 외교문서집이나 개인 문집은 다음과 같이 약칭했다.
   - 『근대한국외교문서』 → 『외교문서』
   - 『淸季中日韓關係史料』 → 『中日韓』
   - 『淸光緖朝中日交涉史料』 → 『中日』
   - 『李鴻章全集』 → 『李鴻章』
   - 『日本外交文書』 → 『日外』
   - 『日韓外交資料集成』 → 『日韓』
   - 『秘書類纂 朝鮮交涉資料』 → 『秘書類纂』
   - 『伊藤博文文書』 → 『伊藤』
   - Anglo-American Diplomatic Materials Relation to Korea → AADM
   - Korean-American Relations → KAR
   - British Documents of Foreign Affairs → BDFA

5. 본서는 필자의 박사학위논문 「개화당의 기원과 비밀외교, 1879~1884」(서울대학교, 2015)를 수정·보완한 것이다. 이외에도 몇몇 장절(章節)에서는 필자의 다른 논문 및 발표문 중 일부를 수정·발췌해서 별도의 인용표시 없이 수록했다.
   - 제1장: 「조일수호조규 체결과정에서의 오경석의 막후활동: 개화당 기원의 재검토」, 『한국정치외교사논 총』 제38집 1호, 2016.
   - 제2장: 「이동인(李東仁)의 비밀외교: 개화당의 정치적 목적의 재검토」, 『한국동양정치사상사연구』 제15 권 2호, 2016.
   - 제7장 1·2절: 「이노우에 가쿠고로와 갑신정변: 미간사료 『井上角五郎自記年譜』에 기초하여」, 『한국동양 정치사상사연구』 제13권 1호, 2014.
   - 제7장 5절: 「흥선대원군의 정치리더십: 그 특징과 정치사적 의의」, 한국학중앙연구원·동양정치사상사 학회 주최, "고종시대의 위기 극복 리더십", 2015년 11월.

오래전에 큰 인기를 끌었던 「V」라는 미국드라마가 있었다. 어느 날 뉴욕을 비롯한 세계 주요 31개 도시에 지름 3마일이 넘는 거대한 은색의 비행물체가 나타난다. 은하계 저편 시리우스별에서 온 우주선들이었다. 그 속에서 모습을 드러낸 외계인은 외견상 지구인과 다르지 않았다. 그들은 지구인보다 훨씬 발달한 과학기술 문명을 갖고 있었고, 필요한 자원을 공급받는 대가로 자신들이 도달한 지식의 비의를 지구에 전수해주겠다고 약속했다. 하지만 실제 그들의 정체는 긴 혀를 가진, 생쥐를 통째로 삼키는 진화한 파충류였다. 그들의 계획은 지구의 물을 모두 빼앗고 인류를 냉동시켜 자신들의 식량창고를 채우려는 것이었다.

　이 사실을 안 종군 카메라맨 마이크 도노반은 큰 충격을 받는다. 우리의 주인공은 무엇을 할 것인가? 원래 드라마의 스토리는 도노반이 레지스탕스 단체를 조직해서 외계인들을 물리치기 위한 영웅적 투쟁을 전개하는 것으로 이어진다. 그런데 광고주 또는 방송국 사장 등 외부의 압력으로 인해 이 드라마의 결말이 도노반이 외계인들과 결탁해서 지구의 권력을 장악하는 것으로 정해졌다고 가정해보자. 이제 연출자와 작가는 외계인의 침입과 도노반의 쿠데타라는 두 가지 사건의 인과관계를 '말이 되게' 설명해야 한다. 이들이 고심 끝에 내놓은 스토리는 다음과 같았다. 도노반은 외계인들에 맞서 지구인의 자유와 독립을 지키기 위해선 그들의 과학기술 문명을 빨리 습득해야 한다고 판단했다. 하지만 이는 정상적이고 온건한 수단으로는 불가능했다. 따라서 그는 어쩔 수 없이 외계인들과 손잡고 지구의 권력을 장악하기로 결단을 내렸다는 것이었다. 하지만 애초 그의 목적이 지구인의 자유와 독립에 있었던 이상, 그 수단에 불과한 과학기술 문명을 수용하기 위해 외계인과 손을 잡고 쿠데타를 일으킨다는 것은 목적과 수단을 극단적으로 혼동한 어리석은 행동일 수밖에 없다. 이런 기묘한 스토리로는 소수의 블랙 코미디 마니아를 제외하곤 많은 시청자의 공감을 얻기 어려울 것이다.

　이 책은 필자의 박사학위논문 「개화당의 기원과 비밀외교, 1879~1884」를 수정, 보완한 것으로, 개화당(開化黨)이라는 이름으로 알려진 비밀결사의 결성 배경과 정치적 목적, 그리고 외국인들과의 비밀스런 교섭과 갑신정변(甲申政變)의 발생경위를 다룬다. 이러한 주제와 관련해선 지금까지 헤아리기도 어려울 만큼 많은 연구가 있었다. 그런데 기존 연구에서는 개화당은 조선의 독립과 근대문물의 수입을 위해 결성된 단체이며, 갑신정변 또한 그 맥락에서 일어난 사건으로 해석하는 견해가 지배적이었다. 이러한 해석은 반세기 동안 이뤄진 수많은 연구문헌의 퇴적 위에서 회의를 용납하지 않는 정설

(orthodoxy)이 되었고, 그 확고한 신념 아래서 다시 무수히 많은 연구가 이뤄졌다. 하지만 이는 그 배경과 주인공을 바꾸는 것만으로도 대단히 이상한 이야기임이 폭로된다. 이상한 이야기를 이상하게 들리지 않을 만큼 수없이 반복해오면서도 아무도 이를 이상하게 여기지 않는 것, 필자의 오랜 의문은 여기에 있었다.

이 책을 통해 필자가 제시하려는 주장은 단순하다. 개화당은 처음부터 외세를 끌어들여 정권을 장악하고 조선사회를 근본적으로 혁신하려고 한 역모집단 또는 혁명비밀결사였다는 것이다. 또한 그것은 1871년 신미양요(辛未洋擾)를 전후해서 오경석(吳慶錫)과 유대치(劉大致)가 김옥균(金玉均)을 포섭함으로써 처음 결성되었으며, 그 사상적 기원 또한 의역중인(醫譯中人)의 철저한 현실 비판과 과격한 사회변혁사상에 있었다고 주장한다. 조선사회는 주자학적 명분론에 입각한 엄격한 신분사회가 아니었던가? 하지만 이미 18세기부터 각종 역모나 괘서(掛書) 사건 등에서 평민과 양반이 저마다의 정치적 목적을 위해 결합하고, 심지어 이 비밀결사를 평민이 주도하고 양반이 추종하는 양상이 빈번하게 나타나고 있었다.[1] 말하자면 도노반은 외계인이 지구에 나타나기 전부터 급진적 혁명단체의 지도자였다. 그러므로 외계인의 도래로 인한 혼란은 오히려 그에겐 책동을 개시할 절호의 기회가 되었으며, 상황에 따라선 외계인과 제휴해서 권력을 장악하는 음모에까지 과감하게 투신할 수 있었던 것이다.

여기서 이 책의 제목에 있는 '개화당'과 '비밀외교'의 의미를 분명히 해두고 싶다. 흔히 김옥균과 박영효(朴泳孝)를 중심으로 갑신정변을 일으킨 집단을 개화당이라고 부르지만, 처음부터 이들이 개화당을 자처한 것은 아니었다. 어디까지나 비밀결사였던 만큼, 원래 이들에겐 대외적으로 내세울 만한 이름이 없었다. 실제로 김옥균은 1884년 5월에 일본에서 귀국한 뒤에 비로

---

1 백승종, 『정감록 역모사건의 진실게임』, 푸른역사, 2006. p. 204.

소 개화당을 자처하기 시작했는데, 이는 일본 현지에서 후쿠자와 유키치(福澤諭吉) 및 고토 쇼지로(後藤象二郎)와 갑신정변을 공모한 사실과 직접적인 관계가 있었다.

개화당이라는 이름은 1881년을 전후해서 일본 언론과 외무당국자들에 의해 처음 붙여진 것이었다. '개화(開化)'라는 말 자체가 사실상 근대 일본의 신조어였다. 후쿠자와 유키치가 『西洋事情外篇』(1868)에서 civilization이라는 개념을 문명개화(文明開化)로 번역하면서부터 새롭게 해석되어 널리 사용되기 시작한 이 말은, 전면적 구화주의(歐化主義)를 국시(國是)로 채택한 메이지 일본의 시대적 유행어가 되었다. 또한 일본 언론이나 외무당국이 조선에 대해 개화라는 말을 쓸 때의 정치적 의미는 19세기 서양인들이 비유럽세계에 대한 제국주의 침략을 정당화하기 위해 백인의 의무(The White Man's Burden)라는 미사여구를 내세운 것처럼 내정간섭과 이권침탈을 분식하기 위한 미명에 가까웠다. 같은 맥락에서 그들에게 조선의 개화당이란 일본의 국익에 도움이 되는 정치세력을 뜻했다.

따라서 개화당이라는 이름은 이 비밀결사의 본질을 거의 반영하지 못한다. '개화당'이기 때문에 당연히 후쿠자와류(類)의 '문명개화'를 추구했으리라고 보는 것은 무의미한 동어반복(tautology)에 지나지 않는다. 이는 비단 개화당의 행적과 사상에 대한 오해뿐만 아니라, 19세기 조선의 시대적 과제는 아시아에서 메이지 일본이 선도(先導)한 서구화에 있었으며, 조선이 패망한 궁극적 원인 또한 여러 가지 국내외적 요인들로 말미암아 서구화에 실패한 데 있었다는 왜곡된 역사인식을 은연중에 답습하는 결과를 초래한다. 실제로 당시 문헌들을 살펴보면 이 비밀결사는 개화당뿐만 아니라 독립당(獨立黨)·개진당(開進黨)·개진당(改進黨)·혁명당(革命黨)·개혁당(改革黨) 등 다양하게 호명되었음을 알 수 있는데, 갑신정변 이전에 가장 널리 알려진 이름은 독립당이었다. 하지만 이러한 문제들에도 불구하고 이 책에서 개화당이라는 명칭을 답습한 것은, 다른 명칭을 제시함으로써 생길 수 있는 지엽적 논란이나 독자의 혼란을 피하기 위한 편의적 조처임을 밝혀둔다.

다음은 비밀외교에 관한 것이다. 개화당은 자신들의 정치적 목적을 달성할 수단을 외부의 힘에서 구했다. 따라서 일본인과 서양인을 대상으로 한 이들의 책동은 주권국가 간의 상충하는 이해관계를 교섭을 통해 조정하는 일 또는 그와 관련된 전문 외교관의 업무 내지 협상기술을 의미하는 근대 서양의 'diplomacy'와는 거리가 멀며,[2] 차라리 동아시아의 전통적인 '外交' 관념에 가까운 것이었다.[3] 그런데 개화당의 책동에 diplomacy적 요소가 없었는가 하면 반드시 그런 것도 아니었다. 아이러니하게도 이들의 外交는 대부분 고종의 밀명 또는 묵인하에서 이뤄진 것이었다. 특히 1882년의 임오군란 직후 김윤식(金允植)·김홍집(金弘集)·어윤중(魚允中)·조영하(趙寧夏) 등 기무처(機務處) 당상들이 청의 원조를 얻어 국가재정과 군사를 재건하고 더 나아가 그 세력을 배경으로 왕권(王權)을 제약하려고 하자 고종은 이를 견제하기 위해 김옥균과 박영효를 발탁해서 밀명을 주고 일본에 파견했다. 그 덕분에 이들은 국왕의 밀명에 따른 diplomacy를 행하면서도 그 이면에

---

2 diplomacy의 어원은 '두 겹으로 접다'라는 뜻의 그리스어 동사 diploun(διπλοῦν)에 있다. 고대 로마제국에서는 두 겹의 금속판에 내용을 기입한 후 이를 꿰매서 만든 여행증, 도로통행증, 통행료 납부증 등을 diploma라고 했다. 이후 diploma는 이민족에게 특권을 부여하는 공문서로 그 의미가 확대되었으며, 이로부터 diplomacy는 고문서 연구를 의미하게 되었다. 오늘날과 같이 협상을 통한 국가 간 이해관계의 조정 또는 그와 관련된 전문 외교관의 업무나 기술의 의미로 diplomacy를 처음 사용한 것은 1796년 영국의 에드먼드 버크(Edmund Burke)였으며, 1818년 엑스라샤펠(Aix-la-Chapelle) 회의에 이르러서야 비로소 외교관의 등급이 정해지고 외교 업무에 독자적인 법칙, 관례, 규범이 만들어지기 시작했다. 다시 말해서 서양에서도 diplomacy라는 말에 새로운 의미가 부여되고, 이러한 개념변화가 반영하는 근대적 외교관행이 정착한 것은 지금부터 불과 200여 년 전의 일이었던 것이다.

3 전근대 동아시아에서 外交의 어원은 『禮記』, 「郊特牲」에 "남의 신하가 된 자는 외교를 해선 안 되니, 감히 군주에게 다른 마음을 품지 않는 것이다(爲人臣者無外交 不敢貳君也)."라고 한 구절에서 찾을 수 있다. 이 구절에 대해 후한(後漢)의 정현(鄭玄)은 "군주의 명을 받고 다른 나라에 사신으로 갔을 때 사적으로 예물을 들고 그 군주를 만나는 것이 외교(私覿是外交)"라고 풀이했다. 즉, 사신이 딴 마음을 품고 파견국의 군주와 내통하는 것이 곧 外交였던 것이다.

선 은밀히 外交를 자행할 수 있었다.

다시 말해서 개화당의 대외적 책동에는 diplomacy와 外交의 요소가 공존하고 있었고, 따라서 어느 한 가지 개념으로 정의하기 어렵다. 필자 또한 학위논문을 준비할 때부터 이러한 중의적 의미를 표현할 수 있는 용어를 찾으려고 고심했지만, 결국에는 '비밀외교'라는 심상한 말로 만족할 수밖에 없었다. 우리말 '외교'는 곧 diplomacy로도 外交로도 옮겨질 수 있으므로 나름대로 중의적 뉘앙스를 가지며, 그 앞에 '비밀'을 붙임으로써 그것이 개화당의 음모와 관계된 것임을 강조한다는 생각에서였다. 19세기 조선 외교사는 전근대적 사대교린질서와 근대국제질서의 관념과 제도의 혼재, 그리고 왕권(王權)과 신권(臣權) 간의 알력으로 인한 이중외교(二重外交)와 비선외교(秘線外交)의 관행으로 점철되었다. 개화당의 비밀외교 또한 이와 같은 착종된 정치현실의 산물이었다.

이 책의 주장이 단순하다고 해서, 그것이 곧 전체적인 서술 또한 간단하게 해결됨을 의미하는 것은 아니다. 그 반대로 개화당의 기원을 새로 설정하고 숨겨진 정체를 밝히기 위해선 기존의 역사적 통념을 일일이 비판적으로 재검토하고 연구범위의 폭 또한 가능한 한 넓히지 않을 수 없었다. 왜냐하면 우리 근대사담론은 조선사회의 주체적이고 내재적인 근대화 가능성을 입증해야 한다는 문제의식에 입각해서, 조선후기 실학(實學)에서 개항기의 개화사상(開化思想)으로 이어지는 사상적 발전과정을 중심으로 구조화되어 있기 때문이다. 이처럼 개화중심사관(開化中心史觀)이 지배적인 상황에서 개화당의 계보를 다시 그리는 작업은 필연적으로 전반적인 근대사담론의 토대를 허물어야 하는 난제에 직면하게 된다.

개화당의 기원에 관한 기존의 정설은 대체로 다음과 같다. 개화사상은 박규수(朴珪壽)를 중심으로 중인 오경석과 유대치가 서양문물에 관한 서적을 접하고, 중국이 서양세력에 의해 처참하게 무너진 광경을 목도하면서부터

10

싹트기 시작했다. 이들은 부국강병을 달성하고 근대문물을 수입하기 위해 김옥균·김윤식·박영교(朴泳敎)·박영효·홍영식(洪英植)·서광범(徐光範)·유길준(兪吉濬)·김홍집 등 양반 자제들에게 국제정세를 가르치고 개화사상을 퍼뜨렸다. 이 젊은 양반들은 조정 내에서 이른바 개화파(開化派)를 형성했지만, 1882년 임오군란을 계기로 청의 간섭과 국가의 자주독립에 대한 문제의식, 개화의 범위와 속도에 관한 견해차로 말미암아 온건과 급진(개화당)의 두 파(派)로 분열되었으며 개화당이란 곧 후자를 가리킨다는 것이다.

그러나 이 책의 주장에 따르면, 비밀결사 개화당은 이미 1871년에 결성되어 1879년에는 승려 이동인(李東仁)을 일본에 밀파해서 본격적으로 활동을 개시했으므로, 1882년에 이르러 개화파가 온건개화파와 급진개화파(개화당)로 분열되었다는 것은 사실이 아니다. 임오군란은 그전까지 암암리에 활동하던 개화당이 마침내 중앙정계에 등장해서 기존 정치세력과 외교의 주도권을 놓고 본격적인 경쟁을 시작한 사건으로 기록되어야 한다. 한편, 고종은 1873년에 친정(親政)을 시작하면서부터 이전 10년간 생부 흥선대원군이 시행한 모든 정책을 번복했는데, 여기에는 경색된 대일관계의 개선, 청과 일본을 통한 서양문물의 도입, 서양 열강과의 조약 체결과 같은 외교정책의 대전환이 포함되어 있었다. 박규수의 사상은, 고종 친정 초기 이러한 정책 전환을 주도한 민씨 척족과 신진개혁관료(김홍집·김윤식·어윤중 등)의 등장과 관련된 한에서 문제가 된다.

그런데 이들 집권세력에 의해 추진된 문호개방은 기본적으로 당시 국제정세에 순응해서 기존의 권력구조와 질서를 유지하려는 동기에서 비롯된 것이었다. 그에 반해 개화당의 정치적 목적은 어디까지나 외세를 끌어들여서 정권을 장악하고 조선사회를 근본적으로 혁신하는 데 있었다. 따라서 양자는 본질적으로 정적(政敵)의 관계에 있었다. 비록 겉으로는 비슷한 문호개방 정책을 추구한 것처럼 보이지만, 그 저류(底流)에는 전혀 다른 정치적 계산이 작동하고 있었던 것이다. 개화당의 사상적 기원을 북학파(北學派)의 종장(宗匠) 연암(燕巖) 박지원(朴趾源)의 손자인 박규수에게서 구한 기존의 통설은, 일본인의 입장에선 자발적 부역자라고도 할 수 있는 개화당에게 역사적 정통성을 부여하고자 했던 식민사학과 1960년대 이후 조선사회의 주체적·내재적 근대화 가능성을 입증하는 것을 그 소명으로 삼았던 민족사학의 의도치 않은 합작으로 만들어진 신화(myth)에 불과하다.

　자료적 측면에서 보면, 개화당 연구에서 열강의 외교문서는 필수적일 뿐 아니라 매우 유익한 1차 사료가 된다. 왜냐하면 개화당은 그 정치적 목적을 이루기 위해 외국의 재정적·군사적 원조를 필요로 했으므로, 그 동정이나 발언 같은 것이 외교문서에 비교적 자세히 기록되어 있기 때문이다. 또한 개화당은 같은 조선인들보다 오히려 외국인들에게 더욱 허심탄회하게 자신들의 정체와 계획을 털어놓곤 했다. 한편, 일본 문서의 경우 지금까지 그 침략의도를 은폐하기 위해 사실을 왜곡했을 가능성이 의심되어 인용에 대단히 신중을 기해 온 것이 사실이다. 하지만 조일관계에서 제삼자라고 할 수 있는 구미 문서를 적절히 참조한다면 일본 문서 또한 사료로서 전혀 신빙성이 없는 것은 아니다. 만약 일본 문서와 구미 문서가 개화당에 대해 같은 사실을 말하고 있다면, 설령 아무리 믿기 어려운 것이라고 해도 역사적 진실로 받아들이고 그 의미를 적극적으로 해석하지 않을 수 없다.

　이 연구는 조선을 비롯한 중국·일본·영국·미국·프랑스의 외교문서와 미간문서 등 1차 사료에 주로 의거했다. 특히 일본과 구미 외교문서에 기초해서 개화당의 기원과 활동을 체계적으로 분석한 연구는 거의 최초의 시도라고 생각된다. 구체적으로는 영국 외무성 문서(FO 17/46/228/405), 미국 국무성 문서(NARA II), 프랑스의 정치서신(Correspondance politique), 일본의 『公文別錄』과 『外務省記錄』의 미간문서를 주로 인용했으며, 『구한국외교문서』·『淸季中日韓關係史料』·『淸光緖朝中日交涉史料』·『善隣始末』·『日本外交文

書』·『日韓外交資料集成』·『朝鮮交渉資料』 및 Anglo-American Diplomatic Materials Relating to Korean, 1866-1886, British Documents of Foreign Affairs, Korean-American Relations 등의 외교문서집도 활용했다. 이 책의 주제와 관련되는 개인문집·기록·회고록·전기 등도 폭넓게 참조했다. 덧붙여 말하자면, 조일수호조규 체결 당시 조선에 온 히로쓰 히로노부(廣津弘信)의 「先報理事日誌拔萃應接書內話書取」와 노무라 야스시(野村靖)의 『渡韓日記』, 임오군란 직후 신설된 기무처의 설치 및 운영규정을 기록한 「機務處節目」, 후쿠자와 유키치의 심복으로서 갑신정변에 깊이 관여한 이노우에 가쿠고로(井上角五郎)의 『井上角五郎自記年譜』 등은 이 책에서 처음 소개되는 문헌들이다. 하지만 이제까지 아무도 찾지 못한 사료를 최초로 발굴해서 기존의 통념을 보강하기보다는 누구나 다 알고 있는 문헌의 숨겨진 의미를 밝혀내는 것이 훨씬 더 고난도의 묘기이며, 이 책에서도 김옥균의 『갑신일록(甲申日錄)』이나 박제경(朴齊絅)의 『근세조선정감(近世朝鮮政鑑)』처럼 익히 알려진 문헌들의 의미를 새로 해석하는 데 더욱 심혈을 기울였음을 밝혀두고 싶다.

끝으로 개화당의 조직 및 활동과 깊은 관계가 있지만 이 책에서는 미처 자세히 다루지 못한 중인(中人)의 역사적 유래에 관해 간략히 언급한다. 중인이라는 명칭은 17세기부터 나타났다고 한다. 원래 조선은 양천제(良賤制)를 근간으로 하는 신분제 사회였는데, 16세기부터 법적 신분질서가 동요하기 시작해서 17세기에는 양반·중인·상놈[常漢]으로 구성되는 새로운 사회적 신분질서가 형성되었던 것이다. 중인이라는 신분은 법률로 규정된 것이 아니라 사회적 차별과 배제로 인해 만들어진 것이었으므로 그 범주는 논자에 따라 일정하지 않지만, 대체로 중앙관서에서 근무하는 고급 기술관원인 기술직 중인, 양반의 서얼(庶孽), 향촌 서리층 등 3개의 부류가 있었던 것으로 본다. 물론 그 이전 시대라고 해서 기술직 중인이나 양반 서얼, 향촌 서리층

이 없었을 리 없다. 17세기에 이르러 이들에 대한 관념의 변화와 그에 수반되는 사회적 신분 차별이 발생했던 것이다.

중인은 '양반도 아니고 상인(常人)도 아닌 그 사이에 있는 계층'으로 정의되었다.[4] 그것은 양난(兩亂) 이후 위로는 양반 중심 특권구조의 고착화 및 양반 계급의 자기도태(自己淘汰)에 의해, 아래로는 신분질서의 동요와 상인의 신분상승 욕구로 인해 형성된 비(非)양반, 비(非)상인의 존재였으며, 따라서 다양한 종류의 인간들이 중인이라는 범주에 묶였다. 예컨대 기술직 중인은 군자(통치자)란 모름지기 보편적 인문소양을 갖춰야 한다는 성리학적 정치관념에 의해 청현직(淸顯職) 진출이 봉쇄되고, 서얼은 혈통상의 하자로 인해 양반이 누리는 특권으로부터 배제된 자들이었다. 이들이 어쩔 수 없이 중인으로 밀려난 비(非)양반이었다면, 향촌에서 양반에 버금가는 권위를 과시하기 위해 기꺼이 중인을 자처한 서리층은 비(非)상인이었다고 할 수 있다. 따라서 같은 중인이라고 해도, 이를 구성하는 여러 집단들에 대한 사회적 대우나 그 신분적 자의식은 서로 같지 않았다.

이 가운데 개화당과 가장 큰 관계가 있었던 것은 기술직 중인이다. 기술직 중인은 편교(編校)·계사(計士)·의원(醫員)·역관(譯官)·일관(日官)·율관(律官)·창재(唱才)·상기(賞技)·사자관(寫字官)·화원(畫員)·녹사(錄事) 등을 망라했다.[5] 현대 사회에서 각광받는 공인회계사·의사·외교관·법무사 등의 전문직이 과거에는 기술직 중인이었던 것이다. 그중에서도 핵심은 의역중인(醫譯中人)이었다. 이들은 자기들끼리 폐쇄적인 혼인관계를 형성하고 또 요샛말로 하면 서로 자제들의 과외교습을 해주면서 — 유대치는 8년간 오경석의 아들 오세창의 과외선생이었다 — 기술직을 독점적으로 세습했다. 이들은 비록 청

---

4 "大抵 中人輩 非兩班 非常人 居於兩間"(『正祖實錄』, 정조 15년 11월 11일).
5 "中人而爲編校·計士·醫員·譯官·日官·律官·唱才·賞技·寫字官·畫員·錄事之稱 市井而有掾屬·曹吏·廛民之名 此中人市井之名分也"(『弘齋全書』卷49, 「策問二」, "名分").

현직으로의 진출은 봉쇄되어 있었지만, 연행사(燕行使)로 중국을 왕래하면서 인삼무역 등을 통해 양반을 능가하는 막대한 부를 축적하고 높은 수준의 지식과 교양을 갖출 수 있었다.

하지만 아무리 많은 재산과 고상한 식견, 뛰어난 재주가 있더라도 의역중인은 조선사회 안에선 출세와 활동이 제한된 한계인일 뿐이었다. 따라서 이들은 조선을 벗어나 중국의 명망 높은 문사 및 관리들과 신분 차별 없이 인간적인 교유를 나누는 데서 더할 나위 없는 해방감을 느꼈다. 개화당이 같은 조선인보다 서양인이나 일본인을 더 신뢰해서 스스럼없이 자신들의 정체와 음모를 털어놓고 도움을 청한 데는 이러한 중인의 계급적 심성이 일정한 영향을 미쳤던 것으로 보인다. 다음은 19세기 전반기에 활동한 역관 변종운(卞鍾運, 1790~1866)이 쓴 「안현황유수기(鞍峴黃楡樹記)」라는 글의 일부로, 당시 중인들이 단지 신분 때문에 후세에 이름을 남기는 것조차 불가능한 조선사회의 숨 막히는 현실에 얼마나 절망하고 있었는지 느낄 수 있다.

뜻 있는 선비가 명성을 좇는 것은 뭇 사람이 이익을 좇는 것과 같으니, 비록 추구하는 바가 같진 않으나 애면글면 반드시 이를 얻고자 하는 마음은 한가지이다. 다만 이익은 반드시 탐한다고 모두 얻을 수 있는 것이 아니요, 명성 또한 반드시 바란다고 모두 후세에 전할 수 있는 것이 아니다. 아아! 뜻이 있으면서도 후세에 전하지 못하고, 재주를 가졌으면서도 쓰지 못해서 혹은 어부나 나무꾼이 되고 혹은 백정이나 장사꾼이 되어 결국 초목이 시들어 떨어지듯, 연기가 흔적도 없이 흩어지듯 되어버린 자들이 참으로 어찌 한량이 있겠는가마는, 또 어찌 남의 노비가 된 자만큼 비참한 사람이 있겠는가? (중략)

그리 오래지 않은 옛날 어떤 가노(家奴)가 있었다. 나이가 막 14, 15세가 되자 개탄하며 명성을 바라기 시작했다. 하루는 주인을 따라 길마재[鞍峴] 정상에 올랐다. 도성을 내려다보니 마치 손바닥 보듯 모든 것이 선명하게 보였다. 문득 탄식하길, "저 즐비한 여염(閭閻)에 거의 5만 채나 되는 집들이 있는데 내 집 하나 없는 것은 바로 노비이기 때문이다!"라고 하였다. 다시 산의 북쪽을 보니 겨우 한 척쯤 되는 작은 느티나무 한 그루가 있었다. 그런데 그 나무는 바위틈에서 자라 흙이 뿌리를 다 덮지 못하고, 위로는 절벽처럼 튀어나온 돌이 있어서 그 가지를 누르고 비와 이슬을 받지 못하고 있었다. 노비는 또 "너도 노비가 된 나무로 구나! 어찌 네가 자랄 수 있는 땅에서 태어나지 못했느냐?"라고 탄식하고는 마침내 산 아래 평평하고 넓은 땅에 나무를 옮겨 심었다. 뿌리를 깊이 묻고 흙을 두텁게 덮어주고 물을 충분히 주었다. 그리고 축원했다. "너는 이제 네가 잘 자랄 수 있는 땅을 찾았다. 너의 본성을 모두 이루어 날마다 무럭무럭 자라 우리 국도(國都) 억만 명의 사람들이 모두 볼 수 있을 만큼 울창해져라. 나는 네게 기대어 내 이름을 전하리라."[6]

하지만 나무를 통해서나마 자신의 이름을 후대에 남기고자 했던 어린 노비의 간절한 바람은 끝내 이뤄지지 않았다. 비록 느티나무는 노비의 정성스런 보살핌 덕분에 이제껏 누구도 보지 못한 큰 나무로 자랐지만, 그의 이름은 죽고 나서 채 백 년도 지나지 않아 완전히 잊혀져버렸던 것이다.[7]

우리 역사를 되돌아보면 왕조 말기에는 언제나 사회적으로 신분 차별이

---

6 "志士之徇名 猶衆人之徇於利 雖趨向不同 所以懁懁而必欲求之一也 但利未必貪而盡得也 名亦未必慕而盡傳也 噫 有志而不能傳 有才而不能措 或漁樵焉 屠販焉 抱關而擊柝焉 竟不免草木之零落雲煙之消散者 固何限 又豈有若爲人奴者之尤可悲也 不幸一厠於其間 雖有超羣絕倫之才 亦不能出乎其類也 衞青至大將軍 李善以保其幼主 拜爲郞 馬三寶爲偏將 歷數千古 如是者復幾人哉 其生得無笞罵足矣 至於子密之不義侯 朱异奴之開府儀同 又不足道矣 愛才有蕭穎士之奴 而白首摧磨焉 是豈可語夫名也 近世有一某家奴 年纔十四五 能慨然有慕於名 一日隨其主 登鞍峴之巓 俯瞰都城 歷歷如指掌 輒嘆曰 撲地閭閻 殆五萬家 而不能占一區 乃爲之奴也 又見山之陰 黃楡樹纔盈尺 生於石窟中 土不能覆其根 上有崖石壓其枝 雨露之所不及也 又嘆曰 汝亦木而奴歟 何所生之不得其地也 遂移植於山之前平衍處 深其根阜其土 沃之水 祝曰 汝今得其所矣 遂汝之性 日滋而長 蔚然爲我國都億萬人之望也 吾欲托于汝而傳吾名也"(卞鍾運, 『嘯齋集』第1卷, 「記」, "鞍峴黃楡樹記").

7 위의 글.

고착화되고, 이러한 현실에 절망한 차상위 신분의 지식분자가 중국에 건너가 그곳에서 얻은 관직 또는 새로운 학문의 권위를 앞세워 개혁을 시도하거나 역성혁명에 투신하는 패턴이 반복되었다. 나말여초의 육두품(六頭品)이나 여말선초의 향리층(鄕吏層)이 바로 그런 존재들이었다. 이러한 역사적 관점에서 보면 1870~1880년대의 개화당 운동은 비록 과격한 것이기는 해도 아주 예외적인 사건이라고는 할 수 없으며, 조선왕조의 붕괴를 예고하는 서곡과도 같은 것이었다. 비록 구한말의 중인들은 새로운 국가를 개창하는 데까진 이르지 못했지만, 기민하게 식민지 조선사회의 주역으로 변신했다. 수대에 걸쳐 물려받은 전문적 지식과 부(富), 그리고 일본과 구미 유학을 통해 얻은 '신학문'의 권위를 배경으로 식민지하 문화운동이나 자치론을 주장하고 또 상황에 따라선 식민지배자들과 적절히 협력하며 생존할 수 있었던 것이다. 개화사상이라는 것 또한 단순히 실학의 근대적 발전 모델로서가 아니라[8] 그로부터 어떤 사상적 실체를 포착하기 위해선 구한말 중인의 정치적·사상적 동태와 결부시키지 않을 수 없다고 생각되나, 그에 관한 본격적 논의는 차후의 과제로 미루기로 한다.

3년 4개월간의 군복무를 제외하면, 필자는 1996년에 서울대학교 외교학과에 입학한 뒤로 2015년에 박사학위논문을 제출하기까지 줄곧 한 곳에서 공부했다. 그동안 학과의 모든 교수님들로부터 크고 작은 사은(師恩)을 입었지

---

8 이른바 개화사상을 특징짓는 가장 중요한 요소는 실학과의 사상적 관련성이다. 예컨대 "조선 유교가 근대에 이르러 새로운 시대에 대응한 변통사상(變通思想)"이라거나 "간단히 말하면 개화사상은 실학을 계승하여 개항 이전인 1853~1860년대에 형성되어 개항 후, 새로운 사태에 대응하면서 발전된 한국인의 새로운 사상체계"라는 정의는 개화사상이 오직 실학과의 관련성 속에서만 정의되는, 아직까지 그 독자적 실체가 불분명한 사상임을 의미한다(이 책의 제8장 참조). 또한 학술논문의 영문초록을 보더라도 '개화사상'이라는 말은 거의 대부분 'The thought of Gae-wha(Kae-wha)'나 'the thought of enlightenment' 등으로 번역되고 있다. 그러나 전자는 그 사상적 보편성이 불확실한 고유명사일 뿐이며, 후자는 구한말 개화사상에 대한 오해에 불과하다.

만, 그중에서도 몇 분 스승에겐 특별한 감사의 말씀을 드리지 않을 수 없다.

지금 필자가 외교사 연구자로 행세하고 다닐 수 있는 것은 모두 김용구 교수님(현 한림대학교 한림과학원장)의 가르침 덕분이다. 대학 초년생 시절 교수님의 세계외교사 강의를 처음 들었을 때는 동아시아를 비롯해서 유럽, 러시아, 이슬람 권역(圈域)의 역사와 국제법을 넘나드는 해박한 지식과 나이 어린 학생들이 무색해지는 학문에 대한 열정에 감탄만 할 뿐, 나중에 내가 비슷한 연구를 하게 되리라고는 감히 상상하지도 못했다. 그런데 그로부터 10년 뒤인 2007년부터 수년간 교수님을 모시고 19세기 외교문서집인 『근대한국외교문서』 편찬사업에 참여하면서 주요 열강의 외교문서를 찾고 읽는 법에 관해 직접 훈도(薰陶)를 받을 수 있었으니, 필자에겐 특별한 행운이었다고밖에 할 수 없다.

미국식 계량방법론이 득세하는 현재 정치학계의 풍토 속에서 그나마 모과(母科)에 한국외교사 연구의 전통이 확립될 수 있었던 것은 하영선 교수님(현 EAI 이사장)께서 계신 덕분이었다. 필자 또한 학부와 대학원에서 여러 차례 교수님의 강의를 들으면서 이 분야의 기초를 다질 수 있었다. 개인적으로도 교수님께선 필자가 나이 서른이 넘어 한문을 배우러 다닐 때도 항상 격려해주셨고, 박사논문을 제출한 뒤엔 행여 취직이 어려울까 누구보다 걱정해주셨다. 교수님께선 항상 19세기 한국외교사를 연구하더라도 현재 대한민국이 처한 국제정치적 현실과 연관시켜서 사고하는 것이 중요함을 깨우쳐주셨고, 또 이를 바탕으로 미래의 외교 전략을 세우는 데까지 나아가야 함을 강조하셨다. 오랜 기간 공부했지만, 끝내 교수님의 기대와 배려에 턱없이 미치지 못하는 결과물을 보여드리게 된 것이 못내 아쉽고 송구스러울 따름이다.

필자의 지도교수인 최정운 교수님께서는 지성의 의미를 일깨워주셨다. 그 본령은 특정 분과학문의 문제의식이나 방법론에 구애되지 않으며, 문학과

18

역사와 철학의 오의(奧義)에 깊이 도달한 사람에게만 허락되는 풍부한 통찰력으로 우리 자신의 모습을 끊임없이 관찰하고 고민하는 자세에 있었다. 그러한 경지는 아무나 도달할 수 있는 것이 아님을 학위논문의 상재(上梓)를 눈앞에 둔 지금에서야 깨달은 것은 제 분수를 알지 못한 어리석음이라고밖에 할 수 없지만, 그래도 이 연구를 통해 최정운 교수님 특유의 '방법론 없는 방법론'의 흉내나마 낼 수 있었다는 데 만족하고 싶다. 그런데 대외적으로 필자의 전공은 외교사이고 지도교수는 주로 정치사상을 강의하다 보니 매번 다른 사람들에게 사제관계를 '변명'해야 하는 번거로움이 있었다. 이 책이 비록 역사서의 외양을 갖고 있지만, 그 서술방식이나 텍스트의 해석방식은 최정운 교수님의 지도가 아니었으면 시도조차 하기 어려운 것이었다. 이 책의 출간을 계기로 자기소개를 할 때마다 겪었던 번거로움이 불식되길 바란다.

한국방송통신대학교의 강상규 교수, 성균관대학교의 윤비 교수, 서강대학교의 이근욱 교수, 서울대학교의 이정환 교수가 학과 선배로서 베풀어준 따뜻한 격려와 배려는 항상 큰 자극과 힘이 되었다. 현재 필자가 재직하고 있는 동북아역사재단의 김호섭 이사장과 이현주 사무총장은 생계 걱정을 덜어주었을 뿐 아니라 안정적인 연구 환경까지 제공해주었다. 필자에 대한 두 분의 남다른 배려와 후의도 잊을 수 없다. 일조각의 김시연 대표와 편집자 강영혜 씨에게는 『근대 일선관계의 연구』의 출간에 이어 거듭 큰 폐를 끼치게 되었다. 일조각은 개화당 연구의 기념비적 업적인 고(故) 이광린 교수의 연구서를 도맡아 출판한 유서 깊은 출판사이다. 박사논문을 준비하면서 제본이 뜯어질 정도로 읽었던 그 명저들을 낸 출판사에서 부족한 첫 저서를 출간하게 되니, 기쁘고 감격스럽기보다는 두렵고 조심스러운 마음이 앞선다.

필자가 오랫동안 학계의 대가들을 사사(師事)하면서 스스로 어느 정도 경지에 오른 것 같은 즐거운 착각에 빠져 있는 사이, 생활의 무거운 짐은 온전히 어머니와 아내의 몫이었다. 이제 다시 원고를 보니 한 글자 한 글자에 그 한숨과 눈물이 어려 있는 것만 같다. 이렇게라도 결실을 맺게 되어 다행이라고 해야 할까. 항상 가슴속에 품고 있으면서도 잘 표현할 수 없었던 미안하고 고마운 마음이, 이 책을 통해 조금이나마 전해졌으면 한다.

우리 민족의 역사는 반드시 위대해야 하며 그 위대성에 의심을 품게 하는 모든 역사적 서술은 마땅히 청산해야 할 식민사학의 잔재라고 믿는 사람들에겐, 서양과 일본 세력이 들이닥친 개항기의 혼란 속에서 저마다의 정치적 계산에 따라 움직이고 욕망에 이끌린 정치적 인간들의 군상(群像),[9] 그들의 권력을 향한 치열한 경쟁이 곧 우리 근대외교의 기원이 되었다고 하는 이 책의 주장이 마음에 들지 않을 수도 있다. 하지만 어느 특정한 시대에 우리 민족이 혼란스럽고 비참한 상황에 처해 있었음을 인정하는 것이 곧 민족적 자부심을 버려야 할 이유가 된다고는 생각하지 않는다. 처음에는 식민통치의 잔재를 극복하고 민족국가를 완성해야 했던 필요성 때문에, 나중에는 세계적으로도 유례가 드문 경제성장과 정치발전에 스스로 도취되어 애써 망각하고 분식하려 했던 민족의 역사적·정신적 심연(深淵)을 확인해야 지금 우리가 어떻게 생겨먹은 사람들인지 이해할 수 있다. 우리 근대외교의 탄생의 비밀을 직시해서 극복할 용기가 없다면, 우리의 외교는 언제까지나 19세기의 낡은 언어의 향연에서 허우적댈 뿐이다.

오랜 시간 논문을 준비하면서 회의감이 밀려들 때면 언제나 처음 배운 한문 구절인 "人不知而不慍 不亦君子乎"의 의미를 되새겼다. 굳이 다른 사람에게 인정받기를 구하지 않고 남을 이기려는 마음을 갖지 않으려고 노력한 것이 그래도 외롭고 힘든 학업을 포기하지 않고 지속할 수 있는 힘이 되었던

---

9 프랑스혁명이 탄생시킨 정치적 인간의 정신적 유형에 관한 역사문학적 서술로 슈테판 츠바이크(Stefan Zweig)의 *Joseph Fouché: Bildnis eines politischen Menschen*(1929)[국내에서는 『어느 정치적 인간의 초상』(강희영 역, 리브로, 1998)으로 출간됨을 참조할 것.

것 같다. 그렇지만 끝내 버릴 수 없는 바람은, 언젠가 어린 두 아들 서하와 서원이 자라서 그들의 아버지가 이런 고민들로 젊은 날을 보냈음을 알아준다면 아마도 그보다 더 자랑스러운 일은 없을 것이다.

2017. 5.
저자 김종학

차례

제1장

영국공사관을

찾아온 조선인 역관

1. '기묘한 희망'

1874년 3월 5일, 조선 연행사가 도착했다는 소식을 들은 베이징 주재 영국공사관 서기관 윌리엄 F. 메이어스(William. F. Mayers, 梅輝立)는 명함을 보내서 회견을 청했다. 그가 옌타이(煙臺) 주재 영사로 재직하던 1871년 9월에 북독일연방 범선 추산(Chusan)호가 대청군도(Sir James Hall Islands)에서 난파되고, 화물 인양 과정에서 2명의 영국인이 조선인에게 포로로 잡히는 사건이 있었다. 메이어스는 이들을 구출하는 데 큰 역할을 했는데, 베이징공

사관으로 전임한 뒤에도 조선에 흥미를 갖고 매년 베이징에 오는 조선 사절들과 연락을 취하고 있었다.[1]

다음 날인 6일, 뜻밖에도 조선인 역관 1명과 수행원 1명이 베이징공사관을 찾아왔다. 다른 조선인들에게 알리지 않고 몰래 온 것이었다. 대화는 중국어 회화가 가능한 역관과 메이어스 간에 진행됐다.[2] 역관은 자신을 외부 사정을 조금이나마 알고 있으며 모든 외국 물건에 대한 뿌리 깊은 편견을 갖지 않는 극소수의 조선인 중 1명이라고 소개했다. 그는 자신의 신분과 가계를 설명한 후, 조선의 신분제에 대해 강한 불만을 드러냈다.

> 그는 사역원(司譯院), 즉 통역위원회의 삼품(三品) 관료입니다. 사역원은 6명의 상서(尙書), 즉 조선 정부의 각부(各部) 장관 중 1명이 주재하는데, 그중 1명이 이번에 여기에 정사(正使)로 왔습니다. 16대(代) 동안 그의 선조들은 같은 관직에 있었으며, 그는 그 일을 수행하는 동안 자신이 현재 가진 것 이상의 품계(品階)에 오르는 것을 금하는 국가체계에 관해 씁쓸히 말했습니다. 대화 도중에 그는 제게 ─ 다른 질문들과 함께 ─ 서양 국가도 조선처럼 공식적인 역관을 경멸하며 무시하는지 물었습니다. 하지만 고용세습의 원칙이 적용되는 것은 비단 그의 직업뿐만이 아닙니다. 그 반대로, 이는 조선의 사회조직의 가장 중요한 특징인 것처럼 보입니다. 그것은 카스트와 흡사한 신분제도와 결합되어 있으며, 소수 가문의 대표자들에 의한 고위관직의 독점이 이를 전형적으로 보여주고 있습니다. 이 위원은 이러한 체제에 대해 큰 불만을 갖고 있는 것 같았습니다.

---

1 F. C. Jones, *Foreign Diplomacy in Korea, 1855-1894.* Ph. D. Dissertation, Harvard Univ., 1935, pp. 104~105.
2 이하 조선인 역관과 메이어스의 회견기록은 다음 영국의 미간문서에서 인용했다. FO 17/672, No.25. Wade to Derby, Peking, March 9, 1874. "Memorandum of interviews with Corean Commissioner." 이 문서의 원문은 이 책의 부록 1 참조.

메이어스는 먼저 1866년 제너럴셔먼호사건의 생존자가 조선에 남아있다는 풍문의 진위에 관해 질문했다. 화제는 자연스럽게 1871년의 신미양요로 이어졌다. 역관은 당시 자신이 미국 선박의 문정을 담당했고, 미국 측의 문서도 홍선대원군에게 직접 전달했다고 했다. 비록 신미양요의 결과 대원군은 배외정책(排外政策)에 더 큰 확신을 갖게 되었지만, 자신이 본 바로는 미국은 조선과 전쟁을 할 준비가 되어 있지 않았으므로 그것은 단순한 환상에 불과하며, 조선은 조만간 청이나 일본과 마찬가지로 서양 국가들과의 외교를 시작하지 않을 수 없을 것으로 확신한다고 했다. 다만 문제는 조선의 지배층이다. 그들은 구체제로부터의 변화를 완강히 거부하고 있다. 또 소수의 세도가와 그 친족들은 자신들의 특권이 줄어들 것을 우려해서 외부세계에 전혀 관심을 두지 않을 뿐 아니라, 그 정보가 유입되는 것마저 철저히 막고 있다. 따라서 조선사회의 변화는 오직 힘(force)에 의해서만 가능하다는 것이 그의 확신이었다.

미국인들을 물리친 뒤에 그 섭정(홍선대원군)은 조선이 가공할 서구인들에 맞서 그 지위를 지킬 수 있는 능력을 입증한 것으로 생각해서 몹시 의기양양했습니다. 하지만 이 위원은, 개인적으로 그것은 환상에 불과하다고 확신하며, 자신은 미국 군대의 얼마 되지 않는 숫자를 직접 목격했으므로 그들이 진지하게 공격할 준비를 갖추지 않았다고 결론 내릴 수 있다고 말했습니다. 또 이어서 말하길, 조만간 조선은 중국이나 일본과 마찬가지로 틀림없이 다른 나라들과의 교제의 영역에 편입될 것이며, 자신으로선 그렇게 되는 것을 본다면 기쁠 것이다, 하지만 구체제로부터의 이탈에 대한 지배계급의 거부감이 대단히 크기 때문에 그러한 변화는 오직 힘에 의해서만 가능할 것으로 확신한다고 말했습니다. 소수의 세도가들과 그 수많은 친족들이 염려하는 것은 어떤 변화라도 자신들의 특권의 감소를 수반할 것이라는 데 있으며, 그들은 외부세계에 대해 아무것도 아는 것이 없을 뿐 아니라 그들 자신과 그들이 통치하는 백성들에게 어떤 지식이 유입되는 것도 결연히 막고 있습니다.

계속해서 역관은 크게 불안한 기색으로 일본의 현재 상황에 관한 정보를 구했다. 그는 지금 당장은 아니더라도 대원군의 강경한 배일정책이 언젠가는 일본의 침략을 초래할 것으로 믿고 있었다. 메이어스는 구체적 답변을 피하면서, 조선이 만약 일본과 러시아의 침공으로부터 스스로 보호하고자 한다면 그 최선의 방법은 서양 열강들과 널리 우호적 관계를 맺는 것이라고 조언했다. 그러자 역관은 큰 소리로 그것이 바로 내 생각이라고 외치면서, 이미 여러 차례 그런 의견을 제시했지만 정부 고관들은 경멸하면서 받아들이지 않았다고 했다.

화제는 다시 1873년 일본전권 소에지마 다네오미(副島種臣)가 동치제(同治帝)를 알현했을 때 조선·타이완·마카오 침공에 관해 상주했다는 소문, 자신이 『중서견문록(中西見聞錄)』에 많은 흥미를 갖고 있으며 서울에 있는 부서 서재에 위원(魏源)의 『해국도지(海國圖志)』가 있는데 대단히 주의 깊게 읽었다는 이야기 등으로 이어졌다. 마지막으로 역관은 영국인들이 조선에 올 때는 반드시 굳은 결의를 갖고 충분한 병력을 데려와야 한다고 거듭 당부했다.

"조선 백성은 그들과 전혀 무관한 적대행위 때문에 고통을 받게 될 것입니다. 당신들이 정말로 오겠다면 반드시 충분한 병력과 문제를 매듭짓기 전까진 조선에 머물겠다는 결의가 있어야 합니다. 만약 1871년에 미국인들이 꽁무니를 빼는 대신에 두 달만 더 머물렀다면, 섭정은 자신감을 잃고 항복했을 것입니다."

그는 잠시 후 다음과 같이 덧붙였습니다.

"귀하는 제가 이렇게 말하는 것에 대해 놀라셨을 것입니다. 하지만 저는 저의 조국에 대해 슬픔과 우려를 동시에 느끼고 있으며, 현재 우리의 은둔이 지속될 수 없음을 알고 있습니다."

역관과 메이어스의 대화는, 황제를 알현할 때도 중국어 한마디 하지 못
하는 조선 양반들의 무능과 4,000년 전 삼대(三代) 시대의 문물을 계승하는
것으로 자존(自尊)의 근거를 삼는 절망적인 시대착오성에 대한 비판으로 끝
을 맺었다.

이 역관은 바로 역매(亦梅) 오경석(吳慶錫, 1831~1879)이었다. 자신의 내방을
비밀에 부쳐줄 것을 신신당부한 까닭에 메이어스의 보고문에는 이름이 나
오지 않지만, 몇 가지 정황으로 볼 때 그는 오경석이 틀림없다. 첫째, 이 역
관은 자신이 현재 베이징에 도착한 연행사에서 세 번째로 높은 지위에 있으
며 사역원의 3품 관리라고 소개했는데, 오경석은 당시 정건조(鄭健朝)를 정
사로 하는 동지겸사은사(冬至兼謝恩使)의 수당(首堂), 즉 당상관(堂上官, 정3품)
인 수석통역관이었다. 둘째, 이 역관은 자신의 집안이 16대 동안 역관에 종
사했다고 밝혔는데, 오경석의 가문인 해주 오씨 또한 오경석의 아들인 오세
창(吳世昌)에 이르기까지 8대가 역관이었으며, 이 기간 동안 남성 31명 가운
데 20명이 역과(譯科)에 급제한 전형적인 역관 가문이었다. 16대 전(前)이라
고 한 것은 기록상의 착오로 보인다. 셋째, 이 역관은 베이징에 있는 동안
윌리엄 A. P. 마틴(William A. P. Martin, 丁韙良)이 편찬한 『중서견문록』에 많
은 관심을 보였으며, 또 서울에 있는 그의 부서 서재의 한 부분은 『해국도
지』가 차지하고 있다고 했는데, 오세창의 위창문고(葦滄文庫)에는 아직까지
오경석이 중국에서 반입한 『중서견문록』과 『해국도지』가 남아있다.[3] 그리

---

3 오경석의 가계와 『中西見聞錄』・『海國圖志』에 관한 서술은 신용하, 「오경석의 개화사상과 개
  화활동」, 『국사학보』 제107집, 1985를 참조할 것. 단, 이 논문에서는 오경석이 『海國圖志』를
  처음 조선에 반입했다고 했는데, 실제로는 『海國圖志』 초간본이 간행된 이듬해인 1845년에
  이미 연행사 권대긍(權大肯)이 베이징에서 가져와서 헌종(憲宗)이 열람했다는 기록이 있다(이
  광린, 「『海國圖志』의 한국 전래와 그 영향」, 『한국 개화사연구』, 일조각, 1969, p. 5).

고 오경석을 수행해서 메이어스를 방문한 인물은 바로 추금(秋琴) 강위(姜瑋, 1820~1884)였다.[4]

오경석은 귀국하기 직전인 1874년 3월 27일에 다시 메이어스를 방문했다. 이 자리에서도 그는 유럽 열강이 군대를 동원해서 조선 정부의 은둔을 깨뜨려주길 바란다는 희망을 거듭 피력했다.

2시간이 넘게 진행된 대화 동안에 그는 완고한 무지 속에서 스스로 어떤 침략자도 물리칠 수 있다고 믿는 동포들의 맹목적인 자신감을 계속해서 한탄했습니다. 그리고 그는 머지않아 유럽 열강이 군대를 동원해서 조선 정부로 하여금 그 은둔 체제를 포기시켜주기를 바란다는 기묘한 희망(the singular hope)을 표명했습니다. 그는 자신의 발언을 설명하기를, 자신은 일본이나 유럽의 침공을 불가피한 것으로 간주하며, 그렇다면 대대로 조선의 적국인 일본보다는 차라리 조선을 보다 인도적으로 대할 것으로 생각되는 유럽에 의해 실현되는 편이 낫다고 했습니다. 그는 또 자신의 동포들은 지위고하를 막론하고 외부세계에 관한 모든 것에 무지하며, 만약 그가 서울에서 외국에 관해 개인적으로 가진 의견을 단 한마디도 발설한다면 자신의 목이 달아날 것이라는 말을 반복했습니다. 또한 그는 사절단의 다른 동료들 가운데 그가 저를 찾아온 사실을 아는 이는 아무도 없으

---

4 강위도 당시 연행사에 반당(伴倘) 자격으로 동행했다. 그는 이때의 일들을 『北游日記』에 기록했는데, 오경석이 영국공사관을 찾아간 1874년 3월 6일(음력 정월 18일)의 기록을 보면, 정사·부사·서장관 등은 백운관(白雲觀)을 구경하러 갔는데 강위는 다른 일 때문에 따라가지 못했다고 되어 있다. "飯後三使 臣俱往白雲觀 都人士女雲集游玩者 無慮萬餘 百戲俱集 誠是壯觀 余有他幹 不能從"(강위 저, 한국학문헌연구소 편, 『강위전집』하권, 아세아문화사, 1978, p. 770), 오경석과 동행한 인물이 강위였을 것으로 짐작하는 또 다른 이유는 강위의 평소 행적이나 역관들과의 특수한 관계 때문이다. 강위는 한미한 무반(武班) 가문 출신으로 이렇다 할 벼슬을 한 일은 없었지만, 평소 해외문물에 관심이 많아서 역관들과 허물없이 지내며 그들에게서 외국사정에 관한 이야기를 듣는 것을 즐겼다. 그는 1870년대 이후로 청과 일본을 각각 2번씩 시찰했는데, 이는 모두 왕명을 받들어 나간 것이 아니라 자의에 의한 것이었다. 그는 오경석의 이른바 '외부사정에 관해 조금이라도 아는 것이 있고 외국에 대해 뿌리 깊은 편견을 갖지 않는 극소수의 조선인' 중 1명이었다.

며, 실제로 그가 데려온 개인 수행원 1명을 제외한 모든 이에게 엄중한 비밀이라고 다시 한번 강조했습니다.[5]

오경석은 이듬해인 1875년 2월 16일에도 메이어스를 찾아왔다. 세 번째 비밀방문이었다. 그는 또 유럽 열강이 힘으로 조선의 외교를 강제해줄 것을 청원했다.

　작년과 마찬가지로 그는 유럽 열강이 서울의 지배계급이 외교를 시작하도록 강제해주길 바라는 희망을 표명했습니다. 그리고 이 일은 과도하게 무장하지 않아도 적절한 힘만 있으면 손쉽게 달성될 것이라고 역설했습니다. 또 위압당하지 않는 한 조정은 절대 외교관계의 수립에 동의하지 않겠지만, 활용할 수 있을 만한 저항 수단은 전혀 없다고 단언했습니다.[6]

오경석은 목숨을 걸고 3차례나 영국공사관을 비밀리에 방문해서 군함을 동원해 조선을 침략해줄 것을 간청했다. 메이어스는 이런 오경석의 발언을 납득하기 어려웠다. 그에게 오경석의 간청은 '기묘한 희망(the singular hope)'일 따름이었다.

오경석은 1853년에 진하겸사은사 강시영(姜時永)의 수행역관으로 처음 베이징에 간 후로 1875년까지 13차례나 중국을 왕래한 경험이 있었다. 1860년에는 베이징이 영프연합군에게 함락당해서 함풍제(咸豊帝)는 열하로 몽진하고 굴욕적인 베이징조약이 체결된 직후의 상황을 목격했다.[7] 일본이 흑선(黑

5 FO 17/672, No.29. Wade to Derby, Peking, March 27, 1874. "Farewell visit from Corean Commissioner." 원문은 이 책의 부록 1 참조.
6 FO 17/702, No.264. Wade to Derby, Peking, February 16, 1875. "Visit from Corean Official." 원문은 이 책의 부록 1 참조.
7 청은 1860년 10월 24일과 25일에 각각 영국·프랑스와 베이징조약을 체결했다. 오경석이 참

船)의 위력에 굴복해서 서양 열강과 불평등조약을 체결한 사실 또한 잘 알고 있었을 것이다. 이러한 견문을 통해 오경석은 조선의 고립은 지속될 수 없으며, 조만간 서양 열강에 의해 외교를 강제당하는 것은 필연적인 운명이라고 판단했던 것이다.

그런 오경석에게 1871년 미국 함선의 내도는 조선이 외교를 개시할 절호의 기회였다. 일반적으로 병인양요(1866)와 신미양요(1871)는 서양 제국주의 열강의 침입과 민족의 응전이라는 맥락에서 유사하게 이해되는 경향이 있지만, 전자는 자국 선교사와 가톨릭 신도에 대한 박해를 응징하기 위한 원정이었던 반면, 후자는 조선 연해에서의 난파선 구호협정을 맺기 위한 것이었다는 점에서 근본적으로 차이가 있었다. 뿐만 아니라 『해국도지』에 묘사된 미국의 긍정적 이미지,[8] 청에서 영국이나 프랑스에 비해 미국이 취한 상대적으로 공정하고 관대한 태도 또한 오경석의 대미관(對美觀)에 영향을 미쳤을 것이다. 따라서 오경석은 대원군을 비롯한 조정 중신들에게 세계정세를 역설하면서 미국 함선의 내도를 계기로 조선도 외교를 개시할 것을 주장했다. 하지만 미국 함대가 강화도전투에서 승리하고도 별다른 요구 없이 물러가자 대원군의 배외정책은 한층 더 공고해졌으며,[9] 이러한 상황에 절망한 오경석은 마지막 수단으로 영국공사관을 찾아갔던 것이다.

덧붙이자면, 오경석은 1865년 2월(음력)부터 1867년 6월까지 1년 4개월 동안 의주(義州) 감세관(監稅官)으로 근무한 일이 있었다.[10] 감세관이란 책문후

여한 연행사(燕行使)는 1860년 12월 4일에 사폐(辭陛)하고 청으로 향했다(『承政院日記』, 철종 11년 10월 22일).

8 예를 들어 『海國圖志』 第59卷의 「外大西洋墨利可洲 總敍」에서는 미국을 용맹[武]하고, 지혜롭고[智], 공정하고[公], 두루 화목하고[周], 풍요롭고[富], 의로운[誼] 나라라고 소개했다. 『海國圖志』는 신미양요가 한창이던 1871년 6월 7일에 영의정 김병학(金炳學)이 이를 인용해서 고종에게 미국에 관해 설명할 정도로 널리 알려져 있었다(『承政院日記』, 고종 8년 4월 20일).

9 다보하시 기요시 저, 김종학 역, 『근대 일선관계의 연구 (상)』, 일조각, 2013, pp. 116~128.

10 '吳慶錫·吳世昌 年譜'[신용하, 앞의 글(1985), pp. 130~131에 수록].

시(柵門後市)의 징세를 담당하는 관세청(管稅廳)의 업무를 단속하기 위해 철종 5년(1854)에 신설한 직책으로, 사역원에서 차출해서 파견했으며 관세청과 관련해서 보고할 사항이 있으면 의주부를 경유하지 않고 직접 중앙에 문서를 올릴 수 있는 특권을 갖고 있었다.[11] 그런데 대원군 집정기에 관세청의 수입은 거의 군비 증강을 위한 재원으로 활용되었고, 특히 병인양요 직후 서울 방어를 위해 신설한 강화진무영(江華鎭撫營)의 재원은 절대적으로 의주 포삼세(包蔘稅)에 의존하고 있었다.[12] 오경석이 대원군의 부국강병정책의 가장 중요한 세원의 감독관을 역임한 사실은, 그가 한때 대원군에게서 큰 신임을 얻었음을 말해준다.

문호개방은 조선이 피할 수 없는 운명이며, 이를 거부하면 할수록 뒷날 무고한 백성이 겪어야 할 고통만 더욱 커질 뿐이라고 오경석은 확신하고 있었다. 그가 보기에 조선의 위정자와 양반들은 세계정세의 거대한 수레바퀴를 가느다란 어깨로 막아보려는 하찮은 사마귀와 같은 존재에 지나지 않았다. 이와 같이 시대착오적이고 무능한 지배계급에 대한 반감은 자신이 속한 중인(中人)의 출세와 활동을 제한하는 조선사회의 강고한 신분제에 대한 불만과 맞닿아 있었다. 신분적 이해관계와 국가의 장래를 염려하는 봉공의식(奉公意識)이 결합되었으므로 오경석의 개혁구상은 과격하고 철저한 것이 되지 않을 수 없었다.

2. 조일수호조규 체결 과정에서의 암약(暗躍)

오경석이 메이어스를 마지막으로 방문하고 귀국한 다음 해인 1876년 초

11 이철성, 『조선후기 대청무역사 연구』, 국학자료원, 2000, pp. 227~229.
12 연갑수, 『대원군집권기 부국강병책 연구』, 서울대학교 출판부, 2001, pp. 239~241.

에 일본 군함 6척이 강화도에 들어왔다. 조일수호조규(강화도조약, 1876년 2월 27일 조인)의[13] 체결을 위해서였다.

오경석이 박규수(朴珪壽, 1807~1877)와 함께 조일수호조규를 성사시키는 데 결정적 역할을 했다는 사실은 자주 언급되어 왔다. 예컨대 박은식(朴殷植)은 『한국통사(韓國痛史)』에서 "청은 주전(主戰)이 불리하다는 말로 권고하고, 또 민씨 척족은 대원군에게 반대하기 위해 화의(和議)를 주장했다. 우의정 박규수와 통사(通事) 오경석 또한 강화(講和)의 편리함을 말했다."라고 하여 박규수와 오경석이 주화론(主和論)을 주도했음을 강조했고,[14] 최남선(崔南善)은 『고사통(故事通)』에서 우의정 박규수와 역관 오경석이 세계 흐름상 통상수교가 부득이함을 주장해서 조일수호조규가 체결됐다고 기록했다.[15] 또 오경석의 묘지명에는 "광서(光緒) 병자년 인천의 역(役) 때 조야(朝野)가 모두 두려워 떨거늘, 공은 왕래하며 온 힘을 다해 큰 계책을 도왔다. 홀로 움직이다가 곧바로 병에 걸려서 4년 뒤 기묘년(己卯年) 8월 계해(癸亥)에 졸(卒)하였다."라고 하여 생전의 가장 큰 업적으로 강화도협상 과정에서의 활동이 특필되어 있다.[16]

하지만 오경석이 강화도협상 과정에서 구체적으로 무슨 기여를 했는지 설

---

13 일반적으로 강화도조약이라는 이름으로 알려져 있지만 조약문의 공식명칭은 조일수호조규(朝日修好條規)이다. 조규라는 명칭은 1871년 청일수호조규(清日修好條規) 체결 당시 청 북양대신 이홍장(李鴻章)이 처음 제안한 것으로 알려져 있다. 즉, '조약'은 톈진조약(天津條約)이나 난징조약(南京條約)처럼 서양 열강과 체결한 '불평등조약'을 의미하는 바, 청과 일본 간의 조약은 대등하고 공정한 것이기 때문에 이와 구분하기 위해 '조규'라고 쓸 것을 주장했다고 한다. 조일수호조규의 명칭 또한 청일수호조규의 전례를 답습한 것이다. 하지만 조약이나 조규 모두 영어로 번역할 때는 treaty로서 의미상 차이는 없다. 조규라는 명칭의 유래에 관해선 毛利敏彦, 「〈条規〉という用語」, 『日本通史 第16巻 月報』, 東京: 岩波書店, 2010; 김민규, 「근대 동아시아 국제질서의 변용과 청일수호조규(1871)」, 『대동문화연구』 제41집, 2002 참조.
14 박은식 저, 단국대학교 동양학연구소 편, 『박은식전서』 상, 단국대학교 출판부, 1975, p. 77.
15 최남선, 『故事通』, 三中堂, 1943, p. 211.
16 신용하, 앞의 글(1985), p. 183에서 재인용.

명하거나 연구한 문헌은, 필자가 아는 한 아직까지 단 1건도 존재하지 않는다. 그 이유 중 하나는, 당시 오경석의 언행을 비교적 상세하게 기록한 일본 문헌이 이른바 '기묘한 희망'으로 점철돼 있기 때문이다. 이제부터 오경석이 조일수호조규 체결 과정에서 무슨 생각을 갖고 있었고, 실제로 어떤 활동을 했는지 추적해보자.

일본 함선의 문정

1875년 12월 17일, 일본 전권대신 구로다 기요타카(黑田淸隆)와 그 호위군함의 강화도 파견을 예고하기 위해 외무소승(外務小丞) 히로쓰 히로노부(廣津弘信)가 선보사(先報使)라는 명목으로 부산에 도착했다. 그는 19일에 훈도(訓導) 현석운(玄昔運)을 만나 구진서(口陳書)와 별함(別函)을 제출하고 일방적으로 파견 계획을 통고했다. 현석운은 군함이 강화도로 향하는 것만큼은 어떻게든 막아보려고 했지만, 결국 실패하자 급히 상경해서 경보(警報)를 알렸다.[17]

1876년 1월 15일에 일본 함선 7척이 부산에 입항했다. 이 가운데 만슈마루(滿珠丸) 1척은 병력의 증파를 신청하기 위해 시모노세키로 회항하고, 나머지 6척은 17일부터 차례로 부산에서 출항, 25일에 현재 경기도 화성시 서

17 『朝鮮關係考證彙集』(서울대학교 중앙도서관 고문헌자료실 소장)에는 당시 히로쓰가 현석운과의 회견을 마치고 일본에 귀국한 직후인 1875년 12월 23일에 그 요지를 기록한 「先報理事日誌拔萃應接書內話書取」라는 문헌이 수록되어 있다. 관견에 따르면 이 문헌은 아직까지 국내外 학계에 알려진 바가 없다. 그 서두에 이 기록을 남긴 경위가 다음과 같이 서술되어 있다.
"일지·응접·내화서(內話書) 등은 모두 12월 19일부터 22일까지의 담화에 관한 것이다. 훈도가 공관을 떠나자 우리 의장(艤裝)도 완성되었으므로, 곧장 승선해서 다음 날 23일에 귀항, 이즈하라(嚴原)에 도착해서 곧바로 우리 외무경에게 비보(飛報)한 것이다. 담화한 대로 기록해서 교정을 거칠 겨를이 없었다. 단지 피아 간의 응접의 요지만 남겼을 뿐이다. 메이지 8년 12월 23일 히로쓰 히로노부".

쪽에 해당하는 남양부 도리도(桃李島)에서 회합했다. 한편, 오경석은 일본 함선이 실제로 강화도로 향했는지 확인하라는 조정의 명을 받고 1월 24일에 현석운과 함께 서울에서 출발했다. 당일로 인천에 도착한 이들은 북상하는 일본 함선들과 중간에 길이 엇갈릴 것을 염려해서 대기하다가, 29일에 강화해협 남쪽 어귀를 측량 중이던 모슌함(孟春艦)에 승선해서 선장 가사마 히로다테(笠間廣盾)에게 첫 문정(問情)을 시행했다.[18]

이 자리에서 일본 전권대신이 탑승한 본함(本艦)이 남양에 정박 중인 사실을 알게 된 오경석과 현석운은 곧바로 그곳으로 달려갔다. 그리고 다음 날인 30일에 대부도(大阜島)에 정박한 닛신(日進)에 승선해서 일본 수행원 미야모토 오카즈(宮本小一), 모리야마 시게루(森山戊)에게 두 번째 문정을 시행했다. 비록 명목은 문정이었지만, 실은 밀담에 가까웠다. 일본 사절단이 강화해협의 탐측을 마치는 대로 강화도로 향할 예정이라는 것을 확인한 오경석은, 자신이 지난 수년간 서계문제로 인해 교착된 대일관계를 개선하고 조선도 문호를 개방해서 국제적 고립을 면해야 한다고 주장해 왔지만 번번이 배척당했다고 호소했다. 그리고는 절대 다른 조선인들에게 자신의 말을 누설하지 말라고 신신당부한 후 다음과 같이 말했다.

실로 우리나라에 대해선 몸 둘 바가 없는 말이니, 절대 외부에 누설하지 말라. 신미년에 미국 함선이 내도했을 때 대원군이 마침 전권을 잡고 있었다. 당시 나는 대원군에게 도저히 외교를 열지 않을 수 없는 이유를 설득했다. 그런데 미국 선박은 겨우 몇 차례 발포를 받더니 그대로 물러가 버렸다. 그 뒤로 나는 개항가(開港家)로 지목되어 무슨 일을 말하더라도 다시 채택되는 일이 없었다. 귀국과의 교제를 닦지 않을 수 없음을 논해도 마치 개구리 낯짝에 물을 끼얹는 것과 같아서, 금일에 이르러서도 예전에 미국 선박이 쉽게 물러간 것과 똑같은 일 정도

---

18 日本外務省 編, 『日本外交文書』 第9卷, 東京: 日本外務省, 문서번호 5(이하 『日外』로 약칭).

로 상상한다. 그러므로 강화도로 가면 혹시 뜻밖의 작은 폭동 정도는 없으리라고 보장하기 어렵다. 또 유수관(留守官)도 지금까지 서양 선박은 물리치라는 명을 받았으니, 이번 일도 별도로 조정에서 제지하는 명을 내리지 않으면 반드시 항거할 것이다. 금일의 형세로 보면 대신(구로다 기요타카)이 그곳에 도착하는 대로 곧장 상륙해서 위엄을 보이는 것이 최선이다. 그렇지 않으면 다시 부산에서의 담판과 마찬가지로 천연(遷延)하고 지체하는 상황에 빠질 것이다. 이미 이 같은 형세이므로 오늘날 이러한 상황에서 우리가 보고해도 믿는 사람이 없을 것이다. 이번 일은 한번 차질이 생기면 실로 만민이 도탄에 빠지는 고통을 야기할 것이다. 이를 두려워하기 때문에 이렇게까지 내부사정을 폭로하는 것이다.[19]

오경석은 메이어스에게 한 말과 마찬가지로, 자신은 1871년 신미양요 당시 미국과의 수교를 주장했지만 미국 병선이 그대로 물러가 버리는 바람에 조정에서 '개항가(開港家)'로 몰려서 배척당했다고 했다. 그가 닛신함에 승선한 실제 목적 또한 일본인들에게 조선의 내부사정을 밀고하고, 강화도에 상륙하는 대로 무력을 과시할 것을 조언하려는 것이었다.

이번 일은 어쨌든 만민이 도탄에 빠지는 결과를 야기할까 두렵다. 내가 지금 우리나라에 대해 이런 말들을 토로하는 것이 실로 어떤 이유이든지 간에 귀 대신은 강화에 도착하면 가능한 한 위엄을 과시하라. 내가 여러 차례 우리 대신에게 일을 말했지만, 대신은 다시 세계의 형세를 알지 못하고, 금일에 이르러서도 망연(茫然)히 예전과 같다. 강화에 가면 어쩌면 작은 폭동이 없으리라고 보장하기 어렵지만, 우리 조의(朝議)로서 항거하는 것은 전혀 불가능하다. 최대한 국위(國威)를 펼쳐라. 그대들은 이 뜻을 잘 이해하라.[20]

---

19 『日外』第9卷, 문서번호 6.
20 위의 문서.

이 자리에서 오경석은 서양의 외교제도와 문물, 국제정세에 관해 상당한 식견을 과시했다. 예컨대 이번에 조선에 파견된 일본공사[欽差]의 등급이나 주청(駐淸) 일본영사관의 위치를 묻기도 하고, 증기선·철도·전신 등에 관해서도 무리 없이 대화를 나누었다. 조선도 근대 산업혁명의 핵심자원인 철과 석탄을 채굴한다면 틀림없이 부유해질 것이라는 포부를 드러내기도 했다. 또한 그는 헨리 휘턴(Henry Wheaton)의 『만국공법(The Elements of International Law)』을 비롯해서 청과 서양 열강 간의 조약 사본까지 소지하고 있었다.[21] "개화인을 만나서 개화 이야기를 나누니 몹시 유쾌하다(開化ノ人ニ遇ヒ開化ノ談ヲ爲ス情意殊ニ舒ズ)."라는 것이 이날 오경석의 솔직한 소회였다. 이는 근대 조선 관계 문헌에서 '개화(開化)'라는 단어가 최초로 등장하는 사례이기도 하다.

오경석은 일본 사절단이 강화로 향한다는 소식을 조선 정부에 전하기로 약속하고, 일본인들이 조선 정부에 보내는 문서에서 강화해협을 '한강(漢江)'이라고 쓴 것을 '강화전강(江華前江)'이라고 바로잡아 주기까지 했다. 이날 오경석은 사실상 일본인들과 내통을 약속했다.

한편, 오경석과 동행했던 훈도 현석운은 처지가 약간 달랐다. 예전에 그는 부산에서 훈도로 근무할 때 일본 서계에서 '天子'라는 자구를 '皇上'으로 고쳐오면 조정에 봉납(捧納)하고 동래부 입성을 허락하겠다는 각서를 써준 일이 있었다. 이는 조정의 공식적 명령이 아니라 당시 우의정 박규수와 척족

---

21 당시 일본 주재 영국공사 해리 S. 파크스(Harry S. Parkes)가 조일수호조규를 체결하고 귀국한 모리야마 시게루와의 대화를 기록한 보고문에 따르면, 모리야마는 "그들(조선인들)은 서양인들이 일본과 체결한 것과 유사한 조약을 조선에 요구하리라는 것을 충분히 예측하고 있으며, 청과 다른 국가 간의 조약 사본 및 『만국공법』의 한어 번역본을 소지하고 있다."고 하였다(Park Il-Keun(ed.), Anglo-American Diplomatic Materials Relating to Korea, 1866~1886, Seoul: Shin Mun Dang, 1982. p. 47. 이하 'AADM'으로 약칭). 그러나 다른 어떤 문헌에서도 오경석 이외의 조선인이 이와 비슷한 발언을 한 기록은 발견되지 않는다. 오경석이 자신의 발언을 극비에 부쳐줄 것을 신신당부했으므로 모리야마는 에둘러 '그들'이라고 했던 것으로 보인다.

조영하(趙寧夏)의 밀명에 따른 것이었다. 그런데 1874년 11월에 박규수가 우의정에서 물러나고 조정의 대일방침이 갑자기 강경노선으로 선회하면서 매우 난처한 상황에 빠지고 말았다.[22] 고종이 친정(親政)을 시작한 직후에 그전까지 대원군의 심복으로서 대일강경외교를 수행하던 훈도 안동준(安東晙)이 처형당한 전례도 있었으므로, 자신에게 불똥이 떨어질까 염려한 현석운은 과거 자신이 써준 각서를 공식석상에서 언급하지 말아달라고 탄원하기 위해 오경석과 함께 일본 군함에 승선한 것으로 보인다.[23]

세 번째 문정은 2월 4일에 있었다. 이날은 오경석·현석운 외에 군관(軍官) 고영주(高永周)도 동석했다. 문정은 강화도 남단 항산도(項山島)에 정박한 닛신함에서 진행됐다. 문정관들은 강화도의 초지(草芝)에서 접견을 시행하겠다는 정부의 뜻을 전달했지만, 모리야마는 접견장소는 자신들이 정할 것이며 다음 날 강화부성에 들어가서 강화유수와 직접 이 문제를 논의하겠다고 고집했다. 이와 함께 접견 대·부관 신헌(申櫶), 윤자승(尹滋承)의 직함과 품급(品級), 조선의 지리 등에 관한 문답이 있었다.

지금까지 3차례에 걸친 오경석·현석운의 문정과 밀담은 일본 측 문헌에 근거해서 재구성한 것이다. 오경석과 현석운은 공식 문정관이었으므로 당연히 문정을 마칠 때마다 그 결과를 조정에 보고했다. 그런데 그 내용이 일본 측 문헌과 판이하다. 첫 번째 문정의 경우 오경석의 보고문에는 예전에 히로쓰 히로노부가 일본의 사절 파견을 중지시키겠다고 약속했음에도 불구하고 이제 와서 군함을 보낸 일본인들의 신의 없음을 힐문한 것으로 기록

---

22 『承政院日記』, 고종 11년 9월 26일; "同月(1874년 11월)訓導玄昔運草梁館ニ來リ浦瀬裕カ寓ニ就ク談次政府稍異議起リ僕依賴スル所ノ大臣已ニ擯斥セラレヤリ故ニ唯願クハ其議未タ確立セサルニ先テ貴使速カニ航シ以テ公幹ノ順成アランコトヲト云テ去ル." 여기서 현석운이 의뢰하는 대신이 빈척당했다고 한 것은 박규수가 우의정에서 사임한 일을 가리킨다(奧義制,『朝鮮交際始末』第3卷, 日本外務省, 1877).

23 『日外』第9卷, 문서번호 7.

되어 있다. 하지만 일본 측 문헌에는 그런 발언을 한 흔적이 전혀 보이지 않는다.[24] 두 번째 문정 보고는 양자의 차이가 너무 현격해서 도저히 같은 대화를 기록한 것이라고 보기 어려울 정도이다. 오경석의 보고문에는 모리야마·미야모토와의 밀담은 전혀 언급되지 않고, 히로쓰에게 직접 식언(食言)을 따진 것과 강화부 입성은 절대 불가하다고 주장한 사실만 강조되어 있다.[25] 흥미로운 사실은, 세 번째 문정의 경우 문정관의 보고문과 일본 측 기록에 큰 차이가 없다는 것이다.[26] 그것은 이날 문정에 고영주라는 제3의 인물이 동석했기 때문일 것이다. 일본 측에서 자신들에게 유리하도록 대화 내용을 각색했거나 통역 과정에서 의사소통이 잘못됐을 가능성도 없진 않지만, 모든 기록을 날조된 것이라고 보기는 어렵다. 그보다는 오경석과 현석운이 일본인들과의 내통을 숨기려고 의도적으로 허위보고를 올렸다고 보는 편이 자연스럽다.

조약문의 번역과 필사

일본 사절단은 2월 10일에 강화부에 입성해서 11일부터 13일까지 3차례에 걸쳐 조선 측 접견 대·부관과 공식회담을 가졌다. 일본 전권은 12일에 열린 제2차 회담에서 처음 조일수호조규 원안을 제시했다. 원안이 일본어로 작성되어 있었으므로, 회담이 끝난 뒤에 훈도 현석운을 일본 측 숙소로 보내서 설명을 듣고 한문으로 번역하기로 했다.[27] 그런데 어찌된 영문인지

---

24 편자 미상, 김종학 역, 『을병일기(乙丙日記)』, 국립중앙도서관, 2014, pp. 23~25.
25 『을병일기』, pp. 26~27; 신헌(申櫶) 저, 김종학 역, 『심행일기(沁行日記): 조선이 기록한 강화도조약』, 푸른역사, 2010, pp. 53~55.
26 『심행일기』, pp. 68~70.
27 『日外』第9卷, 문서번호 17.

조약문 번역작업이 예정대로 진행되지 않았다.[28] 그러자 일본 측에선 전날 본국에서 시나가와마루(品川丸)가 도착한 것을 협상을 독촉하기 위해 추가로 군대를 보낸 것이라고 공갈하면서─실제로는 석탄을 보급하기 위해 온 수송선에 불과했다[29]─제3차 회담을 요구하고 조약문의 필사를 재촉했다.

13일에 제3차 회담이 끝나자마자 오경석과 현석운은 신헌의 명에 따라 조약문의 필사를 위해 일본 측 숙소로 갔다. 두 사람은 조약문의 취지에 관해 상세한 설명을 듣고, 일본어로 된 원문을 한문으로 번역했다.[30] 이 자리에서 오경석은 모리야마에게 필담으로 조선의 내부정세를 밀고했다. 그는 전날 조약문을 필사하러 오지 않은 이유를 다음과 같이 설명했다.

귀 대신은 예의를 중시하여 주로 온당하게 응대한다. 이 때문에 우리 대신이 대단히 애매하게 처신해서 이미 언약한 조약서의 초고를 필사해오는 것조차 허락하지 않고, 우리들에게 명하여 조약서의 조관을 모조리 기억해오라는 등의 말을 했다. 어제도 귀 대신이 '만약 10일 내로 수락 여부의 답변을 받지 못한다면 우리들은 이곳을 떠나겠다.'고 말한 것에 대해 우리 대신은 '그렇게 해서 무사히 이곳을 떠나게 된다면 참으로 잘된 일이다.'라는 것과 같은 속셈이 있을지 모르는 인물이다. 만약 귀 대신이 그냥 이곳을 떠나신다면 우리나라 팔도의 인민은

---

28 이와 관련해서 신헌은 제2차 회담을 마치고 역관을 보냈는데 일본 측에서 필사를 허락하지 않았다고 정부에 보고했다(『심행일기』, p. 120). 반면, 일본 측 문헌에는 처음부터 조선 측에서 인원을 보낸 사실이 없는 것으로 기록되어 있다. 그래서 제3차 회담에서 구로다가 조선 측에서 아직 인원을 보내지 않은 이유를 힐문했는데, 신헌이 현석운과 오경석을 돌아보고 필사가 지연된 이유를 힐책하자 두 사람은 그런 명을 받은 적이 없다고 대꾸했다고 한다(『日外』 第9卷, 문서번호 18).

29 黑田淸隆, 『使鮮日記』, 2월 13일.

30 일본 측 수행원 노무라 야스시(野村靖)의 『渡韓日記』에 따르면, 훈도 현석운은 단순히 조약문 원안을 필사하는 데 그치지 않고 이를 한문으로 번역했다고 한다("午後四時比より訓導入館, 和文を飜譯して在る"). 오경석도 같이 있었으므로 당연히 이 작업에 동참했을 것이다(野村靖, 『渡韓日記』, 日本國會圖書館 憲政資料室 『野村靖關係文書』 收錄).

도탄에 빠질 것이다.[31]

    오경석과 현석운이 필사한 조일수호조규의 등본은 당일로 조정에 보내졌다.[32] 이틀 뒤인 2월 15일, 오경석을 밤사이에 급히 서울로 올려보내라는 의정부 관문(關文)이 하달됐다.[33] 이미 제2차 회담에서 10일 이내로 조약안에 대한 조선 정부의 결답(決答)을 주기로 약속했으므로[34] 시한이 촉박했고, 또 오경석은 조약문에 관해 직접 설명을 들은 장본인이기 때문에 급히 불러들였던 것이다.

    일본 측 조약안에 대해 조선 정부에서 조관별로 검토한 결과는 2월 19일에 도착했다. 그런데 흥미로운 사실은, 그것이 오경석의 편지로 내려왔다는 것이다. 신헌은 이날 오경석의 편지에 기초해서 미야모토 오카즈·노무라 야스시(野村靖) 등 일본 측 수행원들을 자신의 처소로 불러서 조관별 심의를 가졌다.[35] 조일수호조규의 구체적 조항은 사실상 이날 신헌과 미야모토 간의 비공식 회담에서 타결됐다고 봐도 무방하다. 조선 정부의 공식문서는 21일에 오경석이 직접 강화도로 갖고 내려왔는데,[36] 그 내용을 보면 19일에 신헌이 오경석의 편지에 기초해서 미야모토 등에게 요구한 내용과 거의 동일하다. 회답기일이 촉박했으므로 서울에서는 우선 오경석의 편지라는 비공식적 방법으로 신헌에게 검토결과를 내려보낸 것으로 이해된다.

    그런데 일본 전권변리대신 구로다 기요타카가 일본을 출발하기 전에 태

---

31 『日外』第9卷, 문서번호 19.
32 『심행일기』, p. 134.
33 『심행일기』, p. 151.
34 『日外』第9卷, 문서번호 17.
35 『심행일기』, pp. 192~201; 『日外』第9卷, 문서번호 20. 『심행일기』에는 처음에 구로다가 접견을 요구했는데 병을 이유로 사절하자 군이 수행원들을 보내서 문병을 청했으며, 이 자리에서 조일수호조규의 조관별 심의가 이뤄진 것으로 기록되어 있다.
36 『심행일기』, p. 222·239~242.

정대신(太政大臣) 산조 사네토미(三條實美)에게 부여받은 내유(內諭), 즉 비밀훈령에 따르면, 이번 사행(使行)에서 반드시 관철해야 할 조건으로 ① 부산 이외 강화도의 개항, ② 조선 연해의 자유 통항, ③ 운요호사건의 사과문 획득의 3가지 사항이 규정돼 있었다.[37] ③을 제외한 ①과 ②는 조일수호조규 원안 제5관과 제7관에 반영되어 있었다.[38] 나머지 조관은 강화도로 오는 선상, 혹은 강화도 현지에 도착해서 급조한 것에 불과했다.[39] 그런데 이 두 조관에 대한 조선 측의 의견을 살펴보면, 제5관의 경우 원래 일본 측에서 지정한 영흥(永興)은 조선 왕실의 원묘(原廟)가 있는 용흥지지(龍興之地)이므로 결코 개항할 수 없으며 그 대신 영남 연해의 1곳만 개항한다는 것이었다. 결국 이 문제는 영흥을 삭제하는 대신, 경기·충청·전라·경상·함경 5개 도(道) 가운데 일본 해군의 실측을 거쳐 20개월 후에 지명하는 항구 2곳을 개항하는 것으로 낙착됐다. 제7관에 대해선 조선 측에서 이의를 제기하지 않고 수용했다.

결과적으로 일본 측의 입장에서 반드시 관철해야 할 조건들은 무난히 타결됐던 것이다 ─ 운요호사건의 사과문과 관련해선 다음 절에서 설명한다 ─. 이를 단순히 우연의 결과로만 보기는 어렵다. 오경석은 이미 일본인들과 내통하고 있었고, 조약 원안을 필사·번역하는 과정에서 그들의 사정도 들었을 것이다. 그렇다면 그가 서울에서 일본인들에게 유리하도록 이를 설명했

---

37 日本外務省 編, 『日本外交年表竝主要文書』(上), 東京: 日本外務省, 1965, pp. 62~64.

38 조일수호조규 일본 측 원안의 제5관에 따르면, 영흥(永興) 및 경기·충청·전라·경상의 4개 도(島) 가운데 추후 실측을 거쳐 1개 항구를 개항한다고 되어 있다. 원래 내유(內諭)에서 지정된 곳은 강화도였는데, 일본 사절단이 강화도에 도착해서 보니 조석 간만의 차가 몹시 크고 수심이 얕아서 개항장으로 부적합했을 뿐 아니라 너무 낙후되어 있었으므로, 1850년대부터 Port Lazarev라는 이름으로 러시아 해도(海圖)에까지 양항(良港)으로 표기된 영흥으로 바꾼 것이라고 한다[다보하시 기요시 저, 김종학 역, 앞의 책(2013), pp. 462~463].

39 1871년에 체결된 청일수호조규도 일본 측 원안은 야나기하라 사키미쓰(柳原前光)가 청 현지에서 본국 정부의 승인 없이 기초한 선례가 있다(藤村道生, 「征韓論爭における外因と內因」, 日本国際政治学会, 『国際政治37 日本外交史の諸問題 III』, 東京: 有斐閣, 1968, p. 7).

을 가능성도 없지 않다.

또한 조일수호조규의 특징은, 조선의 상황이나 대외인식 수준에 대한 깊은 이해에 기초해서 조선인들이 거부하기 쉽지 않도록 교묘하게 문구를 만든 데 있었다. '자주지방(自主之邦)'이라는 표현이라든지(제1관), 상주사절제도와 관련해서 '시의(時宜)에 따라 체류할 수도 있고 바로 귀국할 수도 있다'라고 한 것(제2관), 영사관 제도(제8관)와 영사재판권 규정(제10관)을 왜관(倭館)에서의 관례와 유사하게 표현한 것 등이 그러한 예에 속한다. 이와 관련해서 부산에 오래 체류해서 조선 사정에 익숙한 미야모토 오카즈의 역할에 주목한 연구도 있지만,[40] 오경석과 현석운의 의견이 반영됐을 가능성도 완전히 배제하기는 어렵다.

운요호사건의 사과문

일본 사절단의 임무 중에는 조선 정부로부터 운요호사건(雲揚號事件)의 공식 사과문을 받아내는 것도 포함되어 있었다. 일본 전권대신 구로다는 제2차 공식회담에서 이를 요구했다.[41] 이에 따라 운요호사건에 관한 조선 정부의 공식 입장을 표명한 문서가 2월 20일에 의정부 관문(關文) 형식으로 강화도 현지에 하달됐다.[42] 신헌은 당일 오전 10시에 현석운과 차비관 현제순(玄濟舜)에게 이를 일본 측에 전달하게 했다.[43] 그런데 이 조회문에는 서계문제에 대한 해명만 있을 뿐, 운요호사건에 관해선 전혀 언급이 없었다. 운요호사건은 원래 일본 측에서 일방적으로 도발한 사건이었으므로,[44] 조선 정부

40 제홍일, 「근대 여명기 일본의 조선정책과 宮本小一」, 『역사와 세계』 제37집, 2010.
41 『심행일기』, p. 126.
42 『심행일기』, p. 202~205.
43 『使鮮日記』, 2월 20일.
44 김종학, 「조일수호조규는 포함외교의 산물이었는가?」, 『역사비평』 제114호, 2016.

의 입장에선 유감을 표시할 이유가 전혀 없었던 것이다.

그러자 이날 오후 7시 30분에 구로다 기요타카와 부대신 이노우에 가오루(井上馨)를 필두로 모리야마 시게루·야스다 사다노리(安田政則)·고마키 마사나리(小牧昌業)·스즈키 다이스케(鈴木大亮) 등 수행원들이 예고 없이 대거 신헌의 처소로 찾아와서 회견을 요구했다. 이들이 갑작스럽게 회견을 요구한 표면상의 이유는 조약 비준문서의 양식에 있었다. 즉, 원래 조약 비준문서는 서양식으로 국왕의 친필서명을 기입하기로 했는데, 아까 현석운이 조약문을 정서(正書)하러 왔을 때 보니 옛 교린국서(交隣國書)의 양식에 따라 '爲政以德'의 어보(御寶)를 압인한다고 적고 있기에 이를 바로잡으려고 왔다는 것이었다. 그리고는 이 문제가 해결되지 않는 한 협상을 중단하겠다고 으름장을 놓았다. 하지만 국왕의 어휘(御諱)를 엄격히 피휘(避諱)하는 풍습이 있던 조선에서는 군부(君父)가 신자(臣子)에게 내리는 문서에 서명을 한다는 것은 상상할 수도 없는 일이었다.

과연 비준문서에 국왕이 서명하는 것은 지금까지 원만히 진행되던 협상의 중단을 선언할 만큼 중대한 문제였을까. 청일수호조규를 비롯해서 청에서는 비준서에 '大淸國皇帝'라고 기재하고 어보(御寶)만 검인할 뿐 친필서명은 하지 않는 것이 관례였다. 일본에서도 1855년에 미일수호조약을 비준할 때 쇼군의 친필서명을 대신해서 "이는 다이쿤의 명에 따라(右大君之命を以て)"라는 한 구절을 넣고, 그 아래에 이세노카미(伊勢守) 아베 마사히로(阿部正弘) 이하 여섯 로주(老中)가 연서(連署)한 전례가 있었다.[45] 이러한 전례로 보더라도 비준의 형식은 사실상 그렇게 중요한 문제는 아니었다. 이는 일본 측이 다른 무언가를 얻어내기 위해 의도적으로 일으킨 사단에 불과했다. 그것은 "2월 21일, 두 대신이 비밀리에 계획한 바가 있어서 막 이곳을 떠나 본선으

---

45 다보하시 기요시 저, 김종학 역, 앞의 책(2013), p. 475.

로 돌아가려고 했다."라고 한 기록이나,[46] 우여곡절 끝에 최종 비준문서 양
식이 국왕의 서명이 아니라 '大朝鮮國主上之寶'라는 어보를 검인하는 것으
로 처리된 사실로 봐도 명백하다.

다음 날인 21일에도 일본 측 수행원들이 두 차례나 신헌을 찾아왔다. 첫
번째는 미야모토·모리야마·노무라·스즈키가 오전 11시에 현제순을 앞세우
고 왔는데, 이 방문의 목적은 조약 비준형식 문제가 발생한 책임이 조선 측
역관들에게 있음을 주지시키기 위한 것이었다.[47]

삼고(三鼓), 즉 자정 무렵에 미야모토·노무라·우라세가 다시 신헌을 찾아
왔다. 이 자리에는 이날 막 서울에서 복귀한 오경석도 동석했다. 미야모토
는 2개의 문안을 가져왔는데, 하나는 의정부 조회문안(照會文案)이고, 다른
하나는 신헌에게 받아낼 각서안[手契]이었다.[48] 그리고는 비준형식에 관해선
조선 측의 의견을 수용할 테니, 그 대신 자신들이 가져온 문안에 따라 의정
부 조회문―운요호사건 사과문―을 새로 만들어 보내고, 또 신헌의 명의
로 각서를 제출할 것을 요구했다. 이날 밤의 회견에 관해 일본 측 수행원 노
무라 야스시가 기록한 『도한일기(渡韓日記)』에는 다음과 같이 적혀 있다.

　　오후에 미야모토와 함께 신 씨(신헌)를 방문했다. 윤 씨(윤자승) 및 오경석·현
　석운이 동석했다. 이에 "금일의 일은 많은 말이 필요 없다. 양국의 명맥이 간신히
　이 몇 개 조에 대한 귀 대신의 결답 유무에 달려있을 뿐이다."라고 하면서 몇 개
　조항의 문서[手契]를 제시했다. 그 조관은, 즉 비준은 조약서와 함께 교환할 것,
　비준 서식·사사문안(謝辭文案: 의정부 조회문안)·조약문에 추가할 내용이 있으
　면 즉시 해결할 것, 5일 기한 등이었다. 마침내 신 씨가 보증한다는 문서 하나를

46 『日外』 第9卷, 문서번호 23.
47 『使鮮日記』, 2월 21일; 『日外』 第9卷, 문서번호 22.
48 『심행일기』, p. 233~234; 『日外』 第9卷, 문서번호 25의 부기 1과 2.

써서 우리에게 주었다. 또 우리나라의 비준문안(批准文案) 및 조약서 가운데 '大' 자를 넣는 등의 일도 결정했다. 이에 양국의 화교(和交)가 비로소 성사에 가까워진 증거를 얻었다. **이 자리에 오경석이 없었더라면 아마도 이처럼 신속히 결판나지 않았을 것이다. 우리는 크게 감사했다.** 이날 오후 6시경에 오경석·현석운 두 사람이 경성으로 달려가서 결답을 얻기 위해 출발했다. (강조—인용자)

다음 날인 22일 오전 9시 30분, 야스다 사다노리가 신헌에게 와서 구로다와 이노우에의 고별을 전했다. 경악한 신헌은 부관 윤자승과 함께 급히 구로다를 찾아가 출발을 만류하고, 전날 미야모토의 각서안에 기재된 대로 5일간 유예해줄 것을 청했다.[49] 그러자 부대신 이노우에 가오루가 다음과 같이 말했다.

구로다 대신께서 말씀하신 것처럼 이번의 논의는 쉽게 협성(協成)하기 어려울 것이다. 왜냐하면 귀국 정부가 교부할 사사(謝辭)의 초안을 보니, 말투가 변해(辨解: 시비를 분별해서 해명함)하는 데 치중되어 사사의 실체가 없다. 게다가 예전에 우리의 뜻을 전달한 운요함의 건에 관해선 문안 가운데 한마디 언급도 없다.[50]

이 발언으로도 20일에 조약 비준 형식을 빌미로 협상 결렬을 선언한 실제 목적이 운요호사건에 관한 조선 정부의 사과문을 새로 받아내는 데 있었음을 알 수 있다. 구로다는 5일 내로 최종 답변을 줄 것을 요구하고 항산도에 정박해 있는 본선(本船)으로 떠나버렸다. 한편, 부대신 이노우에 가오루는 협

---

49 『심행일기』, p. 223~224.
50 『日外』 第9卷, 문서번호 24.

상의 지휘를 위해 몰래 강화부 내 일본인 숙소에 숨어 있었다.[51] 다급해진 신헌은 전날 미야모토가 제시한 문안대로 각서를 만들어서 일본 사절단의 숙소로 보내는 한편, 미야모토 등이 제시한 의정부 조회문안, 비준서 양식, 각서[手契]의 등본, 그리고 현지의 급박한 사정과 조규책자를 올려보내는 사유를 적은 장계를 오경석과 현석운에게 지참시켜서 급히 서울로 보냈다.[52] 결국 이러한 우여곡절 끝에 의정부 조회문은 21일에 미야모토가 제시한 문안에 조선 정부에서 도장만 찍어서 27일 조일수호조규 체결 석상에서 교부하는 형태로 처리됐다.[53]

이보다 앞서 오경석과 현석운은 24일 밤에 강화도로 복귀했다. 이들은 다음 날 정오경에 일본 측 숙소로 가서 모든 현안이 21일 밤의 신헌-미야모토 간의 합의대로 결정되었음을 알리고, 조약과 비준문서 사본을 보여주었다.

오전 11시 30분, 오경석과 현석운이 와서 응접하다. 두 사람은 어젯밤 경성에서 돌아왔다고 한다. [조선 정부는 모두 우리가 논의한 바에 따라 결약할 것임을 알려주었다. 그가 가져온 조약서 및 의정부 사사(謝辭)의 정본(淨本)을 보여주었다.] 오후 8시 오경석이 몰래 찾아와서 부대신의 숙소에서 오랫동안 담화한 뒤 돌아갔다.[54]

이 기록에서 오경석이 오후 8시에 다시 부대신 이노우에 가오루의 숙소를 은밀히 찾아와서 오랫동안 대화한 후 돌아갔다고 한 것에 주목할 필요가

51 위의 문서.
52 『심행일기』, p. 226.
53 『심행일기』, p. 233, 269~270.
54 『使鮮日記』, 2월 25일. 『渡韓日記』에도 "이날 정오 무렵, 오경석·현석운 두 사람이 돌아왔다. 조약 비준 그리고 사사(謝辭) 모두 약속대로 이뤄졌다. 조약 및 비준문서의 사본을 가져왔다."라는 기록이 있다. 단, 『渡韓日記』에는 2월 24일로 기록되어 있는데, 25일의 잘못으로 보인다.

있다. 이노우에가 강화부에 숨어 있는 것은 당연히 조선인들에겐 비밀이었다. 여기서도 오경석이 일본 측과 내통하고 있었던 형적을 볼 수 있다.[55]

이날 밤 오경석과 이노우에의 밀회에 관해 『도한일기』에는 다음과 같이 기록되어 있다.

> 같은 달 25일, 이날 밤 오경석을 불러서 이노우에와 관화(寬話: 제한을 두지 않고 터놓고 대화하는 것)하다. 오 씨의 마음 씀씀이에는 감사한 것이 많다. 특히 조선국은 어찌할 도리가 없음을 한탄하고, 불행히도 이번 화약(和約)이 탄환으로 성사되지 않은 것을 한탄하는 데 이르렀으니 그 심정은 가엾기 짝이 없다.[56]

오경석은 일본인들과 내통하면서 이번 기회에 일본 군함이 무력을 과시해서 조선사회가 큰 충격을 받기를 갈망하고 있었다. 따라서 이처럼 조약이 평온하게 체결되는 것은 결코 그가 바란 바가 아니었다.

이는 박규수의 생각과는 전혀 다른 것이었다. 조일수호조규 체결 당시 박규수가 사전에 '먼저 침범하지 않는다[不先犯]'라는 대응방침을 정하고 배후에서 협상을 지휘해서 그 타결에 결정적으로 기여한 것은 사실이다. 그의 1차적 목표는 일본인들에게 전쟁을 일으킬 빌미를 주지 않아서 무고한 백성의 참화를 막는 데 있었다. 조야의 모든 비난을 자신에게 집중시키면서도 결국 교전사태를 막고 일본 군함을 무사히 돌려보내는 데 성공한 박규수는,[57] 여러 사람들의 비난을 돌아보지 않고 날마다 조정에 나온 자신은 세

---

55 한편, 『심행일기』에는 "저들이 오경석을 불러서 노고를 칭찬하고 술과 장국을 대접했는데 다 먹을 수 없을 정도로 많았다고 한다."라고만 기록되어 있을 뿐, 오경석이 이노우에를 만난 사실에 관해선 언급이 없다(『심행일기』, p. 271).

56 『渡韓日記』, 2월 25일.

57 조일수호조규 체결 직후 박규수가 나라를 그르쳤다고 매도하는 물의가 비등했고, 그가 사망하자 북촌의 양반들 간에 강화한 죄를 성토하려면 박규수의 관을 쪼개야 한다는 극언이 나돌았다고 한다(황현 저, 임형택 외 역, 『역주 매천야록』 상, 문학과 지성사, 2005, p. 98. 이

간의 수치를 모르는 자와 같다며 견벌(譴罰)을 내려줄 것을 청하였다.[58] 그에 반해 오경석은 신미양요 때의 미국 군함과 마찬가지로 일본 군함이 강화도까지 들어왔다가 조약만 체결한 채 아무런 무력시위도 없이 돌아가는 것을 홀로 한탄했던 것이다.

태극기의 고안

이 책의 논지와 직접적인 관계는 없지만, 우리나라 국기인 태극기(太極旗)의 기원과 관련해서 오경석의 활동에 주목할 만한 것이 있으므로 소개한다.

그 후손들의 증언에 따르면, 강화도협상 당시 오경석은 일본과 달리 조선은 국기가 없는 것을 개탄해서 만년에 신앙하던 불교 사찰들의 대문에 그려진 태극도안을 취해서 괘(卦)가 없고 중앙에 태극만 있는 국기를 고안해서 임시로 사용했으며, 이것이 개화파에게 전수되어 오늘날의 태극기로 변천했다고 한다.[59] 이와 관련해서 『심행일기(沁行日記)』에는 다음과 같은 기록이 있다.

11월 3일은 우리나라 황제의 탄신일이니, 이를 천장절(天長節)이라고 부릅니다. 매년 이날이 되면 흰 바탕에 붉은 중심이 그려진 국기를 게양하고 축포 21발을 발사합니다. 귀국 주상의 탄신일에도 대조선 국기를 게양하고 21발의 축포를 발사하며, 모든 여타 국경일에도 그렇게 하면 매우 좋을 것입니다. 지금 보니 귀국의 각처 공해(公廨)의 대문에 태극이 그려져 있으니, 귀 국기는 그것을 그려서 정식(定式)으로 삼으면 매우 좋겠습니다.[60]

하 『梅泉野錄』의 인용은 이 번역본에 의거함).

58 『을병일기』, p. 121.

59 신용하, 앞의 글(1985), p. 179.

60 『심행일기』, p. 298.

이 발언은 2월 27일에 조일수호조규의 조인을 마친 후, 뒷정리를 위해 잔류한 미야모토와 노무라가 신헌을 내방해서 한 것으로 되어 있다. 이에 따르면 태극기의 태극문양을 처음 고안한 것은 일본인이었으며, 그 힌트는 공해(公廨), 즉 관청 대문의 태극 그림에서 얻었던 것이다. 하지만 이 기록은 그대로 믿기 어렵다. 왜냐하면 이날의 대화는 일본 문헌에도 남아있는데, 일본인들은 신헌에게 조선도 빨리 국기를 만들어서 보내줄 것을 요청했을 뿐, 그 문양에 관해선 전혀 언급한 기록이 없기 때문이다.[61] 강화도협상 당시 주된 의제 중 하나였던 운요호사건의 핵심은 실제로 운요호가 일본 국기를 게양했는지, 그리고 조선 수병(戍兵)이 그것을 인지했는지의 여부에 있었다. 2월 26일에 미야모토 오카즈가 신헌에게 제시한 각서(手契)에도 앞으로 양국을 왕래하는 모든 선박은 국기를 게양해야 한다는 규정과 함께 '국기는 지극히 귀중한 물건(國旗是至貴至重之物)'이라는 구절이 있었으므로,[62] 조선 측에서도 국기를 제정해야 할 필요성은 절감했을 것이다. 따라서 오경석이 국기에 관한 아이디어를 낸 것이 사실이더라도 신헌이 물의(物議)를 피하기 위해 일부러 일본 수행원들의 말인 것처럼 기록했을 가능성이 크다.

이후 태극기의 변천사를 간략히 살펴보면 다음과 같다. 1880년 제2차 수신사 김홍집(金弘集)이 일본에서 받아온 황준헌(黃遵憲)의 『조선책략(朝鮮策略)』에는 조선이 즉시 청국 황제에게 상주해서 중국의 용기(龍旗)를 모방하여 전국의 휘치(徽幟), 즉 국기를 만들 것을 권고하는 구절이 있었다. 1881년 2월에 고종의 위원(委員), 즉 특사로 텐진에 파견된 이용숙(李容肅)은 북양대신 이홍장(李鴻章)에게 이 문제에 관해 다음과 같이 문의했다.

문: 소방(小邦)의 선박은 본래 기표(旗標)가 없습니다. 이제 의논해서 제조하려고

61 『日外』 第9卷, 문서번호 30.
62 『심행일기』, p. 276.

하는데, 황참찬(黃參贊: 황준헌)이 주청(奏請)해서 중국의 용기(龍旗)를 모방하라는 논의를 한 일이 있습니다. 중국 선박의 깃발 모양과 그림은 어떻습니까? 그리고 소방은 어떤 색을 쓰고 어떻게 그리면 좋겠습니까?

답: 대체로 서양 국가들의 상선(商船)의 깃발 양식은 모두 그 나라 군주의 깃발과 관계가 있다. 그래서 해상에서 왕래할 때 다른 이들로 하여금 어느 나라 선박인지 알게 하는 것이다. 지금 귀 국왕이 스스로 사용하는 깃발이 용을 그린 네모난 깃발이라고 하는데, 또한 중국의 용기와 유사하니 저절로 용을 그린 깃발을 쓸 수 있으리라. 즉시 이를 선박의 깃발로 만들되, 확정하기 전에 용기의 길이·모양·회구(繪具)·도식(圖式)을 본 대신의 아문에 문서로 통보해서, 그에 근거해서 황제께 자세히 상주하여 시행할 수 있게 하라.[63]

국기 문제에 관한 이홍장의 답변은, 황준헌과 마찬가지로 중국의 용기를 모방해서 쓰라는 것이었다. 이는 조선의 국기를 중국의 그것과 유사하게 만듦으로써 국제사회에서 조선이 중국의 속방(屬邦)임을 과시하려는 의도였다.

태극기가 공식석상에서 처음 사용된 것은 1882년 5월 22일 조미수호통상조약의 조인식에서였다. 당시 미국 전권 로버트 W. 슈펠트(Robert W. Shufeldt) 제독의 회고에 따르면, 조선의 국기는 이 의식을 위해 스와타라(Swatara)호 선상에서 급히 제작되었다고 한다.

조미조약은 예포(禮砲)가 울려 퍼지고, 조선과 미국 양국의 국기가 나부끼는 가운데 제물포에서 조인되었다. 조선인들은 소형 깃발 또는 다소 큰 삼각기만을 사용해왔으므로, 조선 국기가 이 조인식을 위해 스와타라호 선상에서 급히 제작됐다. (왜냐하면 그때까지 조선인들은 작은 깃발 또는 다소 큰 삼각기만을 사용

---

63 李鴻章 撰, 吳汝綸 編, 『李文忠公全集』 第2卷, 臺北: 文海出版社, 1965, p. 507.

해왔기 때문이다.)[64]

그렇다면 조미조약의 조인식에서 사용된 국기는 어떤 것이었을까. 슈펠트의 회고록에는 자세히 언급되어 있지 않지만, 역관 이응준(李應浚)이 가져온 태극문양의 깃발이었을 것으로 추정된다. 이와 관련해서 조미조약의 체결을 마친 후, 김홍집으로 추정되는 조선 대표가 마건충(馬建忠) ― 이홍장의 막료로 조미조약의 체결을 돕기 위해 인천에 들어와 있었다 ― 과 가진 회담 기록에 다음과 같은 구절이 있다.

마건충: 이제 한 가지 귀국에 말할 것이 있는데, 멀리서 온 외국인들에게 보일 국기가 없어선 안 됩니다. **어제 이응준(李應浚)이 가져온 깃발 모양은 일본 국기와 혼동이 있을 듯합니다.** 귀국의 국기 모양은 어떻게 하겠습니까? 예전에 황 참찬(황준헌)이 귀국은 마땅히 중국의 용기(龍旗)를 써야 한다고 한 적이 있는데, 제가 보기엔 그 또한 온당치 않은 듯합니다. (중략) 제 생각에 귀국의 국기는 흰 바탕에 푸른 구름과 붉은 용을 그리되 용은 발톱 4개를 그려서 구획(區劃)을 암시하십시오. 무엇으로 구별하겠습니까? 단지 발톱이 4개인가, 5개인가에 달려있을 뿐입니다. 푸른 구름은, "구름이 용을 따른다."라는 뜻을 취한 것입니다. 군주와 신하는 백성을 근본으로 삼습니다. 그러므로 바탕은 흰색을 쓰는 것입니다.[65] (강조―인용자)

이 대화는 조미조약의 조인식 직후에 이뤄진 것이다. 마건충은 조인식에 참석하지 않았으므로,[66] 이 자리에서 이미 조선 국기가 사용된 사실을 모르

---

64 「The History of the Treaty with Korea, 1898」, *Shufeldt Papers: Letters*, Library of Congress, US(김원모, 「조미조약체결사」, 『사학지』 제25집, 1992에 전재).
65 전해종, 「淸國問答」, 『역사학보』 제22집, 1964(원문은 서울대학교 규장각한국학연구소 소장).
66 馬建忠, 『東行初錄』(殷夢霞 외 편, 김한규 역, 『사조선록 역주5』, 소명출판, 2012, p. 394).

고 있었다. 그렇기 때문에 흰 바탕에 푸른 구름과 붉은 용을 그린 문양으로 조선의 국기를 새로 만들라고 제안한 것이다. 그로부터 닷새 뒤인 5월 27일에 마건충과 조선 대표는 이 문제에 관해 다시 논의했다.

마건충: 국기 문제에 관해 그대에게 신경을 써달라고 부탁한 일이 있습니다.

아(我): 예전에 논의했는데, 붉은 용과 푸른 구름은 만드는 데 많은 노력이 든다고 했습니다. 이응준의 감정본(鑑正本)은 일본 국기와 혼동됩니다. 만약 붉은 바탕에 청·백으로 동그라미를 만들면 혼동을 면할 수 있겠습니까?

마건충: 국기 문제는 관계가 결코 가볍지 않습니다. 귀국해서 정부와 자세히 상의하겠지만, 일전에 이 문제를 논의한 뒤에 생각해보니, 그대로 흰 바탕에 태극도(太極圖)를 그리되, 바깥에 팔괘를 둘러서 그린다면 팔도(八道)의 수와 꼭 맞을 것입니다. 팔괘는 오직 검은색만을 쓰고, 태극을 분명히 하기 위해 반은 붉은색, 반은 검은색을 씁니다. 깃발 외곽에는 또 붉은색으로 테두리를 두르면 어떻겠습니까? 다만 이는 제 사견이니 돌아가서 우리 정부에게 말하겠습니다.

즉, 마건충의 제안에 대해 조선 측에서는 그리기 어렵다는 이유를 들어 완곡하게 거절했던 것이다. 여기서 주목되는 것은 이른바 이응준의 감정본 (鑑正本)이다. 이응준이 가져온 국기는 이미 마건충과 조선 대표 간의 5월 22일 대화에서도 잠깐 언급되었는데, 이 대화로부터 그것이 괘(卦)가 없는 태극 문양이었음을 분명히 알 수 있다. 이응준은 강화도협상 과정에서 문정 역관으로 활동했고, 조일수호조규 체결 석상에서도 신헌을 수행한 인물이었다. 따라서 당시 오경석에 의해 고안된 태극문양 깃발에 관해서도 잘 알고 있었을 것이다. 스와타라호 선상에서 임시로 만들었다고 한 국기도 바로 이 태극문양 국기였을 가능성이 크다.

1880년 이래로 중국은 조선의 국기로 용기(龍旗)를 쓸 것을 권유했다. 하지만 조선에선 갖가지 구실을 대면서 이를 받아들이지 않았다. 중국은 이를 통해 조선이 그 속국임을 대내외적으로 과시하려고 했지만, 조선은 바로 그 이유 때문에 거부했던 것이다. 그런데 마건충이 보기에 태극문양 국기는 일장기와 유사했다. 조선 국기가 일본 국기와 비슷하다면 자칫 서양인들에게 조선이 일본의 영향하에 있다는 인상을 줄 수 있었다. 이 때문에 그는 태극 둘레에 팔괘(八卦)를 그리고 깃발 외곽에 붉은색으로 테두리를 둘러서 일장기와 구별할 것을 제안했던 것이다. 1882년 임오군란(壬午軍亂) 직후 일본에 파견된 박영효가 메이지마루(明治丸) 선상에서 영국인 선장의 제안으로 팔괘를 다시 사괘(四卦)로 줄인 것은 이미 잘 알려진 사실이므로 부언하지 않는다.[67]

우리나라 국기인 태극기는 이와 같이 몇 차례의 전변(轉變)을 거쳐서 완성됐다. 이른바 개화당의 비조(鼻祖)인 오경석에 의해 태극 도안이 처음 고안되었고, 일본 국기와 유사해 보인다는 이유로 청의 마건충에 의해 팔괘가 덧붙여졌으며, 다시 개화당인 박영효에 의해 사괘로 줄여져서 오늘날의 태극기가 되었던 것이다. 태극기는 두 강린(强隣) 청과 일본 사이에 개재한 19세기 조선의 착종된 국제정치적 현실, 그리고 자주(自主)와 독립(獨立) 간의 딜레마를 반영하는 역사적 산물이라고밖에 할 수 없다.

---

67 朴泳孝, 『使和記略』, pp. 199~200(이하 『使和記略』의 인용 면수는 『修信使記錄』, 한국사료총서 9, 국사편찬위원회, 1974에 의거함).

3. 비밀결사 개화당의 기원

'기묘한 희망'의 역사적 유래

1874년과 1875년 사이에 베이징 주재 영국공사관을 3차례나 비밀리에 찾아가서 군함의 파견을 청원한 오경석은, 1876년에 일본 군함이 강화도에 접근하자 자발적으로 접촉을 시도했다. 그는 조선의 내부사정을 밀고하였고, 조약문을 한문으로 번역한 후 일본 측에 유리하도록 설명한 혐의가 있으며, 그들이 원하는 대로 운요호사건의 사과문을 만드는 데 적극적으로 협력했다. 또한 처음부터 무력을 과시하라는 조언을 아끼지 않다가 협상이 평화적으로 타결되어 일본 군함이 무사히 떠나가자 홀로 애석해 마지않았다. 지금까지 우리는 막연하게 오경석이 조일수호조규의 체결에 큰 공적을 세운 것으로 알고 있었으나, 그의 실제 '기여'는 이와 같았다.

오경석은 조선의 변화는 오직 외부의 물리적 충격에 의해서만 가능하다고 믿고 있었다. 메이어스는 이를 '기묘한 희망'이라고 불렀지만, 이러한 발상에 유사한 사례가 전혀 없는 것은 아니었다. 예컨대 일본 막부 말기의 대표적 존황양이론자(尊皇攘夷論者) 요시다 쇼인(吉田松陰, 1830~1858)의 경우, 국제정세상 서양 국가들과의 수교가 불가피하다는 사실을 알고 있으면서도, 오직 정권 유지만을 목적으로 굴욕외교를 반복하는 막부를 쓰러뜨리기 위해 일부러 서양에 대한 강경책을 주장해서 분란을 조장했다.[68] 즉, 요시다 쇼인 또한 막부 타도라는 국내정치적 목적을 달성하기 위해 '외부의 충격'을 의도적으로 초청했던 것이다.

그 후 일본의 사쓰마 번(薩摩藩)과 조슈 번(長州藩)은 각각 사쓰에이 전쟁(薩英戰爭, 1863)과 영국·프랑스·미국·네덜란드 4국 연합함대의 시모노세키

---

68 박훈, 『메이지유신은 어떻게 가능했는가』, 민음사, 2014, pp. 95~97.

포격(1864)을 겪으면서 양이(攘夷)가 물리적으로 불가능함을 실감하고 개국론으로 '개종'했다.[69] 오경석 또한 신미양요를 통해 이와 유사한 체험을 했다. 병인양요 이후 5년간 대원군은 동원할 수 있는 모든 재정과 인력을 투입해서 한강의 입구인 강화도의 방비에 힘을 쏟았다. 하지만 서양 열강의 군대에 대해선 이야기가 되지 않았다. 그 소규모 부대의 공격을 받는 것만으로 방어선은 완전히 무너지고 말았던 것이다. 서양 열강과의 무모한 대결정책을 계속할 경우 무고한 백성들이 겪어야 할 참화는 자명했다. 그럼에도 불구하고 전혀 변화의 조짐이 보이지 않는 조정의 분위기에 절망한 오경석은 외국 군함을 불러들임으로써 조선사회의 변혁을 촉발하려고 했던 것이다.

그런데 서양 함선에 대한 오경석의 동경(憧憬)에는 역사적 유래가 있었다. 이미 17세기 중엽부터 줄리오 알레니(Giulio Aleni, 艾儒略)의 『직방외기(職方外紀)』에 실린 「만국전도(萬國全圖)」나 페르디난트 페르비스트(Ferdinand Verviest, 南懷仁)의 「곤여전도(坤輿全圖)」와 같은 세계지도가 조선에 수입되어 세계지리와 서양에 대한 인식이 크게 넓어졌다. 이 과정에서 서양 함선에 대한 정보도 유입됐다. 지배층의 눈으로 보면 서양 함선은 가증스럽고 두려운 이양선(異樣船)에 불과했지만, 기존질서에 불만을 품고 학정에 시달린 피지배층에겐 부와 권력의 상징 또는 언젠가는 자신들을 해방시키러 올 구원자처럼 인식되어, 18세기 말부터 서양 함선에 대한 환상은 정치적 역모나 『정감록(鄭鑑錄)』 예언신앙과 결합하는 등 다양한 형태로 변주되고 있었다. 특히 일부 중인들은 줄리오 알레니의 『서학범(西學凡)』(1623)을 통해 서양의 대학에서는 신분 차별 없이 인재를 교육, 등용한다는 사실을 알고는 신분제의 속박으로부터 자유로운 구체적 이상향으로서 서양의 이미지를 만들어나가고 있었다.[70] 이런 관점에서 본다면, 신앙의 자유를 위해 서양 군함을 불러

---

69 이시이 다카시 저, 김영작 역, 『메이지유신의 무대 뒤』, 일조각, 2008, pp. 29~40.
70 鈴木信昭, 「一八世紀末朝鮮天主教信徒の西洋船舶要請計劃 ― 信徒らの西洋觀と關聯して」, 『朝

들이려다가 적발되어 조야(朝野)를 경악시킨 가톨릭교도 황사영(黃嗣永)의 백서사건(帛書事件, 1801)은, 이미 피지배층 속에 확산되어 있던 서양 함선에 대한 동경이 종교적 열망과 결합해서 표출된 사건으로 해석할 수 있다.[71]

오세창의 증언

지금까지 알려진 문헌들 가운데 개화당의 기원을 직접적으로 언급한 것은 2개가 있다. 하나는 개화당의 수령 중 1명인 박영효가 1931년에 이광수(李光洙)와 한 인터뷰이고,[72] 다른 하나는 오경석의 아들 오세창의 증언이다. 박영효는 개화당이 박규수의 문하에서 만들어진 것처럼 말했지만, 그것은 사실이 아니다. 이에 관해선 앞으로 여러 차례 언급할 기회가 있을 것이므로 잠시 미뤄두고, 오세창의 증언을 먼저 살펴보기로 하자. 참고로 오세창은 3·1운동 민족대표 33인 중 1명으로서 『근역서화징(槿域書畫徵)』(1928)을 편찬한 서화수집가이자 서예가로 잘 알려진 인물이다.

나의 아버지 오경석은 한국의 역관으로서 당시 한국으로부터 중국에 파견되는 동지사 및 기타 사절의 통역으로서 자주 중국을 왕래했다. 중국에 체재하실 때, 세계 각국이 각축하는 상황을 견문하고 크게 느끼는 바 있었다. 뒤에 열국의 역사나 각국 흥망사를 연구하여 우리나라의 정치가 부패한 것과 세계의 대세에 뒤처지고 있는 것을 깨닫고, 앞으로 언젠가는 반드시 비극이 일어날 것이라

鮮學報』第171輯, 1999; 차기진, 「조선후기 천주교 신자들의 성직자 영입과 양박청래(洋舶請來)에 대한 연구」, 『교회사연구』 제13집, 1998.

71 조광, 「황사영 백서의 사회사상적 배경」, 『사총』 제21·22집, 1977. 황사영의 백서사건에 관해서는 山口正之, 『黃嗣永帛書の硏究』, 大阪: 全國書房, 1946; 山口正之, 『朝鮮西敎史』, 東京: 雄山閣, 1967 참조.

72 이광수, 「박영효 씨를 만난 이야기」, 『東光』 제19호(1931. 3.).

고 크게 개탄하였다. 이 때문에 중국에서 귀국할 때 각종의 신서(新書)를 가져왔다. 아버지 오경석은 일찍이 강화도조약 체결 시에도 신헌 대신 밑에서 크게 활동하였다. 또 중국에서 명화(名畵)와 서폭(書幅)을 많이 구입해서 귀국했다. 아버지 오경석이 중국에서 신사상(新思想)을 품고 귀국했을 때, 평상시 가장 친교가 있는 벗 중에 대치(大致) 유홍기(劉鴻基)라는 동지가 있었다. 그는 학식과 인격이 모두 고매 탁월하고, 또한 교양이 심원한 인물이었다. 오경석은 중국에서 가져온 각종 신서를 그에게 주어 연구를 권하였다. 그 뒤 두 사람은 사상적 동지로 결합하여 서로 만나면 자국의 형세가 실로 풍전등화처럼 위태롭다고 크게 탄식하고, 언젠가는 일대혁신을 일으키지 않으면 안 된다고 상의하였다. 어떤 날 유대치가 오경석에게 우리나라의 개혁은 어떻게 하면 성취할 수 있겠는가 하고 묻자, 오경석은 먼저 동지를 북촌(北村)[북촌이란 서울의 북부로 당시 상류계급이 거주하고 있던 구역이었다.]의 양반자제 중에서 구하여 혁신의 기운을 일으켜야 한다고 대답했다고 한다.

오경석이 중국에서 감득(感得)한 신사상은 유대치에게 전해지고, 유대치는 그 것을 김옥균에게 전해서 김옥균의 신사상을 낳게 되었던 것이다. 오경석은 한국 개조의 예언자요, 유대치는 그 지도자였다. 김옥균은 그 담당자가 되었다. 유대치가 김옥균과 알게 된 것은 김옥균의 나이 20세 전후였다. 김옥균은 유대치에게서 신사상을 받은 이후로 한편으로는 세간의 교유를 널리 구하고, 또 장년(壯年)에 과거에 응시해서 문과에 등제하고 관장(官場)에 올라 새로 벼슬길에 나갔을 때는 동지를 구하는 데 급급(汲汲)하게 노력했다.[73]

처음에 오경석은 중국을 여러 차례 왕래하면서 세계 여러 나라가 각축하는 상황을 직접 목격했다. 또 각국 역사를 연구한 결과 조선의 정치가 부패했으며 세계 대세에 뒤처지고 있다는 사실을 깨닫고는, 앞으로 반드시 비극

---

73 古筠紀念會 編,『金玉均傳』(上), 東京: 慶應出版社, 1944, pp. 48~50.

이 일어날 것이라고 크게 개탄했다. 이에 평소에 가장 친교가 있었던 유대치(劉大致)에게 신서적을 주며 연구를 권하였고, 둘이 상의한 끝에 북촌(北村)의 양반자제 중에서 동지를 구해 혁신의 기운을 일으키기로 했다. 북촌이란 경복궁과 창덕궁 사이의 지역으로 조선 후기 이래로 일당지배체제를 구축한 노론(老論)의 권문세가들이 주로 거주했다. 여기서 이들이 찾아낸 청년이 바로 김옥균(金玉均, 1851~1894)이었다. 오경석과 유대치 그리고 김옥균의 관계는, 말하자면 한국 개조의 예언자·지도자·담당자였다는 것이다.

또한 최남선은 『고사통』에서 유대치가 "세계의 사정을 복찰(卜察)하면서 뜻을 내정의 국면 전환에 두고 가만히 귀족 가운데 영준(英俊)한 인재를 규합하여 방략(方略)을 가르치고 뜻을 고무"했다고 하고, 또 "박영효·김옥균 등이 연래(年來)로 일본 교섭의 선두에 선 것은 실상 대치(大致)의 지시와 계획에서 나온 것이요, 세상이 개화당으로 지목하는 이는 대개 대치의 문인을 이름하였다."라고 했다.[74] 1879년에 김옥균·박영효의 지시로 일본에 밀파된 승려 이동인(李東仁)도 조선공사 하나부사 요시모토(花房義質)와의 회견에서 개화당의 구성원으로 김옥균·오경석·유대치·박영효·강위의 5명을 열거했다.[75] 이는 모두 오세창의 증언이 신빙할 만한 것임을 말해준다.

또 오세창에 따르면, 유대치가 김옥균을 처음 만난 것은 김옥균의 나이 20세 전후의 일로서, 그 후 김옥균은 세간의 교유를 널리 구하였고 문과에 등제해서 관직에 오른 뒤로는 동지를 구하는 데 노력하였다고 했다. 김옥균은 1851년생이므로 그가 처음 유대치를 만난 것은 1871년 전후가 된다. 갑신정변 당시 이조판서 겸 홍문제학에 임명된 신기선(申箕善)도 1871년에 김옥균의 편지를 받고 장차 어려운 시국에 직면해서 용렬한 사나이가 되지 말자

---

74 최남선, 앞의 책.
75 이 책의 제2장 참조.

고 맹세한 바 있다.[76]

　김옥균은 1872년의 알성문과(謁聖文科)에서 장원급제해서 1874년에 홍문
관교리(弘文館校理)에 임명됐다. 그런데 김옥균의 갑신정변 수기(手記) 『갑신일
록(甲申日錄)』에는 정변 당일 궁중에서 화약을 터뜨린 어떤 궁녀에 관해 "나
이 42세. 신체가 장대해서 마치 남자 같고, 남자 대여섯 명을 감당할 만한
여력(膂力)을 가져 평소 고대수(顧大嫂)라는 별명이 있었다. 이 때문에 곤전(坤
殿)의 총애를 받아서 때때로 가까이서 시종할 수 있었다. 10년 이전부터 우
리 당(黨)을 추종해서 때때로 밀사(密事)를 통보했다."라는 기록이 있다. 갑
신정변의 10년 전이라고 하면 1874년이 된다. 김옥균은 관직을 얻어 궁중에
출입하면서부터 궁녀를 포섭해서 궁중의 기밀을 염탐하기 시작했던 것이다.

　유대치가 처음 김옥균을 포섭한 해가 1871년이라는 것도 의미심장하다.
1871년은 오경석이 대미수교를 주장하다가 조정에서 '개항가'로 지목돼서
배척당한 해였다. 그렇다면 오경석과 유대치는 이 일을 계기로 대원군의 설
득을 포기하고 북촌의 젊은 양반자제들을 대상으로 비밀결사를 조직하기
로 결심한 것은 아니었을까. 이들은 외국 군함이 밖에서 충격을 가하면 자
신들이 포섭한 양반자제들로 하여금 내응하거나 그 혼란을 틈타 정권을 장
악하게 한다는 전략을 세웠던 것으로 보인다. 불가(佛家)에 줄탁동시(啐啄同
時)라는 말이 있다. 병아리가 부화하기 위해선 어미 닭과 병아리가 서로 안
팎에서 동시에 껍질을 쪼아야 한다는 의미인데, 불교에 심취해 있던 오경석
과 유대치는 혹시 이 말에서 힌트를 얻은 것은 아니었을까.

---

76 권오영, 「신기선의 동도서기론 연구」, 『청계사학』 제1집, 1984, p. 119. 그 후 신기선은 박영
　교(朴泳敎)·박영효(朴永孝)·이도재(李道宰)·서광범(徐光範)·홍영식(洪英植)과 어울려 다니
　면서 김옥균을 영수로 추대했다고 한다(『역주 매천야록』 상권, p. 189). 또 갑신정변 때는
　우승지(右承旨)로서 개화당이 만든 정령(政令)을 써서 반포하기도 했다(『推案及鞫案』 제328
　책, 「罪人申箕善鞫案」). 『甲申日錄』에는 신기선이 개화당에 의해 이조판서 겸 홍문제학(弘文
　提學)에 임명된 것으로 기록되어 있다.

박제가와 오경석

　지금까지 개화당의 사상적 계보는 연암(燕巖) 박지원(朴趾源, 1737~1805)의 북학사상(北學思想)으로부터 박규수를 거쳐 김옥균에게 이어지는 것으로 설명되어 왔다. 하지만 이는 동의하기 어렵다. 조일수호조규 체결 과정에서 박규수와 오경석이 보인 행태의 차이점에 관해선 앞에서 설명했지만, 박규수가 갑신정변 때까지 살아있었다고 해도 김옥균처럼 일본인들과 결탁해서 쿠데타를 일으켰거나 그것에 찬동했으리라고 상상이나 할 수 있겠는가?

　오경석 후손들의 증언에 따르면, 그 가학(家學)은 단연코 초정(楚亭) 박제가(朴齊家, 1750~1805)의 학문에 있었다고 한다. 오경석의 부친 대부터 박제가의 학문을 매우 높이 평가해서 후손들에게 그의 저작을 반드시 읽고 배우라고 가르쳤으며, 오경석도 국내 학자와 선비 중에선 박제가를 가장 숭상해서 언제나 서재에 그의 그림과 글씨 한 폭씩을 걸어두고 그의 저작을 애독했다는 것이다.[77] 박제가 또한 오경석과 마찬가지로 중인에 속하는 양반 서얼(庶孼) 출신으로, 조선사회의 신분제에 대한 비판의식은 박규수보다 훨씬 더 과격한 면이 있었다. 뿐만 아니라 서양 함선에 대한 동경이라는 점에서도 박제가와 오경석 간에는 확고한 공감대가 있었다.

> 책 읽던 여가에 만 리 밖 그리노니(朱墨餘閒萬里愁)
> 최고운의 옛 고장서 중원을 꿈꾸었네(孤雲舊縣夢中州)
> 만약에 우리 인생 서양 배에 오른다면(人生若上西洋舶)
> 관내후보다 장사꾼이 더 나으리(估客優於關內侯)[78]

---

77 신용하, 앞의 글(1985).
78 朴齊家, 「戲倣王漁洋歲暮懷人六十首」(박제가 저, 정민 외 역, 『정유각집』 (상), 돌베개, 2010, pp. 245~246).

후대에 이르러 오경석과 박제가 간에 공통점이 하나 더 생겼다. 박제가가 박지원이 주도한 '연암학파'의 조연으로서만 이름을 남긴 것처럼,[79] 오경석 또한 박규수가 개화사상을 형성하는 데 기여한 조력자로서만 역사에 기록 된 것이다. 박제가와 오경석의 처절한 고뇌와 사상이 박지원과 박규수의 찬란한 명성에 묻혀버리고 만 것은, 그들이 중인에 불과했다는 신분적 요인을 빼놓고는 설명하기 어렵다.

---

79 박희병은 종래 학계에서 홍대용·박지원·박제가·이덕무 등을 묶는 용어로 '연암일파', '연암학파', '연암그룹'과 같은 용어를 사용해 왔지만, 이는 박지원이 그 문학적 명성으로 인해 과도하게 부각된 측면이 크며, 실제로 이 그룹은 학문적으로 내적 통일성을 담보하고 있지도 않고 박지원이 이 그룹의 학문적 리더도 아니었다는 점에서 이러한 용어는 적절하지 못하다고 비판했다(박희병, 「홍대용은 과연 북학파(北學派)인가」, 『민족문학사연구』 제50호, 2012). 원래 그의 문제의식은 홍대용과 박지원의 차이점을 부각시키는 데 있었지만, 박제가와 박지원 간에도 동일한 문제를 제기할 수 있을 것이다. 또 안대회는 박제가의 사상을 형성한 요소로 백탑시파와의 사상적 교류뿐만 아니라 이지함·이산해·이덕형과 같은 북인(北人) 계열의 사상적 전통, 유수원의 영향, 연행사와 해행사의 영향 등을 거론했다(안대회, 「초정(楚亭) 사상의 성립배경과 그 영향」, 안대회 외 저, 실시학사 편, 『초정 박제가 연구』, 사람의 무늬, 2013). 무엇보다 박제가는 당론(黨論)에서 상대적으로 자유로운 서얼 출신이었다는 점에서 다양한 인물들로부터 사상적 영향을 받았을 것이다.

오경석은 조일수호조규 체결 이듬해인 1877년부터 병석에 누워 거의 거동하지 못하다가 1879년 10월에 49세를 일기로 사망했다. 1877년은 개화당의 역사에서 특기할 만한 해이다. 바로 이해에 김옥균이 박영효를 포섭하는데 성공했기 때문이다. 당시 김옥균의 나이 27세, 박영효는 17세였다.

박영효는 본래 집안이 가난해서 아버지 박원양(朴元陽)이 시장에서 신발을 파는 것으로 생계를 유지했다. 그러던 중 12세 되던 1872년 4월(음력)에 수원유수 신석희(申錫禧)와 문중 어른 박규수의 추천으로 철종의 딸 영혜옹주(永惠翁主)와 혼인해서 부마(駙馬)가 되었다. 하지만 불행히도 영혜옹주는 결혼한 지 불과 석 달 만에 요절하고 말았다. 왕실 법도상 정치활동도, 재혼도 할 수 없어 실의에 빠진 박영효는 점차 불교에 심취하였다. 그는 큰형 박영교의 소개로 김옥균을 처음 만나게 되었는데, 김옥균과 불교 토론을 하다가 재미가 나서 사귀게 되었다고 회고했다.[1] 한편, 왕실의 어른들은 어린 나이에 짝 잃은 외기러기 신세가 된 박영효를 애틋하게 바라보았을 것이다. 게다가 박영효는 부마로서 적지 않은 재산을 갖고 있었다. 따라서 김옥균에게 박영효의 포섭은, 왕실에 접근할 수 있는 기회와 활동 자금의 확보라는 일석이조의 효과가 있었다.

김옥균과 박영효의 첫 번째 작품은 승려 이동인(李東仁, 1849(?)~1881)을 일본에 밀파한 것이었다. 이동인의 법명은 기인(琪印), 법호(法號)는 서명(西明), 동인은 그의 속명(俗名)이다. 앞으로 살펴보겠지만, 이동인은 1879년에 김옥균과 박영효의 밀촉(密囑)으로 일본에 밀항한 후 일본 정토진종(淨土眞宗)의 승려가 되어 일본 조야의 유력인사 및 각국 외교관들과 교제를 했으며, 1880년에 도일한 수신사 김홍집과 함께 귀국해서 고종을 알현한 후 신설 통리기무아문(統理機務衙門)의 참모관에까지 임명됐지만 채 반년도 못 되어 실종된 수수께끼의 인물이다. 이동인의 삶은 그 자체로 매우 극적이었던 데다가 개화당의 결성 시점이나 그 정치적 목적에 관해 중요한 단서를 제공한다고 생각되어 개화사(開化史)를 연구하는 학자들의 큰 관심을 끌어왔다.[2]

오늘날 이동인은 흔히 친일파의 원조 정도로 간주되고 있지만,[3] 당시 영

---

1 이광수, 「박영효 씨를 만난 이야기」, 『東光』 제19호(1931. 3.); 이광린, 「開化黨의 形成」, 『개화당연구』, 일조각, 1973. p. 20.

2 이선근, 「奇傑했던 開化僧 李東仁의 業績과 生涯」, 『東亞論叢』 제3집, 1966; 이용희, 「東仁僧의 行績(上)－金玉均派 開化黨의 形成에 沿하여」, 『국제문제연구』 제1집, 1973; 이광린, 「開化僧 李東仁」, 앞의 책(1973); 이광린, 「開化僧 李東仁에 關한 새 史料」, 『東亞硏究』 제6집, 1985; 김용구, 『세계관 충돌과 한말외교사, 1866-1882』, 문학과 지성사, 2001, pp. 263~306.

3 친일파 연구자 임종국은 『실록 친일파』라는 책의 「초기 종교침략과 친일파」라는 절(節)에서 이동인을 '창씨(創氏) 제1호'로 소개했다(임종국, 『실록 친일파』, 돌베개, 1991, pp. 24~25). 이동인의 당대에도 그가 일본 첩자라는 소문은 파다했던 모양으로, 『龍湖閒錄』에는 "이동인

국 외교문서를 보면 그는 주일 영국공사관 측에도 부단히 내통을 시도했으며, 마침내는 비밀 첩보원(secret agent) 자격을 얻을 정도로 신임을 얻는 데 성공했음을 알 수 있다. 그러면서도 그는 동포 조선인뿐만 아니라 일본인과 영국인들에게도 자신이 다른 나라와 내통하는 사실을 철저히 비밀로 하고 있었다.

우리는 제1장에서 비밀결사 개화당의 결성 배경과 정치적 목적에 관해 살펴보았다. 이제부터 그 연속선상에서 복잡하기 이를 데 없었던 이동인의 행적과 비밀외교의 양상을 재구성하고 그 의미를 해석해보기로 한다.

1. 오쿠무라 엔신

이동인에 관한 연구는 일본 교토(京都)에 있는 동본원사(東本願寺)의 문서 더미 속에서 일본 승려 오쿠무라 엔신(奧村圓心)이 기록한 『조선국포교일지(朝鮮國布敎日誌)』(이하 『포교일지』)가 발견되면서부터 본격적으로 시작됐다. 『포교일지』는 오쿠무라가 1877년부터 1887년까지 11년간 조선에서의 포교 활동을 기록한 일지로, 이동인·유대치·김옥균·박영효를 비롯하여 앞으로 언급될 무불(無不) 탁정식(卓挺埴)이나 『근세조선정감(近世朝鮮政鑑)』의 서문을 쓴 배차산(裵次山)의 행적 및 개화당의 자금 관련 기사 등이 상세히 기록되어 있다. 『포교일지』는 오쿠무라가 조선에 부임하기 전에 주지로 있던 고덕

이라는 자는 조선인이라고 하는데, 표류해서 돌아오지 않다가 수신사 편에 따라 들어왔다. 그런데 그 사람됨이 영리하고 민첩하며 재예(才藝)가 출중하거늘, 조선인이라고 하므로 의심치 않고 신뢰해서 기무참모관(機務參謀官)에 임명했다. 그리하여 대내(大內)에 출입하고, 심지어는 어전에서 대좌(對坐)하며 논의하는 것을 일상적으로 했다. 그런데 4, 5일 전에 어디로 갔는지 알 수 없게 되자, 비로소 그가 왜인(倭人)의 첩자임을 알고 관리들을 보내 잡으려고 했지만 아직 체포하지 못했다고 하니, 참으로 맹랑한 자이다."라고 기록되어 있다(宋近洙 編, 『龍湖閒錄』 제4권, 국사편찬위원회, 1980, p. 452).

사(高德寺: 일본 사가 현 가라쓰 시 소재)에 소장되어 있었는데, 1970년에 고(故) 이용희 교수가 교토에서 동본원사의 문서를 조사하던 중에 마침 그 사사(寺 史)를 편찬하기 위해 전국에서 모아 온 문서더미 속에서 일본인 학자의 도움 으로 우연히 발견했다고 한다.[4]

오쿠무라 엔신은 일본불교 정토진종의 일파 진종대곡파(眞宗大谷派) 소 속 승려였다. 동본원사는 바로 진종대곡파의 본산이었다. 오쿠무라는 해 외포교사(海外布敎師)로서 1877년 9월에 부산에 들어와서 근대 일본불교의 첫 조선 포교소인 정토진종 부산별원을 설립하고, 이어서 원산(1880)·인천 (1882)·광주(1897) 등지에도 별원과 포교장 등을 개설한 인물이다.[5] 그는 이 동인의 일본 밀항에도 깊이 관계되어 있었으므로, 이동인의 행적을 추적하 기에 앞서 먼저 진종대곡파의 내력과 오쿠무라의 조선 파견 과정에 관해 간 략히 살펴보기로 한다.

정토진종은 가마쿠라(鎌倉) 시기 정토교(淨土敎)의 개조(開祖) 호넨(法然)의 제자인 신란(親鸞, 1173~1262)이 창시한 정토교의 일파이다. 그 후 정토진종 은 10개 이상의 교파로 나눠졌는데, 그중에서도 진종대곡파는 서본원사(西 本願寺)를 본산으로 하는 본원사파(本願寺派)와 함께 양대 세력을 구축하고 있었다. 그런데 본원사파가 천황의 조정과 가까웠던 것과 달리 진종대곡파 는 막부(幕府)의 후원 속에서 급성장했다. 특히 막부 말기의 동란 속에서 진 종대곡파는 막부를 경제적으로 후원하고 직접 승군(僧軍)까지 조직해서 전

4 이용희, 앞의 글. 그 후 『포교일지』는 栢原祐泉 編, 『眞宗史料集成』(13册), 京都: 同朋舍, 1975 의 第11卷('維新期の眞宗')에 수록됐다. 그 후 재일사학자 김의환(金義煥)이 「朝鮮開化黨の幕 後の指導者劉大致の活躍とその最後」(『朝鮮學報』 第98輯, 1981)라는 논문에서 이 자료를 인 용했으며, 조동걸이 「奧村의 『朝鮮國布敎日誌』」(『한국학논총』 제7집, 1985)에서 『眞宗史料集 成』에 수록된 『포교일지』의 전문을 전재함으로써 국내 학계에 본격적으로 알려졌다. 이하 『포교일지』의 면수(面數)는 조동걸의 논문에 따른다.
5 한상길, 「한국 근대불교와 오쿠무라 엔신(奧村圓心)」, 『일본불교문화연구』 제9집, 2013.

투에 참여했다.[6] 이 때문에 존황파(尊皇派)에 의해 메이지유신이 달성되자 진종대곡파의 정치적 지위는 대단히 취약해졌다.

더욱이 메이지 정부는 고대 천황제에 입각해서 충효일본(忠孝一本)과 제정일치(祭政一致)를 국시(國是)로 내세우고, 신도(神道)를 국가종교로 채택하면서 신불분리정책(神佛分離政策)을 취했다. 이에 따라 민간에서는 불상과 사원을 파괴하는 폐불훼석(廢佛毁釋) 현상마저 나타났다.[7] 이러한 위기 속에서 일본불교는 '신불불리(神佛不離)'를 주창하면서 국가시책에 적극적으로 호응하는 것으로 자구책을 모색했는데, 진종대곡파는 이러한 흐름의 중심에 있었다.[8]

1877년 당시 일본 내무경 오쿠보 도시미치(大久保利通)와 외무경 데라지마 무네노리(寺島宗則)는 동본원사의 법주(法主) 곤뇨(嚴如)에게 조선 포교를 의뢰했다.[9] 이에 동본원사에서는 오쿠무라 엔신을 같은 해 9월에 부산에 파견했다. 부산은 조일수호조규의 체결로 이미 그 전년에 개항되어 있었다. 그런데 오쿠무라 엔신의 선조인 오쿠무라 조신(奧村淨信)은 이미 1585년부터 1591년까지 부산에서 포교를 시도한 일이 있었다. 그는 1592년에 임진왜란이 발발하자 전사자 위령을 위해 종군했다고 하는데,[10] 실제로는 조선에 체류한 경험을 활용해서 정보원이나 밀정의 역할을 했을 것이다. 고덕사는 바로 조신이 세운 절이었으니, 오쿠무라에게 조선 포교는 선조의 유업을 계승하는 의미도 있었던 것이다.

부산에 부임한 오쿠무라는 옛 왜관(倭館)의 서관(西館) 부지를 임차해서 동

---

6 栢原祐泉,『日本佛教史 近代』, 東京: 吉川弘文館, 1990, pp. 11~19.

7 정광호,『근대한일불교관계사연구 — 일본의 식민지정책과 관련하여』, 인하대학교 출판부, 1994, pp. 27~49; 윤기엽,「廢佛毁釋과 메이지 정부」,『불교학보』 제45집, 2006.

8 한상길,「일본 근대불교의 韓·中 포교에 대한 연구 — 淨土眞宗 奧村圓心과 小栗栖香頂의 활동을 중심으로—」,『韓國禪學』 제20집, 2008, pp. 353~356.

9 美藤遼,「日本仏教の朝鮮布教」,『季刊三千里』 第16號, 1978, p. 120.

10 『포교일지』, p. 252.

본원사 부산별원을 개설하고 포교를 시작했다. 얼마 지나지 않아 날마다 5~10명씩 이곳을 찾는 조선인들의 발걸음이 끊이지 않았다.[11] 『포교일지』에는 이곳을 찾은 조선인들의 이름과 신분이 상세히 기록되어 있는데, 전국 각지에서 다양한 신분의 조선인들이 방문했음을 알 수 있다.

이해 11월, 초대 일본공사 하나부사 요시모토(花房義質)가 오쿠무라에게 조선 포교의 방침에 관해 질문한 일이 있었다. 오쿠무라는 『진종교지(眞宗敎旨)』・『어문(御文)』・『화찬(和讚)』이라는 책을 꺼내놓으며 '진속이체(眞俗二諦)'의 지의(旨意)로 포교하겠다고 답했다. 여기서 진속이체론이란 진체(眞諦)와 속체(俗諦)가 하나를 이룰 때 비로소 완전한 교의가 성립한다는 이론으로, 진체는 진종(眞宗)의 수행법을 따르는 것이고 속체는 세속의 왕법(王法)에 대한 순응을 의미한다.[12] 『진종교지』는 1876년에 중국 상하이에서 포교를 시작한 진종대곡파 승려 오구루스 고초(小栗栖香頂)가 순한문으로 진속이체론을 해설한 교리서인데, 오쿠무라는 조선인이 찾아올 때마다 어김없이 『진종교지』를 선사했다. 이는 그가 단순히 교리를 설법하는 데만 그치지 않고 정치문제까지 거론했음을 암시한다.

오쿠무라의 포교활동에서 특기할 것은 일본 외무성과의 관계이다. 오쿠무라는 조선에 입국한 뒤로 하나부사 공사는 물론, 마에다 겐키치(前田獻吉) 부산 관리관 등 외무당국자들과 긴밀히 연락하면서 일제의 조선정책에 적극적으로 부역했다. 특히 그는 1880년 5월에 원산이 개항되자 이듬해 4월에

---

11 『포교일지』, p. 256.
12 한상길, 앞의 글(2008), p. 378. 또한 히시키 마사하루(菱木政晴)에 따르면, 진속이체론이란 중세부터 사원세력과 천황을 중심으로 하는 세속권력의 협력・상호의존의 논거로 만들어졌다. 그것은 종교적・관념적 영역과 세속적・현실적 영역을 나누어 각각 별개의 진리(諦)를 세우는 것으로, 근대에 이르러선 "죽어서는 안양정토(安養淨土: 극락정토)의 묘과(妙果: 열반)를 얻고(命終われば安養淨土の妙果を得)"[眞諦], "살아서는, 이것도 황은의 덕택으로 여겨 의용봉공의 뜻을 눈에 띄게 발휘하지 않으면 안 된다(生きては、これも皇恩のおかげと、義勇奉公の志を抽でねばならぬ)."[俗諦]라는 식으로 사용되었다고 한다(菱木政晴, 『淨土眞宗の戦爭責任』, 東京: 岩波書店, 1993, pp. 39~40).

정토진종의 원산별원을 설립하고, 1882년 6월에 인천이 개항되자 이듬해 9월에 부산별원의 인천지원(仁川支院)을 개설했다. 가능한 한 많은 곳에 별원을 설치해서 교세를 확장하고 궁극적으로 조선불교를 정토진종 산하에 예속시키고자 한 오쿠무라와, 원산과 인천을 개항시켜서 경제침략의 전초기지로 삼으려고 한 일본 정부의 이해관계가 일치했다고도 할 수 있다.

기독교의 선교 사업이 은연중에 서양 제국주의의 첨병 역할을 한 것은 잘 알려진 사실이지만, 근대 일본불교의 전교는 그보다 훨씬 더 노골적이고 직접적으로 국가의 정치적 논리와 결부되어 있었다. 오쿠무라가 이동인이나 다른 개화당 요인들을 적극적으로 원조한 것 또한 민간에서 '친일파'를 양성하려는 일본 외무성의 의도를 충실히 추종한 것이었다.

2. 첫 번째 도일(渡日)

김옥균, 박영효의 밀촉(密囑)

『포교일지』에 따르면, 이동인이 부산별원을 처음 방문한 것은 1878년 6월 2일이었다. 그로부터 석 달 뒤인 9월 15일에 다시 오고, 또 석 달 뒤인 12월 9일에 와서 11일까지 사흘간 머물렀다. 첫 번째 방문 때는 진종(眞宗)의 교리에 관해서 이야기했을 뿐이지만, 두 번째는『대장목록(大藏目錄)』및『유마경(劉摩經)』과『아미타경주서(阿彌陀經註書)』를 교토 본산에 봉헌하고 제자로 받아주길 청했으며, 세 번째는 호국부종(護國扶宗)의 방법을 이틀간 자세히 논하고 일본 군함 히에(比叡)까지 견학했다고 한다.[13]

그 후 이동인은 일본에 건너가기 위해 1879년 6월부터 부산별원에 머물

---

13 『포교일지』, p. 261, 268.

다가 9월 상순에 마침내 뜻을 이루었다.[14] 『포교일지』는 그가 일본에 밀항한 사정을 다음과 같이 서술하고 있다.

　동인은 원래 승려지만 평소 애국호법(愛國護法)의 신경가(神經家)로서, 최근 조선의 국운은 날로 쇠퇴하고 종교는 이미 땅에 떨어져버렸다고 했다. 이때 혁명당(革命黨) 박영효·김옥균 등이 국가의 쇠운을 분개해서 크게 쇄신하고자 했다. 동인도 뜻이 부합했으므로 박영효·김옥균이 그를 불러보고 중용하게 되었다. 그러므로 열국의 공법(公法) 등을 알기 위해 우리 종문(宗門)에 귀의해서 일본에 건너가고자 했던 것이다. 동인은 박영효가 보내준 순금의 둥근 막대 4자루[길이 2촌 남짓, 둘레 1촌 남짓]의 물건를 내게 보여주며 그것을 여비로 해 건너가겠다고 했다. 그리하여 와다(和田) 씨와 총영사관 마에다 겐키치 씨와 상의해서 본산(本山)에 보내게 되었다. 이것이 한국 개혁당(改革黨)이 일본에 건너온 시초이다.[15]

여기서 혁명당이나 개혁당이라고 한 것은 비밀결사 개화당을 가리킨다. 이에 따르면, 이동인은 열국의 공법, 즉 서양 국제법을 학습하기 위해 박영효와 김옥균의 재정적 지원을 받아 일본에 건너간 것으로 되어 있다. 한편, 진종대곡파의 연혁을 정리한 『조선개교오십년지(朝鮮開教五十年誌)』(이하 『50년지』)에는 박영효·김옥균의 부탁으로 일본의 태도를 살피고 문물을 연구해서 조선의 문화개혁에 공헌하려는 목적이었다고 기록돼 있다.[16]

과연 김옥균 등이 국금(國禁)을 범하면서까지 이동인을 일본에 밀파한 이유는 무엇이었을까. 물론 일본의 실상을 직접 견문하고, 장래 김옥균이 일

14　최인택, 「개항기 奧村圓心의 조선포교 활동과 李東仁」, 『동북아문화연구』 제10집, 2006, p. 434.

15　『포교일지』, pp. 270~271.

16　大谷派本願寺朝鮮開教監督部 編, 『朝鮮開教五十年誌』, 京城: 大谷派本願寺朝鮮開教監督部, 1927, p. 138.

본에 갈 때를 대비하여 사전 정지작업(整地作業)을 하려는 목적도 있었을 것이다. 그러나 보다 직접적인 계기는 조일수호조규의 체결 이래로 일본과의 관계에서 관세 징수·인천 개항·공사주경(公使駐京) 등 곤란한 외교 현안이 제기되어 조선 정부가 곤경에 빠지게 된 상황에 있었다. 외세를 이용해서 정권을 장악하려는 개화당에게, 이처럼 일본이 정치적 압박을 가하는 상황은 책동을 개시할 절호의 기회로 여겨졌을 것이다. 또한 일본 측에서 요구하는 근거가 서양 국제법에 있었던 이상, 그것을 빨리 배워서 일본인들이 새롭게 짜려고 하는 게임의 규칙에 적응할 필요도 있었다. 열국의 공법을 알기 위해 일본에 건너간다고 한 말의 이면에는 바로 이러한 의미가 내포되어 있다.

다음으로 김옥균 등이 이동인을 포섭한 시점을 살펴보자. 『김옥균전(金玉均傳)』에 따르면, 이동인은 원래 북한산 기슭의 산사(山寺)를 지키는 암주(庵主)였는데, 하나부사 공사의 통역인 가에데 겐데쓰(楓玄哲)를 통해 일본불교를 접하고, 뒷날 일본에 가려는 마음으로 일본어도 배우기 시작했다. 그는 평소 불교에 관심이 많던 유대치에게 불경을 가르치기 위해 그 문하에 출입하다가 이것이 인연이 되어 김옥균을 만나게 되었다. 김옥균은 이동인의 식견이 탁월하고 품성이 맑으며 무엇보다 일본인들과 친교가 있었으므로 그를 가까이 대했으며, 이동인도 지체 높은 양반이 비천한 승려에 불과한 자신을 스스럼없이 대하는 데 감격해서 김옥균의 일본행을 돕기 위해 먼저 일본에 가기로 결심했다고 한다.[17] 또한 1882년 9월 11일 자 『시사신보(時事新報)』의 「조선개화당의 한 사람인 김옥균(朝鮮開化黨の一人たる金玉均)」이라는 제목의 기사에 따르면, 처음에 김옥균은 일본에 건너가려는 뜻을 갖고 먼저 일본에 보낼 만한 사람을 백방으로 수소문하다가 이동인을 알게 되었으며, 그를 극진히 대접해서 관계가 친밀해진 뒤에 일본행을 의뢰하자 이동인이

---

17 古筠紀念會 編, 『金玉均傳』(上), 東京: 慶應出版社, 1944, pp. 132~133.

죽음을 맹서하고 일본에 밀항했다고 기록되어 있다.[18] 『시사신보』는 후쿠자와 유키치(福澤諭吉)가 창설하고 경영한 신문인데, 이 기사가 작성되었을 때는 이미 후쿠자와가 이동인과 김옥균에게서 직접 여러 가지 내밀한 이야기를 들은 뒤였으므로 신빙성이 없지 않다. 즉, 이동인은 1878년 6월에 처음 오쿠무라를 찾아가기 전부터 이미 김옥균과 친밀한 사이였으며, 그의 밀촉 또는 지시에 따라 오쿠무라를 방문했던 것이다.

『김옥균전』에서 이동인이 유대치를 만났을 당시 북한산 기슭 산사의 암주였다고 한 대목도 유의할 필요가 있다. 『포교일지』에는 이동인의 소속이 처음 오쿠무라를 찾아왔을 때는 경기도 삼성암(三聖菴), 9월과 12월에 다시 내방했을 때는 양산의 통도사(通度寺)라고 기록되어 있다. 삼성암이란 현재 수유리에 있는 화계사(華溪寺)에 속한 삼성암을 가리킨다.[19] 그런데 화계사는 김옥균이 평소 자주 찾던 사찰로, 갑신정변의 종범(從犯)으로 처형당한 승려 차홍식(車弘植)과 탁정식이 김옥균을 처음 만난 곳이자 갑신정변 직전에 개화당이 매일 밤 거사계획을 의논한 비밀아지트였다.[20] 그렇다면 이동인 또한 삼성암에 우거(寓居)하면서 유대치와 김옥균을 자주 만났을 가능성이 크다.

일본 외무성의 소환

이제 일본으로 밀항한 이동인의 행적을 따라가 보자. 그는 일본 옷을 입

---

18 『時事新報』, 1882년 9월 11일,「朝鮮開化黨の一人たる金玉均」.
19 이용희, 앞의 글, pp. 11~12.
20 이광수, 앞의 글. 그런데『東光』에는 峯溪寺라고 기록되어 있다. 『갑신정변 회고록』(조일문·신복룡 편역, 건국대학교 출판부, 2006)에서는 이광수의 인터뷰 기사를 전재하면서 峯溪寺를 奉元寺의 오기(誤記)라고 추정했는데, 실은 奉元寺가 아니라 華溪寺라고 생각된다. 峯溪寺를 奉元寺의 오기라고 추정한 것은, 아마도 서재필이 봉원사에서 이동인을 처음 만났으며 이곳이 곧 개화파의 온상이 되었다고 회고한 인터뷰 때문이었을 것이다(김도태, 『서재필 박사 자서전』, 을유문화사, 1974, pp. 83~87).

고 벙어리 흉내를 내면서 부산에 출장 나와 있던 와다 엔주(和田圓什)라는 승려와 함께 일본 교토로 건너갔다. 그리고 동본원사에 체류하면서 일본어 학습에 전념했다. 1879년 11월 13일에 이동인이 오쿠무라에게 보낸 서한이 전해진다.

해상에서 손목 잡고 이별한 것이 마치 꿈속의 일처럼 느껴집니다. 요즘 법체 (法體)는 정중(鄭重)하신지요. 흠모하고 또 축송합니다. 소생은 본산(本山)에 도 착한 뒤로 배불리 먹고 따뜻한 옷을 입어서 편안하여 근심이 없습니다. 대법주 (大法主)의 크신 은혜가 하늘과 땅처럼 높고 두터우니, 장차 무엇으로 만분의 일 이라도 갚을 수 있을까요. 이른바 어학(語學)은 마치 태초에 만물이 나뉘기 전처 럼 혼돈스러워서 전혀 방향을 알 수 없습니다. 언제나 칠혈(七穴)을 뚫어서 환히 보고 들을 수 있을런지요.[21]

한편, 오쿠무라는 1879년 12월에 잠시 교토로 복귀했다. 1880년 5월에 원 산 개항이 예정되어 있었으므로, 그는 1880년 2월에 도쿄로 가서 하나부사 조선공사 및 마에다 겐키치 전(前) 부산 주재 관리관과 몇 차례 만나 원산 포교와 별원 개설 문제를 논의했다. 이 과정에서 오쿠무라는 처음으로 이동 인의 존재를 알리고 뒷일을 부탁했다.[22]

도쿄 출장을 마친 오쿠무라는 3월 19일에 교토로 돌아왔다. 그는 교토에 도착하자마자 이동인을 불러서 면회했다. 이윽고 4월 2일에 도쿄 동본원사 아사쿠사(淺草) 별원의 교정(敎正) 스즈키 게준(鈴木惠淳)으로부터 이동인을 빨리 도쿄로 올려보내라는 독촉서한이 도착했다. 이동인은 5일에 득도식(得 道式)을 갖고 정식으로 정토진종의 승려가 되었다. 그리고 다음 날 오쿠무

---

21 『포교일지』, p. 271; 『50년지』, p. 139.
22 『50년지』, p. 140.

라와 함께 도쿄로 향했다. 이들은 9일에 도쿄에 도착해 외무성에 출두해서 마에다에게 보고하고, 11일에 면담을 가졌다. 오쿠무라는 12일에 교토로 복귀하고,[23] 이동인은 아사쿠사 별원에 머물렀다.

이러한 경과로 알 수 있듯이 이동인은 일본 외무당국에 의해 도쿄로 소환된 것이었다. 그렇다면 일본 외무성에서 급히 이동인을 불러들인 이유는 무엇이었을까. 그것은 수신사 김홍집의 일본 방문과 관계가 있었다.

의정부에서 회례(回禮)를 위한 수신사 파견을 상주한 것은 1880년 3월 19일,[24] 김홍집이 수신사로 임명된 것은 5월 1일이었다.[25] 그런데 하나부사는 이미 3월에 이노우에 가오루(井上馨) 외무경에게 "조선 정부가 사절을 보낸다는 풍문이 있으니 곤도(近藤) 영사가 부산에 도착하면 신속하게 조사해서 그 상황을 보고하도록 명령할 것"을 상신했다.[26] 일본 외무성에서는 이 상신서를 접수하자마자 이동인을 도쿄로 급히 올려보내라는 명령을 내렸던 것이다.

이보다 앞서 1877년 9월에 하나부사가 대리공사로 조선에 부임한 이래로 일본 외무당국에서는 원산·인천의 개항, 수출입 과세, 공사주경 등 여러 외교통상 현안들을 타결하기 위해 부심했다. 〈표 2-1〉은 1877년부터 1880년까지 하나부사가 교섭한 주요 안건을 정리한 것이다.

1880년 5월의 시점에서 인천 개항과 공사주경 문제는 여전히 미해결의 난제로 남아있었다. 수신사의 입국은, 비록 이러한 현안들을 일거에 해결할 수는 없더라도 조선 정부의 대일인식을 호전시킬 수 있는 좋은 기회로 여겨졌을 것이다. 이 때문에 일본 외무성에서는 조선인 이동인이 교토에 있다는 소식을 듣자마자 조선에 관한 정보를 입수하고, 수신사 응접에 대비하기 위

---

23 『포교일지』, p. 273.
24 『承政院日記』, 고종 17년 2월 9일.
25 『承政院日記』, 고종 17년 3월 23일.
26 『日外』第13卷, 문서번호 161의 부속서 2.

[표 2-1] 하나부사 요시모토의 주요 교섭(1877~1880)

교섭 시기	주요 현안	결 과
1877. 11.	• 조일수호조규 제5관에 따른 개항장 2개 소의 협정 • 공사주경(公使駐京)	
1878. 9~11.	• 부산항 과세	• 1878년 11월, 일본 군함의 무력시위로 세관 철폐
1879. 6.	• 인천·원산 개항 • 부산항 과세에 대한 손해 배상 요구	• 조선, 원산 개항 허락 • 일본, 부산항 과세에 대한 손해배상 요구 철회
1880. 12.	• 고종 알현 및 국서봉정, 공사주경, 인천 개항	• 1880년 12월 27일에 국왕 알현 및 국서봉정 거행. 조선 정부에서 일본인들이 서대문 밖 청수관(淸水館)에 국기를 게양하고 체재하는 것을 묵인하는 형태로 공사주경 문제 타결 • 1882년 9월까지 20개월간 연기하는 조건으로 인천 개항 허락

해 도쿄로 급히 불러들였던 것이다. 이와 관련해서 1876년의 병자(丙子) 수신사 김기수(金綺秀)가 엔료칸(延遼館)에 머문 것과 달리 수신사 김홍집에게는 아사쿠사 별원이 숙소로 제공된 사실에도 주목할 필요가 있다. 앞에서 언급한 것처럼 아사쿠사 별원에는 이미 이동인이 기숙하고 있었으므로, 그를 통해 수신사의 동정을 염탐하려는 의도가 있었던 것이다.

수신사 김홍집의 파견 배경

수신사 김홍집의 파견과 관련해서 몇 가지 사항을 지적해 두고자 한다. 첫째, 김홍집의 가장 중요한 임무는 해관(海關) 설치 및 통상장정 체결을 위한 예비교섭이었다.[27] 조선 정부로선 세입의 극대화를 위해 가능한 한 고율

---

27 김홍집이 사폐(辭陛)하는 자리에서 고종은 "개항(開港)·정세(定稅) 등의 일은 정부에서 필시 말을 했으리라. 이밖에 혹시 난처한 일이 있으면 의심하거나 염려하지 말고 오직 나라에

의 관세 책정을 희망했다. 하지만 당시 일본 정부의 가장 중요한 외교적 과제는 조선 문제가 아니라 서양 열강과 체결한 불평등조약의 개정에 있었다. 조선과의 통상장정 체결은 여기에 복잡한 문제를 야기할 우려가 있었다. 이 때문에 일본 정부는 김홍집이 전권위임장을 소지하지 않았다는 이유를 들어 완곡하게 교섭을 사양했다.

둘째, 김홍집의 수신사 임명은 고종과 당대의 청년세도 민영익(閔泳翊, 1860~1914)에 의해 결정됐다. 이유원(李裕元)을 비롯하여 조정의 중신들 중에는 명분도 없고 비용도 적지 않다는 이유로 수신사 파견에 반대하는 이들이 적지 않았다.[28] 따라서 수신사의 인선에는 신중을 기해야 했다. 김홍집의 가문은 소론에 속하긴 했지만, 신임사화(1721~1722) 때 노론에게 은혜를 베푼 뒤로 대대로 노론과 가까워 '북촌 소론'이라고 부르는 집안이었다.[29] 뿐만 아니라 김홍집의 부친 김영작(金永爵)은 박규수의 절친한 벗이자 효명세자(익종)의 생전에 촉망받는 인재였으며, 그 연고로 신정왕후와 대원군의 각별한 신임을 얻어 박규수와 함께 파격적으로 고종의 강관(講官)에 임명되기도 했다.[30] 수신사 임명 배후에 민영익이 있었던 것은, 뒤에서 보듯이 김홍집이 일본에서 귀국한 후 이동인을 곧바로 민영익에게 소개한 사실로 짐작할

이롭게 할 것만을 생각하라."라고 하교했다(『承政院日記』, 고종 17년 5월 28일; 金弘集 저, 고려대학교 출판부 편, 『金弘集遺稿』, 고려대학교 출판부, 1976, p. 261). 또한 김홍집이 일본 외무성에 도착해서 제출한 예조판서 윤자승(尹滋承) 명의의 서계(書契)에서도 그 도일(渡日) 목적이 부산항의 관세 징수를 위한 조례 및 통상장정의 협정에 있음을 명시했으며(朴祥植 저, 이성주 역, 『동도일사(東渡日史)』, 부산박물관, 2012), 주일 청국공사 하여장(何如璋)과의 회견에서도 김홍집은 이번 방일의 목적이 인천 개항, 미곡금수(米穀禁輸), 해관정세(海關定稅)의 3건이 아니냐는 질문에 대해 "서계엔 오직 관세를 정하는 것만 규정되어 있다(書契中有定稅事而已)."라고 답했다.

28 다보하시 기요시 저, 김종학 역, 『근대 일선관계의 연구 (상)』, 일조각, 2013, p. 678.
29 『역주 매천야록』 상권, pp. 146~147. 고종은 신하들을 대할 때 노론, 소론, 남인·북인의 3가지 당색(黨色)으로 구별해서 관직에 차등을 둔 것은 물론, 노론은 '친구'로 부르고, 소론은 '저쪽'이라 하고, 남인과 북인은 '그놈'이라고 했다고 한다(같은 책, pp. 131~132).
30 김명호, 「대원군정권과 박규수」, 『진단학보』 제91집, 2001, pp. 228~229.

수 있다.

셋째, 김옥균은 강위를 통해 수신사의 임명과정 및 행동을 상세히 파악하고 있었다. 강위는 김옥균의 천거로 수신사행의 서기(書記)로 임명됐다.[31] 강위는 이미 1874년에 오경석이 베이징 주재 영국공사관을 비밀리에 찾아갔을 때도 동행한 전력이 있었다. 그는 개화당의 음모에 직접 가담하진 않았지만, 이들에게 선배로 추앙받는 인물이었다.[32] 따라서 김옥균이 강위를 김홍집의 수행원으로 심어둔 데는 그를 통해 수신사의 동정을 염탐하려는 의도가 있었다고 할 수 있다.

3. 하나부사 요시모토와의 밀담: 「동인문서」

일본 외무성에서는 이동인을 통해 조선의 정세를 탐지하고 수신사의 내방에 대비하고자 했다. 이동인이 처음 외무성에 출두한 것은 1880년 4월 9일이었는데, 같은 달 25일에 하나부사와 가진 회담기록이 남아있다. 「동인문서(東人聞書)」라는 문헌으로, 도쿄도립대학(東京都立大學)에 소장되어 있던 것을 고(故) 이광린 교수가 처음 발굴해서 세상에 알려지게 되었다. 키키가키(聞書)란 들은 대로 기록한 문서라는 뜻의 일본식 한자이다. 이 문서의 내용은 그의 논문에 자세하게 정리되어 있으므로, 여기서는 개화당의 구성이나 조선정세에 관한 대목만 발췌해서 살펴보기로 한다.[33]

---

31 "嗚呼 以余卑微門地 庸陋姿材 少有讀書之名 誤人遠聽 金侍讀古遇玉均大人 待以殊禮 常懷感激 有執鞭之願 頃在庚辰夏 金侍郎道園宏集大人 以修信使赴日本 侍讀大人力薦不肖 辟充書記以行 得至日京"(姜瑋, 「續東游艸」, 한국학문헌연구소 편, 『강위전집』 하권, 아세아문화사, 1978, p. 921).

32 이 책의 제2장 3절 참조.

33 이광린, 앞의 글(1985). 이 문서는 연도(年度) 없이 '4월 25일 아침에 동인이 왔다'라는 구절로 시작된다. 이를 두고 이광린은 이동인이 아직 일본에 건너가기 전인 1879년 4월 25일에

㈎ 내 동지(同志)의 우두머리[巨擘]로서 의뢰할 수 있는 사람은 홍문관(弘文館) 교리(校理) 김옥균이다. 교리는 비록 5품관에 불과하지만, 높은 참판(參判) 가문 출신으로 몸에는 재덕(才德)을 겸하고 겸양(謙讓)하여 동지(同志)들을 잘 애경(愛敬)하고 있다. 나이는 금년 29세이다.

㈏ 오경석은 중인(中人)이라고 부르는 집안으로 청국 역관이다. 역관 가운데 유식자(有識者)로 알려져 있다.

㈐ 김옥균도 오경석과 같이 유홍기(劉鴻基: 유대치)로부터 가르침을 받고 우내정세(宇內形勢)에 뜻을 두게 된 사람이다.

㈑ 금릉위(錦陵尉: 박영효)라는 사람은 나이 20세이나 관직은 1품관으로서 재학(才學)이 있고 뜻을 가진 사람이다.

㈒ 강기(姜虁: 姜瑋의 잘못)는 유홍기와 같이 우리들이 선배로 우러러보고 있는 사람이다.

당시 비밀결사 개화당의 구성원들을 사실대로 토로했다. 그 중심인물은 김옥균인데, 그는 오경석과 함께 유대치에게서 가르침을 받고―박규수가

부산에서 가진 회견기록으로 추정했다. 그 근거는 ① 하나부사가 1879년 4월 13일부터 29일까지 17일 동안 부산에 체류한 것, ② 며칠 전 마에다 겐키치 부산 관리관을 만났다고 한 것, ③ 김옥균의 나이를 29세로 기록한 것(김옥균은 1851년생), ④ 서울에 있는 김옥균이 편지를 보내왔는데, 그 내용에 청의 이홍장이 서양 2, 3개국을 소개해줄 의사를 표명했지만 조선 정부는 이를 거절했다고 한 것 등을 들었다.
하지만 ①과 ②의 경우, 『포교일지』에 따르면 이동인은 도쿄에 올라오자마자 4월 9일과 11일에 마에다를 만났으며, 무엇보다 마에다가 부산 관리관에 임명된 것은 1879년 6월이었다. ③과 관련해서는, 「東人聞書」에는 박영효의 나이가 20세로 기록되어 있다(박영효는 1861년생). 이광린은 박영효의 나이가 잘못 기록된 것으로 보았지만, 실제로는 김옥균의 나이가 잘못 기록되어 있었던 것이다. ④의 경우도 이광린은 1878년에 이유원(李裕元)과 이홍장 간에 왕복한 서한을 가리킨다고 하였지만, 이홍장이 서양 국가들과의 수교를 공식적으로 권고하는 서한을 보내고, 이유원이 그것을 사양하는 답장을 보낸 것은 각각 1879년 7월과 10월(음력)이었다. 덧붙이자면, 본문의 인용문 가운데 ㈎의 參判은 이광린의 논문에서는 素奉, ㈒의 "세도를 할 만한 사람이 없다"는 "(일을 처리하려면) 勢道할 수 있는 사람이어야 한다"라고 잘못 탈초(脫草)되어 있다.

아니라 —국제정세에 관심을 갖게 되었다. 또한 박영효가 동지로 언급되고 있으며, 강위는 유대치와 함께 개화당이 선배로 우러러보는 인물이라고 했다. 주목되는 것은 아직까지는 갑신정변의 주역 서광범(徐光範)이나 서재필(徐載弼), 그리고 앞으로 언급될 영의정 이최응(李最應)의 아들 이재긍(李載兢)에 관한 말이 없다는 사실이다. 이는 적어도 이동인이 조선을 떠난 1879년 9월까지는 이들이 개화당에 가담하지 않았음을 의미한다.

㈐ 조선에서 세도(勢道)라 하면 정부에서 중심이 되어 만기(萬機)의 추요(樞要)를 잡고 있는 사람을 가리킨다. 금일 이처럼 중대한 시기에 세도를 할 만한 사람이 없다. 국왕, 왕비, 영의정, 왕비의 오빠 네 사람의 합의가 겨우 세도를 하는 정도이다. 이 때문에 정부의 일은 백사인순(百事因循)할 수밖에 없다.

국왕, 왕비, 이최응, 그리고 민태호 4명이 당시 조선의 정권을 장악하고 있었음을 알 수 있다. 이들 4명은 나름대로 개혁 내지 문호개방이 불가피함을 인식하고 있었다. 그런데 개화당의 시각에서 보면 그것은 조선의 참된 혁신을 지향한 것이 아니라 기본적으로 자신들의 정권을 유지하려는 동인(動因)에서 비롯된 것이었으며, 그나마 이를 관철할 만한 의지나 정치력도 부족했다. 이동인이 현재 정부에서 하는 일이 모두 인순에 불과하다고 폄훼한 것은 이 때문이다. 또한 그는 조선이 직면한 중차대한 난국을 타개하기 위해선 누군가가 세도(勢道)가 되어 과감한 개혁을 시행해야 한다고 보고 있었다. 뒷날 개화당이 갑신정변을 일으킨 목적 또한 스스로 세도가 되려는 데 있었다.

㈑ 지금 서양인은 타인이다. 일본인은 형제이다. 이익[利]을 같이할 때는 타인에게 간절한 태도를 보이지만, 한번 곤란을 당하면 문득 돌보지 않게 된다. 형제는 이와 달리 평상시에는 다툼이 많지만 일단 위급한 때를 당하면 반드시 서로

구원하게 된다. 그러므로 나는 위급할 때 의뢰할 수 없는 타인인 서양인에게 이익을 얻도록 하기보다는 형제 사이인 일본인과 항상 이익을 나누고 싶다.

(아) 일본의 설득과 권고를 기꺼이 듣게 되려면 일대 개혁이 있은 뒤가 아니면 할 수가 없다. 개혁을 행하기 위해서는 먼저 그 개혁해야 할 목적을 정하지 않을 수 없다. 모범을 얻기 위해서는 동지 가운데 십여 명을 데리고 가서 육해군이 며, 외무며, 회계며, 권업(勸業) 등의 사업과 제도의 대체(大體)를 모두 조사하 도록 해야 한다.

이 발언만 놓고 보면 이동인과 개화당은 처음부터 일본의 원조를 얻어 조선의 일대 개혁을 단행하려는 계획을 갖고 있었다고 볼 수도 있다. 1881년 조사시찰단(朝士視察團, 일명 신사유람단)의 구상이 이미 나타나고 있었던 것도 주목된다. 하지만 다음 절에서 보듯이 이동인은 일본 외무성뿐만 아니라 영국공사관에도 지속적으로 접촉을 시도했다. 그 결과 이동인은 영국 외무성의 비밀첩보원(secret agent)으로 임명될 정도로 신임을 얻었는데, 일본인들에게는 영국인들과의 접촉 사실을 철저히 비밀에 부치고 있었다.[34] 따라서 이동인이 하나부사에게 한 말을 모두 진심이라고 볼 수는 없다. 오경석이 주청 영국공사관과 일본사절단에게 각각 다른 말을 하면서 접근했던 것과 마찬가지로 이동인의 발언 또한 일본 외무성의 원조를 얻기 위한 것이었다. 그 이면에는 단순히 친일(親日) 같은 말로 재단할 수 없는 복잡한 정치적 계산이 있었다.

---

34 1880년 7월 1일에 영국공사관 서기관 사토가 고베 주재 영사 윌리엄 G. 애스턴(William G. Aston)에게 보낸 서한에 따르면, "부디 이 일을 아무에게도 말하지 말아주시오. 나에게 조선어를 가르쳐주는 조선인(이동인을 가리킴)은 가능한 한 이 일이 누설되지 않기를 바라고 있으며, 특히 그가 나를 계속 찾아온다는 사실이 일본인에게 알려지지 않기를 원하고 있소."라고 했다(Ian Ruxton(ed.), *Sir Ernest Satow's Private Letters to W. G. Aston and F. V. Dickins: The Correspondence of a Pioneer Japanologist from 1870 to 1918*, North Carolina: Lulu Press Inc., 2008, p. 27).

4. 어니스트 M. 사토

하나부사와의 회견으로부터 보름 정도 지난 1880년 5월 12일, 이동인은
주일 영국공사관의 서기관 어니스트 M. 사토(Ernest M. Satow)를 비밀리에
찾아왔다.[35] 이동인은 정체를 숨기기 위해 '조선의 야만'이라는 뜻의 아사노
(朝野)라는 가명을 썼다. 그는 동포를 계몽하기 위해 몰래 일본에 왔다고 하
면서, 그들에게 보여줄 만한 유럽의 건물이나 기계의 사진, 그리고 무엇이든
충격을 줄 만한 물건을 달라고 청했다.[36]

사흘 뒤인 5월 15일에 이동인은 다시 사토를 찾아왔다. 이번에는 조선에
서 막 도착한 탁정식도 함께였다. 탁정식은 김옥균과 박영효의 명에 따라 이
동인을 도와 '일을 매듭짓기 위해' 일본에 왔다고 했다.[37] 그 일이 무엇이었
는지는 뒤에서 다시 살펴볼 것이다. 덧붙여 말하자면, 탁정식은 강원도 백담
사 소속의 승려로 김옥균과 화계사에서 만나서 깊은 교분을 맺고 개화당의

---

35 어니스트 사토는 1861년 런던대학을 졸업하고 같은 해 외무성 외교관시험에 수석합격한 후
   1862년 9월에 일본에 부임했다. 1868년 1월 1일 자로 일본어 서기관으로 발령받고, 1876년
   7월 20일 자로 도쿄 주재 영국공사관 2등서기관이 되었다. 1878년 11월에는 제주도에서 난
   파한 Barbara Taylor호의 구조에 대한 사의(謝意)를 표시하기 위해 제주도와 부산을 방문
   했다. 1884년에는 방콕 주재 영국 공사 겸 총영사, 1893년에는 모로코 주재 영국 공사 겸 총
   영사로 부임했으며, 1895년부터 일본 주재 영국 전권공사 겸 총영사가 되었다가 1900년에
   청국 주재 영국공사로 전임되었다. 사토의 생애와 경력에 관해서는 다음 연구를 참조할 것.
   김용구, 앞의 책(2001), p. 269; Hugh Cortazzi and Gordon Daniels, *Britain and Japan*,
   1859-1991: Themes and Personalities, London: Routledge, 1991, pp. 76~85.
36 Ian Ruxton(ed.), *A Diplomat in Japan Part II: The Diaries of Ernest Satow*,
   1870~1883, North Carolina: Lulu Press, Inc., 2010, p. 433. 사토의 일기는 하기와라 노부
   토시(萩原延壽)에 의해 간단한 해설과 함께 일본어로도 번역되어 총 14책으로 출간되었다.
   이 가운데 이동인 및 조선개화파에 관한 내용은 주로 제14권 「離日」에 수록되어 있다(萩原
   延壽, 『遠い崖: アーネスト・サトウ日記抄』, 東京: 朝日新聞社, 1980, 1998~2001). 사토의 일기와
   서한 가운데 이동인과 관련된 것들은 다음 논문에 일부 번역되어 있다. 유영렬, 「李東仁에
   관한 Satow의 文書」, 『史學研究』 제31집, 1980.
37 『포교일지』, p. 273.

일원이 되었으며,[38] 1879년에 이미 부산별원을 방문한 일이 있었다.[39] 화계사에서 김옥균을 만난 것이나 그의 지시로 1879년에 처음 부산별원을 찾아가는 등 이동인과 공통점이 많은 것이 눈에 띈다.

두 번째 만남을 가진 뒤에 사토는 일기에 다음과 같이 기록했다.

나의 조선 친구가 다시 찾아왔다. ① 그는 조선이 몇 년 내로 외국과의 관계(foreign relations)를 맺을 것이지만, 그 전에 반드시 현재 정부를 일소(sweep away)할 필요가 있음을 확신한다고 말했다. 그처럼 생각하는 청년들의 수는 날마다 늘고 있다. ② 두 번째 조선인은 최근에 이동인에게 합류했다. 그는 명목상으로는 이동인의 하인이지만 실제로는 지체가 높은 인물이며, 불행히도 일본어를 전혀 할 줄 모른다. (중략) ③ 그는 이홍장이 주청(駐淸) 영국공사의 제안으로 조선 정부에 열강과 관계를 시작할 것을 조언하는 서한을 썼다고 들었다고 한다. 하지만 그 사본은 얻을 수 없었는데, 그의 친구들이 일본인에 대해 그들이 좋아하지 않는 방식으로 언급한 문서를 보내는 것이 위험하다고 생각했기 때문이다. (중략) ④ 그는 1878년에 내가 가져갔던 서한의 사본을 보았는데, 그것을 통해 내 이름을 알았다고 한다. 이것이 그가 나를 굳이 찾아온 이유이다.[40] (번호 표기—인용자)

① 이동인은 조선의 문호개방은 필연적 운명이지만, 그 전에 반드시 현재의 정부를 일소해야 한다고 주장했다. 이는 오경석이 베이징 주재 영국 서기관 메이어스나 강화도에 침입한 일본 사절단에게 한 발언과 일맥상통하

---

38 "時有二僧 屬革新派 一是梵魚寺之李東仁 (중략) 一爲白潭寺之卓夢聖[法名覺地 俗名鼎植(挺埴의 잘못)] 本講師也 逢金古愚於華溪寺 如舊相識 結心交 從遊日本 死於東京"(李能和, 『朝鮮佛敎通史』 하권, 新文館, 1918, p. 899).

39 『포교일지』, p. 273.

40 Ian Ruxton(ed.), op. cit.(2010), p. 434.

는 것으로, 비밀결사 개화당이 추구한 대의에 다름 아니었다. 이런 생각을 공유하는 조선의 젊은이들이 늘고 있다고 한 것은, 김옥균의 활동으로 개화 당이 암암리에 세를 확장하고 있음을 의미한다. 그 대표적 성과는 바로 이 재긍, 서광범, 서재필 등의 포섭이었을 것이다.

② 두 번째 조선인이란 물론 탁정식을 가리킨다. 여기서 이동인이 그를 명 목상으로는 자신의 하인이지만 실제로는 지체 높은 인물이라고 소개한 것 은 거짓말이다. 덧붙여 말하자면, 이동인은 하나부사와의 회견에선 개화당 의 멤버로 오경석, 유대치 등 중인들을 사실대로 밝혔지만, 사토와의 대화에 선 조성하(趙成夏), 김옥균, 박영효 등 지체 높은 양반들만 언급했다.[41] 이동 인은 사토에게 개화당의 위상을 일부러 과장했던 셈인데, 이는 사토에게 자 신들의 세력을 과시하는 한편, 일단 영국이 조선에 군함을 파견하기만 하면 문호개방을 쉽게 성사시킬 수 있다고 설득하려는 의도였던 것으로 보인다.

③ 청국 북양대신 이홍장이 1879년과 1880년 사이에 전(前) 영의정 이유 원에게 서신을 보내는 비공식적 방법으로 조선의 문호개방을 권유한 것은 잘 알려진 사실이다.[42] 그 가운데 여기서 언급한 서한은 1879년 7월 9일(음 력)의 것이다.[43] 또 주청 영국공사의 제안이라는 것은, 1879년 7월경(음력)에 토머스 F. 웨이드(Thomas F. Wade) 공사가 총리아문을 방문해서 "조선이 각

---

41 AADM, p. 71.

42 이홍장과 이유원 간의 서한 왕복에 관해선 다음 연구를 참조할 것. 권석봉, 「李鴻章의 對朝 鮮列國立約勸導策에 대하여」, 『역사학보』 제21집, 1963; 권석봉, 「洋務官僚의 對朝鮮列國立 約勸導策」, 『清末對朝鮮政策史研究』, 일조각, 1986; 송병기, 「李裕元-李鴻章의 交遊와 李鴻 章의 西洋各國과의 修交勸告」, 『近代韓中關係史研究: 19世紀末의 聯美論과 朝清交涉』, 단국 대학교 출판부, 1985; 原田環, 「朝·中「兩截體制」成立前史李裕元と李鴻章の書簡を通して」, 『朝 鮮の開國と近代化』, 廣島: 溪水社, 1997; 권혁수, 「한중관계의 근대적 전환과정에서 나타난 비밀 외교채널」, 『근대 한중관계사의 재조명』, 혜안, 2007.

43 『龍湖閒錄』 제4권, pp. 433~435; 李裕元, 『嘉梧藁略』 제11권, 「書」, "答蕭毅伯書(2) 附 原 書", 민족문화추진회 편, 『韓國文集叢刊』 제315~316책, 2003; 中央研究院 近代史研究所 編, 『清季中日韓關係史料』 第2卷, 臺北: 中央研究院 近代史研究所, 1972, 문서번호 329의 부건 2(『清季中日韓關係史料』는 이하 『中日韓』으로 약칭).

국과 교통하지 않으면 반드시 류큐의 전철을 밟을 것(朝鮮若不與各國交通 必爲 琉球之續)"이라고 조언한 일을 가리키는 것으로 보인다.[44]

④ 1878년 9월 21일에 영국 상선 바버라 테일러(Barbara Taylor)호가 풍랑을 만나 제주도 정의현(旌義縣)에 표류했는데, 해당 관민(官民)이 선원들을 구조하고 화물을 건져서 일본 나가사키로 호송한 일이 있었다. 주일 영국공사 해리 S. 파크스(Harry S. Parkes)는 사의를 표하기 위해 11월에 사토에게 자신과 주일 청국 공사 하여장(何如璋)의 감사 서한을 지참시켜서 제주도와 부산에 파견했다.[45] 이동인은 이 서한을 통해 사토의 이름을 처음 알게 되었던 것이다. 이 사건에 관해선 이홍장도 1879년 2월에 이유원에게 보낸 서한에서 "영국인들은 그 후의에 매우 감격했다. 그 공사 파크스가 관리를 보내서 치사(致謝)했는데, 또 귀국이 우례(優禮)로 대해서 지금까지도 칭송하고 있다. 이는 서양인들도 정의(情義)가 통해서, 전혀 이치로 타이르고 덕으로 교화할 수 없는 것은 아닌 것이다."라고 높이 평가한 바 있었다.[46]

회견을 마친 후 탁정식은 먼저 귀국해서 6월 25일에 원산에 도착했다. 홀로 남은 이동인은 수신사 김홍집이 도쿄에 도착할 때까지 거의 매일같이 사토를 방문해서 조선어를 가르쳐주었고, 나중에는 영국공사관의 비밀 첩보원으로 임명될 정도로 신임을 얻었다.[47] 그는 영국공사관에 접촉을 시도한 이유에 관해, 조선인은 프랑스·미국·러시아에는 좋지 않은 역사적 기억이 있고 독일·이탈리아·네덜란드는 전혀 알지 못하는 나라지만, 영국은 지금까지 조선에 대해 어떤 통상요구나 간섭을 한 일이 없기 때문에 수교가 성

---

44 古宮博物院文獻館 編, 『淸光緖朝中日交涉史料』, 臺北: 古宮博物院文獻館, 1970, 문서번호 33
의 부건 1(『淸光緖朝中日交涉史料』는 이하 『中日』로 약칭).

45 FO 46/231, No.117. Parkes to Salisbury, Yedo, November 25, 1878; 근대한국외교문서
편찬위원회 편, 『근대한국외교문서』 제5권, 동북아역사재단, 2012, 문서번호 31(『근대한국외
교문서』는 이하 『외교문서』로 약칭).

46 『嘉梧藁略』 제11권, 「書」, "答蕭毅伯書(1) 附: 再書"; 『외교문서』 제3권, 문서번호 205.

47 Ian Ruxton(ed.), op. cit.(2010), p. 453.

사될 가능성이 크다는 말을 했다.[48] 이는 하나부사에게 조선과 일본은 형제와 같으므로 서양인들에게 조선의 이권을 나눠주느니 일본에 주는 편이 낫다고 한 것과는 전혀 다른 말이었다.

과연 이동인의 본심은 무엇이었을까. 사토를 찾아오기 한 달 전인 1880년 4월에 이동인이 흥아회(興亞會)의 기관지인 『흥아회보고(興亞會報告)』에 투고한 것으로 추정되는 글이 있는데, 그의 대영인식(對英認識)을 적나라하게 드러낸다는 점에서 주목된다.[49]

영국인이 처음 아편을 제조해서 우리 주(洲)의 이익을 거둬들이고 우리 주의 인민을 해치려고 할 때 청국인이 그것을 불태웠으니, 이는 실로 부득이한 일이었다. 만약 청국인이 불태우지 않았더라면 반드시 그것을 싣고 다른 나라로 가서 인명을 해쳤을 것이다. 영국인이 아편을 제조한 것은 단지 이익을 거두려는 간계(奸計)에서 나온 것이요, 청국인이 그것을 불태운 것은 실로 사람을 사랑하는 선심(善心)에서 나온 것이니, 양자 간에 사(邪)와 정(正)을 구분할 수 있다. 그런데도 저들은 도리어 이 일로 혐극(嫌隙)을 빚어서 군대를 연합하여 공격하고, 또 우리 무고한 수만 명의 인명을 창과 화살촉 아래서 살육했다. 그 전에는 또 아무 이유 없이 흔단(釁端)을 만들어서 우리 인도(印度)의 여러 나라를 협박해서 빼앗았다. 그 강함만을 믿고 약한 나라를 업신여긴 죄는 실로 정법(正法)과 공안(公案) 앞에서 용서할 수 없는 것인데, 강약의 형세의 차이에 굴복해서 그 죄를 다스리지 못하고 있으니, 어찌 차라리 빨리 죽기를 바라지 않겠는가?[50]

---

48 FO 405/31, Inclosure 4 in No.244. Memorandum by E. Satow, Jul. 26. 1880; AADM, pp. 70~72.

49 『興亞會報告』第4輯(1880. 5. 14.)에 '東派本願寺遊學生 某'라는 필명으로 「興亞會參」이라는 논설이 게재되어 있다. 이광린은 「興亞會參」의 저자가 이동인일 것으로 추정했다. 이광린, 앞의 글(1985).

50 黑木彬文·鱒澤彰夫 編, 『興亞會報告·亞細亞協會報告』第1卷, 東京: 不二出版社, 1993, p. 22.

19세기 영국은 청에서 인류 역사상 가장 부당하고 명분 없는 전쟁으로 일컬어지는 아편전쟁을 2차례나 일으켜서 불평등조약을 강요했다. 이동인이 보기에 영국은 국제관계에서 이익만을 따지며, 또 자국의 힘만 믿고 약한 나라를 업신여기는 깡패국가(bully state)에 불과했다. 하지만 그가 사토를 찾아간 이유는 역설적으로 바로 여기에 있었다. 즉, 이동인과 개화당은 정체되고 고립된 조선사회가 외부의 충격으로 혁신의 계기를 얻고, 또 그 혼란을 틈타 개화당이 정권을 장악하려면 가능한 한 이익으로 꼬드기기 쉽고 마치 짐승과 같이 난폭한 국가가 유리하다고 판단했던 것이다.

　　이러한 개화당의 음모는 말하자면 '이독제독(以毒制毒)', 즉 독으로 독을 제거하는 극약처방에 비유할 수 있다. 그런데 이홍장이 이유원에게 1879년 7월 9일 자(음력)로 보낸 서한에서도 '이독제독'이라는 문구가 나온다. 다만 이홍장의 서한에서는 서양 국가와의 수교라는 독으로 일본을 제거하려는 의미였던 반면, 이동인의 경우엔 영국이라는 독을 이용해서 국내의 기득권 세력이라는 절대적인 독을 척결하려고 했다는 점에서 차이가 있었다.

　　이제 남은 문제는 왜 하필 1880년 5월의 시점에서 이동인이 사토에게 접촉을 시도했는지를 해명하는 것이다. 오경석도 이미 1874년과 1875년에 베이징 주재 영국공사관을 극비리에 방문해서 군함 파견을 청원한 전례가 있었으므로 이동인의 행동 자체가 새로운 것은 아니었다. 하지만 일본 외무성과의 내통이 원활하게 이뤄지고 있는 중에 다시 영국공사관과의 비선(秘線)을 만들려고 한 데는 어떤 사정이 있었을 것으로 추측된다.

　　우선 생각할 수 있는 것은 김옥균의 유배이다. 당시 김옥균은 세자의 천연두가 회복된 것을 축하하는 증광시(增廣試)의 시관에 임명됐다. 그런데 고종의 엄중한 경고에도 불구하고 시험에 부정행위가 있었다는 물의가 일자, 견책을 받아 1880년 4월 11일에 평안도 창성(昌城)으로 귀양을 가게 됐던 것이다. 비록 김옥균은 석 달 뒤인 7월 13일에 국왕의 특지로 유배에서 풀려나고, 10월 21일에 탕척서용의 은전을 받아 12월 30일에 부교리에 복직됐지만, 5월의 시점에서 김옥균의 갑작스런 유배는 다른 개화당 동지들에게 적지 않은 불안감을 안겨주었을 것이다.

다음은 조정에서 청을 통해 군비를 강화하려는 움직임이 나타난 것이다. 1879년 10월 초 조정에서는 헌서재자관(憲書齎咨官) 이용숙(李容肅)을 청에 파견해서, 톈진(天津) 등지에서 무기 제조와 군대교련법 등을 조선 청년들에게 전수해줄 것을 청원했다. 1879년 8월의 이홍장 서한에는 서양 국가들과의 입약통상(立約通商) 권유와 함께 "무비(武備)에 종사해서 군량을 갖추고 군대를 조련하면서 신중히 변방을 지키라."는 권고도 있었다. 집권세력의 입장에서 서양 국가와의 입약통상은 중대한 위험을 수반할 수 있는 예민한 사안이었으므로, 우선 상대적으로 수월한 군비 강화부터 착수하기로 한 것으로 이해된다.[51] 이에 1880년 6월부터 청국 유학생 파견 문제가 공식적으로 언급되기 시작해서, 8월 14일에 역관 변원규(卞元圭)를 청에 파견해서 이홍장과 직접 이 문제를 논의하기에 이르렀다.[52] 수신사 김홍집이 7월 5일에 국왕에게 사폐(辭陛)하고 일본으로 출발한 지 불과 한 달 뒤의 일이었다.

이와 같은 친청(親淸) 개혁노선의 부상은 개화당에게 전혀 유리할 것이 없었다. 왜냐하면 그것은 일본을 이용해서 정권을 장악하려는 개화당의 계획에 큰 지장을 초래할 것이기 때문이었다. 또한 청이 조선의 개혁과 문호개방을 권유하는 이유가 근본적으로 현존하는 조선의 통치 구조를 온존시켜서 전통적 중화질서의 판도를 유지하는 데 있는 이상, 조선의 혁신에도 하등 도움 될 것이 없었다.

김옥균의 유배와 친청 개혁노선의 대두로 인해 개화당은 적지 않은 위기감을 느꼈을 것이다. 그리고 이러한 위기의식은 서둘러 영국의 군함을 끌어

---

51 송병기, 앞의 책, pp. 32~44.
52 『承政院日記』, 고종 17년 4월 30일.

들여서 정국에 일대 파란을 일으키려는 구상으로 이어졌던 것이다.

1880년 5월에 급거 탁정식이 일본에 밀파된 배경은 이와 같았다. 탁정식의 이른바 '매듭지어야 할 일'이란 수신사 김홍집의 파견과 관련한 정보를 이동인에게 전달하는 일이었을 것이다. 왜냐하면 김홍집의 보고 여하에 따라 향후 개혁과 문호개방의 방침, 즉 청에 의존할 것인지 아니면 일본에 의지할 것인지가 결정될 것이기 때문이었다.

다른 한편으로 개화당은 일본 외무성에 자신들의 이용가치를 입증하려면 수신사가 입국했을 때 양자 간의 교섭에서 거간꾼(broker)의 역할을 잘 수행할 필요가 있었다. 또한 영국공사관에는 조선과 관련한 유익한 정보를 충실히 전달해야 했다. 비유하자면 당시 이동인과 개화당의 비밀외교는 수신사 김홍집, 일본 외무성, 영국공사관이라는 3개의 공을 들고 고난도의 저글링(juggling) 묘기를 펼치는 것과도 같았다. 이 묘기는 너무나 위험한 것이어서, 하나라도 떨어뜨리는 순간 개화당의 명운도 함께 파탄날 것이었다.

5. 수신사 김홍집

김홍집과의 만남

수신사 김홍집은 1880년 8월 11일에 도쿄에 도착해서 9월 8일까지 약 한 달간 체류했다. 그 사이에 이동인은 아사쿠사 별원에서 김홍집을 만나게 된다. 『포교일지』에 따르면, 이동인은 김홍집과의 첫 만남을 다음과 같이 회고했다.

귀승(貴僧)의 배려로 일본 혼간지에 체재하면서 교법(敎法)과 국정(國政)·어학

등을 대략 배웠고, 그 뒤로 도쿄 혼간지(아사쿠사 별원)에 가서 스즈키 소장의 주선으로 유명한 조야의 인사들을 만나서 한국의 현재 국운(國運)을 말하니 모두 한국을 도우려는 후의를 보였소. 마침 그때 수신사 김굉집(金宏集)이 귀국에 들어와서 아사쿠사 혼간지에 머물렀소. 스즈키 교정(敎正)의 접대는 김 수신사와 이조연(李祖淵)을 감동시켰소. 하나부사 공사는 김 씨에게 인천 개항 건을 말했지만, 그는 자신이 맡은 임무가 아니라고 하면서 하나부사 공사의 뜻에 응하지 않았소. 하나부사는 이 일을 스즈키에게 말했고, 스즈키는 나에게 왔소. 그래서 나는 스즈키 씨에게, "내가 일본인이 되어 김 수신사를 만나 일본 정부의 후정(厚情)부터 재야 유지자(有志者)의 참뜻을 전한다면 김 수신사도 안심해서 하나부사의 뜻에 따를 것"이라고 하였소. 스즈키 씨는 이 일을 하나부사에게 말했소. 하나부사는, "동인은 밀행(密行)한 자이다. 수신사를 만나면 저 나라의 폭정에 어떤 일을 당할지 알 수 없다. 그것은 대단히 위험한 계책이다."라고 했소. 스즈키는 그 뜻을 나에게 전했소. 나는 "내가 일본에 와서 국은(國恩)에 보답하고 불은(佛恩)을 갚기로 결심했으니, 나라를 위해 어떤 상황에 처하더라도 다시 근심하지 않소. 김 수신사를 알현하고 싶소."라고 했소. 하나부사와 스즈키는 감탄했고, 결국 김 수신사를 만났소. 나는 일본 옷을 입고 조선어를 말했소. 김 씨는 괴이하게 여겨서 자세히 물었소. 나는 그에게 바짝 다가가 "나라를 위해 작년 이래로 교토와 도쿄 사이에서 고위관리는 물론 재야의 뜻있는 선비를 만나 그 의도를 탐지하니, 조선에 대해 다른 뜻이 없고 단지 개명으로 인도하려는 한 가지 일뿐이었습니다. 그대는 이번에 하나부사의 말을 받아들여서, 귀국하신 후에 반드시 주선하십시오."라고 온갖 말로 설득하니, 김 수신사는 무릎을 치며 "아하! 여기 기남아(奇男兒)가 있어 국은(國恩)에 보답하는구나!"라고 하며 감격해 마지않았소. 그로부터 친밀해져서 만사가 술술 풀리게 되었소. 그 뒤로 하나부사가 크게 나를 신임했소. 우리 신사의 뒤를 따라 귀국했소.[53]

53 『포교일지』, pp. 284~285.

이 회고담은 매우 극적이기 때문에 드라마나 소설의 단골 소재로 쓰이고 있지만, 유감스럽게도 사실과 다른 것이 있다. 이 기록에 따르면 이동인은 하나부사와 김홍집 간에 인천 개항 교섭이 난항에 빠지자, 이를 해결하기 위해 결연히 김홍집 앞에 모습을 드러낸 것으로 되어 있다.

하지만 실제로 이동인은 수신사가 도쿄에 도착하기 전부터 그를 만날 기회를 엿보고 있었다. 사토가 고베 주재 영국영사 윌리엄 G. 애스턴(William G. Aston)에게 7월 1일 자로 보낸 서한에 따르면, 이동인은 잠시 조선에 귀국할 예정이었지만 수신사의 입국으로 인해 그 계획이 잠시 늦춰질지도 모르겠다고 했다.[54] 또 7월 19일 자 서한을 보면 이동인은 이번 달 안으로 귀국할 예정이라고 했다가,[55] 7월 28일 자 서한에서 다시 이동인은 원래 이번 주에 고베에 가려고 했지만 김홍집이 나가사키에 도착했다는 전보가 올 때까지 기다리기로 마음을 바꾸었다고 했다.[56] 그리고 8월 4일 자 서한을 통해 이동인의 일본 가명 아사노(朝野)를 처음 밝히면서 그가 고베에 도착하면 잘 주선해달라고 부탁하고, 아울러 그의 이동은 지금 애스턴과 함께 있을 수신사의 이동경로에 크게 좌우될 것이라고 하였다.[57] 또 8월 11일 자 서한에서는, "아사노는 오늘 아침에 도착한 조선 수신사와 면담할 수 있을지 여부를 확인하기 전에는 떠나지 않을 것이다. 하지만 나는 그가 다음 주 이번 요일쯤에는 증기선을 타고 출항할 것으로 생각한다."라고 했다.[58] 즉, 처음에 이동인은 수신사의 도착과는 무관하게 잠시 귀국할 예정이었지만, 중간에 마음을 바꾸어 수신사가 도쿄에 도착할 때까지 귀국을 미루면서 그를 만날 기회를 계속 노렸던 것이다.

---

54 Ian Ruxton(ed.), op. cit.(2008), p. 27.
55 Ian Ruxton(ed.), op. cit.(2008), p. 28.
56 Ian Ruxton(ed.), op. cit.(2008), p. 29.
57 「修信使金弘集復命書」, 『金弘集遺稿』, p. 297.
58 Ian Ruxton(ed.), op. cit.(2008), pp. 31~32.

이동인과 김홍집의 첫 만남에 관한 다른 기록도 있다. 1881년 5월 8일 자 『조야신문(朝野新聞)』에 따르면, 이동인은 양복 차림으로 일본 상인이라고 하면서 수신사의 수행원에게 접근했다. 그리고 시계 이야기로 관심을 끌다가 개항의 필요성을 설득했는데, 이 과정에서 실수로 우리말 두세 마디를 내뱉는 바람에 정체가 탄로나서 어쩔 수 없이 정체를 밝히고 수신사까지 면회하게 되었다고 한다. 이 기사는 수신사가 갑자기 개항론(開港論)으로 선회한 것은 전적으로 이동인의 힘이었다는 평을 덧붙이고 있다.[59] 당시 『조야신문』의 편집장 스에히로 시게야스(末廣重恭)는 1880년 6, 7월경에 이동인을 직접 만나기까지 했으므로,[60] 이 기사도 한낱 풍설로 치부하기는 어렵다. 요컨대 『포교일지』에 실린 이동인의 회고담은 개화당의 존재를 숨기고 자신의 공적과 위상을 과장한 것에 불과했다.

유의할 것은, 『포교일지』와 『조야신문』 모두 이동인이 김홍집을 만나기로 결심한 계기와 관련해서 인천 개항 문제가 언급된 사실이다. 당시 일본 외무성의 가장 큰 관심사로서 수신사의 일본 방문을 계기로 어느 정도 타결을 보길 원했던 문제는 바로 인천 개항이었다. 당시 수신사행의 향서기(鄕書記) 박상식(朴詳植)이 기록한 『동도일사(東渡日史)』라는 문헌에 따르면, 하나부사와 김홍집은 8월 11·13·15·16·17·25·31일과 9월 8일 등 총 8차례 회견을 가졌는데, 하나부사가 인천 개항 문제를 처음 꺼낸 것은 8월 15일의 회견에서였다. 이 자리에서 김홍집은 "우리나라에서 이미 교동(喬桐)과 남양(南陽)을 언급했으니 애초에 경기 연안을 불허한 것은 아니었다. 만약 두 곳 중에서 항구를 지정한다면 안 될 것도 없지만, 개항은 7, 8년을 기다려야 한

---

59 『朝野新聞』, 1881년 5월 8일.
60 스에히로는 신바시(新橋) 바이차테(賣茶亭)에서 열린 흥아회(興亞會) 모임에서 이동인을 만났는데, 이동인은 "그 나라의 정체와 풍속을 물으니 말을 명랑하게 하면서 추호도 머뭇거림이 없었고, 조선의 폐정을 낱낱이 들면서 군이 숨지지 않았다."고 한다(『朝野新聞』, 1881년 5월 6일).

다. 왜냐하면 경기 연안의 인심을 하루아침에 안정시킬 수 없기 때문이다."
라고 하여 원칙적으로 인천을 불허함은 물론, 교동과 남양의 개항도 7, 8년
연기해야 한다는 강경한 태도를 보였다.[61] 그렇다면 이동인이 김홍집에게 접
근한 것 또한 8월 15일 직후였을 가능성이 크다.

김홍집의 사명(使命)

잠시 화제를 수신사 김홍집에게 돌려보자. 앞서 설명한 것처럼 그는 해관
설치 및 통상장정의 예비교섭이라는 중대한 임무를 띠고 8월 11일에 도쿄
에 도착했다. 하지만 필요한 지식과 경험이 일천했으므로 청국공사관의 조
언을 구하지 않을 수 없었다. 그가 기록한 「대청흠사필담(大淸欽使筆談)」에
따르면, 8월 20일에 청국공사관 참찬관 황준헌(黃遵憲)과 양추(楊樞)가 처음
내방하고, 21일에 김홍집이 청국공사관에 답방했다. 또 8월 23일에 청국공
사 하여장과 부사 장사계(張斯桂)가 내방하고, 8월 26일에 김홍집이 답방했
다. 그리고 9월 6일에 황준헌이 다시 내방했는데, 김홍집은 도쿄를 떠나기
전날인 9월 7일에 마지막으로 답방했다.

그 대담 내용을 보면, 8월 21일의 첫 회견에서 하여장이 일본에 온 사명
을 묻자 김홍집은 대체로 보빙(報聘)을 위한 것이며 서계엔 정세(定稅), 즉 통
상장정 체결의 한 가지 일만 기재되어 있다고 답했다. 이에 따라 23일의 회
견에선 이 문제만 논의됐다. 26일의 회견에서도 주로 정세 문제가 논의되다
가 회담 말미에 김홍집이 미곡금수(米穀禁輸)와 공사주경 문제를 언급했다.
후자와 관련해서 하여장은 외국사신이 서울에 주재하는 것은 중요치 않으
며, 그보다는 통상장정을 어떻게 체결하는가가 훨씬 중대한 문제라고 했다.

---

61 "我國旣以喬桐南陽爲言 初非圻沿之不許也 今若於兩處中指定港口 似無不可 然開港則不可不
待七八年 圻然民心無以一朝頓定"[『東渡日史』(원문), p. 51].

그 뒤로 두 사람 간에는 통상장정과 미곡금수에 관한 논의가 비교적 자유롭게 이뤄졌다.

기존의 설명에 따르면, 수신사 김홍집의 방일(訪日)의 의의는 조선의 외교정책이 대미수교(對美修交)로 바뀌는 중요한 계기가 된 데서 찾을 수 있다. 즉, 하여장은 김홍집에게 러시아의 남하 위험을 경고한 후 그 대책으로 균세지법(均勢之法), 즉 근대국제체계의 세력균형(balance of power) 원리를 설명하고 특히 미국과 수교할 것을 권고했다. 그리고 이러한 취지로 황준헌이 작성한 『조선책략(朝鮮策略)』을 김홍집이 어전에 진상하면서 외교정책의 대전환을 가져왔다는 것이다.

『조선책략』의 요지가 "금일의 급무는 러시아를 막는 것보다 급한 것이 없다. 러시아를 막는 방책은 어떻게 해야 하는가? 중국과 친하고 일본과 결탁하고 미국과 연합해서 자강(自強)을 도모하는 것일 뿐이다[今日之急務 莫急於防俄 防俄之策 如之何 曰親中國 結日本 聯美國 以圖自強而已]."라고 하여 러시아의 위험성을 강조하고, 그 대책으로 중국·일본·미국과의 동맹을 제안한 것은 사실이다. 하지만 이미 여러 차례 강조한 것처럼, 당시 김홍집의 1차적 관심사는 방아(防俄)와 같은 안보문제가 아니라 관세협상을 포함한 경제문제에 있었다.

하여장은 8월 23일의 회견에서 러시아의 위협을 경고하고,[62] 26일의 회견에서 다음과 같은 말로 대미수교를 권고했다.

---

62 "宏曰 俄土近雖接壤 從未嘗通 經營布置 無由聞知 北民之逃入彼地 時或入聞 亦未如之何 切悶 向後接應如何 方得其宜 更乞詳敎 璋曰 近日西洋各國 有均勢之法 若一國與强國隣 懼有後患 則聯各國 以圖章制 此亦自前不得已應接之一法 宏曰 均勢二字 近始從公法中見之 然本國凜守舊規 視外國如洪水猛獸 自來斥異敎 甚峻故也 大敎如此 第當歸告朝廷"(「修信使金弘集入侍筵說」, 『金弘集遺稿』, p. 317). 여기서 '章制'는 '牽制', '自前'은 '目前'의 오자(誤字)인 것으로 보인다.

제가 보기에 러시아 일이 매우 시급합니다. 현재 해내(海內) 각국 중에 오직 미국만이 민주지국(民主之國)이요, 또 국세가 부유하고 충실하니, 열국과 통호할 때 신의를 맺는 것을 숭상하여 크게 편의를 차지하려고 하지 않습니다. 이번에 그들이 와서 좋게 통상을 요구할 때, 만약 요사이 일본이 개정하려고 하는 조약안을 모방해서 저들과 조규를 체결할 수 있다면, 저들은 필시 흔쾌히 응할 것입니다. 그렇게 하면 통상을 원하는 다른 나라들도 반드시 미국과의 조약을 참조해서 (이권을) 독차지하지 못할 것이니, 일체 통상의 권리를 모두 내가 장악할 수 있어서 설령 만국과 교섭하더라도 유익할 뿐 손해될 일이 없습니다. 이는 만세일시(萬世一時)의 기회이니 놓쳐선 안 됩니다. 만약 반드시 이를 원치 않아서 문호를 닫고 굳게 거절하다가 뒷날 또 다른 파란을 일으켜 일이 위급해졌을 때 조규를 맺는다면 반드시 그 손해가 막심할 것입니다. 그대도 그렇게 생각하지 않으십니까?[63]

하여장의 말에 따르면, 러시아의 위협도 위협이지만 미국이 조선과의 수교통상을 원하고 있는 지금이야말로 조선에 이로운 조건으로 통상조약을 체결할 수 있는 좋은 기회이며, 또 그렇게 하면 나중에 다른 나라와 교섭할 때도 유리한 지위를 점할 수 있다는 것이었다. 이는 일본과의 교섭이 뜻대로 진척되지 않아 초조해 하던 김홍집에겐 귀가 솔깃한 제안이었을 것이다.

또한 러시아 위협론과 관련해서 일본 외무성 대서기관(大書記官) 미야모토 오카즈는 8월 14일 김홍집과의 회견에서 청과 러시아 간에 분쟁이 있는 사실을 알고 있느냐면서, "우리나라는 귀국이 독립국이라는 것을 알지만, 서구인들은 귀국을 청의 부용국(附庸國)으로 간주한다. 그래서 러시아가 우선 청의 변경을 엿보고자 일찍이 귀국으로 향한 것이라고 한다."라고 했다.[64] 즉,

---

63 「修信使金弘集入侍筵說」, 『金弘集遺稿』, p. 319.
64 "淸國與俄國有事 或已聞之否 (中略) 我國知貴國獨立之邦 而歐人則謂貴國爲淸國附庸 以爲俄欲先窺淸之藩籬 嘗向貴國云"(『東渡日史』, p. 47).

98

하여장과 똑같이 러시아의 남침을 경고하면서도 미야모토는 그 대책으로 오히려 청을 멀리해야 한다고 조언했던 것이다. 그렇다면 김홍집 또한 방아(防俄)를 위해 청과의 연대를 강화해야 한다는 하여장의 제안에는 반신반의 했을 가능성이 있다.

김홍집이 귀국한 후 『조선책략』을 어전에 진상한 것을 계기로 제소(製疏)된 「영남만인소(嶺南萬人疏)」(1881)에서도 방아론(防俄論)의 허구성을 예리하게 비판했다.[65] 국제정세에 어두운 영남 유생들조차 간파한 사실을 김홍집은 전혀 착안하지 못했던 것일까? 그에게 『조선책략』의 보다 중요한 의미는 방아(防俄)가 아니라 연미(聯美)에 있었을 것이다. 그리고 이는 심각한 재정난을 타개하기 위해 외국과 관세협정(통상장정)을 서둘러 맺어야 했던 현실적 필요에 따른 것이었다. 그렇다면 『조선책략』의 방아론은 기본적으로는 청의 국제정치적 전략을 반영하는 것이었지만, 김홍집과 조선 조정의 입장에선 연미의 의도를 은폐하는 효과가 있었다고 할 수 있다.

---

65 "러시아 오랑캐는 우리와 본래 혐의가 없습니다. 그런데도 헛되이 다른 사람의 이간질을 믿어서 우리의 위중(威重)을 손상시키고, 원교(遠交)를 믿고 근린(近隣)을 도발하여 거조(擧措)가 전도되고 헛소문이 먼저 퍼져서, 이를 구실로 우리에게 와서 병단(兵端)을 구한다면 장차 어떻게 막으시겠습니까? 더구나 러시아·미국·일본은 동일한 오랑캐이므로 그 사이에 접대의 차이를 두기 어려울 뿐만 아니라, 또 두만강 일대 국경이 접해 있으니, 만일 러시아가 일본의 전례를 따르고 미국과 새로 맺은 조약을 원용해서, 자신들이 와서 살 토지와 서로 교역할 재화를 청한다면 어떻게 거절하시겠습니까? (중략) 만약 러시아 오랑캐가 참으로 황준헌의 말대로 그 힘이 우리를 병탄할 수 있고 뜻이 침릉(侵陵)하는 데 있다면, 장차 앉아서 만 리 밖의 원조를 기다려야겠습니까, 아니면 홀로 곡하(穀下: 수도)의 강융(羌戎: 청 만주족을 지칭)과 함께 막아야겠습니까? 이는 그 이해(利害)가 확연한 것인데, 지금 조정에서는 어째서 이 백해무익한 일을 해서 아직 가지지도 않은 러시아의 마음을 깨우고, 아직 일어나지도 않은 미국의 일을 만들어서 도적과 오랑캐를 불러들이려는 것입니까?"(『承政院日記』, 고종 18년 2월 26일).

조미수호통상조약과 개화당

이보다 앞서 미국의 아시아태평양함대 사령관 로버트 W. 슈펠트(Robert W. Shufeldt) 제독은 일본을 개항시킨 매슈 C. 페리(Matthew C. Perry) 제독처럼 자신도 조선의 문호를 최초로 연 인물로서 영예를 누리고자 했다. 당시 준장(commodore)이었던 그는 계급정년으로 조만간 퇴역해야 했는데, 이러한 업적을 바탕으로 정계에 진출하려는 야심을 갖고 있었던 것이다. 1878년 10월 29일에 국무장관 윌리엄 M. 에바츠(William M. Evarts)로부터 조선과 통상교섭을 할 수 있는 권한을 부여받은 슈펠트는, 아시아태평양함대를 이끌고 아프리카와 아시아, 인도양의 여러 섬들을 순회한 후 1880년 4월 14일에 일본 나가사키에 입항했다. 그리고 일본 외무경 이노우에 가오루의 소개장을 갖고 5월 14일에 부산항에 입항해서 지방관과의 면담을 신청했는데, 당시 동래부사 심동신(沈東臣)은 이를 일축했다.[66] 나가사키 주재 영사 여휴(余璃)와[67] 하여장은[68] 이 사실을 총리아문과 이홍장에게 보고하고, 슈펠트에게 협조해서 조선에 관한 주도권을 상실하지 말아야 한다고 건의했다.

이홍장은 슈펠트가 조선의 문호를 개방하기 위해 일본에 도움을 청한 것을, 조선을 '자주지방(自主之邦)'으로 규정한 조일수호조규를 승인하고 조선 문제에서 청보다 일본의 영향력을 더 중시한 결과로 해석했다.[69] 게다가 당시 청은 이리(伊犁, Kuldja) 분쟁으로 러시아와 일촉즉발의 군사적 긴장상태에 있었으므로,[70] 외교적 고립을 우려한 이홍장은 1880년 7월 23일 슈펠트

---

66 박일근,「韓美修好條約에서 본 美·中의 對韓外交政策: 高宗의 秘密外交를 中心으로」,『한국 정치학회보』제11집, 1977.
67 余乾耀,『輶軒抗議』(沈雲龍 主編,『近代中國史料總刊續編』第100輯, 1983, pp. 5~7);『외교 문서』제4권, 문서번호 68.
68 『中日韓』第2卷, 문서번호 334, 335;『외교문서』제4권, 문서번호 57, 58.
69 박일근,『근대한미외교사』, 박우사, 1968, p. 193.
70 이리분쟁과 리바디아조약 체결의 경위에 관해서는 다음 연구를 참조할 것. H. B. Morse,

에게 서한을 보내서 톈진에서의 회담을 요청했다.[71] 이에 따라 8월 26일에
슈펠트와 이홍장 간의 톈진회담이 개최됐는데, 이 자리에서 이홍장은 조선
과 미국 간의 수교에 영향력을 행사해줄 것을 약속하면서 슈펠트에게 북양
해군의 고문직을 제의했다.[72] 바로 이날, 도쿄에서는 하여장이 김홍집에게
대미수교를 제안하고 있었다.

　그렇다면 문호개방이 불가피한 시대적 과제임을 자각하고 있던 개화당은
당연히 미국과의 수교에 찬동했을까. 하지만 문제는 그렇게 간단치 않았다.
미국과의 수교가 청의 제안과 중개에 따른 것인 이상, 개화당의 입장에선 마
냥 이를 환영하기만은 어려웠던 것이다.

　다만 이들에게 다행스러운 한 가지 사실은, 고종은 단순히 청에만 의존하
려는 뜻이 없었다는 것이다. 재위 기간 전반에 걸쳐 변치 않았던 고종의 정
치적 목표는 왕실의 권위를 세우고 왕권을 강화하는 데 있었다. 그리고 고
종의 전형적인 외교술은 신하들을 분열시키고 서로 투쟁하게 함으로써[73] 국
왕의 권위를 유지해온 왕실의 고지(故智)를 국제관계에 적용하는 것이었다.
혹은 청에서 일본으로, 일본에서 러시아로, 러시아에서 미국으로 조선의 뒤

　International relations of the Chinese empire, Vol.II, New York: Paragon Book
　Gallery, 1917, pp. 328~339; Chu Djang, 「War and Diplomacy over Ili-Russian
　Design in Central Asia」, The Chinese Social and Political Science Review, Vol.XX.
　No.3. October, 1936.
71 AADM, pp. 899~900.
72 AADM, pp. 904~905.
73 뒷날 윤치호(尹致昊)는 명성황후의 통치술을 다음과 같이 회고하였다. "공사관 통역으로
　있었지만 나이 어린 내가 무슨 정치야 알겠소마는, 당시로 말하면 명성황후가 영매하여 신
　하들 사이에 투쟁을 붙이시며, 신하들은 개혁파와 수구당의 두 파로 나뉘고 그 사이에 김
　홍집 일파의 중간파가 있어 정계가 혼돈한 때라"(윤치호, 「韓末政客의 回顧談」, 『東亞日報』,
　1930년 1월 12일). 국왕과 왕비의 이러한 통치술은 왕권이 극도로 제한된 갑오개혁 시기에
　도 예외 없이 활용되었다. 즉, 고종은 대원군 세력이 강할 때는 이노우에 가오루 조선공사에
　게 박영효의 등용을 요구하고, 박영효 세력이 강할 때는 박정양을 이용하고, 김홍집·유길
　준 등의 세력을 억누를 때는 또 박영효와의 갈등을 부추겼다(박진철, 『고종의 왕권강화책
　연구(1873~1897)』, 원광대학교 박사학위논문, 2001, pp. 155~200).

를 봐줄 후견국가(patron state)를 끊임없이 대체해 나가는 것이었다. 조선 왕실의 외교가 과연 외세의존적이었는지의 여부는 여전히 큰 논란거리이지만, 분명한 사실은 청, 일본, 러시아 등 특정국가에 전적으로 의지하는 일은 피했다는 것이다. 아마도 고종은 근대국제질서의 세력균형의 의미를 이해하는 데 큰 어려움이 없었을 것이다.

6. 귀국과 두 번째 도일(渡日)

민영익과의 만남

김홍집은 이동인의 배후에 비밀결사 개화당이 있는 것이나 그가 일본인 및 영국인과 내통하고 있다는 사실은 전혀 눈치채지 못했다. 그는 이동인을 견문을 넓히기 위해 일본에 밀항한 기인(奇人) 정도로만 생각했던 것 같다. 그래서 그를 통해 일본정세도 파악하고, 또 앞으로 일본에 보낼 밀사로 쓰려는 생각이었을 것이다. 김홍집은 이동인을 데리고 귀국하기로 하고, 9월 8일에 함께 다카사고마루(高砂丸)에 승선했다. 하지만 이동인은 국법을 어긴 밀항자인 데다가 일본 승려의 행색을 하고 있었으므로, 주위의 이목을 피하기 위해 11일에 고베(神戶)에 기항했을 때 김홍집은 지도세마루(千歲丸)로 환승해서 부산으로, 이동인은 다코노마루(田子ノ丸)를 타고 원산으로 향했다.[74]

김홍집은 10월 2일에 입경해서 국왕에게 복명(復命)했다. 이동인은 9월 28일에 원산에 도착해서 다음 날 서울로 출발했는데,[75] 당시 서울과 원산 간 이동에는 2~3일 정도 소요됐으므로 아마 김홍집과 비슷하게 서울에 도착

74 『金弘集遺稿』, p. 297; 『修信使記錄』, p. 149; 『포교일지』, p. 283.
75 『포교일지』, pp. 283~285.

했을 것이다.

　김홍집은 이동인을 민영익에게 안내했다. 이보다 앞서 민영익은 1875년 1월에 왕비의 오빠로서 민씨 척족의 중심인물이었던 민승호(閔升鎬)가 의문의 폭발물 사고로 사망한 후—이는 대원군 일파의 소행인 것으로 전해진다—그의 양자로 입적되면서 일약 당대의 청년세도로서 명성을 날리게 되었다. 그는 1877년에 과거에 급제하자 바로 그 이듬해에 이조참의에 제수되는 등 파격적인 출세가도를 달렸다. 민영익에 대한 국왕과 왕비의 총애는 대단해서 매일 3번이나 입궐해서 독대했다고 한다. 그는 이러한 총애를 바탕으로 재주가 있는 인물을 직접 발탁하기도 했는데, 유배 중인 이건창(李建昌)을 석방시켜서 기용했으며, 또 유길준(兪吉濬)에게도 과거에 응시하기만 하면 급제시켜 중용하겠다는 제안을 하기도 했다.[76]

　민영익을 만난 뒤로 이동인은 그의 사저 사랑방에서 머물게 되었다. 심지어 미천한 승려로서 국법을 범한 밀항자였음에도 불구하고 민영익을 통해 국왕을 직접 알현하는 영광까지 누릴 수 있었다. 이와 관련해서『나암수록(羅巖隨錄)』에 다음과 같은 기록이 있다.

　이동인은 서양술(西洋術)을 하는 왜승(倭僧)인데, [혹자의 말에 따르면, 조선 사람이 어버이를 버리고 삭발한 뒤에 해인사를 거쳐 양국(洋國)에 들어가 기술을 배우고 작년에 일본에 온 것이라고 한다.] 수신사 김홍집을 만날 때 매우 정성스러웠다. 김홍집이 복명하는 날 동인(東仁)의 재예(才藝)를 크게 아뢰었다. 그리하여 사람을 보내서 그를 불러와 민영익의 사랑방을 주고 가끔 입시하게 했다. 그리고 기무아문의 참모관에 차하(差下)했다. [요시모토(義質: 하나부사를 가리킴)와 결탁한 자이다.][77]

76 노대환,「閔泳翊의 삶과 정치활동」,『한국사상사학』제18집, 2002.
77 朴周大,『羅巖隨錄』, 국사편찬위원회, 1980, p. 258(이하『羅巖隨錄』의 인용 면수는 이 책에

또 윤치호는 다음과 같이 회고했다. 여기서 신사(辛巳) 수신사 김기수는 경진(庚辰) 수신사 김홍집의 착오이다.

서력 일천팔백팔십일년이니 태황제 십구년 신사(辛巳)년이외다 그해 청년 재상 민영익(閔泳翊) 씨 집 사랑에 리모(李某)라는 중이 잇섯지오 이 사람은 본시 볼모 (人質)로 일본에 가잇다가 일천팔백칠십륙년인가 일본유신 이후 조선서 처음 일 본으로 갓든 수신사(修信使) 김긔수(金綺秀)가 다녀올 째 일본말을 잘함으로 데 리고 귀국하야 민영익 뒷사랑에 잇스면서 일본사정을 잘 알고 일본의 개화하는 이야기를 재미잇게 잘하얏슴으로 민영익 씨의 총애는 물론 상감께서도 여러 번 불러보실새 그의 발의로 일본의 신문명을 시찰하고저 량반 십이인을 선정하야 일본으로 보내엿소[78]

이동인은 일본을 떠나기 직전에 박영효가 준 금 막대기를 팔고, 또 본원 사에서 1,000엔을 빌려 램프와 석유, 여러 가지 진기한 물건들을 대량 구입 해서 서울에 도착하자마자 왕실을 비롯한 여러 사람들에게 선물했다고 한 다.[79] 이것으로 왕실과 민영익 등의 환심을 샀던 것이다.

대미수교의 결정과 원산에서의 책동

귀국하고 얼마 지나지 않아 이동인은 조정의 대미수교방침을 주일 청국 공사 하여장에게 전달하기 위한 밀사로 간택되어 두 번째로 일본에 건너가 게 되었다.

의거함).
78 윤치호, 「韓末政客의 回顧談」, 『東亞日報』, 1930년 1월 11일.
79 『50년지』, p. 142.

고종은 10월 11일에 정부 대신을 인견(引見)해서 『조선책략』의 대미수교론에 관해 자순(諮詢)했다. 하지만 영의정 이최응만 적극적으로 찬성의견을 밝혔을 뿐, 나머지 대신들은 방관하거나 함구하는 태도를 취했다.[80] 이최응은 척족 민씨의 입장을 대변한 것에 불과했으므로,[81] 이 정도로는 충분히 묘당의 동의를 얻었다고 할 수 없었다. 이에 고종의 지시로 이최응을 비롯해서 좌의정 김병국(金炳國), 영중추부사 이유원, 영돈녕부사 홍순목(洪淳穆), 판중추부사 한계원(韓啓源), 봉조하 강로(姜㳣) 등 여섯 대신들만 따로 김병국의 집에 모여서 회의를 가졌다. 이 자리에서 여섯 대신은 "배를 보내서 글을 보내면 글을 보고서 좋은 말로 답한다."라고 하여 슈펠트가 다시 서한을 보내면 물리치지 않고 접수하겠다는 결론을 도출했다. 나중에 하여장이 이동인을 통해 이날의 회의기록(「제대신헌의(諸大臣獻議)」)을 받아보고서 반색한 사실로도 알 수 있듯이,[82] 이는 사실상 청의 대미수교 권고를 수용한 것이었다.

이동인은 이 결정을 하여장 공사에게 전하는 임무를 비밀리에 부여받았다. 그런데 뒷날 이동인이 하여장에게 한 말에 따르면, 그는 10월 6일에 서울을 떠나 엿새 후인 12일에 원산에 도착했다고 한다. 10월 6일이라면 조정회의가 있기 5일 전이다.[83] 그렇다면 슈펠트의 서한 접수 방침은 국왕과 이최응, 민태호, 민영익 등의 밀실회의를 통해 이미 어느 정도 결정돼 있었을 가능성이 있다. 조정회의는 이 밀실 결정을 추인하기 위한 단순한 요식행위에 불과했던 것이다.

---

80 『承政院日記』, 고종 17년 9월 8일.
81 "興寅君最應 與其弟大院君素不協 升鎬推挽之 爲領議政 以敵大院君 凡事可陳白 而有難處者 必使最應達之榻前 最應甘爲之倀 而餂其餘潤 雲峴甚恨之"(『역주 매천야록』 상권, p. 83).
82 하여장은 이동인을 만난 후 본국에 "지금 이동인이 전달한 여러 문건들을 보니, 조선이 미국과 수호 맺기를 원한다는 것은 믿을 만합니다(今觀李東仁所遞諸文件 則朝鮮欲與美國結好 自屬可信)"라고 보고했다(『中日韓』 제2卷, 문서번호 342; 『외교문서』 제4권, 문서번호 112).
83 한편, 『포교일지』에는 이동인이 다시 원산에 나타난 날짜가 10월 15일로 기록되어 있다. 그렇다면 10월 6일에 서울을 떠났다고 한 것은 단순한 기록상의 오류일 수도 있다.

한편, 서울에서는 대미수교를 둘러싼 논의가 한창인 가운데 원산에서는 개화당의 음모가 숨 가쁘게 펼쳐지고 있었다. 9월 29일에 이동인이 서울로 출발하고 불과 며칠 뒤인 10월 4일에 유대치가 직접 김옥균과 탁정식의 소개서한을 들고 원산으로 오쿠무라를 찾아왔다. 이동인과 유대치는 중간에 길이 엇갈렸던 것으로 보인다. 탁정식의 서한은 다음과 같다.

세상일 중에 뜻대로 되지 않는 것이 십중팔구입니다. 공(公)과 헤어진 후로 수많은 경영이 모두 김 씨의 먼 귀양으로 결국 제때 이뤄지지 않았으니 부끄럽고 한스럽습니다. 지금 가신 노선생은 우리 스승입니다. 그 성함은 전에 귀공께 말씀 드린 적이 있는데, 실로 큰 뜻과 역량을 갖고 계십니다. 더구나 모모(某某) 학사(學士)들과 깊이 토심토담(吐心吐膽)의 맹약을 맺었으니, 공께서도 그분의 질문을 범홀히 대하지 마시고, 거세(巨細)를 막론하고 일이 있으면 반드시 성취할 것을 도모하십시오. 공과 저의 본래 소원은 다시 진속양전지계(眞俗兩全之計)를 도모하는 것입니다. 축원해 마지않습니다.[84]

이 서한에서 눈에 띄는 것은 '진속양전지계'라는 말이다. 이는 오쿠무라가 조선 포교 방침을 '진속이체(眞俗二諦)'에 둔 것을 연상시킨다. 그렇다면 여기서 진체란 쇠락한 조선불교를 일본불교의 통할하에 두어 부흥시킨다는 의미로 해석할 수 있다. 속체가 구체적으로 무엇을 뜻하는지는 단정하기 어렵지만, 아마도 일본의 힘을 빌려 정권을 장악하고 국정 쇄신을 단행한 뒤에 그 대가로 일본이 원하는 인천 개항이나 공사주경 등을 실시한다는 의미였을 것이다.

『포교일지』에는 이동인이 10월 15일에 원산에 도착했다고 기록되어 있다. 그는 돌아오자마자 마에다 원산 주재 일본영사에게 부탁해서 바바(馬場)라

---

84 『포교일지』, p. 285.

는 일본영사관원의 관사에 숨었다. 10월 23일에는 서울에서 밀사가 와서 이 동인에게 조선 정부의 의론, 즉 10월 11일의 어전회의와 「제대신헌의」의 내용을 전달했다. 10월 28일에는 서울에서 비밀서한이 도착했다. 그리고 11월 2일에는 탁정식이 여행허가증을 갖고 원산에 도착했다. 이동인과 탁정식은 11월 4일에 군함 아마기(天城)에 편승해서 일본으로 출발하고, 유대치는 다음 날 서울로 돌아갔다. 이상 개화당의 행적은 모두 『포교일지』에 기초한 것인데, 이를 다시 정리하면 〈표 2-2〉와 같다.

당시 원산에서의 개화당의 책동과 관련하여 두 가지 사실을 지적하고자 한다.

첫 번째는 개화당의 막후 지도자 유대치가 직접 원산에 나타난 이유이다. 그는 1814년생이었다고 하므로 이때는 이미 67세의 노년이었다.[85] 그가 노구를 이끌고 원산까지 온 것은 개화당의 자금을 마련하기 위해서였다.

『포교일지』에 따르면, 1881년 1월 13일에 유대치의 사위인 김창희라는 인물이 오쿠무라를 찾아와서 꿀과 명주를 놓고 갔다. 그리고 2월 12일에 유대치가 다시 꿀 35단지, 명주 30묶음을 보내와서 오쿠무라가 하리야 기치조 (針屋吉藏)를 통해 나가사키로 보냈다고 한다. 그렇다면 처음에 김창희가 놓고 간 꿀과 명주는 일본 수출을 위한 상품견본이었을 가능성이 크다.

또한 『포교일지』의 1880년 11월 11일 자 기록에 따르면, 오쿠무라는 교토 본산에 이동인에게 금 1,000엔을 빌려줄 것을 상신하고, 원산 설교장을 통해 300엔을 빌려주었다고 한다. 그리고 『50년지』에는 이동인이 두 번째로 일본에 갔을 때 혼간지에서 2만 엔을 빌려줘서 직물, 도기(陶器) 등 진기한 물건들을 구입하여 서울로 보냈다는 기록이 있다. 이 2만 엔은 1887년에 조

---

85 「구한말 개화기의 선각자 대치 유홍규 선생」, 『장성군민신문』, 2005년 4월 6일[http://www.jsnews.co.kr/news/articleView.html?idxno=59617(검색일: 2017년 4월 26일].

【표 2-2】 원산에서의 개화당의 활동(1880. 9. 28~11. 5.)

9. 28.	• 이동인, 일본에서 도착
9. 29.	• 이동인, 서울을 향해 출발
10. 4.	• 유대치, 서울에서 도착
10. 7.	• 유대치, 오쿠무라 엔신을 방문
10. 12.	• 유대치, 오쿠무라 엔신을 방문
10. 15.	• 이동인, 서울에서 도착함. 혁명제씨(革命諸氏)의 사정을 들려줌
10. 16.	• 유대치·이동인, 오쿠무라 엔신과 함께 설교장에서 일본 사정 및 한국의 현 상황에 대해 종일 이야기를 나눔
10. 17.	• 이동인, 혐의(嫌疑)가 두려워 마에다 총영사에게 부탁해서 바바(馬場)의 관사에 우거(寓居)함
10. 19.	• 유대치, 오쿠무라 엔신을 방문
10. 22.	• 이동인, 오쿠무라 엔신을 방문해서 하루 종일 이야기를 나눔
10. 23.	• 서울에서 이동인에게 밀사가 와서 조선 정부의 의론을 전함 • 유대치·이동인, 오쿠무라 엔신과 밀회(密會)하여 이야기를 나눔
10. 25.	• 유대치가 방문. 또 김삼품(金三品)이 와서 배불(拜佛)함
10. 28.	• 유대치, 오쿠무라 엔신을 방문해서 서울에서 비밀서신[內信]이 도착한 것을 알려줌
10. 30.	• 오쿠무라 엔신, 유대치와 이동인을 마에다 총영사에게 데려가 한국의 일에 관해 이야기를 나눔
11. 1.	• 유대치와 승려 몇 명이 배불(拜佛)함 • 일본 군함 아마기(天城) 입항
11. 2.	• 탁정식, 서울에서 도착. 이동인·유대치·탁정식 3명은 오쿠무라와 서울의 사정에 관해 이야기를 나눔. 이동인과 탁정식은 조선 정부의 여행허가증을 얻음 • 오쿠무라, 유대치를 일본총영사관에 데려가서 국사(國事)를 논함
11. 3.	• 이동인, 일본영사관 개관식 연회에 참석
11. 4.	• 이동인·유대치·탁정식, 마에다 총영사에게 가서 이야기를 나눔 • 이동인·탁정식, 유대치에게 고별하고 군함 아마기에 승선
11. 5.	• 유대치, 고별하고 서울로 출발 • 군함 아마기 출항

선 정부에서 변제했다고 한다.[86] 그렇다면 이동인은 고종과 민씨 척족의 심부름으로 이 물건들을 구입했던 것 같은데, 2만 엔이 상당한 거액이었던 만큼—1882년 임오군란 직후 조선 정부에서 일본공사관의 신축비용으로 지급한 금액이 2만 엔이었다—그 일부가 개화당의 자금으로 전용되었을 가능성도 없지 않다. 요컨대 개화당은 유대치의 밀무역과 이동인의 차금(借金), 공금의 유용을 통해 자금을 마련하려고 했던 것이다.

두 번째는 10월 28일에 서울에서 도착한 비밀서신에 관한 것이다. 유대치와 이동인은 이 서신을 받고 곧장 오쿠무라에게 알려주었다. 또한 이동인은 일본에 건너간 후 사토에게도 이 서신을 보여주었다. 사토는 이를 자신의 상관인 케네디 영국공사에게 보고했는데, 케네디가 얼 그랜빌(Earl Granville) 영국 외무장관에게 보낸 1880년 11월 21일 자 보고문에 이 밀서에 관한 언급이 있다.

그(이동인)는 또한 그가 최근 원산항에서 일본에 돌아올 기회를 기다리는 동안 서울에서 도착한 2통의 서한의 내용을 사토 씨에게 전했습니다.

첫 번째 서한의 내용은 다음과 같습니다. "회의가 열렸으며, 국왕은 그의 견해를 크게 바꿨다. 하나부사[조선 파견 일본공사]의 요청이 승인될 것 같다. 만약 미국공사가 서울에 온다면 그의 요구는 상황에 따라 수락될 것이다. 일본공사의 주경, 내지자유여행, 인천 개항, 그리고 머지않아 미곡 수출에 관한 문제도 허락될 가능성이 있어 보인다."라는 것이었습니다.

두 번째 서한은 영의정의 아들(이재긍)에게서 받은 것입니다. 그는 이 첩보원(agent, 이동인)에게 국왕과 조정은 그들의 견해를 크게 바꿨으며, 자신은 일본의 중요인사가 조선을 방문하기를 희망한다고 하였습니다. 또한 그는 첩보원에게 이러한 뜻을 이와쿠라[우대신]와 이토[참의]에게 전하고, 그들에게 장래의 편안함

---

86 『50년지』, pp. 143~144.

을 위해 다소 당장의 수고를 감수하도록 설득해줄 것을 청했습니다.

사토에게 이상의 문서를 전달하는 과정에서, 이 첩보원은 지체 없이 2, 3척의 군함을 동반하고, 또 수호통상조약을 체결할 수 있는 전권을 가진 영국 사절의 파견이 득책(得策)임을 강력히 주장했습니다.[87]

이를 통해 이동인이 원산에서 받은 밀서 2통의 내용을 알 수 있다. 하나는 국왕이 일본의 요구를 수용해서 공사주경·내지자유여행·인천 개항·미곡 수출을 허가하기로 결심했으며, 미국의 수교 요청도 상황에 따라 받아들일 가능성이 있다는 내용이었다. 아마도 이 밀서는 김홍집이나 그 주변의 인물이 보냈을 것으로 생각된다. 다른 하나는 이재긍이 보낸 것으로, 이러한 정세 변화를 일본의 이와쿠라 도모미(岩倉具視) 우대신과 이토 히로부미(伊藤博文) 참의에게 비밀리에 전하고, 가능하면 이들을 설득해서 조선 방문을 실현시킬 것을 이동인에게 부탁하는 내용이었다. 이는 물론 극비에 속하는 정보들이었다. 이동인은 이를 사토에게 은밀히 전달하면서 다시금 군함의 파견을 청원했던 것이다.

도쿄에서의 활동

이동인은 대미수교와 관련된 조정의 결정사항을 하여장 공사에게 전달하기 위한 밀사로서 일본에 건너갔다. 하지만 도쿄에 도착한 이동인은 곧장 영국공사관의 사토를 찾아갔다. 11월 15일 한밤중이었다. 이날 사토는 일기에 다음과 같이 적었다.

11월 15일. 아사노 도진(朝野東仁: 이동인의 일본이름)이 한밤중에 갑자

---

87 AADM, p. 78.

기 여행용 가방을 들고 나타났다. 그는 방금 막 도착했으며, 국왕의 개명
(enlightenment)에 관해 좋은 뉴스를 가져왔다. 그는 국왕이 하사한 여행허가
증을 소지하고 있었다. 국왕은 자신의 나라가 러시아로부터 받는 위험을 매우 잘
알고 있으며, 몇 주 지나기 전에 진보적 정파(the liberal party)가 현재의 배외적
내각(antiforeign ministry)을 대체할 가능성이 있다고 했다. 그는 우리가 가능
한 한 많은 수의 위압적인(imposing) 군대를 이끌고 그곳에 가기를 열망했다.[88]

다음 날 이동인은 우대신 이와쿠라 도모미를 방문했다. 하지만 부재중이
어서 만나지 못하고 17일에 다시 찾아갔다. 물론 이와쿠라를 방문한 목적
은 이재긍의 서한을 전하고 조선 방문을 청원하기 위해서였다.[89] 뒷날 하나
부사 공사가 이노우에 외무경에게 올린 보고서에 당시 이동인이 청원한 내
용이 기록되어 있다.

(이동인이) 국왕의 내명을 받들어 다시 우리나라에 도항(渡航)했을 때 **우리에**
게서 지중(至重)한 권력, 지엄(至嚴)한 의장(儀裝)을 구비한 사절을 얻고, 또 총
기 약간을 얻어서 그 국정을 개혁하려는 계기로 삼으려고 기도했습니다. 하지만
그의 말을 아직 가볍게 신뢰할 수 없었기 때문에 각하께서는 저로 하여금 간이
(簡易)한 의장을 갖추어 먼저 한성에 가서 그 동정을 보고한 다음에 계책을 결정
하기로 하셨습니다.[90] (강조—인용자)

이동인과 개화당이 이와쿠라에게 바란 것은 결코 평화적 내방이 아니었
다. 그는 반드시 '지중한 권력, 지엄한 의장'을 동반해야 했다. 심지어 이들은

88 Ian Ruxton(ed.), op. cit.(2010), p. 458.
89 Ian Ruxton(ed.), op. cit.(2010), p. 458.
90 『花房文書』第6卷(국사편찬위원회 소장자료); 『日外』第14卷, 문서번호 123.

일본인들로부터. 무기를 얻어 정권을 장악하려는 음모까지 꾸미고 있었다. 일본이나 영국 군함이 출현해서 조정이 혼란에 빠지면, 그 틈을 타서 쿠데타를 감행하여 정권을 장악한다는 시나리오였다.

이동인은 11월 18일에는 도쿄 미와도(未和堂)에서 열린 홍아회 월례회에 참석했다.[91] 그런데 일본 외교관으로서 홍아회의 초대 부회장을 역임한 와타나베 히로모토(渡邊鴻基)의 「대한현금정략대요각서(對韓現今政略大要覺書)」(1881. 5. 5.)라는 글에도 이동인이 항상 200명의 정병(精兵)을 얻을 것을 요망했으며, "저 밀사 또는 유지배(有志輩)가 항상 이 일을 의뢰하지 않는 자가 없었다."라는 기록이 있다.[92] 이동인이 홍아회 월례회에 출석한 것도 이와 관련이 있었을 것이다. 이동인이 본연의 임무를 수행하기 위해 청국공사관을 찾아간 것은 도쿄에 도착하고 나흘이 지난 11월 19·20일이었다. 말하자면 이동인은 도쿄에 도착해서 영국공사관→일본 태정관→홍아회→청국공사관의 순서대로 찾아간 셈인데, 이는 복잡하기 이를 데 없는 이동인과 개화당의 비밀외교 속에서도 나름의 우선순위를 보여주는 것 같아 홍미롭게 여겨진다.

한편, 일본 외무성에서는 이동인과 개화당을 조선 내부의 정세를 탐지하기 위한 정보원(informer)으로만 여겼을 뿐, 실제로는 그다지 신뢰하지 않고 있었다. 만약 조선 정부를 설득해서 인천 개항·공사주경 등을 성사시킬 수 있다면 굳이 개화당의 위험한 도박에 관여할 이유도 없었다. 이 때문에 이동인의 청원에도 불구하고 결국 이와쿠라의 조선 방문은 실현되지 않고, 하나부사가 간략한 의장과 호위병만 대동해서 조선에 들어오게 되었다.

---

91 中山泰昌 編, 『新聞集成明治編年史』 第4卷, 東京: 財政經濟學會, 1934, p. 302.
92 渡邊鴻基, 「對韓現今政略大要覺書」, 『花房文書』 第7卷.

7. 실종

이헌우의 밀고

사명을 마친 이동인은 우편선 지도세마루에 편승해서 12월 18일에 원산에 도착했다. 이날 유대치가 서울에서 내려와서, 국왕이 이동인에게 여행허가증을 발급해서 일본에 밀파한 사실을 대원군이 알고는 그를 매국노로 지목해서 체포하려고 하니 입경할 때 조심하라고 주의를 주었다. 이동인은 일본에서 구입한 물품이 부산에 하역될 예정이었으므로 다음 날 새벽에 떠났다.[93]

그로부터 한 달 뒤인 1881년 1월 중순에 이재긍의 친척을 자처하는 이헌우(李献愚)라는 사람이 서울에서 부산에 내려와서 곤도 마스키 일본영사에게 면회를 신청했다. 그는 이재긍·박영효·김옥균·서광범이 이와쿠라에게 보내는 서한을 갖고 왔다면서 일본 밀항을 도와줄 것을 청하는 한편, 조선정부 내에선 이미 하나부사 공사의 국서봉정(國書棒呈)과 인천 개항이 비공식적으로 결정됐지만 수구대신들 때문에 결정이 지체되고 있으니 조일수호조규 때처럼 위세를 과시해야 한다고 조언했다.

그런데 이헌우는 이동인에 관해 뜻밖의 말을 했다. '내가 일본에 건너가려는 것은 앞으로 이와쿠라 및 이노우에와 종종 밀서를 교환하려고 하는 것이다. 지금까지 이 역할은 이동인이 맡았지만, 그는 천대받는 승려이기 때문에 중대한 국사를 맡기기엔 다소 조홀(粗忽)하며 또 이미 그의 정체가 노출되어 행동이 부자유스럽다. 그리고 이동인의 정체가 대원군에게 알려진 것은 김홍집이 기밀을 폭로했기 때문인데, 원래 그는 간에 붙었다 쓸개에 붙

---

[93] 「1880년 12월 28일 곤도 마스키(近藤眞鋤) 부산 주재 영사가 이노우에 가오루 외무경에게 보낸 기밀신(機密信) 제1호」, 『花房文書』 第7卷.

었다 하는 지조 없는 인간'이라는 것이었다.[94]

하지만 이헌우의 말은 곧이곧대로 믿기 어렵다. 왜냐하면 단순히 이동인의 천한 신분이나 정체 노출이 문제였다면, 그를 보호하면서 지금까지 그가 쌓아온 인맥을 활용하는 방법을 연구해야 했을 것이다. 그런데 이헌우의 발언이나 이후 개화당의 움직임을 보면 아예 이동인을 배제시키려고 한 형적이 두드러진다.

이헌우가 격렬한 어조로 김홍집을 비난한 것도 주목된다. 개화당의 입장에서는 자신들이 일본의 유일한 내응세력이 돼야만 했다. 이는 곧 개화당의 정치적 위상과 직결되는 문제였기 때문이다. 만일 일본인들이 개화당의 선(線)이 아니더라도 인천 개항 등 원하는 목적을 달성할 수 있다고 판단한다면 당연히 그 이용가치는 소멸될 것이었다. 수신사로서의 경력이나 고종과 민영익의 총애로 보더라도 김홍집의 위상은 개화당의 그것과는 비교도 할 수 없었다. 따라서 개화당은 김홍집을 견제하기 위해 이헌우를 시켜서 의도적으로 일본인들의 불신을 조장했던 것으로 이해된다.

탁정식의 밀고

이보다 앞서 부산에서 서울로 잠입한 이동인은 개화당과 거리를 두고 민영익에게 밀착했다. 이는 대원군의 독수(毒手)를 피하기 위해 정계 유력자의 비호를 구한 것일 수도 있지만, 그보다는 전망이 불확실한 개화당의 음모에 가담하기보다는 국왕과 민영익의 측근이 되어 경륜과 포부를 펼치는 편이 그의 야심에 더 부합했기 때문일 것이다. 그는 민영익의 비호하에 1881년 3

---

94 「1881년 1월 17일 곤도가 이노우에에게 보낸 기밀신 및 1월 21일 곤도가 하나부사에게 보낸 기밀신」, 『花房文書』 第7卷.

월 4일에는 신설 통리기무아문의 참모관이라는 관직까지 얻었다.[95] 또 9일에는 총포·군함 등의 시찰을 위해 일본에 파견될 참획관(參劃官) 이원회(李元會)의 수행원에 임명됐다.[96] 이 과정에서 조사시찰단의 파견도 건의했던 것같다. 그리고 그로부터 불과 며칠 뒤인 3월 15일을 전후해서 이동인은 감쪽같이 사라져버렸다.

이동인이 실종된 지 한 달 뒤인 1881년 4월 14일, 이번에는 탁정식이 부산의 곤도 영사를 찾아왔다. 그가 찾아온 표면적 이유는 일본의 청국공사관에 김홍집의 서한을 전달하는 사명을 받고 그 협조를 청하기 위한 것이었다.[97] 하지만 그의 실제 목적은 이재긍과 이동인의 사망 소식을 알리고 개화당의 위기를 호소하면서 다시 한번 일본의 무력시위를 청하려는 데 있었다.[98]

곤도는 이날 탁정식과의 밀담에 기초해서 이동인의 실종에 관해 다음과같이 이노우에 외무경에게 보고했다.

이동인도 도망친 것은 아니며, 사실은 음해(陰害)를 입은 것 같습니다. 혹은 대원군의 소행이라고 하며, 또는 김굉집(김홍집)과 이조연 두 사람이 모살(謀殺)했다는 설도 있습니다. 요컨대 근래 이동인이 제멋대로 하려는 마음이 심해서 걸핏하면 김굉집 등을 능멸하는 형편이었습니다. 특히 그 논지에서 가장 큰 차이가

---

95 『承政院日記』, 고종 18년 2월 5일; 金衡圭, 『青又日錄』, 고종 18년 2월 5일, 국사편찬위원회, 1976.

96 『承政院日記』, 고종 18년 2월 10일; 『政治日記』, 신사년 2월 10일. 참획관 이원회의 파견은 조사시찰단과는 무관한 것이었는데, 2월 25일(음력)에 일본국서가 도착해서 참획관 파견은 보류되고 대신 수신사를 보내는 것으로 결정됐다.

97 탁정식이 곤도에게 보여준 김홍집의 비밀서한의 내용은 다음과 같다. "勸外交 正是盛敎 而終不成事 甚愧恨 請再施良策云云"(『花房文書』 第7卷).

98 「1881년 4월 15일 곤도가 하나부사에게 보낸 비밀보고」, 『花房文書』 第7卷. 탁정식의 말에 따르면, 이재긍은 대원군에게 독살당했다고 한다. 『承政院日記』, 고종 18년 1월 23일 조에 따르면, 이재긍은 1881년 2월 21일이나 그 직전에 급사한 것으로 보인다.

있었던 것은 외교(外交)였습니다. 김굉집과 이조연은 일본 정부 및 청국공사의 의견도 있어서 미국이나 독일 가운데서 수교하려고 한 반면, 이동인은 홀로 영국을 가까이해야 한다고 주장하고 또 이를 여러 차례 국왕에게 은밀히 상주하기에 이르렀습니다. 그러므로 김굉집 등은 이동인이 일본에서 영국인과 가장 친교(親交)한 형적을 들어서, 어쩌면 영국인과 사통(私通)을 하는 자일지 모른다는 의심을 품었습니다. 정세로 미뤄보건대 어쩌면 김굉집 등의 심한 의심과 질투로 일이 여기에까지 이르렀을지도 모릅니다.[99]

일본에 건너간 탁정식은 5월 3일에 사토를 방문했다. 조정 내의 개혁세력은 대미수교를 주장하는 편과 그것에 반대하는 편으로 크게 분열되어 있는데, 이동인은 홀로 영국과의 수교를 주장하다가 주위의 질시를 샀다는 것이 그의 전언이었다. 이날 사토는 일기에 다음과 같이 적었다.

조선인 탁정식이 돌아왔다. 그는 이동인의 소식을 가져왔는데, 그가 배외적 그룹(antiforeign party)의 증오에 희생되지 않았다면 어디엔가 살아서 숨어 있을 것이라고 했다. 진보적 그룹(liberal party)은 크게 분열되어 있다. 어떤 이들은 미국과의 동맹을 주장하며, 다른 이들은 그들이 여전히 국가의 원수(national foes)라고 하면서 반대하고 있다. 이동인은 영국과의 동맹을 주장하며, 그의 관점을 대단히 거침없이 드러내기 때문에 다른 이들의 감정을 상하게 한다. 반면에 영국에 의지해야 한다는 그의 관점에 동의하는 사람들은 거의 없다.[100]

탁정식이 곤도와 사토에게 밀고한 말이 사실이라면, 이동인은 대영수교를 주장하다가 대미수교를 주도한 김홍집과 이조연 등의 의심을 사서 살해당

---

99 「1881년 4월 14일 곤도가 이노우에에게 보낸 기밀신 제4호」, 『花房文書』 第7卷.
100 Ian Ruxton(ed.), op. cit.(2010), p. 469.

했던 것이다. 그전에도 이동인은 상의 없이 일본 차관의 도입이나 군함과 총
포 구입을 독단적으로 추진하다가 김홍집과 이조연에게 원래 '경박하고 일
벌이기 좋아하는(輕躁喜事)'인물로 백안시(白眼視)당하기도 했다.[101] 또한 사
토의 관찰에 따르면, 이동인은 의심할 여지없이 탁월한 지적능력을 가졌지
만 국왕의 면전에서도 자신의 견해를 거침없이 주장해서 주위사람들을 적
으로 돌리는, 말하자면 재승덕박(才勝德薄)한 기질의 소유자였다.[102] 그렇게
본다면 이동인이 김홍집에 의해 살해됐다는 탁정식의 전언도 전혀 근거가
없는 것은 아니다.

　또한 이헌우의 전례를 감안하면 이렇게 볼 수도 있다. 이헌우가 곤도에게
김홍집의 험담을 늘어놓았던 것처럼, 탁정식도 김홍집에게 이동인 살해의
누명을 씌운 것은 아니었을까. 탁정식이 사토에게 이동인의 실종소식을 전
하면서 곤도에게 했던 것과는 달리 김홍집을 언급하지 않은 사실은 이러한
추측을 뒷받침하는 심증이 된다. 그리고 만약 이동인이 조정에서 대영수교
를 주장하고 이 때문에 영국인과 내통한다는 의심을 산 것이 사실이라면,
이는 개화당으로서도 그 정체가 발각될 수 있는 중대한 문제였다. 그렇다면
이동인은 옛 동지인 개화당의 손에 비밀리에 제거된 것일까? 이동인의 실종
원인은 여전히 베일에 싸여있지만,[103] 최후의 순간에 그가 어디에도 도움을
청할 데 없는 고립된 처지였던 것만큼은 분명하다.

　이동인은 성품이 극히 경솔하고 조급해서, 일마다 위태로운 데도 그 위태로움

---

101 『日外』第14卷, 문서번호 122의 부기 2.
102 AADM, p. 103.
103 이동인의 실종에 관해선 본문에서 언급한 김홍집 암살설 외에도 여러 가지 설이 존재한다.
　　예컨대 탁정식은 이동인의 실종을 고종은 대원군의 소행일 것으로 의심한다고 하였다. 또
　　『朝鮮佛教通史』에는 어느 날 민영익의 양부 민태호가 이동인을 불러낸 이후로 실종되었다
　　고 기록되어 있다(『朝鮮佛教通史』하권, p. 899). 만약 이것이 사실이라면 민태호는 이동인이
　　옆에서 부추기는 탓에 민영익이 일본에 지나친 관심을 둔다고 생각해서 제거했을 것이다.

을 알지 못하고 또 남의 말도 듣지 않습니다. 더구나 여러 대인들께서 부지런히 보호하고 아껴주신 공(功)에 보답하지 못했으니, 어찌 편히 죽을 수 있겠습니까? (탁정식이 1881년 4월 15일에 오쿠무라에게 보낸 서한)[104]

8. 이용희의 「동인승의 행적」

비밀결사 개화당이 추구한 목표는 외부의 충격을 초청해서 정권을 장악하고 조선사회의 근본적 혁신을 이루는 데 있었다. 이동인이 김옥균과 박영효의 밀촉을 받아 일본에 밀항한 것도 이를 위해서였다.

이동인은 일본 외무성과 주일 영국공사관 사이에서 위태로운 이중외교를 펼쳤다. 그러면서도 개화당의 정체를 숨기고 수신사 김홍집의 신임을 얻어서 함께 귀국까지 했으니 그야말로 고난도의 첩보활극을 연출했다고 해도 과언이 아니다. 이동인이 당대의 청년세도 민영익의 눈에 들어 국왕을 알현한 것은 개화당에게 더없이 좋은 호재가 되었지만, 나름의 야심이 충만했던 이동인은 오히려 옛 동지들과 거리를 두기 시작했다. 그리고는 미처 뜻을 펼치기도 전에 증발해버렸다. 이것으로 개화당의 이동인 밀파 음모는 일단 수포로 돌아가게 되었던 것이다.

우리는 일반적으로 19세기 후반에 개화파(開化派)라는 일군의 정치세력이 등장해서 조선의 문호개방과 부국강병을 추진했다고 알고 있다. 물론 고종이 친정(親政)을 시작한 이후로 조정 내에서 민씨 척족과 신진개혁관료를 중심으로 문호개방과 부국강병을 모색한 것은 사실이다. 이를 편의상 집권개혁세력이라고 부른다면, 여기에는 이동인이 하나부사에게 밝힌 것처럼 고종과 왕비, 이최응, 민태호의 4명에다가 민영익과 풍양 조씨 일문의 조영하, 그

---

104 『포교일지』, p. 300.

리고 김윤식(金允植)·김홍집·어윤중 등의 소장관료들이 포함된다. 박규수의 사상적 기여는, 바로 이 집권개혁세력의 형성에 영향을 미친 데서 찾을 수 있다.

유의할 것은, 이들 집권개혁세력이 문호개방과 부국강병을 추진한 목적은 기본적으로 기존의 권력구조를 유지하는 데 있었다는 사실이다. 그에 반해 비밀결사 개화당은 외세를 끌어들여서라도 그것을 타파하려는 입장이었다. 말하자면 양자는 현상유지세력과 현상타파세력으로서 서로 용납할 수 없는 정적(政敵)의 관계에 있었다. 다만 아직까진 대원군을 중심으로 한 수구세력의 기염이 맹위를 떨치고 있었으므로, 개화당 또한 은인자중하면서 집권개혁세력에 의부(依付)하지 않을 수 없었다. 이들이 본격적으로 본색을 드러내는 것은 임오군란과 대원군의 톈진 피랍을 계기로 수구세력이 완전히 몰락하고, 또 집권개혁세력 내부에서 왕실과 신진개혁신료들 간에 분열이 발생한 이후의 일이었다.

그런데 1870~1880년대 정세를 이해함에 있어 권력의 유지와 쟁취라는 정치학적 관점에서 집권개혁세력과 비밀결사 개화당을 구분해야 한다는 것은 필자의 독창적 주장은 아니다. 이는 이미 고(故) 이용희 교수의 「동인승의 행적 (상)」(1973)이라는 논문에서 제기된 논지이다.

옥균계 개화당은 소민(小閔: 민영익을 가리킴)과는 기본적으로 다른 한 면이 있었다. 곧 민비-소민의 계열은 바로 집권세력으로 그의 친일·개화는 정권의 유지를 의미하고 수구 일파의 권력 추구를 저지한다는 면이 있었다. 이에 대해 김옥균 이하의 무력한 사인(士人)과 중인 이하의 출신은 말할 것도 없고 심지어 이재긍·박영효에 있어서도 개화운동은 권력의 획득이라는 면에서 추구되었다. (중략) 민씨 세력은, 소민 같은 개화파의 경우도 권력의 현상유지에 있었고 정치권력의 변동에 있었던 것은 아니었다. 이에 대하여 개화혁신을 꿈꾸고 있던 순수개화파라고도 할 수 있는 박환재(朴瓛齋: 박규수)·오역매(吳亦梅: 오경석)에서 박영효·김옥균·유대치로 내려오는 일당(一黨)은 당시 권력체제의 유지가 아니라 개화 이념에 의한 국정의 혁신이요, 또 그것을 위한 정권의 장악이었다. 따라서 그것은 필연적으로 정권유지에 중점을 둔 소민세력과는 다른 것이며 따라서 수구세력이 약화되면 불가피하게 표면화될 운명에 있었다. 초기개화파의 특징은—정치사적으로 볼 때—당시 사림의 여론을 거의 지배하고 있던 대원군 수구파에 대항상(對抗上) 민척(閔戚)과 그에 추세(追勢)하는 관원들의 이른바 개화정책에 순수개화파의 인사도 합세하여 정국의 양대분맥(兩大分脈)을 이루는 상황에서 일세력(一勢力)이라는 것이었다. 기실 옥균과 개화당의 형성은 이러한 국내적인 상황 가운데 일본 정부의 관여라는 새로운 계기에서 비롯하는 변화가 가져온 문제이며, 바로 동인(東仁)은 이 계기에 깊이 연결되었던 것으로 인정된다.[105]

하지만 유감스럽게도 이 논문은 학계에서 거의 인용되지 않은 채 잊혀져 왔다. 덕분에 비밀결사 개화당은 지난 30여 년 동안 정체를 간파당하지 않은 채 성공적으로 잠복할 수 있었다. 우리는 지금까지 비밀결사 개화당과

---

[105] 이용희, 앞의 글(1973), p. 36. 단, 이용희의 논문과 이 책은 몇 가지 관점의 차이가 있다. 첫째, 개화당과 박규수의 관계이다. 이용희는 개화당이 박규수의 문하에서 나왔다는 기존의 통념을 따랐지만, 실제 개화당의 비밀외교나 정권 장악 시도를 볼 때 과연 박규수의 사상과 의미 있는 관계를 설정할 수 있을지는 매우 의문스럽다. 이는 김옥균이나 박영효가 박규수의 문하에서 수학한 경험이 있는 것과는 별개의 문제이다. 박규수는 비밀결사 개화당이 아니라 집권개혁세력의 핵심 이데올로그로 봐야 한다. 둘째, 개화당의 결성 시점에 관한 것이다. 이용희는 개화당이 1878년에서 1879년 사이에 결성되었다는 견해를 취했다. 개화당의 결성 시점이 중요한 이유는 박규수와 개화당 간의 관계를 설정하는 문제와 연관되기 때문이다. 기존의 통설에 따르면, 개화당은 처음 박규수의 문하에서 만들어졌지만, 그의 사후 오경석의 해외 견문과 유대치의 불교사상 등이 결합해서 혁신적이고 급진적인 단체가 되었다고 한다. 그런데 박규수는 1877년 2월에 사망했으므로 이러한 설명이 설득력을 갖기 위해선 당연히 개화당은 그 뒤에 만들어져야 한다. 하지만 개화당은 1871년에 처음 조직되었다. 또한 이동인은 1878년 6월에 처음 오쿠무라를 찾아오기 전부터 김옥균·박영효의 밀촉을 받고 있었다. 이는 개화당이 그 전에 이미 결성되어 있었음을 의미한다.

집권개혁세력을 구분하는 대신 수구파에 상대되는 개화파라는 개념으로 이 둘을 아울러 인식해 왔다. 하지만 이는 실학사상으로부터 연면히 이어지는 개화사상이라는 관념을 통해 우리 민족의 내재적 근대화와 근대적 내셔널리즘의 자생 가능성을 입증하고자 한 의지와 욕망이 빚어낸 허상에 가까웠다. 이동인과 개화당에 관련된 적지 않은 사료들이 지시하는 사실(史實)을 애써 무시할 정도로 그 의지와 욕망은 끈질기고 강렬했던 것이다.

1. 출국 과정

집권개혁세력의 곤경

갑신정변을 일으키기 전까지 김옥균은 3차례 일본을 방문했다. 첫 번째 방문은 1882년 3월 중순부터 8월 중순까지 약 5개월간이었다.

개화당은 이미 이동인을 통해 일본의 이와쿠라 도모미나 이노우에 가오루, 그리고 주일 영국공사관에 비선(秘線)을 만드는 데 어느 정도 성공했다.

뿐만 아니라 다방면으로 거사 자금을 마련하는 등 직접행동을 위한 준비에까지 착수했다. 하지만 기대와는 달리 개화당에 대한 일본 외무성과 주일 영국공사관의 신뢰는 제한적인 것이었다. 게다가 1881년 봄에 얼굴마담 격으로 추대한 이재긍이 독살로 의심되는 죽음을 맞고 이동인마저 실종돼버리자 개화당은 다시 숨을 죽이고 정국의 추이를 관망하지 않을 수 없었다.

그러는 동안 집권개혁세력은 문호개방과 부국강병정책을 착착 추진해나가고 있었다. 1881년 5월에는 이동인의 유업(遺業)이라고 할 수 있는 조사시찰단(朝士視察團)의 일본 파견이 이뤄지고, 일본 공병소위 호리모토 레조(堀本禮造)를 교관으로 하는 신식군대 교련병대(敎鍊兵隊, 일명 별기군)가 창설됐다. 또 11월에는 영선사(領選使) 김윤식이 신식기계 학습의 명목으로 유학생 28명을 인솔해서 톈진으로 떠났는데, 그의 실제 임무는 북양대신 이홍장을 만나 조미수호통상조약(朝美修好通商條約)의 예비교섭을 하는 것이었다.[1] 이어서 12월에는 통리기무아문의 12사(司)를 7사(司)로 개편해서 행정의 효율성을 제고했으며, 이듬해 2월에는 기존의 오군영을 폐지하고 무위(武衛)·장어

---

1 "경진년(1880) 겨울, 톈진해관도(海關道: 해관을 관장하는 관리) 정조여(鄭藻如)가 소전(少筌: 이홍장)의 뜻에 따라 우리나라 연공사신(年貢使臣)에게 편지를 주어 우리 조정에 전하게 했는데, 연미(聯美)에 7가지 이익이 있음을 논한 것이었다. 또 말하길, '조선이 이미 일본에 통상을 허락했으니, 각국이 반드시 이 전례를 끌어대며 몰려올 것입니다. 만약 전부 사절할 능력이 있다면 금일의 논의는 참으로 군더더기 말이 될 것입니다. 만약 그것이 절대 불가능하다는 것을 알진댄, 기어코 뒷날을 기다렸다가 별도로 지절(枝節: 예상치 못한 문제)이 생긴 뒤에 허락하기보다는 차라리 금일 허락해서 형적(形跡: 혐의)을 없애는 것이 낫고, 여러 나라가 번갈아 침범하기를 기다리기보다는 차라리 그중에 비교적 친할 만한 나라를 골라서 먼저 끌어들여 우방으로 삼는 것이 낫습니다. 부디 학생을 톈진(天津)에 유학시킨다는 명목을 내세워서, 사리를 이해하는 대신을 선발하여 톈진으로 보내 상의해서 처리하게 하십시오. 이 기회를 놓쳐선 안 됩니다. 이 논의는 반드시 신중히 비밀을 지켜서 다른 이웃 나라가 알게 하지 마십시오.'라고 했다. 주상께선 이 논의를 가납(嘉納)하셨다. (중략) 톈진기기국에서 유학할 학도 70여 명을 인솔해서 섣달그믐께 톈진에 도착했다. 여러 차례 소전(少筌)을 뵈어서 필담한 종이가 산처럼 쌓였는데, 조약 문제를 논의한 것이 열에 여덟아홉이요, 기기제조 학습에 관한 것은 한둘에 불과했다"(金允植, 「天津奉使緣起」, 『속음청사』 상권, 국사편찬위원회, 1955, p. 229).

(壯禦)의 2영(營)을 신설해서 국왕의 친위체제를 강화했다.

하지만 이러한 개혁 드라이브는 필연적으로 국내 여론의 강한 반발을 초래했다. 특히 1877년 이후 일본공사 하나부사가 서울을 들락거리고 원산과 인천의 개항이 결정되자 조정 내에선 원로대신들을 중심으로 국왕의 독단적 국정운영에 대한 불만이 나타났고, 이러한 분위기는 지방에까지 파급되어 마침내 산림은일의 유생들까지 집권개혁세력의 성토에 나섰다. 1881년 3월의 「영남만인소」[제소(製疏) 이만손(李晩孫), 소두(疏頭) 강진규(姜晉奎)]를 시작으로 경기도[소두 신섭(申㰒)], 강원도[소두 홍재학(洪在鶴)], 충청도[소두 조계하(趙啓夏)], 전라도[소두 고정주(高定柱)]의 유생들이 잇따라 일어나 복합상소(伏閤上訴)를 벌였다. 이 와중에 『조선책략』을 진상했다는 이유로 유림의 비난을 한몸에 받은 김홍집은 관세협정을 위해 다시 수신사에 임명되어 일본에 건너갈 예정이었다가 조병호(趙秉鎬)로 교체되었고, 고종의 심복인 이유원은 이홍장과의 서신 왕복이나 『조선책략』의 진상이 자신과는 무관하다고 변명하는 데 급급하다가 국왕의 분노를 사서 거제도로 유배됐다. 심지어 9월에는 남인(南人)에 속하는 승지 안기영(安驥永), 권정호(權鼎鎬) 등이 흥선대원군의 서장자(庶長子) 이재선(李載先)을 옹립하려는 쿠데타를 계획했다가 미수에 그친 이른바 이재선 옥사(獄事)까지 발생했다.

이처럼 1881년 당시 집권개혁세력은 정치적으로 큰 곤경에 처해 있었다. 하지만 이는 김옥균에겐 오히려 그 핵심인물인 민영익의 눈에 드는 좋은 기회가 되었다.

어윤중의 소개장

김옥균은 일본으로 떠나기 직전에 어윤중으로부터 후쿠자와 유키치(福澤諭吉, 1835~1901)에게 보내는 소개장을 받았다. 작성 일자는 1882년 2월 8일

(음력 1881년 12월 20일)로 되어 있다.

신사년 섣달 20일에 어윤중이 인사를 올립니다.

함께 해내(海內)에 태어나고 또 서로 만날 수 있어서 이미 다행이었으니, 반드시 만나서 기쁘고 이별해서 서운하다는 말씀을 구구하게 드릴 필요는 없을 것입니다. 귀하께서는 평안하신지, 그리고 유길준 군은 귀하의 보살핌으로 잘 지내고 있는지 부디 알려주시기 바랍니다. 저는 청에 건너갔다가 다시 나가사키에서 귀국했습니다. 조만간 다시 가르침을 청할 것입니다. 우리나라의 김옥균·박영효·서광범 세 사람은 모두 저의 절친한 벗입니다. 또 이번에 귀국에 도항하는 것은 선생의 명성을 들었기 때문이니, 마땅히 즉시 찾아가서 인사를 드릴 것입니다. 부디 일마다 주선해서 곤궁에 빠지지 않게 하시길 바랍니다. 모든 것은 직접 뵙고 말씀드릴 것입니다. 이와 같이 말씀드립니다.[2]

이보다 앞서 어윤중은 1881년 5월에 조사시찰단의 일원으로 일본에 건너갔다. 그가 전담해서 조사한 분야는 대장성(大藏省) 사무를 비롯한 재정제도였다. 그는 다른 조사(朝士)들이 귀국한 뒤에도 11월에 홀로 상하이와 톈진을 방문한 후, 다시 나가사키를 거쳐 이듬해 2월에 귀국했다.[3]

일본에서 어윤중은 자신의 수원(隨員)인 유길준과 유정수(柳正秀)를 후쿠자와 유키치가 설립한 게이오기주쿠(慶應義塾)에, 윤치호를 나카무라 마사나오(中村正直)가 설립한 도진샤(同人社)에 입학시켰다. 이와 관련해서 어윤중이 쓴 『중동기(中東記)』에 "이 사람(후쿠자와 유키치)은 다른 국인보다 먼저 구미

---

2 慶應義塾 編, 『福澤諭吉全集』 第21卷, 東京: 岩波書店, 1964, p. 374.

3 당시 어윤중이 음력 7월 21일부터 11월 7일까지 일본과 청에서 만난 각계각층의 인사와의 회담을 기록한 문헌으로 『談草』가 한국학중앙연구원 장서각에 소장되어 있다. 이에 관한 연구로는 한임선, 「장서각 소장자료 『談草』를 통해 본 魚允中의 개화사상」, 『藏書閣』 제23집, 2010을 참조할 것.

국가들을 두루 돌아다녀서 외국 정형에 익숙하지만 벼슬하지 않고, 집에 거처하면서 의숙을 설치해서 많은 인재를 교육해서 양성했다. 예전에 두 벗을 그에게 맡겼다(此人先於國人遊歷歐美諸邦 備諳外國情形而不仕 家居設義塾 敎育人才 多所成立 曾以柳兪二友托之)."라는 구절이 있다.[4]

이들 조선 청년들의 일본 유학의 배후에는 민영익이 있었다. 먼저 민영익과 유길준의 관계를 살펴보면, 민영익은 유길준보다 4살 연하로 백거(白蕖) 유만주(兪萬柱)의 문하에서 동문수학한 사이였다. 앞에서 언급했던 것처럼, 민영익은 평소 유길준의 식견과 학문을 높이 평가해서 1880년에 홍영식을 통해 만약 생각을 바꿔서 과거에 응시하기만 하면 반드시 급제시켜 요직을 주겠다는 제안을 하기도 했다. 이후 이동인에게서 후쿠자와의 명성을 들은 민영익은 유길준과 그 매부 유정수를 후쿠자와의 문하에서 교육시키기로 결심했다. 처음에는 민영익 자신도 조사시찰단과 함께 일본에 갈 생각으로 유길준과 유정수를 자신의 수원으로 임명했다. 그런데 경상도 양산에 이르렀을 때 고종의 급한 전갈을 받고는 일본행을 포기하고 급거 상경하면서 유길준과 유정수를 어윤중의 수원으로 배속해서 일본에서 유학하게 했다고 한다.[5] 또한 어윤중의 수원이었던 윤치호와 김양한(金亮漢)이 일본에 남아서 유학한 것을 보더라도 ─ 김양한은 일본 조선소에 들어갔다 ─ 민영익과 어윤중 간에는 평소부터 조선 청년들의 일본 유학에 관해 의기투합한 바가 있었던 것 같다.

---

4 彭澤周,『明治初期日韓淸關係の硏究』, 東京: 塙書房, 1969, p. 346에서 재인용.

5 유동준,『유길준전』, 일조각, 1987, pp. 43~54. 또한 민영익은 1883년 보빙사로 미국에 갔을 때도 수행원으로 따라온 유길준을 남겨서 유학시켰다. "及其國都에 至ㅎ야 使事가 完홀히 公(민영익)이 쟝촛 命을 復홀식 余를 留ㅎ야 探求ㅎ는 責을 授ㅎ고 乃其外務部에 托ㅎ야 顧護ㅎ는 惠意를 求ㅎ니 (중략) 其國政治의 梗槪를 畧解ㅎ 然後에 始乃浩然히 歎ㅎ고 懼然히 懼ㅎ야 日 閔公이 余의 不才홈을 不鄙ㅎ고 此地에 留케 홈은 其意가 有以홈이니 余는 遊怠ㅎ 習性으로 日月을 消耗홈이 豈可ㅎ리오"(유길준,『서유견문』, 유길준전서편찬위원회 편,『유길준전서』제1권, 일조각, 1971, pp. 4~6).

일본과 중국 유력(遊歷)을 마친 어윤중이 어전 복명한 것은 1882년 2월 2일이었다. 그런데 앞에서 인용한 소개장의 날짜는 그로부터 불과 엿새 뒤인 2월 8일(음력 1881년 12월 20일)로 되어 있다. 당시 조선사회의 분위기에서 양반의 외국여행이 초래할 위험을 감안하면, 아무리 어윤중이라도 귀국하고 불과 며칠 만에 독단적으로 소개장을 써줬다고는 생각하기 어렵다.

유길준 등의 유학과 마찬가지로 김옥균의 일본 방문에도 민영익이 관계되어 있었다. 김옥균은 이전부터 민영익의 환심을 사기 위해 노력했던 것 같다. 당시 세간에서는 민영익의 집에 자주 출입한 선비들을 팔학사(八學士)라고 불렀는데, 김옥균도 그중 1명이었다.[6] 김옥균이 일본에 건너가고자 한다면 민영익의 후원과 비호를 입는 편이 절대적으로 유리할 것은 두말할 나위도 없었다. 결국 김옥균은 어윤중이 귀국하기 전인 1882년 1월 하순부터 2월 초순 사이에 일본행의 허락을 얻어냈던 것 같다.[7] 그리고 어윤중이 조정에 돌아오자마자 민영익의 중개로 후쿠자와에게 보내는 소개장을 받아낸 것으로 이해된다.

그런데 김옥균에게 어윤중의 소개장이 꼭 필요한 것은 아니었다. 왜냐하면 이미 전부터 내통해온 동본원사나 일본 외무성과의 관계도 있었으므로, 마음만 먹으면 일본에 건너가는 것 자체는 크게 어려운 문제가 아니었기 때문이다. 또한 이동인은 일본에 있을 때 정토진종대곡파 승려 데라다 후쿠주(寺田福壽)의 안내로 후쿠자와를 만났으며, 그 뒤로 자주 그의 집에 출입하며

---

6 팔학사에는 김옥균 외에 이중칠(李重七)·조동희(趙同熙)·홍영식(洪英植)·김홍균(金興均)·홍순형(洪淳馨)·심상훈(沈相薰)·어윤중이 있었다고 한다(『역주 매천야록』 상권, pp. 132~133).

7 이와 관련해서, 부산에서 일본인들이 발행한 『조선신보(朝鮮新報)』 1882년 2월 15일 자에 '조선 개화당의 유명한 김옥균이 왕명(王命)에 따라 일본을 시찰할 예정'이라는 내용의 기사가 게재됐다. 당시 부산과 경성 간 소식 전달의 속도나 『조선신보』가 열흘에 한 번 발행하는 순보(旬報)임을 감안하면 김옥균의 일본행은 1월 하순부터 2월 초순 사이에 정해졌을 것이다(琴秉洞, 『金玉均と日本:その滯日の軌跡』, 東京: 綠蔭書房, 1991, p. 50).

조선 유학생 문제 등을 협의했다고 한다.[8] 하나부사에게 김옥균과 개화당의 존재를 실토한 이동인이 후쿠자와에게만 이를 비밀로 했으리라고는 생각하기 어렵다. 아마도 후쿠자와는 어윤중의 소개장이 아니더라도 김옥균을 잘 알고 있었을 것이다. 또한 이것으로 보건대 민영익과 어윤중은 이때까지도 김옥균과 이동인의 관계를 눈치채지 못하고 있었던 것 같다.

혈혈단신으로 일본에 밀항해야 했던 이동인과 달리 김옥균은 서광범을 비롯해서 강위·유혁로(柳赫魯)·변수(邊遂[燧])·이윤고(李允杲)·탁정식 등 뒷날까지 생사를 함께 하는 개화당 동지 몇 명과 동행할 수 있었다. 이는 물론 민영익의 비호와 고종의 밀명 — 이에 관해선 뒤에서 설명한다 — 덕분이었다. 당시 일행 가운데 유혁로는 무변(武弁) 출신으로 오위장(五位將)이었는데, 그 부친 유상오(柳相五)의 뒤를 이어 2대에 걸쳐 개화당에 투신한 인물이었다. 갑신정변에서는 반대파의 정탐과 통신연락을 담당했다. 변수는 중인 출신으로 1883년에 민영익을 정사로 하는 최초의 미국사절단 보빙사(報聘使)에도 수원(隨員)으로 참여했으며, 정변 당시에는 외국공관과의 연락을 맡았다.[9] 이윤고는 승려 출신으로 갑신정변이 실패한 후 일본에 망명한 김옥균이 일본 정부의 박해로 오가사와라(小笠原) 섬과 홋카이도(北海道)로 유배되었을 때도 따라갔으며, 김옥균의 사후에는 충청도 옥천에 숨어 있던 그 부인과 딸을 서울로 데려와서 보살펴줄 정도로 마지막까지 충성을 다했다.[10]

강위의 수소문

김옥균이 서울을 떠날 때의 상황과 관련해서 강위의 「속동유초(續東游艸)」

---

8 石川幹明 編, 『福澤諭吉傳』 第3卷, 東京: 岩波書店, 1932, p. 288; 古筠記念會 編, 『金玉均傳』 (上), 東京: 慶應出版社, 1944, p. 134.
9 이광린, 『개화당 연구』, 일조각, 1973, p. 22.
10 琴秉洞, 『金玉均と日本:その滯日の軌跡』, 東京: 綠蔭書房, 1991, p. 63.

라는 글이 참조된다. 이에 따르면, 강위는 수신사 김홍집의 수원으로 일본에 다녀온 뒤에 김옥균과 함께 다시 일본에 가고 싶어 했다. 그런데 1882년 2월 25일에 서울에 와서 보니 뜻밖에도 김옥균은 벌써 일본으로 떠나고 없었다. 그래서 지석영(池錫永)·김노완(金魯莞)·김경수(金景遂)·고영주(高永周)·변수를 찾아다니면서 김옥균의 행방을 수소문했지만, 모두 그가 떠난 사실조차 모르고 있었다. 오직 고영주만 며칠 전에 김옥균·박영효·서광범에게서 조만간 일본에 가려고 하는데 같이 가자는 권유를 받았지만, 다른 사정이 있어서 못 갔다는 말을 했다. 이에 강위는 제자인 변수와 함께 동래(東萊)로 급히 내려가서 막 출항하려는 김옥균 일행에 간신히 합류했다고 한다.[11]

이 일화는 몇 가지 흥미로운 사실을 말해준다. 우선 강위가 찾아간 지석영·김경수·고영주·변수는 모두 의역중인(醫譯中人)으로서 강위가 주도한 중인들의 시회(詩會)인 육교시사(六橋詩社)의 일원들이었다.[12] 오직 김노완만 무인으로 교련병대(별기군) 창설 당시 우부령관(右副領官)에 임명된 인물이었다. 강위가 김옥균의 행방을 알기 위해 이들을 찾아갔다는 것은, 평소 김옥균이 이들 의역중인 및 무인과 가깝게 어울렸음을 의미한다. 그럼에도 불구하고 고영주를 제외한 모든 이들이 김옥균이 일본으로 떠난 사실조차 알지 못했다는 것은 그것이 그만큼 극비리에 추진됐음을 말해준다. 또한 고영주의 말이나 앞에서 인용한 어윤중의 소개장을 통해서 알 수 있듯이 처음에는 박영효도 동행할 계획이었던 것 같지만, 불가피한 사정이 생겨서 김옥균과 서광범만 일본으로 떠나고 박영효는 조선에 남았다. 덧붙여 말하자면, 원래는 민영익도 함께 가려고 했지만 모친상을 당하는 바람에 포기했다고 한다.[13]

그런데 「속동유초」에 따르면, 김옥균은 경성을 떠나기 전에 가친에게 하직

11 강위 저, 한국학문헌연구소 편, 『강위전집』 하권, 아세아문화사, 1978, pp. 921~926.
12 육교시사에 관해서는 정옥자, 「시사(詩社)를 통해서 본 조선말기 중인층」, 『한우근박사정년기념논총』, 지식산업사, 1981을 참조할 것.
13 이광린, 『김옥균: 삼일천하로 끝난 개혁 풍운아』, 동아일보사, 1994. p. 29.

인사를 올리기 위해 먼저 강릉에 들렀다가 부산으로 내려간다는 말을 남겼다고 한다.[14] 이와 관련해서 유대치가 부산의 오쿠무라 엔신 앞으로 보낸 소개장이 주목된다.

> 오쿠무라 대사께
>
> 원산항에서 이별한 뒤로 잠깐 사이에 몇 년이 흘렀습니다. 생각건대 요즈음 법체(法體) 안락하시고 신도들이 더욱 늘었을 것이니, 송축하며 흠탄하는 마음을 이기지 못하겠습니다. 저는 진심(塵心: 속세에 더럽혀진 마음)이 아직 씻기지 않아서 날마다 급급하니 가르침을 받들기에 부족합니다. 지금 가는 김옥균 공과 서광범 공은 모두 우리나라의 귀신(貴紳: 귀족)입니다. 이제 멀리 깊은 바다를 건너서 귀국의 풍속을 관찰하려고 합니다. 대사께서도 이들을 만나 이야기하실 것으로 멀리서나마 생각합니다. 오는 가을에 우리나라 인천이 개항된다고 하니, 대사께서 인천항의 별원(別院)에 오셔서 법륜(法輪: 불법)을 크게 펼치시길 기원합니다. 이만 줄입니다.
>
> 아력(我曆) 임오년 정월 초5일
>
> 유대치 올림 (印)[15]

음력 임오년 정월 5일은 양력 2월 22일이다. 따라서 만약 유대치가 서울에서 이 소개장을 썼다면 김옥균은 2월 22일에서 24일 사이에 서울을 출발한 것으로 볼 수 있다. 또는 유대치가 강릉 또는 제3의 장소(원산?)에서 이 소개장을 써줬을 가능성도 있다. 그렇다면 가친을 뵙기 위해 강릉에 들른다고 한 것은 단지 구실에 불과할 뿐, 실제로 김옥균은 일본에 건너가기 전에

---

14 "七日 到京聞之 侍讀(김옥균을 가리킴—인용자)已作日本之行 先往江陵觀親 自江陵直向東萊云"(『강위전집』 하권, p. 922).

15 『포교일지』, p. 303.

마지막으로 여러 가지 일들을 상의하기 위해 유대치를 만나러 갔던 것이다. 비록 민영익의 후원과 국왕의 밀명이 있더라도, 일본에 건너간다는 소문이 대원군 일파의 귀에 들어가는 날이면 김옥균과 그 동지들의 목숨은 부지하기 어려울 것이었다. 그러한 위험을 무릅쓰고 굳이 부산에 가기 전에 다른 곳을 들른 것을 보면 후자의 가능성이 더 크다고 생각된다.

김옥균의 언론보도 정정 요청

김옥균 일행은 3월 10일을 전후해서 부산에 도착했다. 그리고 같은 달 17일에 우편선 지도세마루에 편승해서 나가사키로 건너갔다. 그런데 부산을 떠나기 전에 이들의 방일 목적이 언론에 공표되어 김옥균이 취소를 요청하는 해프닝이 있었다. 그 발단은 『조선신보(朝鮮新報)』 제6호(1882. 3. 15.)의 잡보(雜報)에 실린 기사였다. 『조선신보』는 조선 최초의 근대 신문인 『한성순보(漢城旬報)』보다 2년 앞선 1881년에 일본인 재부산항상법회의소(在釜山港商法會議所)에서 창간한 순보(旬報)였다.

조선 개화당의 유명한 김옥균 씨는 이번에 왕명(王命)을 받아 우리나라에 도항하려는 준비 중이며, 며칠 전에 경성에서 내려와 현재 구관(舊館)의 객사에 머물고 있다. 그 왕명이 무엇인지는 거의 알려지지 않았는데, 계속 상세한 내용을 파악해서 실을 것이다. 또 그의 일행은 수십 명 정도라고 하는데, 불일간 경성에서 육로 또는 우리 군함 세키(淸輝) 호를 타고 온다고 한다.

이 일행의 여비는 대략 2만 엔 정도가 될 전망으로, 어떤 상회(商會)에 차금(借金)을 부탁했는데, 이 상회는 예전부터 지금까지 연체된 대금(代金)이 많기 때문에 이번에는 그 의뢰에 응할 수 없을지 모른다는 이야기다.[16]

16 『朝鮮新報』 제6호(1882. 3. 15.), 한국고서동우회 편, 『朝鮮新報(影印本)』, 한국출판판매,

그런데 바로 다음 호인 『조선신보』 제7호(1882. 3. 25.)에 다음과 같은 정정 기사가 게재됐다.

김옥균 씨는 이번 달 17일 출범한 지도세마루(千年丸 – 원문)를 타고 일본으로 도항했는데, 전 호(前號)의 잡보(雜報) 중에 그 일행 몇 명이 추후에 경성에서 올 예정이며, 또 어떤 상회(商會)에 여비 2만 엔을 차입할 것을 부탁했다는 이야기를 실었다. 그런데 김옥균 씨는 이 두 가지 사항이 사실이 아니므로 취소해줄 것을 우리 영사관에 신청했고, 영사관에서는 편집자에게 이 두 가지 사항을 취소해 달라는 언급이 있었다. 이에 따라 전부 이러한 사실이 없으니 취소하고자 한다. 각설하고, 김옥균 씨의 이번 일본행의 목적은 오직 우리의 금일 사정을 시찰하기 위해서만이 아니라, 아울러 왕명을 받아 국채 모집을 위한 준비 상담을, 이를 담당하는 현관(顯官)에게 상의하려는 것이라고 한다. 어쨌든 그는 대단히 재기(才氣) 넘치는 인물로 이 나라 개화당(開化黨)의 영수이다.[17]

즉, 김옥균은 3월 15일 자 『조선신보』에서 다른 일행이 경성에서 도착할 예정이며, 자신이 어떤 상회(商會)에서 여비 2만 엔을 꾸려고 한다는 내용의 기사를 보고는 부산 주재 일본영사관을 통해 정정 보도를 요구했던 것이다. 『조선신보』 측에서는 이 요청을 받아들여서 정정 기사를 내보냈지만, 이 번에는 김옥균의 방일 목적이 국왕의 명령으로 일본의 고위관리를 만나 장차 차관도입을 위한 상의를 하는 데 있다는 소문이 게재되었다. 당시 이러한 소문은 일본 현지에서도 파다했던 듯, 『교토신문(京都新聞)』 3월 21일 자에도 "조선국에서 개화당의 영수로 부르는 김옥균(28세)과 서광범(연령 불명) 2명이 이번에 우리나라에 내항했다고 한다. 그 목적은 우리 국정을 시찰하

1984, p. 56.
17 『朝鮮新報』 제7호(1882. 3. 25.), 한국고서동우회 편, 앞의 책, p. 78.

기 위한 것으로, 특히 상황에 따라선 우리나라에서 국채를 얻으려는 계획
도 있다는 풍설이 있다."는 기사가 실렸다. 김옥균과 서광범은 일본에 건너
가자마자 이 보도를 강하게 부정했다.

　이미 간행된 『조선신보』 등에는 두 사람(김옥균과 서광범)의 일본행은 전적으
로 국왕의 내명(內命)을 받들어 국채 모집을 하기 위한 것이라고 게재되었는데,
두 사람은 이 신문을 보고 깜짝 놀라면서 크게 당혹스러워했다. 그리고 다른 사
람들에게, "이번에 우리가 일본에 온 것이 결코 공무(公務) 때문이 아니라는 것은
오늘날 우리 조정의 정실(情實)을 보더라도 명료할 텐데, 어째서 그와 같은 와언
(訛言)을 전파하는 것인가? 그렇지 않아도 우리의 반대당은 이것저것 무설(誣說)
을 꾸며내어 갖가지 의혹을 품고 우리에게 반격을 하려는 형편이다. 그런데 이제
이 신문이 한번 저들의 눈에 띄어서 우리의 일본행이 실제로 그런 이유라고 생각
한다면, 우리가 귀국한 뒤에 어떤 변고가 신변에 미칠지 모른다. 원래 우리가 여
기 온 것은 한편으로는 반대당의 기염(氣焰)을 피하고, 다른 한편으로는 일본 근
래의 내정(內情)을 시찰해서 앞으로 인교(隣交)와 내치(內治)에 참고하려는 것 말
고는 다른 의도가 없다."라고 하면서 이 신문의 오보에 크게 당혹해하고 있다고
한다.[18]

　하지만 김옥균과 서광범의 부정은 사실이 아니었다. 이 기사에 적힌 것처
럼, 이들은 일본에서 귀국한 뒤에 자신들의 안위를 염려해서 국왕에게 밀명
을 받은 사실을 감추려고 했을 뿐이다. 제2장에서 보았듯이 이동인이 국왕
의 여행허가증까지 받아 일본에 건너갔음에도 불구하고, 뒤늦게 이 사실을
안 대원군 일파가 그를 매국노로 간주해서 제거하려고 한 일도 있었다. 게

---

18 『東京日日新聞』(1882. 4. 13.)(新聞集成明治編年史編纂会 編, 『新聞集成 明治編年史』 第5卷,
　東京: 財政經濟學會, 1936, p. 62에서 재인용).

다가 김옥균이 조선을 떠나기 전부터 대원군 일파는 그의 동정을 주시하고 있었다. 갑신정변 직후 조선 주재 미국공사관 무관 조지 C. 포크(George C. Foulk) 해군소위가 남긴 기록에 따르면, 임오군란이 발발하기 전에 김옥균과 서광범은 매일 밤 문명의 문제(civilization problem)를 논하고 민영익을 비롯한 젊은 양반들의 포섭을 시도했다. 그런데 광적인(fanatical) 대원군은 이를 조선에 기독교를 수입하려는 시도라고 비난하였고 이 때문에 김옥균과 서광범은 거의 목이 달아날 위기에 처해 있었다고 한다.[19]

앞으로 살펴보겠지만, 갑신정변 전까지 3차례에 걸친 김옥균의 일본 방문은 모두 차관도입과 관계가 있었다. 고종과 민영익이 김옥균의 일본행을 허락한 것은 당장은 아니더라도 장래 차관도입을 위한 준비 작업을 해두려는 생각이 있었기 때문이다. 당시 조선 정부의 재정난은 극에 달해 있었다. 이 때문에 수신사 김홍집의 가장 중요한 임무도 해관 설치와 통상장정 체결을 위한 예비교섭에 있었다는 것은 이미 앞에서 설명했다.

김옥균의 입장에서도 차관도입의 성사는 국왕의 신임을 확고히 하기 위한 관건이었다. 하지만 이것만으로는 갑신정변 직전까지 김옥균이 차관도입에 끈질기게 매달린 이유를 충분히 설명할 수 없다. 개화당의 은밀한 진짜 목적은 차관의 일부를 빼돌려서 정변을 위한 자금으로 쓰려는 데 있었다.

---

19 George M. McCune and John A. Harrison(eds.), *Korean-American Relations*, Vol.1., Berkeley: Univ. of California Press, 1951, p. 102("Report of information relative to the revolutionary attempt in Seoul, Corea", by G. C. Foulk, Dec. 4-7, 1884)(*Korean-American Relations*는 이하 KAR로 약칭).

2. 후쿠자와 유키치와의 만남

일본에서의 행적

김옥균 일행은 3월 19일에 나가사키에 입항했다. 그 일거수일투족이 신문에 상세히 보도될 정도로 이들은 이미 유명인사가 되어 있었다. 김옥균 일행은 나가사키 현령 우쓰미 다다카쓰(内海忠勝)와 현회의장(縣會議長) 마쓰다 마사히사(松田正久)의 환대를 받으며 소학교·중학교·사범학교 등 각급 학교와 재판소·현청·현의회·나가사키 전신분국(電信分局) 등 여러 시설을 시찰하고, 나가사키 주재 청국영사 여휴(余璿)를 비롯해서 각국 영사들을 두루 방문했다.

이들은 나가사키에서 약 한 달간 체류했다. 이는 당시 김옥균의 통역을 맡았던 일본인 가이 군지(甲斐軍次)가 부산에 돌아가 서광범과 유혁로를 데려오는 것을 기다렸기 때문이라고 한다.[20] 참고로 가이 군지는 남산 아래에 조선 최초의 근대식 사진관을 설립한 인물이다. 그는 뒷날 김옥균이 일본에 망명했을 때도 항상 그림자처럼 수행했으며, 1894년에 중국 상하이에서 홍종우(洪鍾宇)에게 암살된 뒤에 그 시신이 양화진으로 수송되어 능지처참을 당하자 남은 머리카락을 수습해서 도쿄(東京) 진정사(眞淨寺)에 매장하고 비석을 세울 정도로 평생 김옥균에게 충성을 다했다.

4월 20일, 서광범·유혁로·가이 군지가 나가사키에 입항하자 김옥균 일행은 간사이(關西) 지방으로 출발했다. 이들은 22일에 고베(神戶)에 도착해서 며칠간 견학한 후, 인근의 아리마 온천(有馬溫泉)에서 함께 도쿄로 가기 위해 조선에서 귀국하는 마에다 겐키치 원산 주재 영사를 기다렸다.[21]

---

20 琴秉洞, 앞의 책, pp. 57~58.
21 琴秉洞, 앞의 책, p. 62.

이들은 5월 8일에 오사카(大阪)에 도착해서 부지사(府知事) 다테노 고조(建野鄕三)의 환대 속에 조폐국·오사카 성터·제조소(製造所)·오사카 진대(鎭台) 등을 견학했다. 5월 10일 자 『오사카아사히(大阪朝日)』의 기사에 따르면, 당시 일행은 김옥균(32세)·서광범(24세)·강위(63세)·유길준(27세)·유혁로(30세)·변수(20세)·의과(誼果, 29세: 이윤고(李允杲)의 잘못)·창식(昌植: 미상)·탁정식(卓挺植-埴의 잘못, 32세)의 9명이었다고 한다.[22] 주목되는 것은 김옥균의 관직명이다. 대부분의 보도에서 그는 '조선국통훈대부 경연시독관(朝鮮國通訓大夫 經筵侍讀官)'의 관직으로 소개되었다. 통훈대부는 정3품 당하관의 품계인데, 당시 김옥균의 실제 관직은 종5품 홍문관 부교리에 불과했다. 김옥균은 의도적으로 자신의 품계를 과장했던 것이다.

김옥균 일행은 5월 12일에 기차로 교토로 이동해서 내국박람회를 구경했다. 다음 날에는 교토부청(京都府廳)을 방문해서 부지사 기타가키 구니미치(北垣国道)의 초대연에 참석하고 맹아원(盲啞院)·금각사(金閣寺) 등을 둘러본 후 23일에 다시 고베로 돌아왔다. 이들이 선편으로 요코하마를 거쳐 마침내 도쿄에 도착한 것은 6월 1일이었다.

김옥균은 도쿄에서 7월 중순까지 1개월 남짓 머물면서 정치·경제·군사와 관련된 제반시설을 정력적으로 시찰하고, 정관계·언론계·재야의 많은 유력 인사들을 만났다. 일본 외무성에서는 각 관청에 공문을 보내서 김옥균과 서광범의 견학에 최대한 편의를 봐줄 것을 요청했는데,[23] 덕분에 김옥균은 육군성의 각 국(局)과 육군병원까지 견학할 수 있었다. 또한 요코하마 주재 청국공사와 함께 서양 각국의 영사관을 방문하기도 했다.

당시 김옥균의 특기할 만한 활동으로서 6만 엔의 대금으로 후시미 제철소

---

22 琴秉洞, 앞의 책, p. 62에서 재인용.
23 琴秉洞, 앞의 책, p. 67.

(伏見製鐵所)에 경화(硬貨) 제조기계를 발주한 것이 있다.[24] 경화란 금·은과 같은 실물화폐로서 언제든 각국 통화와 교환 가능한 화폐를 말한다. 조선사회에서 주전(鑄錢)은 전통적으로 큰 이윤을 남길 수 있는 사업으로 인식되었다. 따라서 신식 화폐기계를 도입해서 개화당의 자금을 마련하려고 했던 것 같은데, 실현된 증거는 찾을 수 없다. 하지만 김옥균은 포기하지 않고, 귀국한 뒤에는 경화보다 주전비용이 저렴한 지폐를 신규 발행한다는 구상을 세운다.[25]

후쿠자와 유키치의 개화당 원조

김옥균이 도쿄에서 만난 유력인사들로는 정계의 이노우에 가오루와 오쿠마 시게노부(大隈重信), 재계의 시부사와 에이치(澁澤榮一)와 오쿠라 기하치로(大倉喜八郎), 홍아회의 에노모토 다케아키(榎本武揚), 소에지마 다네오미, 와타나베 히로모토 등이 있었다. 유길준의 은사로 뒷날 미국유학까지 주선하는 에드워드 모스(Edward Morse)와 이동인과 긴밀한 관계에 있었던 어니스트 사토도 있었다.[26] 하지만 무엇보다도 김옥균의 운명에 결정적 영향을 미친 것은 후쿠자와 유키치와의 만남이었다.

후쿠자와는 메이지 시기의 계몽사상가·교육자·언론인으로, 현재 일본의 최고액권인 1만 엔 지폐에 그 초상이 그려질 정도로 일본에서 높은 존경을 받는 인물이다. 후쿠자와의 제자인 이다 산지(飯田三次)는 김옥균과 후쿠자

---

24 琴秉洞, 앞의 책, p. 68.
25 이 책의 제5장 참조.
26 Harold F. Cook, *Korea's 1884 incident: It's background and Kim Ok-kyun's elusive dream*, Seoul: Royal Asiatic Society, Korea Branch, 1972. pp. 46~47; Ian Ruxton(ed.), *A Diplomat in Japan Part II: The Diaries of Ernest Satow, 1870-1883*, North Carolina: Lulu Press, Inc., 2010, pp. 486~487.

와의 첫 만남에 관해 다음과 같이 회고했다. 원래 김옥균은 열렬한 불교신자로서 일본에 오기 전부터 동본원사의 승려들과 친분을 맺었으며, 이들로부터 일본에 후쿠자와라는 위인이 있다는 사실을 듣고는 그를 만나려는 희망을 품었다. 그러던 중 교토에 출장을 갔을 때, 동본원사 승려 아쓰미 가이엔(渥美契緣)으로부터 "조선에 김옥균이라는 훌륭한 사람이 있는데, 불교를 연구하고 또 일본의 위인 후쿠자와 선생의 가르침을 받기 위해 꼭 일본에 오고 싶어 한다. 내게 후쿠자와 선생을 소개해줄 것을 부탁했다. 마침 다행히 그대가 이곳에 왔으니 내 대신에 후쿠자와 선생에게 소개해달라."는 부탁을 받았다. 그 후 1880년 여름에(1882년 봄의 잘못) 이르러 갑자기 동본원사에서 김옥균이 교토에 왔다는 연락을 받고, 이시카메 후쿠지(石龜福治)와 함께 교토까지 와서 김옥균과 서광범을 데리고 도쿄로 올라가 후쿠자와에게 소개해주었다고 한다.[27]

김옥균과 후쿠자와의 관계에 대한 가장 큰 오해는, 후쿠자와는 20여 년 전의 일본과 현재 조선의 모습이 유사한 데서 오는 동정상련(同情相憐)의 순수한 호의로 김옥균 등을 원조했으며, 김옥균 등은 후쿠자와의 가르침을 받고서 비로소 근대국제관계에서의 독립(independence)의 의미를 깨달아 국정의 혁신과 자주독립에 매진하게 되었다는 것이다. 다음에 인용하는 다보하시 기요시(田保橋潔)의 『근대 일선관계의 연구』의 한 구절은, 이러한 그릇된 통념의 전형이자 동시에 그것을 확립하는 데도 적지 않은 영향을 미쳤다.

후쿠자와 유키치가 조선 문제에 주목한 것은, 그 국정(國情)이 막말 유신 당시와 유사해서 "참으로 20여 년 전 자국의 일을 생각하면 동정상련(同情相憐)의 마음이 없을 수 없다."는 것이 그의 참된 동기였을 것이다. 동시에 후쿠자와는 국권경장(國權更張)을 주장하고 있었기 때문에, 당초에 일한수호조규를 통해 일본이

---

27 飯田三次, 「金玉均氏を福澤先生に紹介す」, 葛生玄晫 編, 『金玉均』, 東京: 民友社, 1916.

조선의 독립을 승인한 이상 그것을 지지하고 그 문명개화를 조장하는 것은 일본의 책임이며, 청이 종주국으로 자칭하면서 그 내치와 외교에 간섭하는 것은 정치적으로 용납할 수 없는 죄악이라고 생각하고 있었다. (중략) 후쿠자와 유키치 및 그의 문하가 근대 조선의 정치문화에 끼친 영향은 대단히 컸다. 박영효, 김옥균 등이 혁신사상을 운위하는 것도, 당초 이노우에 외무경이 추측했던 것처럼 임오년 이전의 정교자주(政敎自主)를 회복하자는 것이지 독립자주(獨立自主)를 이해한 정도까지는 아니었을 것이다. 그러나 후쿠자와는 그들에게 정치학의 첫걸음을 가르쳐서, 전 세계의 문명국들은 일본을 위시해서 완전한 주권을 향유하고 있는데 오직 조선만은 2,000년의 문화를 갖고 있으면서도 노대국(老大國) 청의 번속에 안주하고 있는 실정을 이해하게 했다. 후쿠자와의 가르침을 받은 박영효, 김옥균은 처음으로 독립자주의 참된 의의를 깨달아 그 실현에까지 매진하게 됐다고 해도 과언은 아닐 것이다.[28]

하지만 비밀결사 개화당은 이미 10년 전인 1871년에 유대치와 오경석의 지도로 결성되어 정권 장악과 국정 혁신의 기회를 엿보고 있었다. 그리고 다음 장에서 보듯이 이들이 임오군란을 계기로 조선의 독립을 적극 주장한 것도 실은 국왕의 신임을 얻고, 일본과 서양국가의 원조를 획득해서 친청파 관료들을 제압하려는 정략적 고려와 무관하지 않았다. 따라서 김옥균 등이 후쿠자와의 가르침을 통해 조선이 노쇠한 청제국의 조공국에 안주하는 현실을 깨닫고 그 자주독립을 위해 갑신정변을 일으켰다는 것은 실제에 부합하지 않는 날조된 신화에 불과하다.

후쿠자와가 동정상련의 순수한 호의로 김옥균 등을 원조하기로 결심했다는 것도 사실과 거리가 멀다.[29] 많은 연구에서 지적되었듯이, 후쿠자와는

28 다보하시 기요시 저, 김종학 역, 『근대 일선관계의 연구 (상)』, 일조각, 2013, pp. 807~808.
29 1881년 6월에 후쿠자와가 당시 런던에 체재하고 있던 고이즈미 노부키치(小泉信吉)에게 보

1881년 10월에 간행된 『시사소언(時事小言)』을 기점으로 서양 제국주의 열강의 침략에 대항하기 위해 무력을 동원해서라도 일본이 아시아의 맹주(盟主)가 되어야 한다는 팽창주의적 성격을 본격적으로 드러내기 시작했다.[30] 다음에 인용하는 「조선정략(朝鮮政略)」이라는 논설은 후쿠자와가 김옥균을 만나기 불과 석 달 전인 1882년 3월 11일에 『시사신보(時事新報)』에 발표한 것이다.

우리가 이처럼 조선의 일을 염려하고 그 나라의 문명화를 희망해서, 끝내 무력을 써서라도 그 진보를 도와야 한다고 절실히 논하는 것은 비단 예전부터의 교제의 추세에 따라 형편상 부득이하기 때문만은 아니다. 앞으로의 세계 형세를 살펴볼 때 우리 일본을 위해 어쩔 수 없기 때문이다. 지금 서양 국가들의 문명은 날로 진보하고 있다. 문명의 진보와 함께 병비(兵備) 또한 날로 증대하며, 병비의 증대와 함께 탄병(吞倂)의 야심 또한 날로 커지는 것은 자연스러운 형세로서, 그 욕심을 펼칠 지역이 아세아의 동방임은 분명하다. 이러한 때 아세아주가 협심동력(協心同力)하여 서양인의 침릉(侵陵)을 막으려면 어떤 나라가 그 우두머리를 하고

낸 서한은 후쿠자와의 순수한 '이타심'을 입증하는 증거로 많이 언급되어 왔다. 이 서한에서 일본 사정을 시찰하기 위해 온 조선인 몇 명은 조사시찰단을, 그리고 의숙에 입사했다는 장년 2명은 유길준과 유정수를 가리킨다.
"이번 달 초순에 조선인 몇 명이 일본의 사정을 시찰하기 위해 왔습니다. 그중에 장년(壯年) 2명이 우리 의숙(義塾)에 입사(入社)했는데, 2명 모두 우선 저희 집에 두고 자상하게 지도하고 있습니다. 참으로 20여 년 전 자신의 일을 생각하면, 동정상련(同情相憐)의 마음을 금할 수 없습니다. 이는 조선인이 외국유학을 한 시초이며, 우리 의숙 또한 외국인을 받아들인 발단이니 실로 기이한 우연이라고 할 수 있습니다. 이 일을 인연으로 해서, 조선인들은 귀천을 가리지 않고 매번 저희 집을 내방하는데, 그 말을 들어보면 다름 아닌 30년 전의 일본입니다. 어떻게든 앞으로 관계를 잘 열려고 생각하고 있습니다"(『福澤諭吉傳』 第3卷, p. 289).

30 Albert M. Craig, "Fukuzawa Yukichi: The Philosophical Foundation of Meiji Nationalism", Robert E. Ward(ed.), *Political Development of Modern Japan*, Princeton Univ. Press, 1968, pp. 121~135; 최덕수, 『개항과 朝日관계—상호인식과 정책』, 고려대학교 출판부, 2004, pp. 157~215; 야스카와 주노스케 저, 이향철 역, 『후쿠자와 유키치의 아시아 침략사상을 묻는다』, 역사비평사, 2011; 杉田聡, 『福澤諭吉 朝鮮·中國·臺灣論集』, 東京: 明石書店, 2010.

그 맹주가 돼야 할 것인가? 우리는 굳이 스스로 자국(自國)을 과장하려는 것이 아니다. 허심평기(虛心平氣)하게 보더라도 아세아 동방에서 그 우두머리와 맹주를 맡을 나라는 우리 일본이라고 하지 않을 수 없다. (중략)

수레의 덧방나무[輔]와 수레바퀴[車]가 서로 의지하고 입술과 이가 서로 돕는다고 하지만, 지금의 지나(支那: 청)나 조선이 우리 일본을 위해 능히 그 덧방나무와 입술의 실공(實功)을 바칠 수 있겠는가? 우리의 소견으로는 절대 이를 보장할 수 없다. 게다가 최악의 상황을 말하자면, 그 국토가 하루아침에 끝내 서양인에게 유린되지 않으리라고 장담할 수 없다. 지금의 지나국을 지나인이 지배하고, 조선국을 조선인이 지배한다면야 우리도 깊이 우려할 것이 없지만, 만에 하나 그 국토를 서양인의 손에 넘겨주는 것 같은 큰 변고가 발생하면 어떻게 할 것인가? 그것은 마치 이웃집에 불이 나서 자기 집에도 그 불이 옮겨 붙는 것과 다르지 않을 것이다. 서양인이 동쪽으로 다가오는 형세는 불이 넓게 번지는 것과 같으니, 이웃집이 불타 무너지는 것을 어찌 두려워하지 않을 수 있겠는가? 그러므로 우리 일본국이 지나의 형세를 우려하고 또 조선의 국사에 간섭하는 것은, 굳이 일 만들기를 좋아해서가 아니라 일본 자국 또한 불에 타는 것을 예방하려는 것임을 알아야 한다. 이것이 곧 우리가 이 논설에서 조선국의 일에 관해 특별히 정부의 주의를 환기하는 이유이다.[31]

후쿠자와가 가장 우려한 것은 조선이나 중국이 국제정세를 파악하지 못하고 끝끝내 서양문명의 수용을 거부하다가 러시아나 다른 서양 열강에 의해 병탄되는 사태였다. 왜냐하면 이는 곧 일본의 심각한 안보 위협을 의미하기 때문이다. 이웃집에 불이 나면 우리 집까지 옮겨 붙는 것은 시간문제이다. 따라서 우리 집을 지키기 위한 자위적 차원에서라도 이웃집에 강제로 들어가 대신 불을 꺼주지 않을 수 없다는 것이 후쿠자와의 지론이었다. 후

31 『福澤諭吉全集』第8卷, 1960, pp. 28~31.

쿠자와는 만약 조선·중국에 현재의 '미개한' 정권을 무너뜨리고 문명개화를 달성하려는 혁명분자가 있다면 그를 적극 지원하는 것이 최선의 방법이지만, 그것이 여의치 않을 때는 무력간섭을 행해서라도 개혁을 강제하지 않을 수 없다고 생각했다. 실제로 후쿠자와는 갑신정변까지는 김옥균 등의 음모를 은밀히 후원하다가 결국 그것이 삼일천하로 실패하자 조선에 대한 노골적인 침략주의로 선회하였다.

한편, 김옥균 등은 처음부터 정변을 일으키는 데 필요한 원조를 구하려는 의도를 갖고 일본에 건너왔다. 그렇게 본다면 김옥균과 후쿠자와의 제휴는 학문적 존경심이나 정서적 유대 이전에 양자 간의 정치적 이해관계의 산물이었다고 할 수 있다. 김옥균이 후쿠자와와 결탁한 이유 또한 소극주의로 일관한 일본 정부보다 그가 훨씬 더 적극적인 대조선 간섭주의를 주장했기 때문이었다.

덧붙여 말하자면, 이때까지만 해도 재야의 후쿠자와가 조선에 관한 정보를 얻을 수 있는 통로는 대단히 제한돼 있었을 것이다. 이즈음 후쿠자와의 조선정략을 보면 개화당의 정치적 입장과 시각이 여과 없이 노골적으로 반영되어 있음을 알 수 있다. 즉, 후쿠자와는 이동인이나 김옥균 등 개화당이 제공한 정보에다가 자신의 문명개화 담론을 적용해서 나름대로의 조선정략을 정립했던 것이다. 여기에는 물론 개화당을 배후 지원하기 위해 일본 내의 우호적 여론을 조성하려는 은밀한 배려도 있었을 것이다.

결국 이번에 우리가 적으로 간주해야 할 대상은 그 왕실이나 개진당(改進黨)이 아니며, 오직 저 나라 조야(朝野)의 보수완명(保守頑冥)한 일부에 있을 뿐이다. 가령 한때 저 정부가 완명당(頑冥黨)의 손에 떨어지는 상황이 연출되더라도 그 나라의 가장 고귀한 현 국왕의 참뜻이 아니며, 또 처음부터 개진자류(改進者流)의 무력함으로 인한 것이다. 따라서 우리 일본이 양국 교제의 정의(情誼)를 위해,

또 우내문명(宇內文明)의 보호를 위해 잠시 우리 병력을 빌려줘서 저 국토 전체의 미무(迷霧)를 씻어내는 것은 우리나라의 덕의(德義)로 볼 때 사양할 수 없는 의무이다.[32]

3. 귀국과 임오군란의 발발

어윤중과의 해후

김옥균 일행은 1882년 7월 중에 도쿄를 떠나 귀국길에 올랐다. 서광범은 잠시 홀로 도쿄에 남아있었는데 그 이유는 알 수 없다. 김옥균은 고베를 거쳐 7월 31일에 시모노세키에 도착했다. 그런데 김옥균이 귀국을 서두르고 있는 동안, 조선에서는 7월 23일에 구식군대의 반란이 발생했다. 바로 임오군란이었다. 조선 주재 일본공사 하나부사 요시모토는 간신히 인천으로 탈출, 영국 측량함 플라잉피시(Flying Fish)호에 구조되어 7월 29일 밤에 나가사키에 도착했다. 그는 당일로 도쿄 외무성에 긴급타전한 후, 8월 2일에 시모노세키로 이동했다. 도쿄에서도 사안의 심각성을 감안해서 외무경 이노우에 가오루가 8월 5일에 직접 시모노세키로 내려왔다. 그 사이에 서광범도 도쿄에서 도착해서 일행에 합류했다.[33]

김옥균은 임오군란의 발발 소식을 듣고 경악했을 것이다. 당시 사정에 관해 김옥균은 『갑신일록』에 "개국 490년 신사(辛巳) 12월, 우리 대군주의 명을 받아 일본을 유력(遊歷)했다. 이듬해 임오(壬午) 6월 귀국하는 길에 배가 아카

---

32 「朝鮮政略」, 『時事新報』, 1882년 8월 2·3·4일(『福澤諭吉傳』第8卷, 1960, pp. 251~259).

33 다보하시 기요시 저, 김종학 역, 앞의 책(2013), pp. 712~713; Harold F. Cook, op. cit., p. 48.

마가세키(赤馬關: 시모노세키)에 머물렀을 때 우리나라의 변고를 듣게 되었다. 일본공사 하나부사 요시모토와 같은 배로 인천에 도착했다."라고 기록했다. 그의 심경은 8월 9일 조선으로 떠나기 직전에 외무대보(外務大輔) 요시다 기요나리(吉田淸成)에게 보낸 고별서한에 잘 드러나 있다.

저는 뒷날 다시 귀경(歸京)에 와서 담소를 나누며 술잔을 나누려고 생각하고 있습니다. 이는 결코 선생과 우리 두 사람의 계심(契心: 마음과 뜻이 합함)에만 달려있지는 않을 것입니다. 저는 방금 바칸(馬關: 시모노세키)에 도착해서 하나부사 공사가 낭패하며 배를 돌려 귀국한 것을 보고 비로소 우리나라에 큰 변고가 생긴 것을 알았습니다. 그 일은 이미 들으셨겠지만 우리 수도에서 있었던 일은 귀 공사가 경험한 것보다 더했을 것이니, 통곡한 끝에 황송하고 부끄러운 마음이 가슴에 사무칩니다. 얼마 전에 외무경 대인을 만나서 악수하고 몇 시간 동안 마음을 터놓고 이야기를 나누었습니다. 예전에도 이와 유사한 일이 있었으니 (이재선 옥사를 가리킴) 조금씩 실마리가 잡히고 있습니다. 이제 하나부사 공사와 함께 인천으로 향하려고 합니다.[34]

외무대보는 오늘날 외무차관에 해당하는 고위직이다. 요시다 기요나리는 사쓰마 번 출신으로, 영국과 미국 유학을 마치고 1870년에 대장성에서 관직을 시작해서 1872년에는 영국의 오리엔탈뱅크로부터 1,170만 엔의 국채를 얻는 데 성공한 경력이 있었다. 그런데 앞의 서한에서 '계심(契心)' 운운한 구절을 보면, 김옥균이 요시다에게 크게 부탁하는 일이 있었음을 짐작할 수 있다. 그것은 틀림없이 김옥균 등이 조선을 떠날 때부터 일본 언론에 보도

---

34 이 서한은 원래 일본 교토대학 요시다 기요나리 문고에 소장된 것으로, 琴秉洞, 앞의 책, pp. 70~71과 京都大學 文學部 編, 『吉田淸成關係文書三(書翰篇)』, 第3卷, 京都: 思文閣出版, 2000, p. 301에도 전재되어 있다. 단, 이들 책에 실린 서한은 탈초의 오류로 인한 오자(誤字)가 많아서 주의할 필요가 있다.

되었던, 하지만 자신은 극력 부인했던 차관도입에 관한 요청이었을 것이다.

한편, 임오군란의 소식이 전해지자 일본 정부는 사건의 진상을 파악한 후 조선 정부의 공식사죄 및 손해배상을 요구하고, 또 이를 계기로 개항장에서의 자유통행지역의 확대, 외교관의 내지여행, 공사관 수비대의 주둔 등 다년 간의 현안을 일거에 해결한다는 방침을 세웠다. 이에 따라 하나부사는 8월 10일에 공부성 기선 메이지마루(明治丸)로 시모노세키에서 출항해서 12일에 제물포에 입항했다. 김옥균 일행도 이 배에 편승해서 귀국했다. 이어서 13일 부터 16일까지 일본에서 파견한 병력이 속속 제물포에 집결했는데 그 규모 는 육군보병 1개 대대와 군함 4척, 운송선 3척에 달했다.

이보다 앞서 청에서는 톈진에 머물고 있던 영선사(領選使) 김윤식과 문의 관(問議官) 어윤중에게 임오군란의 진상을 탐문한 후, 일본의 간섭을 차단하 기 위해 최대한 신속하게 조선에 파병해서 군란을 대신 진압하기로 결정했 다. 이에 따라 군함 위원(威遠)·초용(超勇)·양위(揚威)가 8월 10일에 제물포에 입항했다. 이 중 초용에 어윤중이 비밀리에 탑승하고 있었다.

김옥균은 어윤중의 추천장까지 받아서 일본에 갔지만, 이제 얄궂게도 두 사람은 각각 일본 군함과 청국 군함을 얻어 타고 제물포에서 만나게 되었 다. 두 사람이 조우하는 극적인 장면을, 『후쿠자와 유키치전(福澤諭吉傳)』은 다음과 같이 묘사했다.

그해(1882) 7월, (김옥균은) 일단 귀국하려고 하던 차에 대원군 변란의 소식을 듣고 크게 놀라서 급히 바칸(馬關)으로 갔다. 마침 하나부사 공사가 군함을 이끌 고 조선으로 출발하려고 했으므로 그 군함에 편승하여 인천으로 향했는데, 인천 에 도착했을 때는 이미 지나(支那) 군함이 인천항에 정박하고 있었다. 그때 김옥 균은 예전에 톈진으로 갔던 어윤중이 반드시 지나의 군함에 있을 것으로 짐작하 고 은밀히 그를 불러서 일을 논의했다. 그런데 어윤중은 지나의 세력을 빌려서 대원군을 체포해서 톈진에 호송하려고 한다고 말했으므로, 김옥균은 그런 일은 한때의 위급함을 구제하기 위해 국권(國權)을 지나에 팔아먹는 것이라고 극력 반대했다. (중략) 대원군이 지나의 병영에 구금되었다는 소식을 듣고, 김옥균은 일신상으로는 원수 사이였음에도 불구하고, 조선의 자주권은 이미 사라졌다고 하면서 비분을 금치 못하고, 목숨을 걸고 자국의 자주권을 회복하려고 결심했다고 한다.[35]

즉, 김옥균은 어윤중을 은밀히 만나서 임오군란의 사후처리 방법에 관해 의논했다. 그런데 어윤중이 대원군을 체포해서 톈진으로 압송할 계획이라고 말하자 김옥균은 그것은 한때의 위기를 모면하기 위해 나라의 권리를 팔아먹는 일이라고 반대했다. 그럼에도 불구하고 8월 26일에 이르러 실제로 마건충 등이 대원군을 납치해버리자 김옥균은 비분을 금치 못하며 앞으로 목숨을 걸고 조선의 자주권을 회복하기로 결심했다는 것이다. 하지만 개화당과 관련해서 후쿠자와가 남긴 대부분의 기록이 그러하듯이, 이 글 또한 사실과는 거리가 멀다.

당시 일본에서 유학 중이던 유길준과 윤치호는 임오군란의 소식을 듣고 8월 6일에 다음과 같은 탄원서를 일본 정부에 제출했다.

저희는 귀국에 나와 있어서 비록 전말을 상세히 알지는 못하지만, 금일 이후로 하응(昰應: 흥선대원군)은 우리나라 인민이 모두 원수로 여길 바이며, 귀국에도 토벌할 만한 적입니다. 그러므로 귀국은 마땅히 문죄하는 병사를 보내야 할 것입니다. (중략) 각하께서는 하응에게 서신을 보내서 군부(君父)를 받들어 모실 것을 충고하고 분수에 넘는 행동을 못하게 하십시오. 그러면서 짐짓 화의(和意)를 표시해서 그를 방심케 하고, 인천 근해에 군함을 파견해서 천천히 시변(時變)을 관찰하다가 우리나라 주상과 동궁을 구해서 안전한 곳에 모신 뒤에 하응의 죄를

---

35 『福澤諭吉傳』 第3卷, pp. 276~284, 289.

밝게 다스리십시오. 그리하시면 한편으로는 이웃 나라를 난리에서 구해주는 귀국의 의리를 이룰 수 있고, 다른 한편으로는 저희의 원수를 갚으려는 충성을 이뤄주고 군부를 위란(危亂)의 가운데서 보전할 수 있을 것입니다. 부디 각하께서는 양찰하십시오.[36]

즉, 유길준과 윤치호는 일본 정부를 상대로 조선에 파병해서 정권을 찬탈한 대원군을 처벌해줄 것을 탄원하면서 그 구체적 방법까지 제안했던 것이다. 물론 이 탄원서의 작성에 김옥균과 서광범이 직접 관여한 증거는 없지만, 유길준·윤치호와의 긴밀한 관계로 볼 때 아마도 비슷한 생각을 갖고 있었을 것이다. 이와 관련해서 해럴드 쿡(Harold Cook)은 당시 일본 문서와 언론보도를 종합적으로 검토한 결과, 김옥균과 서광범은 이노우에에게 정권을 찬탈한 대원군을 처벌해줄 것을 청원했으며 심지어 일본 군대를 자신들의 통제하에 두도록 요청한 것으로 결론을 내렸다.[37]

또한 갑신정변 직후 미국공사관의 포크가 쓴 보고서에 따르면, 귀국한 김옥균과 서광범은 친청파 척신(戚臣) 조영하에게 청국 군대의 철수를 주장하면서, 일본은 서울에 공사관이 있으므로 그것을 수비하기 위해 군대를 파견한 것은 당연한 권리에 속하지만, 청의 파병은 조선에 대한 속박만을 강화할 뿐이라고 주장했다고 한다.[38] 하지만 공사관의 수비는 명목에 불과할 뿐, 일본 정부의 실제 목적은 청이 서울에 3,000명의 병력을 주둔시키는 것에 대항해서 한반도에서 청일 간의 최소한의 세력균형을 유지하려는 데 있었다. 외국 군대가 서울에 주둔하고, 또 그것이 조선 정부에 정치적 압력을 가하는 수단이 된다는 점에서는 청국 군대나 일본 군대나 차이가 있을 리

36 『吉田淸成文書』第3147號(京都大學文學部 國史研究室 소장).
37 Harold F. Cook, op. cit., 앞의 책. p. 48.
38 KAR, p. 104, "Report of information relative to the revolutionary attempt in Seoul, Corea", by G. C. Foulk, Dec. 4-7, 1884.

없다. 그럼에도 불구하고 김옥균과 서광범이 이와 같이 주장한 것은, 친청파 대신들을 견제하면서 일본의 세력을 배경으로 보다 우세한 정치적 지위를 점하려는 의도였다고 해석된다.

대원군에게 보낸 밀서

앞에서 언급한 것처럼 하나부사와 김옥균 등을 태운 메이지마루는 8월 12일에 제물포에 입항했다. 일본 군대도 16일까지 집결을 마쳤다. 이날 하나 부사는 고종을 알현하고 일본 측의 요구사항을 전하기 위해 인천에서 출발 했다. 의정부나 외교 전담 부서를 놓아두고 국왕과 직접 교섭하겠다고 나서 는 것은 국제관례를 무시한 무례하기 짝이 없는 행위이다. 하지만 하나부사 는 전혀 개의치 않고 20일에 고종과 대원군을 차례로 알현한 다음에 23일 에 인천으로 복귀했다. 당시 일본 언론의 보도에 따르면, 김옥균도 양복 차 림으로 일본인들과 함께 몰래 서울에 들어와서 홍영식과 밀담을 나누었다 고 한다.[39]

흥미로운 것은, 이때 김옥균이 대원군에게 밀서를 보낸 사실이다. 즉, 그는 일본에 대원군의 제거를 청원하면서도, 다른 한편으론 대원군 정권이 오래 갈 것에 대비해서 은밀히 접촉을 시도했던 것이다. 이 일이 들통나는 바람 에 김옥균은 일본 언론으로부터 표리부동한 비겁자로 매도당하는 곤욕을 치러야 했다.

이 서한의 전문은 1882년 9월 26일 자 『조야신문』에 실렸다.[40] 이 밀서에 서 김옥균은 대원군에게 2가지 사항을 건의했다. 일본에 지불할 배상금의 조속한 청산과 화천(貨泉), 즉 화폐개혁이었다. 여기서 후자는 후시미 제철소

---

39 琴秉洞, 앞의 책, pp. 73~74.
40 이 밀서의 전문은 琴秉洞, 앞의 책, pp. 957~958에 전재되어 있다.

에 경화 제조기계를 발주한 것과 관련이 있다고 여겨진다. 이 밀서에서 특히 주목되는 것은 다음 구절이다.

지금 천하의 사세(事勢)는 밖에 나가서 시세의 변동을 조사하지 않으면 외국과 교접할 수가 없습니다. 구구한 저의 충심 또한 참으로 여기에 있었습니다. 그러므로 다시 영국 선박을 타고 떠날 것이니, 만약 보고 듣는 것이 있으면 즉시 진술하겠습니다. 또 경성의 논의가, 소인 등의 일본행을 가리켜 잠행(潛行)이라고 한다고 들었습니다. 이는 우매한 자의 말입니다. 소인 등이 출발할 때 우리 주상전하께서 이미 통촉하셨는데 어떻게 감히 잠행이라고 할 수 있겠습니까? 지금 만국의 공례(公例)에는 비록 사신의 담판이라도 밀파하는 법도가 있습니다. 더구나 채풍유력(採風遊歷: 풍속을 조사하기 위해 유람함)이 어찌 안 될 것이 있겠습니까?

김옥균이 대원군에게 서한을 보낸 기본 목적이 자신의 일본행을 변명하려는 데 있었음을 알 수 있다. 또한 그것이 고종의 묵인하에 이뤄진 사실도 확인할 수 있다. 무엇보다 김옥균은 대원군에게 세계정세를 언급하면서 다시 영국 선박을 타고 출국하겠다는 뜻을 피력하고 있다. 이는 김옥균이 대원군을 어느 정도 설득이 가능한 상대로 여기고 있었음을 의미한다. 이는 개화당의 일원인 박제경(朴齊絅)의 『근세조선정감(近世朝鮮政鑑)』에서 "이 공(대원군)의 호랑이 같은 위세가 아니라면 개화를 막고 완고를 보호하지도 못할 것이요, 뒷날에 또한 완고를 변해서 개화로 나아가는 것도 기대하기 어려울 것이다."라고 한 구절과 일맥상통하는 것이다.[41]

또 국가가 지극히 큰 변고를 당한 직후이므로 인재를 등용하는 데 홍통지법(弘通之法)을 쓰지 않는다면 나라를 보존할 수 없을 것입니다. 이른바 사족(士

---

41 이 책의 제7장 5절 참조.

族)·서얼(庶孼)·중인(中人)·상인(常人)의 각 명목을 크게 틔워서[擴通] 불차탁용
(不次擢用: 승진의 관례나 규칙에 구애받지 않고 인재를 높은 관직에 등용함)해
서 간격이 없게 한 뒤에야 인재를 흥작향도(興作向道: 크게 일으켜 도를 향하게
함)하게 하고 생령도 구제할 수 있을 것입니다.

김옥균의 밀서는 신분에 구애받지 말고 인재를 골고루 등용할 것을 건의
하는 것으로 끝을 맺었다. 이러한 양반 중심적 신분사회의 개혁이야말로 신
분을 초월해서 결성된 비밀결사 개화당이 추구한 국정 혁신의 핵심이었으
며, 김옥균의 평생 지론이었다.

김옥균으로선 대원군이 정권을 유지할 수도 있다고 생각해서 밀서를 보냈
겠지만, 대원군은 8월 26일에 오장경(吳長慶)과 마건충 등 청국 장령에 의해
톈진으로 납치되고 말았다. 이어서 8월 28일과 29일에는 청국 병사들이 난
병(亂兵)과 난민(亂民)의 본거지인 왕십리와 이태원을 습격해서 군란 가담자
들을 체포하고, 30일에는 이유원·김홍집과 하나부사 간에 임오군란의 선후
조약인 제물포조약과 조일수호조규속약이 체결됐다. 이것으로 임오군란의
수습은 일단락되었다.

김옥균 일행은 8월 31일에 인천을 떠나 다시 입경했다. 그로부터 불과 7
일 뒤에 박영효는 제물포조약 제6관의 규정에 따라 일본에 사죄국서를 전
달할 수신사에 임명됐다.[42] 서광범은 종사관, 김옥균은 수원(隨員)에 임명되
었다. 1872년에 장원급제했음에도 불구하고 10년 가까이 종5품 홍문관 부
교리에 머물고 있었던 김옥균이나, 철종의 사위로서 정1품 금릉위에 봉해졌
지만 왕실의 법도상 현실정치에 간여할 수 없었던 박영효 모두 임오군란 이
전까지는 사실상 정치신인에 가까웠다. 결과적으로 임오군란은 개화당이
일약 중앙정계의 주역으로 등장하는 절호의 기회가 되었다.

---

42 『承政院日記』, 고종 19년 7월 25일.

1. 군권과 신권의 갈등

무위영과 임오군란

일반적으로 임오군란은 평소 신식군대 교련병대(별기군)와의 차별대우에 불만을 품고 있었던 구식군대 병졸들이 군향(軍餉)의 미지급과 부실지급에 항의하는 과정에서 우발적으로 발생한 사건으로 설명되어 왔다. 하지만 모든 역사적 사건들이 그러하듯이, 임오군란 또한 발단은 비록 사소했을지언정 그 이면에는 본질적이고 구조적인 갈등요인이 잠복되어 있었다. 그중 하나는 고종의 독단적인 국정운영, 특히 왕권강화 과정에서 소외되어 온 조정 신료와 문호개방 정책에 의해 직접적인 타격을 입은 하층민의 불신과 불만이었다.

한말의 우국지사 윤효정(尹孝定, 1858~1939)의 『풍운한말비사(風雲韓末秘史)』에 따르면, 임오군란의 근본적 원인은 교련병대가 아닌 무위영(武衛營)에 대한 반감에 있었다.

> 이때 闕內에는 甲午(甲戌의 잘못) 以後로 設置한 武衛營이라는 營門이 있어서 이것은 上監의 親軍營이므로 都統使 以下 將校의 勢力과 兵卒의 料布가 在來한 五營將卒에 比하야 심히 豐富하고 그뿐 아니라 特別償賜하시는 布木錢糧이 있고 五營兵卒은 國庫의 窘絀을 핑계하고 八朔 동안이나 料布를 주지 아니하니 軍心이 크게 不平하야 (후략)[1]

무위영은 고종의 신설 친위부대인데, 오군영(五軍營)에 비해 크게 대우가 좋았으므로 기존 병졸들의 불만이 팽배해 있었다는 것이다. 여기서 무위영에 포목전량(布木錢糧)을 특별하사품으로 내려주었다는 것은, 1882년 4월 20일에 훈련도감의 삼수(三手), 즉 포수(砲手)·사수(射手)·살수(殺手)에게 지급되던 포목전량을 이전에는 호조(戶曹)에서 관할하다가 그때부터 무위영의 별고(別庫)에서 보관하며 나눠주도록 한 조치를 가리키는 것으로 보인다.[2] 만약 그렇다면 이는 훈련도감의 포목전량을 빼앗아다가 무위영에 하사했다는 뜻이 되므로, 훈련도감 병졸들의 불만은 당연했을 것이다.

김윤식(金允植)도 『음청사(陰晴史)』에서 "그때 조정에서 무위영을 신설해서

---

1 尹孝貞, 『風雲韓末秘史』, 秀文社, 1984, p. 36.
2 『承政院日記』, 고종 19년 3월 3일.

대우가 다른 군영에 비해 나았다. 그런데 다른 군영은 병향(兵餉)조차 미지 급되는 일이 잦았으므로 길가에 원성이 가득했다. 훈련도감의 군병(軍兵)은 평소 사납다고 일컬어졌는데 분노가 더욱 심했다. 이 때문에 강창(江倉)에서 군료(軍料)를 나눠줄 때 훈련도감의 군졸들이 먼저 난을 일으킨 것"이라고 기록했다.[3]

그렇다면 무위영이란 무엇인가? 1873년 12월, 10년간 집정(執政)으로서 무소불위의 권력을 행사하던 흥선대원군이 하야하고 고종이 친정을 시작했다. 그런데 불과 1개월 만에 경복궁에 큰 불이 나서 국왕이 창덕궁으로 이어(移御)하고, 건릉(健陵)과 창덕궁 수인문(修仁門)에서도 원인 미상의 화재가 일어나는 등 수상한 사건이 잇달아 발생하자, 고종은 1874년 1월에 궁궐 파수군(把守軍)을 신설하라는 명을 내렸다.[4] 세간에선 이 사건들이 대원군 일파의 소행이라는 소문이 나돌고 있었지만, 만약 실제로 조사해서 사실로 드러나면 처분이 매우 곤란할 것이었으므로 고종은 굳이 원인을 규명하지 않고 모든 것을 자신의 부덕의 소치로 돌리는 대신, 궁궐 파수군을 신설하는 조치를 취했던 것이다.[5]

하지만 신하들은 국왕의 의도가 궁궐 파수군의 창설을 계기로 장차 강력한 친위부대를 만들어서 왕권을 강화하려는 것이 아닌지 의심했다. 이미 정조(正祖)의 장용영(壯勇營)과 같은 전례도 있었다. 이 때문에 박규수조차 "하오나 성의(聖意)의 소재를 알지 못하겠나이다. 장차 이 무리들을 친병(親兵: 친위부대)으로 만들어서 직접 지휘하시려는 것입니까? 아니면 장수로 하여금 그 절제(節制)를 조련시켜서 통솔하게 하시려는 것입니까? (중략) 신은 참으로 황송하오나, 혹시라도 이 파수군의 설치로 인해 장대한 조치가 없겠습

---

3 金允植, 『陰晴史』, p. 193(이하 『陰晴史』의 인용 면수는 국사편찬위원회 편, 『從政年表/陰晴 史』, 국사편찬위원회, 1955에 따름)
4 『日省錄』, 고종 10년 12월 10·14일.
5 『備邊司謄錄』, 고종 10년 12월 11일.

니까? 바깥에서는 이를 대단히 의심하고 있습니다."라고 항의조로 힐문했던 것이다. 이에 대해 고종은 파수군을 훈련대장에게 소속시키고 앞으로도 이른바 장대한 조치는 없을 것이라고 약속했다.[6]

그러나 국왕의 약속은 빈말에 불과했다. 그로부터 채 한 달도 지나지 않아 파수군에게 무위청(武衛廳)이라는 정식 명칭이 부여되고,[7] 얼마 뒤엔 금위대장(禁衛大將) 조영하에게 무위소(무위청)의 장관인 무위소도통사(武衛所都統使)를 겸직시키라는 명이 내려졌다.[8] 조영하는 신정왕후(神貞王后)의 조카로 대표적인 척신(戚臣)이었다. 그러자 박규수는 다시 "당초에 신 등이 혹시라도 장대한 조처가 있을까 우려해서 아뢴 적이 있었는데, 반드시 장대하게 하지 않겠다고 하교하셨습니다. 근일 점차적인 조처가 엄연히 1개의 군영을 만들었습니다. 군주가 숙위친병(宿衛親兵)을 두는 것은 원래 불가한 일은 아닙니다. 만약 이러한 뜻으로 여러 신하들에게 연구하고 마련할 것을 명하여 조리를 갖추게 했다면 안 될 것이 없었을 것입니다. 그런데 전하께서는 홀로 결단하셔서, 이러한 여러 가지 층절(層折)에 관해 한 번도 그 편부(便否)를 하순하신 적이 없으셨습니다. 그래서 이처럼 서로 충돌하는 사단이 많이 생기는 것입니다."라고 항의했다.[9]

하지만 고종은 다른 의도는 없다고 하면서도 끝까지 자신의 뜻을 굽히지 않았다. 〈표 4-1〉은 역대 무위도통사와 그 재임기간을 정리한 것으로, 대부분 척신이 아니면 고종이 친신하는 무신들로 채워졌다.

무위도통사는 훈련도감·금위영·어영청의 책임자인 제조(提調)를 겸하고 용호영·총융청·포도청까지도 관할함으로써 사실상 경군(京軍)의 병권을 장악했다. 또 이른바 별입시(別入侍)로서 조정의 법도에 구애되지 않고 수시로

---

6 『承政院日記』, 고종 11년 5월 25일.
7 『承政院日記』, 고종 11년 6월 20일.
8 『承政院日記』, 고종 11년 7월 4일.
9 『承政院日記』, 고종 11년 7월 15일.

【표 4-1】 역대 무위도통사와 재임기간

무위도통사	재임기간(음력)	무위도통사	재임기간(음력)
조영하(趙寧夏)	1874. 7~1875. 8.	김병시(金炳始)	~1879. 3.
민규호(閔奎鎬)	~1876. 7.	민겸호(閔謙鎬)	~1880. 4.
신헌(申櫶)	~1877. 4.	이경하(李景夏)	~1881. 9.
김기석(金箕錫)	~1877. 12.	민태호(閔台鎬)	~1881. 12.
이경하(李景夏)	~1878. 6.	이경하(李景夏)	~1882. 6.

어전에 출입하며 국왕·왕비와 독대할 수 있었다. 또한 무위소의 재정은 독립적으로 운영되었는데,[10] 이를 담당한 무위소제조(武衛所提調)는 보통 호조판서나 선혜청 당상을 겸직함으로써 다른 아문에서 쉽게 재원을 가져올 수 있었다. 그 대표적인 예로 병인양요 직후 대원군이 서양세력의 침입에 대비하기 위해 심혈을 기울여 설치한 진무영(鎭撫營)에 매년 배정되던 삼세(蔘稅) 4만 냥을 무위소 예산으로 이관시킨 것을 들 수 있다.[11] 덧붙여 말하자면, 효명세자도 대리청정을 시작하던 해에 곧바로 장인(丈人) 조만영(趙萬永)을 훈련대장에 임명하고, 또 선혜청제조에 임명해서 병권과 재정권을 집중시킨 전례가 있었다. 무위영을 통한 고종의 왕권강화 방법은 바로 효명세자의 전철을 답습한 것이었다.[12]

무위소의 병력은 꾸준히 증가해서 1881년에는 4,200여 명에 달했다.[13] 세간에서는 이 부대를 '수하친병(手下親兵)', 즉 국왕의 친위부대로 인식하고 있었다. 기존 오군영 병졸들과 이 '수하친병' 간의 차별대우 또한 심각한 문제

---

10 『日省錄』, 고종 16년 2월 21일.
11 『日省錄』, 고종 11년 8월 20일.
12 한국역사연구회 19세기정치사연구반, 『조선정치사 1800-1863』 상권, 청년사, 1990, pp. 94~102.
13 은정태, 「고종친정 이후 정치체제 개혁과 정치세력의 동향」, 『한국사론』 제40집, 1998, pp. 169~170.

로 대두되었다. 1881년 2월 5일, 전(前) 정언(正言) 허원식(許元栻)의 상소는 당시 무위소에 대한 일반의 인식을 잘 보여준다.

> 그런데 이제 또 무위소라는 것을 신설했으니, 세속의 이른바 수하친병(手下親兵)이라는 것입니다. 그러나 사령(使令)을 맡을 자들은 전하의 앞에 충분히 있습니다. 만약 오직 사령을 위해서라면 내시가 있고 사알(司謁)이 있고 무감(武監)이 있으니, 어찌 무위소 군졸들을 쓸 것이 있겠습니까? 또 한위(捍衛: 경비)를 위해서라면 오영(五營)의 군졸이 모두 나의 적자(赤子)입니다. 신자(臣子)가 군부(君父)를 위하는데 어찌 오영과 무위의 구별이 있겠습니까? 하물며 지금 오영의 군졸들은 요미(料米)를 먹지 못하여 굶주려 죽기를 원하고, 무위의 군졸들은 별도로 후한 하사품을 더해서 배가 불러 살기를 원합니다. 즐거워하는 것은 1개 영이요, 원망하는 것은 5개 영이니, 어찌 일시동인(一視同仁)의 도(道)에 흠결이 있지 않겠습니까? 신은 무위소의 군졸은 마땅히 오영으로 돌려보내서 똑같이 은혜로 길러야 한다고 생각합니다. 그렇게 하신다면 무위소 1개가 5개 무위소로 될 것이요, 5개의 무위소가 1개 무위소로 합쳐질 것입니다.[14]

요컨대 무위소는 고종의 왕권강화 정책의 핵심기구였다. 이 때문에 무위소의 비대화로 인해 신권(臣權)이 위축될 것을 우려한 신료들의 반대에도 불구하고, 이 문제에 관한 한 고종은 결코 뜻을 굽히지 않았던 것이다. 그리고 마침내 1882년 2월 13일에 이르러 기존의 오군영을 무위영(武衛營)과 장어영(壯禦營)의 2개 군영으로 통폐합한다는 전교가 내려졌다. 임오군란이 발발하기 불과 5개월 전의 일이었다.

일반적으로 고종은 개항기의 어려운 국내외 여건 속에서도 문호개방과 부국강병을 추진한 개명군주로 평가된다. 하지만 고종에게 그 못지않게, 어

---

14 『承政院日記』, 고종 17년 12월 17일.

쩌면 더 중요했던 정치적 목표는 정조와 효명세자의 유지를 받들어 왕권을 강화하고 왕실의 위신을 바로 세우는 일이었다. 하지만 신하들 — 원로대신들은 물론이고 김윤식·어윤중·김홍집 등 신진관료들조차 — 은 이와 같은 고종의 왕권강화 정책이 군권(君權)과 신권(臣權) 간의 균형을 무너뜨리지 않을지 의구심을 품기 시작했다. 집권개혁세력 내부에 분열이 생기고 있었다. 무위소의 비대화를 둘러싼 고종과 신하들 간의 대립은 그 일각에 불과했다.

김윤식의 윤음 대찬(代撰)

임오군란 직후 고종은 '스스로를 벌하는 윤음(綸音)'을 반포해서 민심을 진정시키고자 했다. 그런데 이 윤음은 김윤식이 대찬(代撰)한 것으로, 실제로는 난병(亂兵)과 난민(亂民)이 궁궐에까지 난입해서 왕비를 잡아 죽이려고 광분한 이 미증유의 대소동의 책임을 고종의 독단적인 국정운영에 돌리는 내용을 담고 있었다.

임금 자리를 계승한 이래, 크게 토목공사를 벌여 백성의 재물을 억지로 끌어들임으로써 가난한 자와 부유한 자 모두를 곤경에 처하게 했으니, 이것이 나의 죄로다. 화폐를 수차례 개혁하고 무고한 이를 많이 죽였으니, 이것이 나의 죄로다. 사당과 서원을 헐어버리고 충현(忠賢)에게 제사 올리지 않았으니, 이것이 나의 죄로다. 신기하고 보기 좋은 것만 구하고 상 내리는 일에 절제가 없었으니, 이것이 나의 죄로다. 기양(祈禳)의 의례를 지나치게 믿어 내탕금을 허비했으니, 이것이 나의 죄로다. 널리 인재를 등용하지 않고 종친과 외척에게만 높은 자리를 주었으니, 이것이 나의 죄로다. 뇌물이 공공연히 행해져 탐관오리들이 징벌되지 않은 탓에 가난한 백성의 근심스럽고 괴로운 정상이 위에 도달하지 않았으니, 이것이 나의 죄로다. 나라의 창고가 바닥나 군리(軍吏)가 배를 곯고, 공가(貢價)의 빚이 연체되어 시정(市井)이 폐업하였으니, 이는 나의 죄로다. 각국과 우호관계를 맺는 것은 시의(時宜)이거늘, 시행한 조치가 방도에 맞지 않아 한갖 백성들의 의심만 더하였으니, 이것이 나의 죄로다. 그리하여 결국에는 신을 노엽게 하고 백성의 원성을 자아내 변고가 백출함에 아랫사람이 윗사람을 능멸하여 재앙이 육친(六親)에게 미쳤다. 위로는 천자에게 근심을 끼치고 아래로는 만백성의 삶을 어지럽혔으며, 이웃 나라에 신용을 잃고 천하의 웃음거리가 되었나니, 이 또한 나의 죄로다.[15]

이는 사실상 김윤식이 쓴 반성문을 고종이 어쩔 수 없이 발표한 것이었다. 하지만 고종이 실제로는 '반성'하지 않았다는 것은, 곧바로 김옥균과 박영효를 발탁해서 일본을 끌어들임으로써 친청노선으로 경도된 여러 신하들을 견제하려고 한 사실로 알 수 있다.

덧붙여 말하자면 임오군란으로부터 2년이 지나 갑신정변이 발발한 직후에도 김윤식이 반성문을 써주고 고종이 자의에 관계없이 그것을 발표하는 상황이 똑같이 반복됐다.[16] 당시 국왕의 '자아비판'의 초점은, 비록 갑신정변의 직접적 원인은 김옥균을 비롯한 몇몇 소인들―개화당―이 간사하게 국왕의 총명을 가렸기 때문이지만, 다른 한편으론 국왕이 공론(公論)을 무시하고 직접 여러 신하들의 일을 관장하려고 한 데도 잘못이 있다는 것이었다.

---

15 金允植, 「罪己綸音(壬午七月)」, 『雲養集』 제9권, 민족문화추진회 편, 『韓國文集叢刊』 제328책, 2004.
16 『윤치호일기』에 따르면, 갑신정변이 진압된 직후 윤웅렬은 미국공사 루셔스 H. 푸트(Lucius H. Foote)를 찾아가서 다음과 같이 말했다고 한다. "지금 우리 군주는 위협 속에 앉아 계셔서 모든 일을 자유롭게 할 수 없소. 좌의정(김홍집)과 병조판서(김윤식)가 선봉이 되고, 묄렌도르프가 후진(後陣)이 되고 모주(謀主)가 되었으며, 청국 군대가 원진(圓陣)을 치고 방진(方陣)을 쳐서 군주를 한가운데 모시고 빙 둘러 포위하고 있으니, 일체 개화(開化)에 관한 말은 아무도 감히 입 밖에 꺼내지 못하오"(『윤치호일기』, 고종 21년 11월 5일, 국사편찬위원회, 1974~1986).

160

아아! 나는 부덕한 몸으로 만민지상(萬民之上)의 자리를 물려받아 현인을 등용하려는 뜻이 있지만 사람을 아는 데 밝지 못하고, 크게 다스리려는 마음을 품고 있지만 통치의 요체를 알지 못한다. 왕위에 오른 이래로 21년 동안 정사를 돌보느라 한밤이 돼서야 밥을 먹고 새벽이 오기도 전에 어의(御衣)를 입어서 한가롭게 쉴 겨를이 없었거늘, 서무(庶務)가 총좌(叢脞)하고 백공(百工)이 해체(解體) 했으며, 일을 온전히 위임하지 못해서 공적을 이루지 못했다. 여러 소인들이 이를 빌미로 잡다하게 나와서 나의 총명함을 현혹했으니, 난(亂)의 형체가 날로 두드러지는데도 스스로 깨닫지 못해서 10월의 변고를 서서히 초래하여 종사(宗社)를 거의 위태롭게 했다. (중략) 여러 사람들의 지혜를 모아서 군주 한 사람을 보좌하더라도 오히려 부족할까 근심해야 하거늘, 하물며 군주 한 사람의 지혜로 백공(百工)의 일을 대신하려고 했으니 어찌 난리를 초래하지 않을 수 있겠는가? 지금부터 너희 만민과 약속하노니, 나는 감히 스스로 총명하다고 여기지 않을 것이며, 나는 감히 아랫사람들의 서무에 간여하지 않을 것이다. 또 세인(細人)을 가까이 하지 않고 사재(私財)를 축적하지 않을 것이며 오직 공론(公論)만을 따르겠다. 인군(人君)의 책무는 재상을 간택하는 데 있고, 재상의 직무는 오직 현인을 천거하는 데 있다. 지금부터 국가의 이난(理亂)을 나는 감히 알려고 하지 않을 것이며, 오직 정부에 책임을 맡기고 위임해서 앙성(仰成)할 것이니, 너희 정부는 마음을 모아 정치를 보좌하여 알면서도 하지 않음이 없게 하며, 머뭇거리고 관망하거나 윗사람의 뜻에 구차히 영합해서 앞사람의 오류를 답습하지 말라.

너희 여러 신하와 유사(有司)는 각자 그 직무를 맡았으니 두려워하거나 동요하지 말라. 나는 너희의 일에 간여하지 않겠다. 사람을 쓰고 정무를 처리하는 모든 일은 반드시 공론이 정해진 다음에 나에게 아뢰어라. 나는 모두 윤허하고 따르겠다.[17]

심지어 고종이 이 윤음을 반포하는 자리에서 김홍집은 다음과 같이 다짐

---

17 金允植,「常參綸音(甲申至月)」,『雲養集』제9권.

까지 받았다. 말로만 그치지 말고 반드시 마음에 새겨서 실제 행동에 옮기라는 신랄하기 짝이 없는 상주였다.

> 말로 선유(宣諭)하셨다면, 그 말을 반드시 마음에 반성하고, 마음을 반드시 일에 부응하도록 해야 합니다. 세 가지가 부합해야 비로소 효과가 있을 것입니다. 신은 참으로 황공하옵니다. 전년에(임오군란) 자책하시는 전교를 내리실 적에 그 윤음이 측달(惻怛)하여 지당하지 않은 것이 아니었지만, 얼마 되지 않아 지난날처럼 인순(因循)하여 예전의 변란이 또 발생했으니, 이는 모두 신하들이 성의(聖意)를 대양(對揚)하지 못하여 일이 마음에 부응하지 못하고, 마음이 말을 반성하지 못하게 했기 때문입니다. (중략) 전하께서는 과거의 일을 귀감으로 삼을 필요도 없이 전년의 일을 경계하시고, 전모(典謨)를 법도로 삼을 필요도 없이 금일의 효유를 준거로 삼으시옵소서. 하루 이틀 명심하여 오래 유지하고, 한 가지 두 가지 일로 시작해서 광대하게 넓혀 나간다면 종사(宗社)와 신민의 큰 다행일 것이옵니다.[18]

하지만 이번에도 고종의 '반성'은 진심이 아니었다. 고종은 이번에는 묄렌도르프(Paul Georg von Möllendorff)를 통해 러시아를 끌어들여 청 세력을 구축하고 친청파 대신들을 억누르려고 했던 것이다. 이른바 한아밀약사건(韓俄密約事件)이 그것이다.

이와 같은 국왕과 신하들 간의 알력은 대한제국 말기까지 지속됐다. 그 일례로, 1880년대 중반 이후로 자유주의나 입헌민주주의와 같은 서양의 정치사상이 조선에도 본격적으로 전파되기 시작했다.[19] 하지만 이는 인민의

---

18 金弘集 저, 고려대학교 출판부 편, 『金弘集遺稿』, 고려대학교 출판부, 1976, p. 113.
19 정용화, 「조선에서의 입헌민주주의 관념의 수용: 1880년대를 중심으로」, 『한국정치학회보』 제32집 2호, 1998; 김현철, 「박영효의 1888년 상소문에 나타난 민권론의 연구」, 『한국정치학회보』 제33집 4호, 1999.

자유와 권리에 대한 신념에 기반을 둔 것이라기보다는 전제군주의 권한을 제한하기 위해 동원된 정치적 수사에 가까웠다.[20] 1894년 갑오개혁(甲午改革)의 가장 중요한 목적 중 하나는 왕권의 제한이었다.[21] 1897년 대한제국의 수립은 이에 대한 반동으로서 황제권(왕권)의 절대성을 재확인하고 일군만민(一君萬民)의 정치이념으로 국난을 타개하려는 시도였지만, 다른 한편에선 그것에 맞서는 독립협회(獨立協會)와 만민공동회(萬民共同會) 운동이 치열하게 전개되고 있었다.

칼 마르크스(Karl Marx)는 『루이 보나파르트의 브뤼메르 18일(The Eighteenth Bruimaire of Louis Bonaparte)』에서, 역사상 중요한 사건이나 인물은 반드시 되풀이되는데 한 번은 비극으로, 다른 한 번은 소극(笑劇)으로 끝난다고 하였다. 고종의 친정 이래로 대한제국에 이르기까지 여러 가지 형태로 변주되며 반복된 군권과 신권 또는 황제권과 민권 사이의 대립은 비극이었을까, 아니면 소극이었을까.

---

20 김석근, 「개화기 '자유주의' 수용과 기능 그리고 정치적 함의」, 『한국동양정치사상사연구』 제10권 1호, 2011.

21 아관파천(1896) 직후 일본으로 망명한 유길준이 그의 스승인 에드워드 모스에게 보낸 영문 서한 「The Reformation We Made」에 따르면, 갑오개혁의 첫 번째 취지는 왕권의 제한에 있었다. "국가와 왕실 간에 명확한 구분이 그어져야 한다. 즉, 국왕은 국왕이고 단지 국가의 수반에 지나지 않는다. 국왕 자신이 국가는 아니다. 지금까지 우리 정부조직이나 모든 것이 국가나 국민을 위해 있지 않고 국왕 한 사람을 위해 만들어져 있다. 그래서 국왕은 국민의 생사여탈권을 갖고 있었다. 이것은 무엇보다 더 악의 원천이 되어 국가가 약해지고 가난해졌다"(Morse Papers, Peobody Essex Museum Library 소장. 정용화, 앞의 글(1998), p. 121에서 재인용). 또한 서광범의 묘표(墓表)에도 "군권은 제한하지 않을 수 없고, 민지(民志)는 통일하지 않을 수 없다."라고 하여 항상 군권의 제한을 최우선의 목표로 설정하고 있었음을 강조했다(이광린, 「大韓駐美公使緯山徐公墓表」, 『개화기의 인물』, 연세대학교 출판부, 1993, p. 205에서 재인용).

2. 기무처 설치의 의미

군사·재정적 위기

임오군란은 국가의 핵심기능인 군사와 재정의 두 가지 면에서 조선 정부에 치명적 타격을 주었다.

먼저 군사적 측면을 보면, 수도 경비의 임무를 맡은 경군(京軍)이 완전히 붕괴됐다. 임오군란 이후 서울의 치안은 청국 장수 오장경(吳長慶) 휘하의 회용(淮勇) 육영(六營)의 3,000명 병력에 의해 유지됐다. 조정에서는 경군을 재건하기 위해 1882년 11월에 원세개(袁世凱)의 지도로 신건친군(新健親軍) 좌·우영(左右營)을 창설했다.[22] 우영(右營)의 병력이 간부와 지원요원을 포함해서 총 762명이었다고 하므로,[23] 전체 병력은 대략 1,500명 정도 되었던 것 같다. 『음청사』는 친군의 창설과정을 다음과 같이 전하고 있다.

> 오장경 원수는 백성에게 신뢰를 잃었다는 이유로 마침내 훈련도감을 혁파하고, 이어서 금위·어영의 2영을 폐지했다. 그리고 새로 친군(親軍) 좌·우영을 새로 건설하고 이어서 전·후영을 설치하니, 후에 4영으로 변하여 총어(總御)·통위(統衛)·장위(壯衛)·경리(經理) 등의 영(營)이 되었다. 강화·관서·영남·춘천·청주에는 모두 군영을 설치하고 병사를 조련했는데, 복색은 중국과 서양 것을 반씩 섞은 제도를 사용하고 기계는 양창(洋槍: 소총)을 썼다.[24]

이와 함께 부상(負商), 즉 등짐장수의 조직이 일종의 친위민병대와 같은 기

---

22 『高宗實錄』, 고종 19년 9월 23일.
23 최병옥, 『개화기의 군사정책 연구』, 경인문화사, 2000, p. 209.
24 『陰晴史』, p. 194.

능을 수행하고 있었는데, 이에 관해선 뒤에서 자세히 살펴보기로 한다.

다음으로 재정을 보면, 이미 빈사 상태에 있던 조선 정부의 재정난은 임오군란을 거치면서 자력으로는 거의 회생이 불가능한 상태에 이르렀다. 이와 관련해서 1882년 9월 19일에 이홍장(李鴻章)이 총리아문에 보낸 서한이 참조된다.

조선의 빈곤함은 심상치 않은 수준인데, 이번 변란(임오군란)을 거치면서 나라에 1개월 치 비축분도 없어졌으니 대신해서 크게 우려하고 있습니다. 도대(道臺) 마건충 등의 밀보에 따르면, 일본이 전에 50만 엔의 차관을 허락했지만 그 군신(君臣)들은 협제(脅制: 위협과 간섭)를 받을 것을 우려해서 아직까지 망설이며 결정을 내리지 못하고 있다고 합니다. 하나부사는 계속해서 광산을 대신 개발하여 배상금을 상환하는 방안을 타진했습니다. 다행히 김굉집(金宏集: 김홍집) 등이 극력 반대했지만, 당장 세관 설치와 세관원 고용, 그리고 일체 새로운 사업을 시작할 경비를 실로 마련할 길이 없으니 조영하 등이 우리에게 원조를 구하는 것은 본디 만부득이한 사정에서 나온 것입니다.[25]

이홍장은 임오군란 직후 조선 정부의 재정상황을 당장 국고에 1개월분의 여력도 없는 상태로 파악했는데, 아마 실제와 크게 다르지 않았을 것이다.[26] 게다가 낭장 발등에 떨어진 불로, 제물포조약의 규정에 따라 일본에 배상

---

25 『中日韓』 第3卷, 문서번호 554.
26 1800년대까지만 해도 중앙정부의 각사(各司)가 보유한 미(米)·두(豆)·포(布)·전(錢) 등의 시재(時在: 현물)는 총 500~600만 냥어치에 달했지만, 1809년부터 재정상태가 지속적으로 악화돼서 1880년대 초에 이르면 100만 냥 이하로 떨어졌다. 왕실재정도 마찬가지여서, 궁중의 소주방(燒廚房)에 식재료를 공급한 명례궁(明禮宮)이라는 궁방의 경우, 1793년에는 연말 재고가 4만 6,230만 냥에 달했지만 1840년대에 이르러선 거의 바닥을 드러내어 차입을 하는 지경에까지 이르렀다. 심지어 1883년부터는 시전상인에 대한 공가(貢價: 시전상인이 왕실에 상납하는 공물에 대해 궁방이 지급하는 대가)가 미불되기 시작했다(이영훈, 『한국경제사 I』, 일조각, 2016, pp. 557~559, 585).

금 50만 엔을 5년에 걸쳐 분할지급하고, 또 조난자 위로금 10만 엔을 별도로 지불해야 했다. 1880년대 초 조선 정부의 총세입은 100만 석(石) 내외였는데, 화폐로 환산하면 약 500만 냥에 해당했다.[27] 1881년 당시 엔(圓) 대 냥(兩)의 환율은 대략 0.29:1이었다고 하므로,[28] 1880년대 초 조선 정부의 1년 세입은 엔화로 환산하면 약 145만 엔이 된다. 10만 엔이라는 금액은 조선 정부의 입장에서 1년 세입의 약 7%에 해당하는 적지 않은 부담이었다.

「기무처절목」

이러한 군사적·재정적 위기에 직면한 조선 정부가 현실적으로 의지할 나라는 중국밖에 없었다. 이와 관련하여 주목되는 것이 기무처(機務處)의 신설이다. 군란 발발 1개월여 뒤인 1882년 9월 7일에 고종은 합문(閤門), 즉 국왕이 거처하며 일상적으로 정무를 보는 궁전 옆에 기무처를 신설하고, 조영하·김병시·김윤식·홍영식·어윤중·신기선에게 날마다 이곳에 모여서 사안에 따라 영의정과 논의하여 품결(稟決)하라는 전교를 내렸다.[29] 그런데 기무처는 그 후 불과 5개월 남짓의 단명으로 폐지된 데다가 별로 두드러진 성과도 남긴 것이 없었다.[30] 이 때문에 기무처는 임오군란의 와중에 대원군이 통리기무아문을 폐지한 후, 다시 통리아문(統理衙門)과 통리내무아문(統理內務衙門)이 만들어지기까지 설치된 임시기구라는 것이 기존의 통설이었다.

---

27 김재호, 「조선후기 중앙재정의 운영: 『六典條例』의 분석을 중심으로」, 『경제사학』 제43호, 2007.

28 오두환, 「당오전 연구」, 『경제사학』 제6호, 1983.

29 『承政院日記』, 고종 19년 7월 25일; 『日省錄』, 고종 19년 7월 25일; 『高宗實錄』, 고종 19년 7월 25일; 『靑又日錄』, 고종 19년 7월 26일.

30 『承政院日記』에 따르면, 내정개혁과 관련해서 기무처가 언급된 것은 3차례 정도에 불과하다. 조관(朝官)의 근수(跟隨)를 간략하게 정하라는 전교(1882년 9월 14일), 송도(松都, 개성)에서 새로 주전(鑄錢)하는 일을 기무처에서 주관케 하라는 의정부의 계언(10월 30일), 국가 비용을 절감하는 문제(減省)를 기무처에서 의논하라는 전교(11월 23일)가 그것이다(『承政院日記』, 고종 19년 8월 3일·9월 19일·10월 13일).

그런데 일본 국회도서관 헌정자료실(憲政資料室)의 『이노우에 가오루 관계 문서(井上馨關係文書)』 속에 "메이지 15년 조선관계서류철(明治一五年朝鮮関係書類綴)"이라는 문서철이 있는데, 여기에 「기무처절목(機務處節目)」이라는 문헌이 있다.[31] 절목은 조직의 설치규정이라는 뜻이다. 「기무처절목」은 당시 곤도 마스키 경성 주재 일본대리공사가 조보(朝報) 등을 통해 입수한 정보를 외무성에 보고한 것이 아닌가 생각된다. 관견에 따르면 이 문헌은 아직 학계에 알려지지 않았으므로, 아래 그 전문을 인용한다.

「기무처절목(機務處節目)」

하나, 기무처는 중국의 군기처에 따라 설치함(機務處 以中朝軍機處 設置).

하나, 공사의 출납은 모두 기무처에서 품지하여 시행함(出納公事 皆自本處 稟旨施行).공사에 관한 명령을 내릴 때는, 기무처에 내려서 여러 신하들이 서명한 후 의정부에 내어 줌. 공사에 관한 사안을 들일 때는, 의정부에서 기무처에 보내서 주상께 상주함(出公事 下于本處 諸臣署名 出給政院 納公事 自政院 呈于本處 以爲入啓).

하나, 출납하는 정령 중에 불편한 것이 있으면 기무처에서 의논해서 타당하게 만들 수 있음(出納政令 有不便者 本處得以爭執 務臻安當).

하나, 모든 기무와 관련된 사안은 기무처에서 미리 상의해서, 반드시 여러 의론들이 일치된 후에 대신에게 가서 상의하고, 주상께 상주하여 재결을 받음(凡係機務 自本處 預爲對商 必得僉議協同後 往議于大臣而稟裁).

하나, 공사와 관련된 사안은 기무처에서 경외각처에 지시할 수 있음(有關公事者 本處得以知委於京外各處).

하나, 인신은 기무처인으로 주조함(印信 以機務處印 鑄成).

하나, 업무에 관계없는 관원은 공사가 아니면 마음대로 들어올 수 없고, 업무에

---

31 『井上馨關係文書』(日本國會圖書館 憲政資料室 소장), 書類の部, 朝鮮關係 1, "明治十五年朝鮮關係書類綴".

관계없는 아전과 하인은 더욱 엄금함(間員 非公事 不得擅入 間雜吏隷 尤爲
嚴禁).

하나, 이곳에 모이는 신하들은 매일 손시(巽時: 오전 8시 반에서 9시 반)에 출근
해서 유시(酉時: 오후 4시경)에 퇴근함. 관원 1명이 돌아가면서 입직함(來會
諸臣 逐日巽進酉退 一員輪回入直).

하나, 이곳에 모이는 신하들 가운데 궐내에 실직이 있는 자들은 직각을 겸하며,
궐외에 있는 자들은 직각을 면하고 문안(問安)·종폐(從陛) 등 모든 궁중 행
사에 참여하지 않음(來會諸臣 有實職者 闕內則 兼直閣 外則 免直而問安從
陛等公故 幷置之).

하나, 행하예목(行下禮木)·계병(稧屛)·필채(筆債)·직수패(直囚牌) 등 각사의 폐규
는 모두 거론하지 않음(各司弊規 如行下禮木稧屛筆債直囚牌等事 幷勿擧論).

하나, 서리는 6인, 조례는 10인으로 정함(書吏六人 皂隷十人爲定).

하나, 비용은 관세청에서 마련해서 지급함(經用 取給於管稅廳).

기무처 당상들은 매일 합문 안에 설치된 기무처에 모여서 회의를 하도록
되어 있었다. 또한 모든 국가의 중요한 사무는 기무처의 합의로 결정하되 국
왕은 그 재결 권한만을 가지며, 공사(公事)의 출납은 반드시 기무처를 거치게
했다. 뿐만 아니라 서울과 지방 관아에 독자적으로 공무에 관한 지시도 내
릴 수 있었다. 즉, 기무처 당상들은 국왕의 곁에 상주하면서 품계나 직급과
는 무관하게 국가의 중요사무를 독자적으로 결정할 수 있었던 것이다. 따
라서 기무처를 단순히 통리기무아문에서 통리아문으로 이행하는 과도기의
임시기구로 보기는 어렵다. 통리기무아문에는 기무처와 같은 전반적인 국무
의 심의·의결·집행 기능은 없었기 때문이다.[32]

32 통리기무아문의 창설과정 및 기능에 관해서는 전해종, 「統理機務衙門 設置의 經緯에 대하
여」, 『역사학보』 제17·18집, 1962; 이종춘, 「統理機務衙門에 對한 考察」, 『논문집』 제3집,

「기무처절목」에서 가장 먼저 눈에 띄는 것은 중국의 군기처를 모방해서 설치한다고 한 제1관의 규정이다. 기무처가 군기처를 모범으로 한 것은, 『음청사』의 "궁궐 안에 기무처를 신설했다. 시사(時事)가 몹시 어렵고 천하가 태평하지 않아서 예전처럼 방만하게 관리들이 집에서 사무를 처리할 수 없었다. 그래서 중국 군기처의 예에 따라 기무처를 설치한 것이다. 항상 궁궐 내에서 숙직하면서 일이 있을 때마다 주상께 아뢰어 지연되는 근심이 없게 했다. 상호군(上護軍) 김병시와 조영하, 호군(護軍) 김굉집과 나, 교리(校理) 어윤중과 신기선이 참여했다."[33]라는 기록을 통해서도 확인할 수 있다.

군기처란 무엇인가? 군기처는 청에서 실질적 내각 역할을 한 기구로, 1729년 옹정제가 몽골의 일파인 중가르(准噶尔·准噶尔部, Dzungar)를 원정할 때 군사 결정을 신속히 내리기 위해 설치한 군기방(軍機房)에서 비롯되었다. 옹정제는 당시 최고정무기관이었던 내각(內閣)이 인원이 많고 의사결정절차가 복잡한 것을 싫어해서 자신의 뜻을 신속하게 집행할 수 있는 임시기구를 설치했던 것이다. 그 후 군기방은 1732년에 변리군기처(辨理軍機處), 1735년에 총리사무처(總理事務處)로 개칭하고, 군사뿐만 아니라 정무 일반까지 관장함으로써 사실상 내각의 실권을 차지했다. 1738년에 다시 변리군기처로 개칭한 뒤로 군기처는 청의 중요한 정무 전반을 다루는 최고기관이 되었다. 군기처의 장관을 군기대신(軍機大臣)이라고 했는데, 전임 관직은 아니었으며 통상 내각대학사(內閣大学士)나 육부(六部)의 상서(尚書)·시랑(侍郎) 중에서 특별히 선발해서 겸직시켰다. 보통 군기대신은 3~6명 정도로 구성되었으며, 황제의 수족 노릇을 하면서 그 절대권을 강화하는 역할을 담당했다.[34]

그런데 군기처와 기무처 간에는 결정적 차이가 있었다. 군기처가 중국황

1968; 이광린, 「統理機務衙門의 組織과 機能」, 『이화사학연구』 제17~18집, 1988 참조.
33 『陰晴史』, pp. 192~193.
34 『淸史稿』 제114권, 「職官一」.

제의 절대적 권한행사를 보좌하기 위해 만들어진 친위조직이었던 반면, 기무처는 그 반대로 국왕의 자의적 권한 행사를 통제하는 의미가 있었던 것이다. 앞에서 우리는 김윤식이 대찬(代撰)한 윤음(綸音)을 통해 신료들이 임오군란의 책임을 고종의 왕권강화 시도와 독단적인 국정운영에 돌린 사실을 확인했다. 기무처의 설립 또한 그 연장선상에 있었다. 즉, 기무처는 김윤식·조영하·김홍집·어윤중·신기선 등 일군의 소장관료들이 국왕의 독단적 국정 운영을 제한하고 자신들의 주도로 조선을 재건하기 위해 만든 비상기구였다. 그 방법은 대청외교(對淸外交)의 강화, 보다 정확하게는 청으로부터 가능한 한 많은 군사적·재정적·외교적 원조를 얻는 것이었다.

기무처의 대청외교

기무처는 친청(親淸)으로 선회한 신진관료들의 소굴이었다. 『음청사』에는 음력 9월 즈음엔 기무처 당상들이 다른 일들이 많아서 김윤식과 신기선만 번갈아가며 입직(入直)했다는 기록이 실려 있다. 그것은 물론 기무처 당상들이 다른 관직을 겸직했기 때문이기도 하지만, 일차적인 이유는 이들이 번갈아가며 청으로 파견됐기 때문이었다(〈표 4-2〉 참조).[35]

기무처 당상들의 파견 명목은 다양했다. 하지만 실제 목적은 재정난을 구제하기 위해 청에서 차관을 얻는 것, 그리고 해관(海關)의 설치와 운영을 지도할 수 있는 전문가를 고빙(雇聘)하는 것이었다. 이 가운데 해관 전문가 문제는 독일인 묄렌도르프의 고빙으로 구체화되었는데, 그 경위는 제5장에서 자세히 다루기로 한다.

---

35 『承政院日記』, 고종 19년 7월 19일·9월 7일·9월 17일·11월 5일; 『從政年表』, 고종 19년 8월 12일·9월 26일; 『日省錄』, 고종 19년 9월 7일·11월 5일; 『高宗實錄』, 고종 19년 9월 7일·9월 17일·11월 5일.

【표 4-2】임오군란 직후 기무처 당상의 청 파견 현황

파견 인원	명목	하교일(下教日)	복명일(復命日)
조영하·김홍집	진주겸사은사 (陳奏兼謝恩使)	9월 1일(7월 19일)	10월 18일(9월 7일)
어윤중	문의관(問議官)	9월 23일(8월 12일)	11월 6일(9월 26일)
조영하·김윤식	특별한 명칭 없이 상판 (商辦)을 위해 파견.	10월 28일(9월 17일) *『陰晴史』에 따르면 11월 8일(9월 28일)에 출발함.	12월 14일(11월 5일)

비고: 괄호 안 날짜는 음력이다.

진주겸사은사(陳奏兼謝恩使)로 청에 파견된 조영하와 김홍집은 1882년 9월 12일에 톈진에서 이홍장과 회견을 갖고 「선후육조(善後六條)」라는 문서를 제출했다. 이 문서는 조선 정부의 향후 내정개혁 방향을 제시한 것으로, 민심의 안정(定民志)·인재의 등용(用人才)·군사제도의 정비(整軍制)·국가재정의 정리(理財用)·법제도의 변통(變律例)·상업의 진흥(擴商務) 등 6개 조로 구성되었다.[36] 「선후육조」는 조청 간 종속관계를 강화하려는 마건충의 의도가 반영된 것에 불과하다는 평가도 있지만,[37] 실은 대규모 차관도입과 해관 전문

---

36 『中日韓』第3卷, 문서번호 554의 부건(1), "趙寗夏等面呈朝鮮善後六條".

37 오카모토 다카시(岡本隆司)는 「선후육조(善後六條)」는 사실상 마건충(馬建忠)의 제안을 조선 측에서 수용해서 작성된 것으로, 마건충의 의도는 형식상으로는 「선후육조」의 작성·제출·시행이 모두 조선의 자주적 의사에 의해 결정된 것처럼 보이게 하면서, 실제로는 조청 간의 종속 관계를 강화하는 데 있었다고 주장했다(岡本隆司, 『属国と自主のあいだ: 近代清韓関係と東アジアの命運』, 名古屋: 名古屋大学出版会, 2004, pp. 114~126). 그러나 이 주장은 몇 가지 점에서 의문의 여지가 있다. 첫째, 「선후육조」의 6개 조목은 모두 조선의 내정개혁에 관한 것으로, 청의 종주권 강화나 내정간섭의 확대를 의도했다고 해석될 만한 내용은 포함되어 있지 않다. 둘째, 당시 조선 측에선 「선후육조」를 갖고 반드시 이홍장을 면담해야 한다고 요구한 의미를 이해할 필요가 있다. 당시 조선 측에서 이홍장과의 면담을 희망한 사실과 관련해서는, 1881년 8월 31일(음력 7월 7일) 자 마건충의 보고에서 "이번에 조선은 막 대란을 겪어서 그 형편이 재조(再造)하는 것과 같으니, 일체의 선후사의를 헌대(憲臺: 이홍장)께서 직접 재결하시지 않으면 끝내 손을 쓸 수 없을 것입니다. 조영하 등도 말하길, 조선 국왕이 '중당(中堂, 이홍장)을 직접 만나기 전엔 돌아오지 말라.'고 명했다고 합니다. 정사(情詞)가 몹시 간절하니, 설령 제가 귀국한 뒤에 헌가(憲駕, 이홍장이 탄 수레)가 아직 북쪽(톈

가의 고빙을 전제로 조선 정부가 청에 제출한 내정개혁안이었다. 이는 이홍
장이 「선후육조」를 받은 지 5일 뒤인 9월 17일에 조영하·김홍집을 접견한
자리에서 대체로 호의적인 평가를 내린 뒤에 세관 전문가의 고빙 및 차관을
승인한 사실로도 알 수 있다.

> 이홍장: 부두를 짓고 세관을 설치하는 일은 속히 계획해서 처리해야 할 것이오.
> 국왕이 자문(咨文)으로 관원의 파견과 외국인 고빙을 요청하기를 기다
> 렸다가 적절히 상의해서 파견하겠소.
> 조영하: 국왕께서는 신속히 자문을 보내서 고빙을 청하실 것입니다. 하지만 나
> 라에 한 달 치의 재정도 없으니 어떻게 처리하는 것이 좋을지 모르겠습
> 니다. 모든 일을 부상(傅相: 이홍장을 가리킴)께서 신경을 써주셔야 하
> 니 불안한 마음을 가눌 수 없습니다.
> 이홍장: 그대들의 뜻은 국채를 원하는 것 같은데, 차금(借金)의 액수 및 이자, 그
> 리고 어떻게 기한을 나눠서 상환할지에 관해서는 다시 마건충 등과 상
> 의하시오.

진)으로 오지 않았더라도, 마땅히 조영하 등을 이끌고 안휘(당시 이홍장은 모친상을 당해
고향인 안휘 성에 있었다)로 가서 알현을 청할 것입니다(此次朝鮮甫經大亂 勢同再造 一切
善後事宜 非得憲臺親爲裁決 則終無所措手 審夏等亦述其國王謂非面見中堂 終令勿歸 情詞極
爲懇切 設忠西渡後 憲駕尙未北來 卽當率審夏等赴皖請謁)."라고 한 데서도 알 수 있다(『中日
韓』 第3卷, 문서번호 538의 부건10). 만약에 오카모토의 주장과 같이 「선후육조」가 마건충
의 조선정략이 관철된 결과에 불과했다면, 조선 측에서 이홍장을 직접 만나 그 재결을 받
겠다고 적극적으로 나설 이유가 없었을 것이다. 다시 말해서, 「선후육조」 내엔 반드시 이홍
장의 재결이 필요한 사안이 있었으며, 그것이 곧 조선 정부에서 「선후육조」를 만들어서 조
영하를 톈진에 파견한 이유였던 것이다. 당시 조선 측의 가장 큰 관심사는 재정난을 구제하
기 위한 대규모의 차관도입, 세관 신설 및 고문의 고빙이었다. 이러한 관점에서 보면, 「선후
육조」를 작성하는 과정에서 마건충의 의견이 절대적으로 반영된 것 또한 이상한 일은 아니
다. 왜냐하면 차관도입이나 세관 고문의 고빙 등은 전적으로 이홍장의 선처에 달린 문제였
으며, 마건충은 바로 그 이홍장의 심복이었기 때문이다.

.조영하: 다시 상의한 후에 말씀드리겠습니다.[38]

   이에 따라 10월 1일에 조영하·김홍집과 초상국(招商局)·개평광무국(開平鑛
務局) 총판(總辦) 당정추(唐廷樞) 간에 차관협정이 체결됐다. 초상국과 개평광
무국에서 각각 30만 냥과 20만 냥을 출자하며, 연이자 8%, 상환 만기는 12
년으로 하되 첫 5년간은 원금상환 없이 이자만 지불하고, 6년째부터 11년째
까지는 매년 7만 냥, 마지막 해인 12년째는 8만 냥을 상환하는 조건이었다.
차관의 저당은 조선의 관세(關稅)·홍삼세(紅蔘稅)·광무국(鑛務局)의 광세(鑛
稅) 등 3중으로 설정되었다.[39] 사실상 조선 정부에서 기대할 수 있는 세원(稅
源)은 모두 저당 잡힌 것이었다. 그리고 사흘 뒤인 10월 4일에는 청의 마건
충·주복(周馥)과 조선의 조영하·김홍집·어윤중 간에 청의 종주권 및 무역
상의 특권을 명문화한 조청상민수륙무역장정(朝淸商民水陸貿易章程, 이하 조청
무역장정)이 의정됐다.[40]
   일반적으로 조청무역장정은 조선에 대한 청의 일방적이고 부당한 속국
화정책(屬國化政策)의 상징처럼 인식되고 있지만, 실제로는 청으로부터 원조
를 구하지 않을 수 없었던 조선의 취약한 상황에도 일정부분 원인이 있었
다. 조청무역장정의 전문(前文, preamble)에는 "이번에 약정한 수륙무역장정
은 중국이 속방을 우대하는 뜻으로, 각 여국(與國: 동맹국)이 일체로 균점하
는 것과 같은 부류에 있지 않다(惟此次所訂水陸貿易章程 係中國優待屬邦之意 不

---

38 『中日韓』第3卷, 문서번호 554의 부건 2.
39 『中日韓』第3卷, 문서번호 584. 한편, 1882년 현재 초상국의 자본금은 200만 냥으로 조선에
   제공한 차관금액은 자본금 대비 15%에 달했고, 개평광무국 또한 자금난의 해결을 위해 상
   하이에서 자본 마련에 부심하고 있었다. 1881년까지 청이 외국에서 도입한 차관 또한 1,750
   만 냥에 달했다(김정기, 「조선 정부의 청 차관도입(1882-1894)」, 『한국사론』 제3집, 1976, p.
   435).
40 조청상민수륙무역장정의 체결 경위에 관해서는 김종원, 「조·중상민수륙무역장정에 대하
   여」, 『역사학보』 제32집, 1966을 참조할 것.

在各與國一體均霑之例)."라고 명시되어 있다. 대체로 기존 연구에서는 이 구절을 청이 조청 간의 전통적 종속관계(宗屬關係)를 근대적 조약의 형식을 빌려 명문화한 것으로 해석해 왔지만, 반드시 그렇게 볼 것만은 아니다. 장정을 의정하는 데 참여한 어윤중의 판단으로는, 조선은 청의 군사적·재정적 원조에 기댈 수밖에 없는 처지이므로 일정부분 그들의 요구를 들어주고 특권을 허용하는 것은 부득이했다. 이러한 상황에서 조청 간의 특수관계를 명문화하는 것은, 일본이나 서양 열강이 최혜국대우조항(Most Favoured Nation Clause)을 내세워서 청이 획득한 특권의 균점 요구를 사전에 차단한다는 의미가 있었던 것이다.[41]

김윤식의 양득론

기무처 당상들이 청에 의존하는 경향을 보였다고 해서 이들을 단순히 외세 의존적인 수구세력으로 매도하는 것은 옳지 않다. 설령 청이 아니더라도 다른 나라의 원조를 구하지 않을 수 없었던 것이 당시 조선의 실정이었다. 또한 국제관계의 측면에서 보면, 이들은 전통적인 조공관계로 회귀하기보다는 조선과 청, 조선과 서양 열강 간의 국제정치적 공간을 각각 전통적 사대 규범과 서구 근대국제법 규범이 지배하는 별개의 것으로 구분하는 이른바 양절체제적(兩截體制的) 발상을 하고 있었다.[42]

이러한 발상이 단순히 편의주의(expediency)에 그치지 않을 수 있었던 것

---

41 『中日韓』第2卷, 문서번호 417의 부건 1; 『외교문서』 제6권, 문서번호 316.
42 양절체제(兩截體制)는 유길준(俞吉濬)이 『西遊見聞』, 제3편 「邦國의 權利」에서 창안한 용어로, 조공관계와 국제법관계가 중첩된 1880년 이래의 조선의 국제정치적 상황을 표현한 개념이었다. 양절체제에 관해서는 다음 연구들을 참조할 것. 김용구, 『세계관 충돌의 국제정치학: 동양 예와 서양 공법』, 나남, 1997, pp. 244~261; 김용구, 『임오군란과 갑신정변』, 원, 2004, pp. 24~30; 原田環, 『朝鮮の開國と近代化』, 廣島: 溪水社, 1997; 정용화, 「유길준의 정치사상 연구: 전통에서 근대로의 복합적 이행」, 서울대학교 박사학위논문, 1998.

은, 조선의 첫 수교국인 미국의 아시아 정책과 관련이 있었다. 당시 미국의 아시아 정책의 기조는 유럽 열강의 아시아 진출에 반대하며, 아시아 국가들의 독립을 승인하고 그것을 '눈에 띄지 않는 방식으로(in a feeble way)' 원조한다는 것이었다. 조선 문제에 있어서도 미국은 조미조약의 체결과 조청 간의 전통적 조공관계는 무관하다는 입장을 취함으로써 사실상 양절체제를 용인했다.[43]

이에 따라 김윤식을 비롯한 기무처 당상들은 청의 특별한 원조도 얻고, 또 국제사회에선 다른 국가들과 평등한 주권을 향유하는 것이 가능하다는 판단을 내렸다. 김윤식의 이른바 양득론(兩得論)은 이와 같은 외교론을 대변한다.

우리나라가 중국의 속방(屬邦)이 됨은 천하가 모두 아는 바인데, 항상 중국이 착실하게 담당하려는 뜻이 없음을 근심했습니다. 우리나라처럼 고립되고 약한 형세로 만약 대국의 보호가 없다면 실로 특립(特立)하기 어려울 것입니다. 이제 이중당(李中堂: 이홍장)은 중국에서 병권을 장악한 대신입니다. 중대한 우리나라의 문제를 의연히 자임하여 이미 각국에 성명하고 조약에 대서(大書)했으니, 뒷날 우리나라에 일이 생겼을 때 만약 온 힘을 다해 구원해주지 않는다면 필시 천하 사람들의 비웃음을 살 것입니다. 천하 사람들이 중국이 우리나라를 담임하는 것을 본다면 각국에서 우리를 무시하는 마음 또한 그에 따라 조금 그칠 것입니다. 또 그 아래서 똑같이 자주(自主)를 이어나간다면, 각국과 교제하는 데 장해가 없어서 평등지권(平等之權)을 쓸 수 있을 것입니다. 권리를 잃는 혐의를 입지 않고, 사대(事大)의 의리에도 위배되지 않으니 양득(兩得)이라고 할 만합니다.[44]

43 미국의 조선정책에 관해서는 Tyler Dennett, *Americans in Eastern Asia*, New York: Macmillan company, 1922, p. 451을 참조할 것. 또한 조미조약에 조청 종속관계를 명시하는 문제에 관해 슈펠트가 1882년 4월 4일 자로 국무성에 보낸 의견서도 참조할 만하다. F. C. Drake, *The Empire of the Seas*, Honolulu: University of Hawaii Press, 1984, p. 290.
44 『陰晴史』, pp. 57~58.

하지만 고종은 기무처의 주도로 이뤄지는 대청의존적(對淸依存的) 외교정책에 대해 대놓고 반대는 하지 못했지만 속으로는 큰 불만을 품고 있었다. 어디까지나 그의 가장 중요한 소명은 선왕의 유업을 이어 왕실의 권위를 다시 세우고 왕권을 강화하는 일이었다. 이에 고종은 기무처를 견제할 수 있는 세력으로 김옥균과 박영효를 발탁하고, 밀명을 주어 일본에 파견했던 것이다.

3. 수신사 활동과 고종의 밀명

수신사 임명

제물포조약 제6관에 따르면, 조선 정부는 일본에 대관(大官)을 특파해서 유감의 뜻을 전달해야 했다. 조정에서는 1882년 9월 7일에 일본에 국서를 전달할 수신 정·부사에 박영효와 김만식(金晩植)을 임명했다.[45] 외교사의 관점에서 특기할 사실은, 당시 박영효가 조선 최초로 특명전권공사(an envoy extraordinary and minister plenipotentiary)라는 직함을 사용한 것이다.[46] 원래 박영효의 관함은 9월 7일 의정부의 계언(啓言)에 따라 '수신대사(修信大使)'로 칭하기로 했는데, 9월 15일에 이르러 고종은 이를 다시 '특명전권대신 겸수신사(特命全權大臣兼修信使)'로 고치라는 하비(下批)를 내렸다. 하비는 관

---

45 『承政院日記』, 고종 19년 7월 25일; 『日省錄』, 고종 19년 7월 25일; 『高宗實錄』, 고종 19년 7월 25일; 『備邊司謄錄』, 고종 19년 7월 25일; 『政治日記』, 고종 19년 7월 25일.

46 개항 이후 일본에 파견한 수신사행의 공식 명칭은 제1차(1876년 김기수)와 제2차(1880년 김홍집)는 '수신사'였으며, 제3차(1881년 조병호) 때는 국서(國書)를 지참한다는 이유로 '신사(信使)'로 바뀌었지만 사실상 '수신사'와 구별되지는 않았다. 제4차(1882년 박영효) 때 이르러 처음으로 '특명전권대사겸수신사'가 되었으며, 제5차(1884년 서상우) 때는 당초 '특명전권대신'으로 정해졌다가 후에 '홈차대신(欽差大臣)' 또는 '봉명사신(奉命使臣)'으로 바뀌었다(하우봉, 「개항기 수신사행에 관한 일연구」, 『한일관계사연구』 제10집, 1999, pp. 149~150).

원의 임명절차인 삼망(三望)을 거치지 않고 임금의 특지(特旨)로 임명하는 것을 말한다.

이 수신사행에는 김옥균과 민영익도 일본정세 시찰의 명목으로 참여했다. 김옥균은 『갑신일록』에서 자신이 연장자임에도 불구하고 박영효가 정사(正使)에 임명된 이유에 관해, 원래 고종은 자신을 임명하려고 했지만 자기가 굳이 사양하고 박영효를 추천했다고 기록했다. 하지만 제물포조약 제6관은 '대관(大官)'의 특파를 규정하고 있었으므로 종5품 홍문관 부교리에 불과한 김옥균이 정사에 임명될 수는 없었다.

그럼에도 불구하고 이 수신사행의 중심은 김옥균이었다. 이와 관련해서 고베(神戶) 주재 영국영사 윌리엄 G. 애스턴(William G. Aston)은 조선 사절단 중에서 김옥균은 의심할 여지없이 '가장 유능하고 교활한 인물(the ablest and shrewdest man)'이지만 조선에서 매우 인기가 없기 때문에 배후에 있어야 하며, 다른 이들을 통해 막대한 영향력을 행사하고 있다고 기록했다.[47]

애스턴과의 회견

정·부사를 비롯해서 종사관 서광범, 수원(隨員)·종자(從者)들로 구성된 수신사 일행은[48] 9월 20일에 인천 제물포에서 하나부사 요시모토 일본공사와

---

47 FO 46/288, No.140. Parkes to Granville, Tôkiô, October 7, 1882; 『외교문서』 제7권, 문서번호 55.
48 당시 수신사 일행의 명단은 박영효가 직접 기록한 『使和記略』과 『日外』에서 확인할 수 있다(『使和記略』, p. 195; 『日外』 第15卷, 문서번호 162의 부기). 그런데 두 문헌의 기록이 다소 상이한데, 이를 비교하면 다음 표와 같다.

【표 4-3】 『使和記略』과 『日本外交文書』에 기록된 수신사 일행의 명단

『使和記略』	• 수원(隨員): 유혁로(柳赫魯)·박제경(朴齊絅)·이복환(李福煥)·김유정(金裕定)·변수(邊燧)·변석윤(邊錫胤)·김용현(金龍鉉) • 종자(從者): 김봉균(金鳳均)·조한승(曺漢承)·박영준(朴永俊)

함께 일본 공부성(工部省) 소속 기선 메이지마루(明治丸)에 올라 9월 25일에 고베에 입항했다.

당시 고베 주재 영국영사 애스턴은 수신사 일행과 회견한 후 다음과 같은 메모(memorandum)를 남겼다.

저는 그가 왕에게서 모종의 사적인 임무를 부여받았다고 믿습니다. 그는 일본에 배상금으로 지불하기 위한 100만 달러의 차관 협상에 관해 말을 꺼냈습니다. 그는 그 편이 일본인들에게 관세 수입을 넘겨주는 것보단 나을 것이라고 말했습니다. 비록 그는 현재 사절단 내에선 어떤 공식적 지위도 없지만, 그는 공사들(박영효, 김만식, 서광범)의 절대적인 신뢰를 받고 있습니다. 저는 그에게 만약 차관 협상을 원한다면, 조선은 반드시 (그 담보가 될 수 있는) 관세 수입이 있어야만 하며, 따라서 일본과 즉시 관세문제를 해결해야 한다고 지적했습니다. 이 문제가 해결되지 않는 한, 영국과의 관세약관이나 다른 조약은 계속해서 작동하지 않을 것인데, 왜냐하면 일본과의 무관세 무역이 지속되는 한 10%의 관세를 부과받은 다른 나라 상인들은 무역을 하지 않거나 또는 일본인의 명의를 빌려서 무역을 할 수밖에 없는데 두 경우 모두 조선 정부는 전혀 관세 수입을 얻을 수 없기 때문이

『日外』	• 수원(隨員): 유혁로(柳赫魯)·이복환(李福煥)·박제경(朴齊絅)·김용현(金龍鉉)·변석윤(邊錫胤)·김우정(金祐定)·박우정(朴祐定)·박명화(朴命和)·김봉균(金鳳均)·박영준(朴泳俊) • 국정(國情) 시찰을 위해 동행한 자: 민영익, 김옥균 • 민영익과 김옥균의 수원(隨員): 박의병(朴義秉)·이수정(李樹廷)·이고골(李古矻) 등 3명

『日外』에서 김우정(金祐定)은 김유정(金裕定), 박우정(朴祐定)은 박유굉(朴裕宏)의 오기인 것으로 보인다. 이고골(李古矻) 또한 오기일 것이다. 두 기록을 비교해보면 전자의 변수(邊燧)와 조한승(曺漢承)이 후자에 누락되어 있는 반면, 후자에는 전자에 없는 박유굉과 박명화가 포함되어 있음을 알 수 있다. 박유굉과 박명화는 수원(隨員)이 아니라 박영효와 김옥균이 일본에서 유학시킬 목적으로 데려간 소년들이었다.

라고 했습니다.[49]

박영효의 『사화기략(使和記略)』이나 김옥균의 『갑신일록』에는 김옥균이 조선을 떠나기 전에 고종에게서 밀유(密諭), 즉 밀명을 받은 사실이 기록되어 있다. 애스턴의 메모는 그것이 무엇이었는지를 알려준다. 김옥균의 비밀임무는 바로 일본이나 서양 국가로부터 차관을 얻어오는 것이었다. 이는 조영하·김홍집이 진주겸사은사라는 명목으로 청에 건너갔지만 그 실제 목적은 차관도입과 해관 전문가의 고빙에 있었던 것과 별반 다르지 않았다. 주일 영국공사 해리 파크스는 애스턴의 메모를 외무장관 얼 그랜빌(Earl Granville)에게 보고하면서 "조선 정부는 그 자신의 필요와 일본에 지불해야 하는 배상 의무를 다하기 위해 자금이 절실히 필요한 상황입니다. 관세 수입은 그들이 자금을 기대할 수 있는 거의 유일한 재원인 것으로 보입니다."라는 의견을 덧붙였는데,[50] 이는 정곡을 찌른 관찰이었다.

애스턴은 김옥균과 박영효에게 조선이 영국이나 다른 서양 열강으로부터 차관을 얻으려면 관세 수입이 담보돼야 하는데, 이를 위해선 먼저 일본과의 관세협정이 타결돼야 한다고 조언했다. 왜냐하면 일본의 무관세무역이 지속되는 한 서양 상인들은 조선과의 무역을 거부하거나—1882년 5월에서 6월 사이에 체결된 조미·조영(1차)·조독(1차) 수호통상조약의 수입관세는 모두 종가세(從價稅, ad valorem) 최저 10%, 최고 30%였다—일본 상품인 것처럼 허위 표시하는 방식으로 과세를 회피할 것이기 때문이었다. 김옥균과 박영효는 애스턴에게 하나부사 요시모토 공사와 이노우에 가오루 외무경을 '한 쌍의 비열한 악당(a pair of scoundrels)'이라고 험담했다. 하지만 이들은 서양

---

49 FO 46/288, No.140, Parkes to Granville, Tôkiô, October 7, 1882; 『외교문서』 제7권, 문서번호 55.
50 위의 문서.

열강으로부터 차관을 도입하기 위해서라도 어쩔 수 없이 일본과의 관세협정을 시작해야만 했다.

이노우에 가오루와의 회견

수신사 일행은 고베에서 약 보름간 머물렀다. 이 기간 동안 박영효는 효고현령(兵庫縣令) 모리오카 마사즈미(森岡昌純)를 비롯하여 고베 주재 미국·독일·벨기에 영사 등과 회견을 갖고 10월 4일부터 7일까지 오쓰(大津)·교토(京都)·오사카(大阪) 등지를 유람했다.[51] 김옥균은 다른 일행과 떨어져서 혼자 고베 인근의 온천에서 머물렀는데, 이 사실은 그가 10월 2일에 외무대보 요시다 기요나리에게 보낸 서한으로 확인된다.

귀국할 때 바칸(馬關)에서 쓴 편지는 아마 받아보셨을 것입니다. 삼가 아후(雅侯)를 송축하며 아울러 백복(百福)을 기원합니다. 시국이 매우 불안하니, 제가 그동안 겪었던 일들은 한마디로 말씀드리기 어렵습니다. 이제 또 고베에 입항했습니다. 서력(西曆) 10일에 우편선[飛脚船]에 편승해서 요코하마로 향할 것입니다. 인사를 드리고 손을 다시 맞잡을 날이 머지않으니 기쁜 마음을 억누르지 못하겠습니다. 그러나 숙환이 아직도 고통스러워서 막 온천실(溫泉室)에 와서 머물고 있습니다. 마에다 영사는 아직 부산에서 돌아오지 못했다고 들었는데, 매우 안타깝습니다. 그가 돌아올 방편을 서두를 수는 없습니까? 천만 가지 마음속에 있는 것들은 직접 뵙고서 상의드리겠습니다. 이만 줄입니다.

10월 2일 김옥균 올림

요시다 대보(大輔) 선생 합하 대인[52]

---

51 『使和記略』, pp. 197~202.

52 京都大學 文學部 編, 『吉田淸成關係文書(書翰篇)』 第3卷, 京都: 思文閣出版, 2000, p. 294; 琴

그런데 같은 시기에 일본 외무경 이노우에 가오루도 고베 인근의 아리마 (有馬) 온천에서 휴양하고 있었다. 대외적으로는 휴양이라고 했지만, 실제로는 조선 수신사 일행을 기다린 것이었다.[53] 김옥균이 머문 온천이 아리마 온천인지는 확실치 않지만, 제1차 일본 방문 때도 이곳에서 마에다 겐키치 영사를 기다린 일이 있었으므로 익숙한 장소였음에는 틀림없다. 김옥균과 이노우에는 아리마 온천에서 만났을 가능성이 크다. 김옥균이 온천에 있는 동안 박영효 등 다른 일행들이 하릴없이 유람이나 다닌 것도 이와 관련이 있었을 것이다. 수신사 일행은 10월 11일에 이노우에 외무경과 함께 메이지마루에 승선해서 요코하마로 향했다.

그렇다면 김옥균은 비밀리에 이노우에와 무슨 이야기를 나누었을까. 차관과 관세협정에 관한 것이었음은 두말할 나위가 없다. 김옥균과 이노우에 가오루 간의 회담결과는 10월 3일에 박영효에 의해 기무처에 보고됐다.

이노우에 가오루가 묻기를, "귀 대신의 전권(全權)은 무엇에 관한 것입니까?"라고 하기에 2건의 일로 답했습니다. 그러자 그가 다시 말했습니다. "우리 조정에서는 예전부터 오직 세칙(稅則) 한 가지를 위해서 하나부사 공사를 귀 경성에 보내서 처리하게 했는데, 일을 끝마치기 전에 귀국에서 변란이 일어났으니 참으로 양국의 불행이었습니다. 그러나 이제 화국(和局)이 다시 만들어져서 귀 주상의 특명전권(特命全權)이 우리나라에 오셨으니 이는 참으로 양국 인민이 손뼉을 치며, 천하만국이 목을 빼고 기다렸던 일입니다. 이제 전권에 단지 전보(塡補: 배상금 지불)와 비준 교환의 2건만 있다고 하면 실로 천하의 비웃음을 살 것입니다. 또 세칙(稅則) 한 가지 일은 귀국의 가장 급무입니다. 하나부사의 말에 따르면, 큰 절

秉洞, 『金玉均と日本: その滯日の軌跡』, 東京: 綠蔭書房, 1991, p. 958.

53 Harold F. Cook, *Korea's 1884 incident: It's background and Kim Ok-kyun's elusive dream*, Seoul: Royal Asiatic Society, Korea Branch, 1972, p. 58; 伊藤博文關係文書研究會 編, 『伊藤博文關係文書』 第1卷, 東京: 塙書房, 1973, p. 179.

목은 이미 타결되었고 세목(細目) 또한 잘 풀렸다고 했으니, 이제 귀 대신께서 오셨는데 만약 또 의정하지 못한다면 비단 귀국의 손실이 적지 않을 뿐만이 아니요, 일본 정부도 천하에서 오래토록 비방을 받을 것입니다. (중략) 이제 한마디 충고할 것이 있습니다. 부디 귀 대신께서는 즉시 귀 조정에 일본 외무경 이노우에 가오루라는 자가 다음과 같이 말했다고 보고하십시오. '세칙(稅則)의 큰 절목은 오직 귀국과 구미 3국(미국·영국·독일)이 정한 숫자를 기준으로 하되, 세목(細目)은 또한 공평하게 의논해서 속히 관세를 징수하여 국가 경비의 만분의 일이라도 보탬이 되게 하는 것이, 참으로 일본 정부의 공의(公義)'라고 말입니다." (중략)

신신당부한 말을 모두 기록할 수는 없으나, 그의 말이 이와 같았으니 사실대로 보고하지 않을 수 없습니다. 이에 대략 기록한 것을 보내오니, 부디 여러 공(公)께서는 깊이 상의하신 후 품정(稟定)하시길 바랍니다. 만약 지금 정하는 것이 중요하다고 생각하신다면, 즉시 대소 문제를 상의·확정해서 원약안(原約案)과 함께 동래부에 보내십시오. 만약 인천항에 빨리 출발하는 선편이 있으면 그것에 맡겨 보내셔도 되겠습니다. 속히 협의해서 회교(回敎)하시길 바랍니다.[54]

이 글은 『사화기략』에 「이노우에 가오루와의 담초(與井上馨談草)」라는 제목으로 수록되어 있다. 이 담초의 요지는, 수신사에게 부여된 전권은 제물포조약에 따른 배상금 지불과 비준서 교환에만 국한되어 관세협정에 착수할 수가 없으니, 그에 필요한 전권을 추가로 부여하고 조선 측의 관세협정 초안을 보내달라는 것이다.

그런데 이 담초에는 몇 가지 따져봐야 할 부분이 있다. 먼저 여기에는 이노우에가 박영효에게 관세협정을 제안한 것처럼 기록되어 있지만, 이는 사실이 아니다. 앞에서 본 것처럼 김옥균·박영효는 애스턴 영사와의 회담을 통해 차관을 얻으려면 먼저 일본과 관세협정을 타결해야 한다는 것을 깨달았

---

54 『使和記略』, pp. 200~201.

다. 따라서 이들은 방향을 바꾸어 우선 이노우에에게 관세협상을 제안했을 것이다. 하지만 이는 이노우에가 독단적으로 결정할 수 없는 문제였으므로, 김홍집 때와 마찬가지로 전권 미소지와 같은 절차상의 이유를 들어 논의를 유보했던 것이다. 이와 관련해서 파크스 영국공사는, "저는 이곳에 온 조선 사절단이 일본 정부와 관세문제에 관해 교섭을 원할 가능성이 있다고 언급한 바 있습니다. 이제 사절단 본인들과 일본 외무경 양쪽 모두로부터 이 사절단에겐 그 교섭에 들어갈 권한이 없다는 사실을 확인했습니다. 하지만 외무경은 사절단에게 필요한 권한을 그 정부에 요청하라고 조언하였고, 그들은 그렇게 했다고 제게 알려주었습니다."라고 본국 외무성에 보고했다.[55]

다음으로 세칙(稅則)의 큰 절목은 이미 타결되었으며 세목(細目)도 잘 풀렸다고 한 것도 사실과 다르다. 이보다 앞서 1882년 6월 5일부터 전권대관 김보현(金輔鉉)·부관 김홍집과 일본공사 하나부사 요시모토 간에 조일통상장정 협상이 시작됐다.[56] 그런데 미곡(米穀)·홍삼(紅蔘)의 수출 금지 및 관세율 책정과 같은 난제를 본격적으로 다루기도 전에 갑자기 임오군란이 발발하는 바람에 협상 자체가 중단되고 말았던 것이다.[57]

---

55 FO 46/288, No.145. Parkes to Graville, Tôkiô, October 16, 1882;『외교문서』제7권, 문서번호 57.

56 조일수호조규 체결 이래로 조일 간의 무역에는 무관세가 적용되다가 1878년 9월에 이르러 조선 정부에서 부산에 세관을 설치하고 관세를 징수하려고 했으나, 이에 반발한 일본의 무력시위로 인해 무산되었다. 또 1881년 10월에는 관세 징수를 전제로 한 세율협정을 위해 수신사 조병호(趙秉鎬)와 종사관 이조연(李祖淵)을 일본에 파견했으나, 일본 측에서 수신사가 소지한 전권위임장이 형식상 불완전함을 이유로 협상을 거절하는 바람에 예비회담만 마치고 돌아오기도 했다. 협상의 가장 큰 난관은 미곡(米穀)과 홍삼의 수출 금지 및 수입세를 10%로 정하는 문제에 있었다. 당시 일본은 서양 국가들과 체결한 조약에 따라 수출입 모두 종가세(從價稅) 5%를 부과하고 있었으므로 조선 측의 10% 주장에 극력 반대했던 것이다. 그런데 1882년 5월과 6월 사이에서 체결된 조미·조영·조독 조약은 모두 수입세 최저 10%, 최고 30%를 규정하고 있었으므로 일본 측의 입장이 난처하게 되었다(다보하시 기요시 저, 김종학 역,『근대 일선관계의 연구 (상)』, 일조각, 2013, pp. 609~617).

57 日本外務省 編,『善隣始末』第7卷, 東京: 日本外務省, 1930.

다시 말해서 박영효는 관세협정에 관한 논의를 일본 측에서 먼저 제안했고, 또 그 타결 전망이 매우 밝은 것처럼 보고했지만, 이는 모두 사실과는 거리가 멀었다. 이는 당시 외교 결정권을 사실상 친청파가 주도하는 기무처에서 장악한 상황과 관계가 있었다. 이 때문에 박영효는 일본과의 관세협정을 위한 전권을 부여받기 위해 어쩔 수 없이 현지상황을 왜곡해서 보고하지 않을 수 없었던 것이다.

하지만 이러한 노력에도 불구하고 박영효의 전권 신청은 기각됐다. 그 이유는 조선의 외교통상사무를 전담할 전문가로서 이미 묄렌도르프의 고빙이 결정되어 있었기 때문이다. 11월 21일, 톈진에 있던 김윤식은 박영효가 전권을 신청했다는 소식을 듣고, 주일 청국공사 여서창(黎庶昌)을 통해 "이미 독일인 묄렌도르프를 초빙했으니, 우리가 조선에 귀국할 때까지 기다릴 것. 합비(合肥: 이홍장을 가리킴)는, 세칙(稅則) 문제는 일본인들을 불러들여서 조선에서 의정(議定)할 것이라고 했음."이라는 전신(電信)을 박영효·김옥균에게 보냈다. 이 전신을 접수한 박영효는 크게 낙담하며 "보내주신 전신의 뜻은 잘 알았음. 본 공사는 아마도 이번 달 내에 귀국할 것임."이라고 회신할 수밖에 없었다.[58]

일본의 소극정책

한편, 이노우에 가오루는 일본 내에서 외교에 관한 한 최고의 권위를 인정받고 있던 이토 히로부미에게 향후 조선정책 및 개화당의 지원 여부를 문의하는 서한을 보냈다. 당시 이토 히로부미는 헌법 조사를 위해 유럽에 외유중이었다. 이 서한은 11월에 쓴 것으로 알려져 있다.

---

58 『陰晴史』, pp. 204~205.

배 안에서 이것저것 조선 신사(信使)의 이야기를 들으니, 대원군을 포박해서 톈진으로 잡아가고 귀국을 허락하지 않는 것에 대해 국왕과 조선인들은 크게 통분하고 있으며, 또 경성에 주둔하는 청국 병사들도 종종 난폭한 행위를 해서 조선인들이 점차 싫어하는 상황입니다. 특히 금일의 형세대로 계속 간섭을 받는 것은 국왕의 신상에도 끝내 어떤 일이 생길지 알 수 없으므로, 은밀히 우리나라에 의뢰해서 독립을 열망하는 뜻을 밝혔습니다. 그렇지만 저는 짐짓 그들에게 반대설(反對說)을 내서, "오늘날의 형세로 보면 조선의 처지에서 독립을 계획하는 것은 오히려 좋은 방법이 아닐 것이다. (중략) 그러므로 지금은 우선 청의 뜻에 따르는 것이 조선에는 안전한 방책일 것이다."라고 답했더니, 저들은 여전히 '그렇지만 오늘날의 상황에서는 실로 국왕의 신변도 불안하기 때문에 국왕께서도 분개하고 계신다. 어떻게든 일본에 의뢰해서 독립을 도모하고자 결심했다.'라는 뜻을 밝혔습니다. 그래서 그 말이 신사의 청에 대한 불평담(不評談)에 불과한지, 아니면 국왕의 내명(內命)을 받아서 하는 말인지 물었는데, 내명이라고 답했습니다. 그래서 그렇다면 그 내명을 우리 황제폐하께 상주할 생각인가라고 물었습니다. 그렇다고 대답했으므로, 그렇다면 신중히 숙고하겠다고 답해 두었습니다.[59]

김옥균 등은 이노우에에게 '독립을 열망하는 뜻'을 밝혔다. 하지만 이들의 기대와는 달리 1876년 조일수호조규(강화도조약)의 체결 이래로 일본 외무성의 조선정책의 기조는 소극책이었다. 즉, 청과 직접대결은 회피하되, 청이 조선에 대한 종주권(宗主權, suzerainty)을 주장할 경우엔 조선이 이미 일본과 대등한 독립국 자격으로 조약을 체결한 사실을 내세워서 맞선다는 것이었다. 김옥균 등은 일본에 기대서 청으로부터 독립하려는 의지를 피력하고 있었다. 이노우에의 입장에서 이는 일본의 국익에 부합되는 면도 없지 않았지만, 먼저 그 내막을 자세히 파악해야 했다. 이 때문에 이노우에는 짐

---

59 『伊藤博文關係文書』第1卷, p. 179.

짓 반대설을 내기도 하고, 또 그것이 국왕의 내명(內命)에서 나온 것인지 거듭 확인했던 것이다.

조선의 내부사정에 관해서는 얼마 전부터 신사(信使) 박영효와 민영익, 김옥균 등에게 누차 알아보았습니다. 그러자 김옥균 같은 자는 결국 이것저것 그 실정을 토로했습니다. 그의 말에 따르면, 조선에서 참으로 자국의 독립을 기도해서 그 정신을 충분히 가진 자는 오직 국왕과 박영효·김옥균의 3명뿐이고, 나머지는 대체로 청에 기대어 안전을 꾀하려는 자들입니다. 그 나라 정부의 기무아문(機務衙門: 기무처)이라고 하는 것은 마치 내각집회소(內閣集會所)와 같은 것으로, 그 구성원은 어윤중·조영하·김굉집·김병시 등인데 모두 장래의 원모(遠謀) 없이 단지 청에 의뢰하면 안전하다고 생각하는, 완전히 독립의 정신이 없는 자들이라고 했습니다. (중략) 조선의 상황은 위미쇠약(萎靡衰弱)의 극에 달했으니, 예전에 독립을 기망(冀望)했더라도 결국은 국왕과 그 밖의 한두 명 조사(朝士)들의 의중에서 나온 것으로, 결코 그 정부의 의향이 여기로 귀결될 가능성은 없습니다. 그러므로 급히 조선을 원조해서 억지로 그 독립을 성취하게 하는 것은 득책(得策)이 아닙니다.[60]

이노우에는 조선의 정세를 국왕 및 박영효·김옥균(개화당) 대 기무처 신하들의 대립구도로 파악했다. 그리고 김옥균 등이 비록 청으로부터 독립하려는 의지를 피력하고 있지만, 이는 국왕과 김옥균·박영효 세 사람만의 생각일 뿐, 조선 정부의 정책이 이것으로 귀결될 가능성은 없다고 보았다. 이에 따라 그는 조선의 독립을 성급히 원조하는 것은 결코 좋은 책략이 아니라고 결론 내렸던 것이다.

그 후 일본 정부의 공식적인 조선정책은 다음과 같이 결정됐다. 10월 25

---

60 『伊藤博文關係文書』第1卷, p.180.

일에 이 문제에 대한 첫 번째 각의(閣議)가 개최됐다. 처음에는 3개의 견해가 대립했다. 첫 번째는 대청협조를 우선시해서 조선의 원조 요청을 거부해야 한다는 이노우에의 독립방기론(獨立放棄論), 두 번째는 청과의 대결을 각오하고라도 원조를 시행해야 한다는 육군경 야마가타 아리토모(山縣有朋)의 독립원조론(獨立援助論), 세 번째는 원조는 시행하되 청을 자극하지 않도록 제한적으로 해야 한다는 우대신(右大臣) 이와쿠라 도모미의 절충론이었다.[61] 몇 차례의 각의와 격론을 거친 후, 일본 정부에서는 다음에 인용하는 11월 17일 자 이노우에 가오루의 건의서를 승인하는 것으로 최종결론을 내렸다.

조선에 대한 정략에 관해서는 여러 차례 각의(閣議)를 거쳤으며, 특히 성상(聖上: 일왕)께서 동양 전국(東洋全局)의 평화를 목적으로 하고 시기를 헤아려서 국가에 해가 되지 않는 한도 내에서 원조를 하라는 예려(叡慮)가 있으셨습니다. 숙고해 보건대, 조선의 독립을 원조하고자 한다면 저들의 마음을 거둬들이지 않으면 안 됩니다. 저들의 마음을 거둬들이려면 얼마간 저들의 의뢰에 응하지 않을

---

61 高橋秀直, 『日清戰爭への道』, 東京: 東京創元社, 1995, pp. 55~74. 또한 다음에 인용하는 글은 1882년 8월에 이와쿠라 도모미가 각의에 제출한 문서로, 그의 절충론적 견해를 잘 보여준다.
  "청은 조선이 자국의 속방(屬邦)임을 끝까지 주장할 것이다. 우리는 그것에 대응함에 가능한 한 청과 논쟁을 피하는 계책을 쓰면서 담판해야 한다. 예컨대, '몇 해 전 우리나라는 조선과 조약을 체결할 때 조선이 스스로 독립국이라고 칭했는데, 이제 귀국이 자기의 속방이라고 언명한다면 조선은 우리나라를 기망(欺罔)했다고 해야 할 것이다. 그렇다면 우리나라에서 먼저 조선을 향해 힐문할 필요가 있다. 그런 다음이 아니라면 억지로 귀국과 속방 여부를 논할 수 없다.'라고 하는 것이다. 이처럼 각종 구실을 대면서 일을 조선에 넘기고, 청과 직접 논쟁하지 않는 것을 득책(得策)으로 삼아야 한다. 그 이유는 근일 조선과 새로 조약을 체결한 영국·미국·프랑스·독일의 4개국이 조선을 독립국으로 공인할 경우, 우리나라는 청과 병력으로써 그 여부를 다투지 않아도 될 뿐 아니라, 앉아서 큰 승리를 얻었다고 할 수 있다. 조선 속방 운운하는 논의로부터, 류큐 사안도 말하지 않는 사이에 소멸될 것이다. 그러므로 미국·영국·프랑스·독일 등 각국의 의견을 탐방(探訪)하는 것을 급무로 삼아야 하는 것이니, 외무성의 주의와 진력이 가장 긴요할 것이다"(多田好問 編, 『岩倉公實記』 下卷, 東京: 皇后宮職, 1906, pp. 897~899).

수 없습니다. 그렇지 않으면 저들은 우리가 원조하려는 마음이 있음을 알 길이 없어서 의뢰하려는 마음도 그에 따라 소멸할 것이니, 부득이 청의 눈치만 살피다가 끝내 독립의 뜻을 이루지 못할 것입니다. 단, 그 원조의 방법에 관해서는 형세를 헤아리고 임기응변하여 시행해야 하므로 금일 미리 결정할 수는 없지만, 그것에 충당할 비용은 미리 그 한량(限量)을 정해두어야 합니다. 이번의 전보군비금(塡補軍備金)은 지나치게 무거운 것 같다는 물의(物議)도 있으니, 그 가운데 20만 엔을 저들에게 혜여(惠與)한다는 목적을 갖고 원조 금액에 충당하는 것이 좋을 듯합니다. 이러한 목적이 세워진 후에 그 시행을 저에게 위임하신다면, 시기를 가늠해서 혹은 금전으로 혹은 기계 등으로 원조하여 가능한 만큼 그 주획(籌劃)을 시도할 것입니다.

이는 시급한 요건(要件)이니 속히 내결(內決)을 바랍니다.[62]

이 건의서는 외견상 이노우에의 독립방기론과 야마가타의 독립원조론을 절충한 것처럼 보이지만, 그 구체적 시행 방안을 이노우에에게 일임했다는 것은 사실상 그가 승리했음을 의미한다. 이노우에는 시종일관 김옥균을 그다지 신뢰하지 않았으며, 또 대청관계를 중시했으므로 개화당의 지원에는 소극적인 태도를 취했다. 이러한 태도는 갑신정변 때까지 지속되었다. 이노우에 가오루의 전기인『세외정상공전(世外井上公傳)』에는 다음과 같이 기록되어 있다.

임오의 변란(임오군란)에 대한 조처는 어쨌든 이상과 같이 일단락됐지만, 앞으로 조선정책을 어떻게 할 것인가는 묘당의 일대 문제가 되었다. 즉, '그 나라 정부로 하여금 안으로는 실력을 양성시키기 위해 은밀히 그것을 보조하고, 밖으로

62『井上馨關係文書』672-8(日本國會圖書館 憲政資料室 소장)[高橋秀直, 앞의 책(1995), pp. 69~70에서 재인용].

는 외국으로 하여금 그 자주독립을 공인시키는' 적극정책을 취할 것인가, 아니면 '그렇게 원조하지 않고, 청 정부의 간섭을 억제하지 않고, 우선 그 하는 대로 맡겨두어 일본과 청 및 동양의 평화를 유지하는' 소극정책으로 나갈 것인가의 문제였다. 종래 (이노우에) 공이 취해온 정략으로 보면 적극정책을 추진하는 것이 당연했지만, 조선 정부 내의 현상이나 청한(淸韓)의 관계를 숙지한 공은, 동양평화라는 대국을 위해 잠시 소극정책을 취하게 되었다.[63]

차관의 유용

다시 김옥균과 박영효의 행적을 따라가 보자. 이들은 10월 13일에 도쿄에 도착했다. 박영효는 10월 19일에 일본천황을 알현하고 국서를 봉정했다.[64] 27일에는 박영효·김만식과 이노우에 간의 협상을 통해 5년간 10만 엔씩 지불하기로 한 임오군란의 배상금 지불조건을 10년간 5만 엔씩 지불하는 것으로 고쳤다.[65] 이것으로 수신사의 공식적인 사명은 일단락됐다.

그러는 동안에도 수신사 일행은 차관을 얻기 위해 동분서주했다. 파크스 영국공사의 11월 6일 자 보고에 따르면, 이들은 일본 정부에 차관을 신청했지만 상환 담보가 없다는 이유로 거절당했다. 심지어 이노우에 외무경은 기업가들에게 조선 차관을 알선하는 것조차 거부했다. 요코하마의 영국은행에도 차관 문제와 관련해서 상의하려고 했지만 거절당했다.[66] 민영익은 11월 11일에 자신의 수원(隨員) 이수정(李樹廷)을 통해서 나가사키(長崎)의 이와자키상행(岩崎商行)에 150만 엔의 차금(借金) 주선을 의뢰했지만, 이 또한 성

63 井上馨侯傳記編纂會, 『世外井上公傳』 第3卷, 東京: 內外書籍, 1934, pp. 492~493.
64 『使和記略』, pp. 210~211; 『日外』 第15卷, 문서번호 163.
65 『使和記略』, pp. 219~220; 『善隣始末』 第6卷; 『世外井上公傳』 第3卷, p. 491; 『岩倉公實記』 下卷, pp. 888~889.
66 FO 46/289, No.159.

공하지 못했다.[67]

그런데 10월 30일에 조선 주재 임시대리공사 곤도 마스키로부터 뜻밖의 보고가 올라왔다. 청의 초상국과 개평광무국에서 조선에 총 50만 냥의 차관을 공여하기로 했다는 소식이었다.[68] 이제 일본 외무성으로서도 조선국왕이 완전히 친청(親淸)으로 경도되는 것을 막기 위해선 차관 요청에 어느 정도 응하지 않을 수 없었다. 앞에서 인용한 이노우에 외무경의 11월 17일 자 건의서에서 조선의 배상금 50만 엔 가운데 20만 엔을 차관 형식으로 조선에 반환하는 것이 좋겠다는 제안도 이러한 배경에서 나온 것이었다. 12월 1일에는 전·현직 조선공사인 하나부사 요시모토와 다케조에 신이치로(竹添進一郞, 11월 6일 조선공사 임명)도 연명(連名)으로 조선의 배상금 50만 엔 가운데 20만 엔을 조선에 국채(國債)로 환급할 것을 상신했다.[69]

이에 이노우에 외무경은 대장성(大藏省)에서 요코하마 정금은행(正金銀行)에 17만 엔을 대부한 후, 이를 다시 조선 수신사에게 차관으로 공여하게 했다.[70] 이와 같이 복잡한 방식을 취한 것은 민간 금융업자가 차관을 제공하는 편이 청의 의심을 피하기에 유리하다고 판단했기 때문이다. 마침내 12월 18일에 수신사 박영효와 요코하마 정금은행장 오노 미쓰카게(小野光景) 간에 차관협정이 체결됐다. 지폐 17만 엔을 연 8%의 이자로 차금하되, 첫 2년간은 원금을 거치하고 이후 10년간 원금과 이자를 균등 상환하는 조건이었다. 저당으로는 청의 차관조건과 유사하게 부산세관의 수입과 함경도 단천(端川)의 금광 채굴권이 설정됐다.[71]

그런데 김옥균과 박영효는 이처럼 우여곡절 끝에 얻은 차관을 일본 현지

---

67 『외교문서』 제6권, 문서번호 245.
68 『외교문서』 제6권, 문서번호 240. 이 책의 제4장 2절 참조.
69 『井上馨關係文書』, "明治十五年朝鮮関係書類綴".
70 『日外』 第15卷, 문서번호 156.
71 『日外』 第15卷, 문서번호 157.

에서 탕진해버렸다. 이와 관련해서 『갑신일록』에는 "우리나라는 새로 변란을 겪어서 재정이 바닥을 드러내 공사가 일본에 갔을 때도 여비를 넉넉히 마련할 수 없었다. 그래서 일본 외무경 이노우에 가오루에게 거듭 청하여 겨우 12만 엔을 요코하마의 정금은행에서 빌려서 위로금을 지불하고 제반 비용에 충당했다."라고 기록되어 있다. 즉, 17만 엔의 차관 중 5만 엔은 제물 포조약 제3관에 의거한 조난 일본인 유족 및 부상자에 대한 위로금으로 일본 정부에 지불하고,[72] 나머지 12만 엔은 '제반비용'으로 썼던 것이다.

이른바 제반비용이 무엇이었는지는 분명치 않지만, 수신사의 여비와 조선인 유학생의 학비가 포함됐을 것이다. 1881년에 영선사 김윤식이 톈진으로 인솔해 간 조선 유학생들의 학비와 체재비도 전혀 정부에서 지급되지 않아서, 김윤식과 어윤중이 현지에서 돈을 빌려서 처리했는데 1882년 5월(음력)까지 그 총액이 1만 냥에 달했다고 한다.[73] 일본 유학생들의 사정도 다르지 않았을 것이다. 또한 『후쿠자와 유키치전(福澤諭吉傳)』에 따르면, 12만 엔 가운데 일부는 윤웅렬(尹雄烈)이 무기를 구입하는 데 사용하고, 여러 가지 비용을 제하고 남은 5만 엔 남짓은 정금은행에 예치해 두고 일본에 잔류할 김옥균이 쓰기로 했는데, 김옥균이 그 가운데 2, 3만 엔을 어떤 나가사키 사람에게 맡겼는지 빌려주었는지 하여튼 잃어버렸다고 한다.[74] 한편, 청국공사 여서창은 김옥균과 박영효가 위로금 5만 엔을 제외한 나머지 금액을 여비와 기계 구입에 썼다고 총리아문에 보고했다.[75] 김옥균이 1883년 2월에 요시다 기요나리에게 화선(和船: 일본의 재래식 목조선) 2, 3척의 고입(雇入)을

---

72 기존의 많은 연구에서는 이 5만 엔을 제물포조약 제4관에 의거하여 일본에 지불해야 할 배상금(填補軍備金) 50만 엔의 1차분을 상환한 것으로 설명했지만, 『使和記略』의 11월 10일에 수록된 조회문을 보더라도 조난 일본인의 유족 및 부상자 위로금의 지불이었다는 것은 명백하다.

73 김정기, 앞의 글(1976), pp. 411~414.

74 『福澤諭吉傳』 第3卷, pp. 430~431.

75 『中日韓』 第3卷, 문서번호 681.

신청했으며,[76] 3월에 귀국할 때 인력거 수십 대를 구입해 갔다는 기록도 있다.[77] 인력거는 일본에서도 최신 발명품이었으므로 조선인들의 눈에는 대단히 진기한 물건으로 보였을 것이다.[78] 아무튼 정확한 용처는 단정하기 어렵지만 김옥균이 12만 엔을 사적으로 유용한 것만은 분명하다. 참고로 1885년에 이르러 일본 정부는 주한 일본공사관을 통해 조선 정부에 김옥균이 당시 정금은행에서 대출한 금액의 변제를 독촉하기도 했다.[79]

수신사 박영효는 1882년 12월 27일에 먼저 귀국길에 올랐다. 그리고 김옥균은 서광범·박제경·변수와 함께 약 3개월간 일본에 더 머물렀다. 김옥균이 잔류한 이유에 관해『갑신일록』에는 "일본의 사정과 천하의 형편을 살피라는 어명" 때문이라고 하였고,『사화기략』에는 "김 승선(承宣: 김옥균)과 서 종사관(서광범)은 그 전에 칙명을 받았기 때문에 뒤에 남은 것이다."라고 기록되어 있다. 여기서 '어명' 또는 '칙명'이란 물론 일본에서 차관을 얻어오는 일을 가리킨다. 그런데 김옥균은 정금은행에서 간신히 얻은 17만 엔을 현지에서 소진했기 때문에 다시 일본 외무성에 차관을 요청해야 했다. 1883년 초에 김옥균이 요시다 기요나리에게 쓴 다음 서한은 당시 그의 곤혹스러운 처지를 잘 보여준다.

제가 도쿄에 도착한 이후로 이노우에 공(이노우에 가오루)과 선생(요시다 기요나리) 두 분만이 지기(知己)를 허락해주셨습니다. 두 공께서는 마침 외무(外務)를 관장하시고, 저는 외국인으로 와서 저와 두 공의 뜻이 부합했으니, 저는 한 집안 사람과 같다고 여겨서 모든 말을 털어놓고 또 온갖 정을 나누었습니다. 비록 타

---

76 琴秉洞, 앞의 책, p. 102.
77 『郵便報知新聞』, 1882년 3월 12일.
78 인력거는 1868년에 이즈미 요스케(和泉要助) 등에 의해 발명되어 1870년부터 도쿄에서 시판된 것으로 알려져 있다.
79 『日外』第18卷, 문서번호 220·221.

향에 있는 몸이지만 덕분에 스스로 위안을 삼을 수 있었고, 이를 통해 양국 교린(交隣)의 절차가 두서(頭緖)를 얻으리라 기대했습니다.

그런데 며칠 전에 이노우에 공께서 제게 하신 말씀 중에 정의(情誼)가 통하지 않는 부분이 있다고 하시고, 또 저의 말을 신용하지 않는다고 하셨습니다. 그 두 말씀은 참으로 뜻밖이었습니다. 또 부끄러워서 차마 다른 사람을 대할 수 없었습니다.

"지금 공사(公使)는 위임장이 없으니, 형편상 이제부터 국채를 얻는 방법을 주선할 수밖에 없다. 한 사람을 데리고 귀국해서, 정부의 명문(明文)을 가져온 다음에야 비로소 허락할 수 있으리라."고 하신 말씀은 제가 유감으로 여기며 이해할 수 없습니다. 다만 "위임이 없으면 불가능하다."라고 하신 말씀은 본래 사실이었을 것입니다. (중략) 저는 외국 정황을 알지 못해서, 저 혼자 수십만의 돈은 담당자에게서 쉽게 얻을 수 있으리라 생각했습니다. 우리 정부의 명을 받을 때 위임장 한 가지 일은 애초에 생각하지도 못했으니, 그 책임은 공사에게도 있지 않고, 정부에도 있지 않으며, 오직 저 한 사람에게 있을 뿐입니다. (후략)[80]

끈질기게 차관을 요청하는 김옥균에게, 이노우에 가오루는 위임장이 없다는 이유를 들어 거절했다. 물론 이는 핑계에 지나지 않았다. 하지만 김옥균은 이때까지만 해도 국왕의 위임장만 가져오면 차관을 얻을 수 있다고 생각했다. 그것은 『갑신일록』에서 "나는 또 일본 조정의 당국자들과 때때로 동양의 사무를 논했다. 그러다가 우리나라의 재정이 곤란해서 떨쳐 일어날 수 없다는 말을 하자, 그들은 모두 만약 조선 정부의 국채위임장만 있으면 성사될 것이라고 했다. 나는 마침내 귀국하기로 결심했다."라고 한 구절로도 알 수 있다. 김옥균은 상황을 오판하고 있었다.

---

80 『吉田淸成關係文書(書翰篇)』 第3卷, pp. 294~295.

4. 독립 승인 운동

개화당의 독립론

김옥균과 박영효에겐 차관 외에도 한 가지 목적이 더 있었다. 그것은 서양의 외교관들로부터 조선 독립의 '승인'을 얻는 것이었다. 오늘날에는 '개화당'이라는 이름이 더 익숙하지만, 당대에는 '독립당'으로 더 널리 알려졌을 정도로 독립은 이들의 핵심적인 구호(catchphrase)였다. 이제부터 이들이 주장한 '독립'의 의미와 그것이 나온 배경을 살펴본 후, 이들의 독립 승인 운동이 초래한 외교사적 결과를 검토해보기로 한다.

김옥균과 박영효는 한 국가의 독립은 다른 주권국가의 승인에 의해 이뤄지며, 그 승인은 상호 대등하게 조약을 체결하는 행위로 구체화되는 것으로 정의하고 있었다. 이는 19세기에 유행한 국제법 학설인 승인설(constitutive theory)을 답습한 것으로, 당시 일본에서 유행하고 있던 담론이기도 했다.[81] 그런데 이들의 독립론(獨立論)에는 몇 가지 특징이 있었다.

첫 번째는 조선이 독립을 승인받아야 하는 당위적 이유로 '국제법의 보

---

[81] "대체로 나라의 성쇠강약(盛衰强弱) 여하에 무관하게 그 내치외교(內治外交)의 주권(主權)에 있어 결손(缺損)이 없는 이상, 비록 약하기 때문에 강국의 보호를 청하고, 작기 때문에 대국에 뇌물을 바쳐서 그 박서양탈(博噬攘奪)을 막더라도 여전히 조금도 그 독립국의 자격을 잃지 않는다. 또 아무리 그 나라가 부귀하고 또 강하더라도 내치외교의 주권에 조금이라도 결손이 있으면, 가령 견고한 군함과 예리한 대포가 스스로 그 나라를 지키기에 충분하고 비옥한 토양이 그 백성을 편안히 살게 하기에 족하더라도, 아직 그 부강을 이유로 독립국이라고 할 수 없다. 그 내치외교의 주권에 결손이 있는 나라, 즉 독립의 체면을 보존하지 못하는 나라는 과연 어떤 모습인지 생각해보면, 대체로 보호자(保護者)의 윤가(允可)를 받지 않고서는 외국에 대해 직접 조약을 체결하거나, 혹은 선전강화(宣戰講和)의 권리를 마음대로 하지 못하는 나라로서, 그 종류를 대별(大別)하면 그 첫 번째를 반독립국(半獨立國, semi-sovereign state)이라고 하고, 그 두 번째를 예속국(隷屬國, dependency)이라고 할 것이다. 그밖에 피보호국(被保護國, protectorate)과 조공국(朝貢國, tributary) 같은 것은 이와 조금 차이가 있다"(『東京日日新聞』, 「朝鮮獨立論 第一」, 1882년 9월 27일).

호(protection of international law)'를 내세웠다는 점이다. 10월 23일, 파크스 주일 영국공사는 박영효 및 김옥균·민영익의 방문을 받았다. 그는 조선의 독립 승인과 관련하여 박영효가 한 발언에서 적잖은 놀라움을 느낀 사실을 숨기지 않았다.

(수신사 박영효는) 약한 나라인 조선은 지금까지 청의 강한 힘에 굴복하지 않을 수 없었지만, 서양 국가들과의 관계에 들어간다면 국제법의 보호를 요구할 것이라고 답했습니다.

최근까지 외국과의 모든 관계를 거부하고 국가들 사이의 관계를 규율하는 법에 대해 완전히 무지했던 나라가, 그 동방의 종주국(Oriental Suzerain)에 대해 유지하길 원하는 지위를 지키기 위해서 바로 그 국제법에 이렇게 빨리 호소한다는 것은 저에겐 다소 놀라운 일이었습니다.[82]

하지만 국제사회에서 독립국으로 승인받는 것과 현실적으로 조선이 청의 속박에서 벗어나 독립국으로서 생존할 힘이 있는가의 여부는 엄연히 별개의 문제이다. 국제법의 보호라는 것이 궁극적으로 힘의 논리가 관철되는 국제관계 속에서 단지 허상에 불과함은, 보수 관료인 이유원조차 이미 날카롭게 논파한 일이 있었다.

또 태서의 공법이 아무 이유 없이 다른 사람의 국가를 빼앗거나 멸망시키는 것을 허락하지 않아서 러시아와 같은 강대국도 터키에서 군대를 철수했다고 하는데, 그렇다면 폐방(敝邦)이 무고한데 혹 타국에 의해 병탄당하는 독(毒)을 당하게 된다면 그때도 여러 나라들이 함께 이를 막아주겠습니까? 이것이 유독 확실

---

82 FO 46/288, No.153. Parkes to Granville, Tôkiô, October 24, 1882; 『외교문서』 제7권, 문서번호 60.

치 않아 회의(懷疑)하면서 해소되지 않는 부분입니다. 일본이 류큐 왕을 폐하고 그 강토를 병탄한 것은 바로 걸송(桀宋)의 행실과 같습니다. (중략) 거의 망할 지경에 이른 터키를 구원할 때는 공법에 의지할 수 있지만, 이미 멸망한 류큐를 부흥시키는 데는 공법이 시행되기 어려워서입니까? 아니면 일본인들이 사납고 약아서 각국을 경시해서 제멋대로 사리를 취하더라도 공법이 시행될 수 없기 때문입니까? 벨기에와 덴마크는 약소국으로서 대국 사이에 끼어 있음에도 강약상유(强弱相維)에 의지하지만 류큐 왕은 수백 년의 오래된 나라인데도 상유(相維)하지 못한 것은 고립된 처지에 놓여 각국과 멀리 떨어졌기 때문에 공법이 미처 시행될 수 없어서 그렇게 된 것입니까?[83]

이 서한은 1879년에 이유원이 이홍장에게 보낸 것으로, 이동인도 1880년에 일본에서 사토에게 보여준 일이 있었다. 따라서 김옥균이 이 서한의 내용을 몰랐을 리는 없다. 만약 김옥균이 진심으로 국제법의 보호를 기대하고 있었다면, 국제정치 현실에 대한 그의 인식은 이동인, 심지어 이유원보다 훨씬 더 나이브했다는 뜻이 된다.

덧붙여 말하자면, 김옥균의 독립론은 후쿠자와 유키치의 조선독립론과도 큰 차이가 있었다. 당시 후쿠자와의 조선 관련 논설을 살펴보면, 대체로 대내적으로는 군비 증강을, 대외적으로는 청과의 개전 준비를 주장했다.[84] 즉, 후쿠자와는 조선의 독립을 주장하기는 했지만, 그것은 어디까지나 일본의 실력을 전제로 한 것으로 국제법의 보호나 열강의 보장을 통한 조선중립화론 같은 것은 전혀 고려하지 않았던 것이다. 사실은 개화당도 이미 독자적 군대 양성을 목표로 일본인 교관을 고빙하는 등 은밀하게 움직이고 있었는

---

83 번역문은 장인성·김현철·김종학 공편,『근대한국 국제정치관 자료집』제1권, 서울대학교 출판문화원, 2012, p. 49에서 인용함. 원문은『龍湖閒錄』제4권, pp. 440~445;『嘉梧藁略』제11권,「書」, "答肅毅伯書(2) 附 原書";『中日韓』제2卷, 문서번호 329의 부건 1.

84 최덕수,『개항과 朝日관계 ─ 상호인식과 정책』, 고려대학교 출판부, 2004, pp. 157~168.

데, 이에 관해선 뒤에서 자세히 살펴볼 것이다.

두 번째 특징은, 조약 체결이 독립 승인의 증거로 인정받기 위해선 반드시 제3국의 간섭을 배제하고 당사국 간에 직접 조약을 체결해야 한다는 단서를 붙인 것이다. 1882년 12월 24일 파크스와의 회견에서 박영효가 한 발언은 이들이 조약 체결의 형식에 얼마나 집착하고 있었는지 잘 보여준다.

겉으로만 봐서는 귀하가 최근 청과 조선 사이의 협정(조청무역장정)이 조선의 동의하에 이뤄졌다고 결론을 내리는 것도 당연하다고 인정합니다. 그러나 그것은 사실이 아닙니다. 그것은 우리의 약함을 이용해서 우리를 지배하려고 하는 청에 의해 강요된 것입니다. 일본은 조선과 직접 교섭해서 조약을 체결했습니다. 그래서 그것은 만족스러운 것이 되었습니다. 하지만 조선이 서양 열강과 조약을 체결해야 했을 때, 청은 조약 체결 과정에 간섭하고 그 초안을 만들었으며, 우리에게 서양 열강들과 그렇게 조약을 체결해야 한다고 말했습니다. 우리는 이 분야에 대해 무지했기 때문에 청은 가장 적합한 방법을 알고 있으며 우리에게 가장 좋은 길을 조언할 것이라고 생각했습니다. 그 조약들의 불리한 조건들은 청의 제안으로 채용된 것입니다.[85]

조일수호조규(강화도조약)가 일본의 군사적 위협에 의해 체결됐으며, 내용적으로도 편무적(片務的) 영사재판권·연해통항권·측량권 등을 규정한 불리한 조약이었음은 잘 알려진 사실이다. 그에 비해 조미조약과 제1차 조영·조독조약은 일본이나 청이 그 전에 서양 열강과 체결한 불평등조약에 비교하면 상대적으로 조건이 유리했다. 그럼에도 불구하고 박영효는 조선과 일본이 직접 교섭했다는 이유만으로 전자는 조선에 유리한 것이었으며, 후자는

---

85 FO 405/33, No.176. Parkes to Granville, Tôkiô, December 29, 1882; 『외교문서』 제5권, 문서번호 111.

청의 중재로 체결됐기 때문에 불리한 것이었다고 단정한 것이다.

어떤 정치체에 대해 주권을 승인하는 것은 기존 주권국가의 고유한 권리로서, 조약 체결이 주권 승인의 가장 일반적인 방식이긴 하지만 국제법에 반드시 제3국의 간섭을 배제하고 당사국 간에 직접 조약을 체결해야 한다는 단서가 있는 것은 아니다. 11월 27일에 박영효는 주일 미국공사 존 A. 빙엄(John A. Bingham)을 방문해서 대원군 납치 등의 사건이 조미조약의 비준에 영향을 미치지 않을지 문의했다. 이에 대해 빙엄은 자신과 미국 정부는 조선의 독립, 그리고 조약을 체결하고 집행하며 그 영역을 통치할 권리에 대해 조금도 의심하지 않는다고 답변했다.[86] 즉, 비록 조미조약이 청의 중재에 의해 체결되었고, 청이 종주국이라는 명분을 내세워 대원군까지 납치해갔음에도 불구하고 여전히 미국 정부는 조선을 독립국으로 승인했던 것이다.

독립론의 정치적 동기

지금까지 개화당이 높은 역사적 평가를 받아온 이유 중 하나는 선구적으로 조선의 자주독립을 주창한 사실에 있다. 하지만 이들의 독립론에는 미심쩍은 부분이 적지 않다. 일단 서양 국가들로부터 독립을 인정받으면 국제법의 보호를 통해 청의 부당한 내정간섭을 막을 수 있다는 것이 과연 현실성이 있는 이야기일까? 이미 미국이 조선의 독립국 지위를 승인하면서 조청 간 종속관계는 논외로 한다는 태도를 분명히 했음에도 불구하고, 주일 영국공사관을 찾아가 독립 승인 운동을 계속한 이유는 무엇이었을까? 이처럼 납득하기 어려운 행적이 단순히 김옥균과 박영효의 국제정치에 대한 순진한 무지에서 비롯된 것이 아니라면, 이들의 독립론의 이면에는 다른 정치적

---

86 NARA II M133 R47, Bingham to Frelinghyusen, 1882. 11. 29.; 『외교문서』 제7권, 문서번호 16.

계산이 있었다고 봐야 한다. 그것은 과연 무엇이었을까.

첫 번째는 고종과의 관계에서 찾아야 한다. 원래 조선은 청과의 관계에서 조공(朝貢)·책봉(冊封)·봉삭(奉朔)과 같은 몇 가지 의례를 제외하면 내정과 외교에서 사실상 완전한 자주(自主)를 향유해 왔다. 하지만 임오군란 직후 청 군대가 조선에 주둔한 것은 조청관계사상 초유의 사건이었다. 게다가 청의 장군들은 대원군을 납치하면서, 황제의 배신(陪臣)에 불과한 그가 국왕의 자리를 찬탈한 것은 황제에 대한 불충(不忠)에 해당하며 그 죄를 다스리는 것은 종주국의 권리에 속한다고 선언하고, 과거 원(元)이 고려 충선왕(忠宣王)과 충혜왕(忠惠王)을 불충을 이유로 잡아들인 고사를 들었다.[87] 이러한 논리대로라면 황제의 결단 여하에 따라 청은 언제든 조선의 내정에 개입하고, 심지어 조선국왕을 폐위할 수도 있었다. 경군(京軍)이 이미 와해된 상황에서 치안을 유지하려면 청군의 주둔이 불가피한 측면이 있었지만, 다른 한편으로 국왕이 큰 불안과 불만을 느끼는 것 또한 당연했다.

또한 기무처 신료들이 청의 세력을 배경으로 왕권의 제약을 시도하는 상황 속에서 고종이 그에 대항하고자 친일 성향을 띠는 김옥균과 박영효를 발탁했다는 것은 이미 앞에서 설명했다. 그렇다면 고종이 '독립'을 희구하는

---

[87] 1882년 8월 26일, 대원군을 납치한 당일에 오장경·정여창(丁汝昌)·마건충은 유고(諭告)를 공포해서 조선 백성들에게 대원군의 '호송' 이유를 설명했다.
"이제 통령북양수사(統領北洋水師) 정 군문(丁軍門)이 잠깐 국태공과 함께 항해해서 입궐할 것이다. 다른 사람의 골육지간(骨肉之間)에 대처함에 전은명의(全恩明義)로 하는 것은, 우리 대황제(大皇帝)께 본디 권형(權衡)이 있으니 반드시 너희 국태공에게 심하게 질책하시진 않을 것이다. 그러나 거동이 창졸해서 너희 상하 군민(軍民)이 미처 이러한 뜻을 깨닫지 못하고 망령되게 의구심을 품을까 우려했다. 이 때문에 원대(元代)에 고려 충선왕(忠宣王)과 충혜왕(忠惠王)을 잡아들인 것을 전례로 삼은 것이니, 이는 높고 깊은 성의(聖意)에 크게 의지한 것이다"(『岩倉公實記』 下卷, pp. 903~904).
전은(全恩)은 부자나 동기 사이엔 설령 죄가 있더라도 죽이지 않음으로써 은혜를 온전히 하는 것이며, 명의(明義)는 대원군의 신하로서의 의리를 밝힌다는 뜻이다. 대원군 납치의 근거를 고려 충선왕과 충혜왕 때의 전례에 두고 있었던 것은 이홍장과 장수성(張樹聲)의 상주문으로 확인할 수 있다(『中日』 第4卷, 문서번호 142, 143).

만큼, 김옥균 등도 '독립'의 가시적 성과를 선물(souvenir)로 들고 귀국해야 했다. 조선의 실제 국력과는 무관하게 서양 열강이 승인하기만 하면 독립국이 된다든지, 조선이 독립하면 국제법의 보호를 받아서 청의 간섭에서 벗어날 수 있다든지 하는 비현실적인 독립론은 이러한 상황 속에서 나왔던 것으로 보인다.

두 번째 동기는 기무처와의 관계에서 찾을 수 있다. 김옥균의 독립론은 김윤식의 양득론으로 대변되는 기무처의 외교정책을 전복하는 의미가 있었다. 김옥균과 박영효는 조선이 반드시 제3국, 즉 청의 간섭을 배제하고 상대국과 직접 조약을 체결해야 비로소 참된 독립국으로 승인받는 것이라고 주장했다. 그런데 이러한 논리에 따르면, 조선이 국제사회에서 진정한 독립국으로 인정받으려면 기존에 청의 중개로 체결된 조미·조영(1차)·조독(1차) 조약은 모두 폐기하고 새로 조약을 체결해야 했다. 이는 기존 문호개방 정책의 성과와 방식을 근본적으로 부정하는 것과 다를 바 없었다.

김옥균과 박영효의 독립 승인 운동은 한갓 말로만 끝나지 않았다. 어쩌면 고종이 은밀히 명한 차관교섭이 거의 성과를 거두지 못했기 때문에 독립 승인 문제에서라도 가시적 성과를 내려고 조급해했는지도 모른다. 이들은 자신들에게 부여된 권한을 넘어서 제1차 조영조약의 개정을 위한 예비교섭에 착수했다.

5. 제2차 조영수호통상조약의 체결

2개의 조영수호통상조약

조선은 1882년 5월 22일에 미국과 수호통상조약을 체결함으로써 비로소 근대적 조약체계에 편입되었다. 일반적으로 1876년의 조일수호조규(강화도조약)가 근대적 조약의 효시로 알려져 있지만, 당시 조선인들에겐 대체로 서계문제(書契問題)로 인해 1868년부터 약 8년간 단절된 대일국교를 복구하는 약조의 의미로 받아들여졌다. 조미조약 제12관에서 "이것은 조선국이 최초로 입약한 것으로 규정된 조관은 우선 간략하게 하고(玆朝鮮國初次立約 所訂條款 姑從簡略; This being the first Treaty negotiated by Chosen, and hence being general and incomplete in its provisions)"라고 명문화한 데서도 알 수 있듯이 공식적으로는 이것이 최초의 근대적 조약이었다.

그로부터 얼마 후 6월 6일과 30일에 조선은 영국, 독일과 잇달아 조약을 체결했다. 바로 제1차 조영수호통상조약과 제1차 조독수호통상조약이었다. 그런데 당시 영국과 독일은 오랫동안 조선과의 조약을 계획했던 것이 아니라, 조미조약이 체결되자 서둘러 그와 유사한 내용의 조약을 체결한 것에 불과했다. 막상 조약이 체결되고 나서 영국과 독일이 그 조건에 불만을 품고 비준을 미룬 것은 이 때문이었다.

그러다가 1년 반 뒤인 1883년 11월 26일에 이르러 조선과 영국, 독일 간에 제2차 조약이 체결됐다. 우리가 일반적으로 조영수호통상조약, 조독수호통상조약이라고 하는 것은 제2차 조약을 가리킨다. 그런데 1882년의 조미조약 및 제1차 조영·조독 조약과 1883년의 제2차 조영·조독 조약은 그 형식과 내용에서 큰 차이가 있었다.

형식적 측면에서 보면 전자는 조선이 체약 당사국임에도 불구하고 청의 알선과 중재를 통해 체결된 반면, 후자는 조선 대표가 직접 영국·독일 대표와 교섭해서 체결했다. 그런데 내용적 측면에서 보면 전자는 당시 청이나 일본이 서양 열강과 이미 체결한 불평등조약에 비해 상대적으로 조선에 유리한 조건이었던 반면, 후자는 조선에 불리한 조건들을 잔뜩 규정하고 있었다.[88]

88 그 대표적인 것으로는, ① 적극적인 거중조정(good offices)의 실행 조문 삭제, ② 조선 정

이는 제2차 조영조약을 체결한 직후 영국 전권대신 파크스가 "우리가 원하는 모든 것을 얻었다."라고 만족스럽게 자평한 것으로도 알 수 있다.[89] 이러한 의미에서 조선은 조미조약의 체결로 근대적 조약체계에 진입하였고, 제2차 조영·조독조약의 체결로 본격적으로 불평등조약체계의 덫에 빠졌다고 할 수 있다.

아무리 조약의 조건에 불만이 있더라도, 이미 그 자유의사에 기초해서 절차상 하자가 없는 조약을 체결한 이상 어떤 국가라도 국제법의 대원칙인 '성실이행의 의무(pacta sunt servanda)'에 따라 이를 비준하고 성실히 이행해야 한다. 중대한 사정 변경이 있지 않는 한, 일단 체결된 조약을 일방적으로 폐기하고 다시 새로운 조약의 체결을 요구하는 것은 있을 수 없는 일이다. 그럼에도 불구하고 조영조약이 다시 체결된 이유에 관해 기존 연구에서는 주로 영국의 부당한 압력이나 조청무역장정의 체결로 인한 사정 변경 등으로 설명했다. 그런데 실제로는 김옥균과 박영효의 교섭 또한 제2차 조영조약 체결의 중요한 계기가 되었다.

부의 관세자주권 부정, ③ 수입품에 대해 관세를 제외한 모든 징세 금지, ④ 개항장 간 무역 허가, ⑤ 방곡령 실시에 대한 규정 및 인천에서의 미곡 수출 금지 규정 삭제, ⑥ 수입관세율을 10%에서 7.5%로 조정, ⑦ 청과 일본에서 시행되는 치외법권의 동등한 적용, ⑧ 한양과 양화진의 개항, ⑨ 조계지 설치 및 운용에 관한 규정, ⑩ 조선 경내에서 영국인의 내지 통행 및 통상의 자유 보장, ⑪ 개항장으로부터 100리 이내 여권 없이 자유 왕래 허용, 여권을 소지할 경우 100리 바깥의 지역 또한 자유 왕래 허용, ⑫ 조선 항구 및 근해에서 영국 군함의 자유로운 항행 및 입항 허용, ⑬ 무조건적인 최혜국대우 권리 규정, ⑭ 조약의 개정시한을 5년에서 10년으로 확대한 것 등이 있었다(최덕수 외, 『조약으로 본 한국근대사』, 열린책들, 2010, pp. 189~200).

89 "After a good deal of hard labour and trials of temper and patience, we signed our treaties on the 26th *only*, but we gained *everything* that we desired"(Stanley Lane-Poole, *Sir Harry Parkes in China*, London: Methuen&Co., 1901, p. 360).

파크스와의 회견

김옥균과 박영효가 일본에 도착하기 전부터 주일 영국공사 파크스는 극
동함대사령관 조지 O. 윌리스(George O. Willes)가 체결한 제1차 조영조약을
반드시 개정해야 한다는 생각을 갖고 있었다. 그는 1882년 6월 21일에 외
무성에 의견서를 보내서 제1차 조영조약의 문제점을 열거했다. 수입품에 대
한 관세가 지나치게 높다는 것(제5조), 조선 내 개항장 간에 외국인의 조선화
물 수송을 금지한 것(제6조), 아편 금수 조항에서 영국인 소유의 제3국 선박
까지 단속 대상에 포함시킨 것(제7조) 등이었다.[90] 또한 10월 23일 박영효와
의 회견에서는 조약문에 삽입될 영국 여왕의 존호(尊號)에서 인도의 여제(the
Empress of India)가 누락된 것, 치외법권 규정이 모호한 것 등을 추가로 지
적하기도 했다.[91] 파크스는 당시 대영제국의 동아시아 정책의 실질적 담당자
였다. 그런 그가 보기에 제1차 조영조약은 일본 및 청과 맺은 불평등조약에
비해 영국에 훨씬 불리한 조건들로 이뤄져 있었다.[92] 이는 당시 일본과의 현
안이었던 불평등조약 개정 문제에도 좋지 않은 영향을 미칠 우려가 있었다.

따라서 그는 조선에서 수신사가 일본에 오는 것을, 조영조약의 개정을 논
의할 수 있는 좋은 기회로 여겼을 것이다. 이를 염두에 두고 10월 23일 파
크스와 박영효 간의 회견기록을 살펴보면 흥미로운 사실이 눈에 띈다.

수신사는 조선은 외국 열강(foreign powers)과 직접적인 관계(direct relations)
에 들어가는 것을 환영하며, 영국과의 조약이 곧 비준되길 바란다고 말했습니다.
그리고 제가 이 문제에 관해 어떤 통보를 받은 것이 있는지 질문했습니다. 이에

---

90 FO 46/285, Parkes to Tenterden, Tôkiô, June 21, 1882; 『외교문서』 제5권, 문서번호 95.
91 FO 46/288, No.153, Parkes to Earl Graville, Tôkiô, October 24, 1882; 『외교문서』 제7권,
   문서번호 60.
92 FO 405/33, No.78. Parkes to Granville, Tôkiô, July 5, 1882.

대해 저는 "그런 통보는 전혀 받지 못했지만, 나는 영국 정부가 숙고할 시간이 필요할 것으로 생각한다. 최근 조선의 중대한 소란으로 인해 영국 정부에서는 질서가 회복되고 영국 국민의 안전이 확보되기까지 외교관이나 영사관 직원들을 상주시키지 않는 것이 신중한 조처라고 생각할 것이다. 조약이 즉시 비준될지 아닐지는 또한 모든 당사국이 그 모든 조건을 완전히 수용할 수 있는지 여부에 달려 있다."라고 답했습니다.

제가 나중에 한 발언의 분위기를 감지한 수신사는, 그 조약의 규정들에 관해 어떤 이의가 제기될 가능성이 있는지 알려달라고 강하게 요청했습니다(The Envoy, seeing the tendency of the later remark, pressed me to say whether any objections could be taken to the provisions of the Treaty). (중략)

(파크스의 설명을 듣고 난 후) 수신사는 "나는 그 문제들에 대해 귀하 이상으로 언급할 수 있는 권한은 없다. 하지만 만약 조약의 개정이 바람직하다고 생각된다면, 반드시 양국 정부 간에 협의되어야 한다. 조약을 협상하는 과정에서 조선 정부는 충분한 설명을 듣거나 제시할 수 없었던 의사소통의 곤란 때문에 대단히 불리한 위치에 있었다. 이 때문에 어느 정도 청의 도움을 받았지만, 만약 외국 열강이 그 목적을 위해 방문한다면 어떤 나라와도 기꺼이 직접 조약을 체결할 것"이라고 답했습니다.[93]

파크스가 제1차 조영조약의 개정 가능성을 암시하자 박영효는 기다렸다는 듯이 영국 측에서 불만을 갖는 조항이 무엇인지 질문했다. 이에 파크스가 치외법권이나 관세율 인하 등 조선에 불리한 조건들을 열거했음에도 불구하고, 박영효는 그것에 관한 상세한 논의는 회피한 채 청을 배제하는 조건으로 조약의 재개정을 위한 교섭에 나설 용의가 있다는 언질을 주었던 것이다.

---

93 FO 46/288, No.153, Parkes to Earl Graville, Tôkiô, October. 24, 1882; 『외교문서』 제7권, 문서번호 60.

다음 날인 10월 24일에는 김옥균이 홀로 파크스를 찾아와서, 조선이 청의 속방(屬邦)이라고 언명한 고종의 친서를 철회할 수 있는지 문의했다. 제1차 조영조약에 조청 간 종속관계를 명문화하는 대신에 조선국왕이 영국여왕 앞으로 그러한 내용을 기술한 친서였다.[94] 파크스는 조선국왕의 정식 요청이 없으면 불가능하다고 답했다. 그리고 국왕이 실제로 그런 요청을 할 가능성이 있느냐고 반문하자, 김옥균은 그 문제는 나중에 수신사가 말할 것이라고 확답을 회피했다. 하지만 후에 파크스가 박영효를 만났을 때 그는 이 문제에 관해 아무 말도 없었다.[95] 제1차 조영조약의 개정이나 국왕 친서의 철회, 그리고 바로 뒤에서 설명할 조청무역장정을 통해 청이 차지한 이권의 균점(均霑) 허용 등이 고종의 명에 따른 것이었다고는 생각하기 어렵다. 이는 사실상 김옥균과 박영효의 월권행위였다.

김옥균과 박영효가 조약의 내용보다 형식을 중시한다는 것을 노련한 외교관인 파크스가 놓칠 리 없었다. 그는 12월 18일에 일본 외무경 이노우에 가오루로부터 조청무역장정의 사본을 입수했다. 그리고 12월 23일 박영효가 귀국하기 전에 마지막으로 가진 회견에서 영국이 청을 배제하고 조선과 직접교섭을 한다면, 조선은 조청무역장정으로 청에 양여한 특권을 영국에도 똑같이 허용할 의사가 있는지 질문했다.

저는 수신사에게 그의 정부가 톈진협정으로 청에 양여한 것과 동일한 특권을 서양 열강들에게 허락할 의사가 있는지 질문했습니다. 그는 비록 자신이 그렇게 말할 수 있는 권한은 부여받지 않았지만, 조선인들은 서양 열강들이 청을 통하지 않고 조선에 직접 조약 개정이나 새로운 조약 체결을 제안하기만 한다면, 그 협정

---

94 고려대학교 아세아문제연구소 편, 『구한국외교문서』 제13권, 「영안(英案)1」, 고려대학교 아세아문제연구소, 1965, 문서번호 1.

95 FO 46/288, No.105. Parkes to Granville, Tôkiô, October 24, 1882; 『외교문서』 제5권, 문서번호 105.

가운데 조선에 불리하지 않은 조건들은 기꺼이 서양 열강에도 허락할 것으로 생각한다고 답했습니다.[96]

파크스는 조청무역장정에서 어떤 조항이 조선에 불리하다고 생각하는지 물었다. 박영효는 국왕을 청 정부에 종속시켜서 실질적으로 주권적 지위(sovereign rank)를 박탈한 모든 구절이라고 답했다. 하지만 조선의 주권적 지위 따위는 전혀 파크스의 관심사가 아니었다. 파크스가 현재 조영조약의 10~30%의 관세를 조청무역장정과 같이 5%의 종가세(從價稅, ad valorem)로 낮출 용의가 있는지 묻자, 박영효는 그 관세율은 낮은 것 같다고 하면서도 결국 긍정했다. 나중에 김옥균이 파크스에게 언명했던 것처럼 개화당에게는 조선의 독립을 공인받는 것이 가장 중요했을 뿐, 통상조건(commercial conditions)은 완전히 부차적인 문제였던 것이다.[97]

또한 파크스는 박영효에게 새 조약을 체결하기 위해선 영국이 사절을 파견했을 때 조선 정부가 그를 우호적으로 받아들일 것이라는 보장이 있어야

---

96 FO 405/33, No.176. Parkes to Granville, Tôkiô, December 29, 1882; 『외교문서』 제5권, 문서번호 111.

97 1883년 3월 2일에 김옥균과 회견을 가진 후, 파크스는 애스턴에게 다음과 같은 서신을 보냈다.
"그(김옥균)는 그 국왕에게 있어 우호적 관계, 그리고 외국 열강과의 조약 체결을 통해 조선이 확보할 정치적 지위의 승인에 비한다면 통상조건은 완전히 부차적인 것이며, 영국과의 우호에 특별한 가치를 두고 있음을 확신한다고 했다"(FO 405/33, Inclosure1 in No.35. Parkes to Aston, Tôkiô, March 6, 1883; 『외교문서』 제5권, 문서번호 126).
또한 다음 파크스의 보고문을 통해서도 김옥균에게 통상조건은 부차적 문제에 지나지 않았으며, 오로지 영국과 대등한 조약을 맺는 데만 관심을 가졌음을 알 수 있다.
"저(파크스)와의 대화에서 그(김옥균)는 만약 영국 정부가 조영조약의 통상규정을 인준하지 않는다면, 이미 동일한 내용의 조미조약이 비준된 상황에서 조선 정부가 그것을 즉시 고치기는 어려우니, 통상규정을 완전히 제외한, 두세 개의 조항으로 이뤄진 예비 우호조약을 먼저 조선과 영국 정부가 체결할 수도 있으며, 영국 정부가 허락만 한다면 그 안에 최혜국 대우조항을 삽입함으로써 영국이 조미조약의 조건들에 대해 완전한 균점을 주장할 수 있을 것이라고 했습니다"(FO 405/33, No.60, Parkes to Granville, Tôkiô, April 21, 1883; 『외교문서』 제5권, 문서번호 135).

한다고 했다. 이에 대해 박영효는 비록 자신은 귀국하지만 김옥균이 남아서 연락 채널을 담당할 것이라고 답했다. 즉, 김옥균이 일본에 잔류한 데는 일본 외무성에 차관교섭을 다시 타진하는 것과 함께 조선의 내부정세를 영국 공사관에 알리고 그 동정을 살피려는 목적도 있었던 것이다.

다음 날인 24일, 파크스는 박영효와의 회견결과를 그랜빌 외무장관에게 타전했다.

조선 사절은 새로 조선과 청 간의 통상장정이 그의 나라에 강요되었으며, 최근 외국과 조약을 체결할 때 청이 승인했던 조선국왕의 주권(sovereign rights)을 침해했다는 이유로 저에게 이의를 제기했음. 조선은 진심으로 서양 열강의 도움을 희망하고 있음. 그 조약들의 불리한 조건은 청에 의해 제안되었음. 그는 그렇게 말할 권한을 부여받지는 않았지만, 만약 우리가 청을 통하지 않고 그들에게 직접 제안한다면, 조선 정부는 기꺼이 청에 양여한 것과 동일한 관세율로 새로운 조약을 체결할 것으로 믿는다고 함.[98]

이에 대한 외무장관의 12월 30일 자 회훈(回訓)은 다음과 같다.

만약 조선 사절들이 그 정부로부터 귀하가 제안한 조건으로 협상할 권한을 받을 수 있다면, 영국 정부는 기꺼이 그들의 제안을 고려할 것임.[99]

앞에서 설명한 것처럼 파크스는 제1차 조영조약에 줄곧 불만을 품고 조약을 다시 체결해야 한다는 생각을 갖고 있었다. 영국 외무성에서도 그 비

---

98 FO 46/290, No.175. Parkes to Granville, Tôkiô, December 24, 1882; 『외교문서』 제7권, 문서번호 68.
99 FO 46/290, No.180. Parkes to Granville, Tôkiô, December 31, 1882; 『외교문서』 제5권, 문서번호 112.

준을 기약 없이 미루고 있었다. 지정학적 견지에서 보더라도, 러시아가 한반도를 차지하는 사태를 예방하기 위해선 조선을 청의 세력권에서 독립시키는 편이 영국에 유리했다.[100] 이러한 상황에서 김옥균과 박영효가 일본에 나타나서 자발적으로 조선의 독립에 대한 승인을 조건으로 조약 재개정 의사를 피력하자, 영국 외무성은 '기꺼이 그들의 제안을 고려'하겠다며 시혜적인 태도로 나섰던 것이다.

독립의 대가

박영효는 12월 27일에 요코하마를 거쳐 먼저 귀국하고, 김옥균은 3개월 정도 일본에 더 체류한 후 1883년 3월 14일에 나가사키에서 영국 군함 머헨(moorhen)에 편승해서 22일에 월미도에 도착했다.[101] 머헨에는 고베 주재 영국영사 애스턴이 탑승하고 있었다. 파크스는 독립적 교섭(independent negotiation)에 관한 조선 정부의 견해 등을 확인하기 위해 애스턴을 파견하기로 결정했는데, 이 말을 들은 김옥균이 서울까지 동행하겠다고 자청했다고 한다.[102] 애스턴이 파크스에게 받은 훈령에 따르면, 그의 임무는 영사관

100 원래 영국 외무부에서는 극동정세와 관련해서 러시아의 동향을 예의주시하고 있었다. 그런데 1883년 1월에 이르러 외무부 차관 필립 커리(Phillip Currie)는 청이 조선에 대한 종주권을 강화할 경우 청과 러시아 간 분쟁이 생겼을 때 후자가 조선을 차지할 우려가 있으므로, "조선이 유럽 국가들 및 미국과 조약을 체결한 독립국이 된다면 보다 안전해질 것"이라는 의견을 제출하고, 그랜빌 외무장관도 "점차 그것에 동의"했다고 한다(E. V. G. Kiernan, *British Diplomacy in China, 1880 to 1885*, New York: Octagon Books, 1970, pp. 101~102).
101 Kenneth Bourne and D. Cameron Watt(eds.), *British Documents of Foreign Affairs*, Part I Series E Vol.2; Korea, Ryukyu Island, and North-East Asia, 1875-1888, Lanham, Md: University Publication of America, 1989. No.72. Aston to Parkes, Sŏul, April 10, 1883(이하 BDFA로 약칭).
102 FO 405/33, No.90. Parkes to Aston. Tôkiô, March 6, 1883; 『외교문서』 제5권, 문서번호 126.

부지 물색, 조선에 관한 정보 수집, 제1차 조영조약의 연기 통보 등이었다. 여기에는 조선 정부와 직접교섭을 하면 상당한 양보를 얻을 수 있다는 박영효의 언질과 우선 제1차 조약을 비준한 다음에 불충분한 것은 추후에 협의하자는 김옥균의 제안도 적혀 있었다.[103]

하지만 막상 애스턴이 서울에 도착해서 보니, 조선 정부의 태도는 김옥균·박영효에게서 들었던 말과는 크게 달랐다. 애스턴은 1883년 4월 2일에 외아문(外衙門), 즉 통리교섭통상사무아문(統理交涉通商事務衙門)을 방문해서 제1차 조영조약의 비준 연기를 통보했다. 기무처는 이미 1883년 1월 30일에 삼군부(三軍府)와 함께 통리군국사무아문(統理軍國事務衙門)에 통폐합되어 있었다.[104] 외아문에는 독판 민영목(閔泳穆), 협판 김홍집·홍영식, 참의 김옥균·조병필(趙秉弼) 등이 있었는데, 김옥균과 홍영식을 제외한 외아문 관리들은 김홍집을 중심으로 조청무역장정의 균점을 거부했을 뿐만 아니라, 수입관세율 10%, 관세자주권에 입각한 세칙(稅則) 작성, 내지통상의 불허 등을 강력하게 주장했다.[105]

그로부터 수개월에 걸친 교섭 끝에 고종과 개화당이 희망하던 대로 조선과 영국 간의 직접 교섭을 통해 1883년 11월 26일에 제2차 조영수호통상조약이 체결됐다.[106] 하지만 외아문 관리들이 주장한 관세율과 관세자주권은 기각되고, 오히려 영사재판권·개항장 주변 100리 이내 자유 왕래·내지통상·개항장 간 무역 및 재화 운송·최혜국대우조항 등 조선 측에 불리한 조항들이 잔뜩 새로 규정되었다. 이는 1882년에 체결된 제1차 조영조약의 조

103 BDFA, Doc.57. Parkes to Aston, Tôkiô, March 6, 1883.
104 『承政院日記』, 고종 19년 12월 22일.
105 BDFA, Doc.73. Aston to Parkes, Sŏul, April 11, 1883.
106 제2차 조영조약의 체결 과정에 관해서는 E. V. G. Kiernan, op. cit., pp. 104~108; 김용구, 『세계관 충돌과 한말외교사, 1866-1882』, 문학과 지성사, 2001, pp. 382~402; 한승훈, 「조영조약(1883. 11.)과 불평등조약체제의 재정립」, 『한국사연구』 제135집, 2006을 참조할 것.

건에 비해 불리한 정도가 아니라, 아편 수입 정도만 제외하면 19세기 서양 열강이 동아시아 국가들과 체결한 불평등조약의 모든 독소조항을 망라한 것이었다. '독립'의 대가는 결코 간단치 않았다.

조선 독립에 관한 파크스의 견해

조선의 독립에 관한 파크스의 본심은 어떤 것이었을까. 1883년 10월 22 일, 청국 주재 일본공사 에노모토 다케아키는 파크스와 회견을 갖고 그 결 과를 이노우에 외무경에게 보고했다. 파크스는 제2차 조영조약의 조인을 위해 막 조선으로 떠나려던 참이었다.

> 우리 정부는 조선을 독립국으로 인정하는 것에 있어선 귀국에 동의한다. 그러 므로 우리와 조선과의 조약과 관련해선 지나(支那)와 전혀 상담하지 않았던 것 이다. 단, 작년의 조약(제1차 조영조약)은 실로 불충분한 것이었기 때문에 수정 하지 않을 수 없었다. (중략) 조선 백성들은 어리석어서 독립의 가치를 알지 못한 다. 혹시 독립을 도모하는 움직임이 있더라도 지나가 반드시 그것을 제압할 것이 다.[107]

파크스가 개화당의 조선독립론에 동조한 것은 순수하게 경제적 실리의 관점에서 청의 간섭을 배제하고 제1차 조영조약을 개정하려는 의도였을 뿐 이다. 그는 조선의 독립에는 전혀 관심도 없었고 또 그 실현 가능성에 대해 서도 철저하게 부정적 견해를 갖고 있었던 것이다.

제2차 조영조약이 체결되고 불과 1년 여 만인 1885년 4월, 영국은 조선의 주권을 무시하고 거문도를 무단 점거했다. 이른바 거문도사건이었다. 이 사

---

107 市川正明 編, 『日韓外交史料』 第3卷, 東京: 原書房, 1979, pp. 474~475.

건을 통해 영국은, 서양 열강과 대등한 조약을 체결해서 국제사회에서 '독립'을 공인받으면 '국제법의 보호'를 받을 수 있다는 김옥균의 주장이 19세기 제국주의 국제질서 속에서 한갓 환상에 불과하다는 뼈저린 교훈을 남겨주었다.

1. 개화당의 새로운 계획

처음에 개화당의 계획은 외국 군함을 불러들인 뒤에 그 혼란을 이용하
여 정권을 장악하고 국정을 개혁하려는 것이었다. 말하자면 이들은 정체
된 조선사회의 혁신의 계기를 얻기 위해 이른바 '서구의 충격(The Western
Impact)'을 의도적으로 초청하려고 했다.[1]

---

1 중국사의 내재적 이해라는 관점에서 '서구의 충격'이라는 관념이 갖는 문제점에 대한 비판으
  로는 Paul A. Cohen, *Discovering History in China: American historical writing on the*

그런데 1882년에 김옥균과 박영효가 일본을 방문한 뒤로 개화당의 계획에 변화가 생겼다. 외부의 충격을 막연히 기다리기보다는 스스로 군대를 양성해서 일종의 친위쿠데타를 도모하기 시작했던 것이다. 이들의 목표는, 당시 조선사회의 용어로 표현하면 '세도'가 되는 데 있었다.[2] 이처럼 계획을 수정한 데는 몇 가지 이유가 있다.

우선 영국이나 일본이 개화당의 의도대로 움직이지 않는다는 사실이 분명해진 것이다. 오경석이 1874년에 베이징 주재 영국공사관을 방문한 이래로 개화당은 몇 차례나 영국과 일본에 군함 파견을 청원했지만, 그들은 개화당의 요청을 전혀 진지하게 고려하지 않으며 가까운 시일 내 군함이 파견될 전망 또한 요원하다는 것이 판명됐다. 게다가 1882년 당시 조선 정부는 이미 청의 중개로 미국·영국·독일과 근대적 조약을 체결한 상태였다. 이는 개화당이 더 이상 조선의 문호개방을 미끼로 다른 나라에 군함 파견을 제안하기가 어렵게 되었음을 의미했다.

다음으로는 김옥균과 박영효에 대한 국왕의 신임을 들 수 있다. 앞에서 설명한 것처럼 그 배경에는 일본과 가까운 김옥균, 박영효를 등용함으로써 친청파 신료들을 견제하려는 국왕의 정치적 계산이 있었다. 이는 개화당에게도 절호의 기회였다. 왜냐하면 대외적으로 국왕의 밀사로서 활동할 수 있을 뿐 아니라, 정변과 관련해서도 정당성(legitimacy)의 확보나 민심 수습을 위해서는 역성혁명(易姓革命)보다는 현 국왕을 옹위하는 친위쿠데타가 훨씬 유리했기 때문이다.

개화당은 교활하게도 고종의 신임과 밀명을 정변을 준비하는 수단으로 활용했다. 수신사로 일본에 건너간 김옥균과 박영효는 차관도입을 시도하는 한편, 각국 외교관들에게 조선 독립의 외교적 승인을 구하고자 했다. 차

---

recent *Chinese past*, New York: Columbia Univ. Press, 1984를 참조.
2 세도의 의미에 관해서는 이 책의 제7장 5절 참조.

관은 개화당의 군대 양성을 위한 자금원이었고, 조선 독립은 친청파 관료를 공격하고 국왕의 신임을 공고히 하는 데 효과적인 구호였다.

단, 개화당의 계획이 제대로 작동하기 위해선 한 가지 조건이 필요했다. 그것은 바로 김옥균과 박영효가 외교의 전권을 수중에 쥐는 것이었다. 이 전제가 충족되지 못할 경우 차관도입과 독립 승인 운동은 모두 큰 차질을 빚을 수밖에 없었다. 이러한 관점에서 볼 때, 김옥균이 일본에 있는 동안 그와 개화당의 운명에 중대한 영향을 미친 2개의 사건이 일어났다. 하나는 조선의 외교와 세관 업무를 맡길 전문가로서 독일인 묄렌도르프가 고빙(雇聘)된 것이고, 다른 하나는 조선 정부의 극심한 재정난을 구제하기 위한 수단으로 당오전(當五錢)의 발행이 결정된 것이었다. 이 2개의 사건은 개화당으로 하여금 원래 계획보다 서둘러 정변을 일으키게 하여 그 운명을 파국으로 이끈 원인(遠因)이었다.

2. 묄렌도르프의 고빙(雇聘)

배경과 경위

처음에 조선 정부는 재정난의 타개책으로 해관 설치와 관세 징수에 관심을 가졌다. 해관 수입은 조선 정부가 외국인들에게 차관의 담보로 제시할 수 있는 몇 안 되는 이권 중 하나였다. 수신사 김홍집의 일차적 사명 또한 관세협정의 타진에 있었다. 그런데 이와 별도로 조선 정부는 1880년 8월에 역관 변원규를 재자관(齎咨官)에 임명해서 베이징에 파견했다. 비록 대외적으로는 조선 청년들의 톈진 기기창(機器廠) 유학을 청원하는 자문을 전달하기 위한 것이라고 했지만, 그의 실제 사명은 이홍장으로부터 해관 설치와 수출입 상품의 관세율 책정에 관한 조언을 구하는 것이었다. 변원규는 10월 25일에 톈진에 도착해서 이홍장과 회견을 가졌다.

1881년 2월에는 이용숙(李容肅)이 이홍장을 방문했다. 그는 동지사(冬至使)의 수행역관으로 베이징까지 왔다가 다른 일행과 떨어져서 홀로 톈진까지 갔다. 이홍장은 그를 조선국왕의 위원(委員), 즉 특사로 간주했다.[3] 이용숙과 이홍장의 회견은 2월 26일에 열렸다. 이용숙은 각국의 통상장정, 세액과 세칙에 관한 조항, 세관과 그 관직 등이 기록된 문헌을 청했다. 이홍장은 다음과 같이 답했다.

일본과 조선은 겨우 멀지 않은 바다로 떨어져 있을 뿐이니 상화(商貨)의 왕래가 반드시 많을 것이요, 또 통상을 시작한 지 5년이 되었는데도 아직도 수세(收稅)하지 못해서 이미 그 손실이 크다고 들었다. 그러므로 만약 일본인을 고용해서 세무를 처리하게 하면 폐단이 클 것이다. 잠시 서양인 가운데 세무에 밝고 한문에 능통한 자를 고빙해서, 조선에서 파견한 세관원과 함께 수세를 처리하게 하는 것이 대체로 타당할 것이다. 또 한편으로 총명한 자제들을 빨리 선발해서, 고용한 서양인에게서 언어와 문자, 세무 등을 배우게 한다면 학습이 끝난 뒤엔 서양인을 다시 고용할 필요가 저절로 사라질 것이다.[4]

당시 청의 해관은 서양인들에 의해 운영되고 있었다. 총세무사 로버트 하트(Robert Hart)를 위시하여 서양인들을 해관에 대거 고용함으로써 업무가 전례 없이 능률적이고 공정해졌으며, 특히 해관 수입이 크게 증대한 것은 부

---

3 顧廷龍·戴逸 主編, 『李鴻章全集』 第33卷, 合肥: 安徽教育出版社, 2007, pp. 9~10(이하 『李鴻章』으로 약칭); 『中日韓』 第2卷, 문서번호 353; 『외교문서』 제4권, 문서번호 129.
4 『李鴻章』 第9卷, pp. 304~306; 『中日韓』 第2卷, 문서번호 355의 부건1; 『외교문서』 제4권, 문서번호 127.

인하기 어려운 사실이었다.[5] 하지만 이홍장의 제안이 충심에서 나온 것이었다고 해도, 아직까지 단 1명의 서양인도 공식적으로 입국한 전례가 없었던 조선사회의 폐쇄적 분위기를 감안하면 이는 사실상 불가능한 이야기였다.

이윽고 같은 해 5월과 6월에 조선과 미국·영국·독일 간에 최초의 근대적 조약이 체결됐다. 비록 이 조약들은 이홍장의 알선과 조선에 파견된 마건충의 도움으로 큰 탈 없이 체결되었지만,[6] 이제 본격적으로 문호가 열린 이상 지금까지 경험하지 못했던 복잡한 외교 사무가 폭주할 것이 예상됐다. 또 숙원사업인 해관 설치도 성사시켜야 했으므로, 외교통상 업무에 능숙한 외국인의 고빙 문제가 다시 진지하게 검토되었다. 조미조약이 체결되고 6일 뒤인 5월 28일, 당시 톈진에 머물고 있던 김윤식은 천진해관도(天津海關道) 주복(周馥)과 다음과 같은 대화를 나누었다.

주복이 또 말했다. "마미숙(馬眉叔: 마건충)은 귀국에 상주할 수 없소. 그런데 귀국은 앞으로 조약을 논의할 일이 적지 않을 테니, 서양말을 아는 사람을 고용하지 않는다면 도움이 되지 않을 것이오. 서양말을 이해할 뿐만 아니라 반드시 먼저 한문을 알아야 하니, 만약 중국에서 그런 사람을 고빙해 가려면 아마도 수백 금(金)의 월급이 아니면 고빙에 응하지 않을 것이오. 일체의 교섭과 학도(學徒)의 교습, 그리고 세칙장정(稅則章程)을 의정하는 일을 모두 그 사람에게 의뢰해야 하오."

내(김윤식)가 말했다. "말씀이 참으로 지당합니다. 그러한 뜻을 우리나라에 상세히 전하겠습니다."[7]

---

5 고병익, 「穆麟德의 雇聘과 그 背景」, 『진단학보』 제25~27합집, 1964, pp. 228~229.
6 조미수호통상조약 체결 당시 마건충의 역할에 관해선 다음을 참조할 것. 馬建忠 撰, 張豈之·劉厚祐 交點, 『適可齋紀行』, 北京: 中華書局, 1960; 岡本隆司, 『馬建忠の中國近代』, 京都: 京都大學學術出版會, 2007, pp. 78~85.
7 『陰晴史』, p. 138.

6월 6일에는 김윤식과 남국회판(南局會辦) 서건인(徐健寅)의 회견이 있었다. 이날 제물포에서는 전권대신 조영하와 영국 극동함대 사령관 조지 윌리스 간에 조영조약의 조인식이 진행되고 있었다. 이 자리에서 서건인은 중국인 대신 서양인을 고빙할 것을 권유했다.

중국인은 비록 유력(遊歷)이 많지만 학습이 끝내 서양인에 미치지 못합니다. 또 어려서부터 서학(西學)을 배운 자들은 그 마음을 익혀서 오히려 서양을 추종하고 중화를 업신여겨 심술(心術)이 바르지 못합니다. 도리어 공정한 서양인만 같지 못하니 쓸 수 없습니다. (중략) 또 (서양인은) 월은(月銀: 월급)이 백 냥에 불과하더라도 모집에 응할 것입니다. 그들은 매번 고빙에 응할 때마다 다른 나라 일에 대해 마치 자기 나라의 일처럼 마음을 써서 조금도 차이를 두지 않습니다. 현재 중국 또한 서양인에 의지해서 일을 처리하는데 일찍이 기만당한 일이 없어서 다른 나라 사람들이 항구 사무에서 또한 기만할 수 없으니, 이 때문에 손실을 입지 않는 것입니다.[8]

이에 대해 김윤식은, '비록 조약의 체결은 어쩔 수 없었다고 해도 일반 백성의 정서와는 여전히 거리가 멀기 때문에 만약 서양인까지 고빙하면 큰 문제가 발생할 것이다. 따라서 반드시 중국인으로 해야 한다.'며 받아들이지 않았다.

그런데 그로부터 한 달 뒤인 1882년 7월에 묄렌도르프는 상하이에서 톈진 주재 독일 부영사직의 사직서를 제출하고 청의 관직을 얻기 위해 톈진으로 돌아왔다. 이홍장은 이때부터 이미 묄렌도르프를 조선의 외교통상 고문으로 보낼 생각을 하고 있었다고 한다.[9] 그렇다면 김윤식과 이홍장의 막료

---

8 『陰晴史』, pp. 141~142.
9 묄렌도르프 저, 신복룡·김운경 역주, 『묄렌도르프 자전』, 집문당, 1987, p. 55·58.

간에 그에 관한 논의가 있었을 법도 한데, 이를 입증할 만한 자료는 아직까지 보이지 않는다.

7월 23일에 임오군란이 발발했다. 톈진에서 급보를 받은 김윤식은 어윤중과 함께 서둘러 귀국하기로 결심했다. 군란의 와중에 일본공사관이 소실되고 적잖은 인명 피해가 발생했으므로 일본이 막대한 배상을 요구할 것이 예상됐다. 이에 따라 김윤식은 귀국 직전인 8월 5일에 천진해관도 주복을 만나서, 조선 현지에서 대일교섭을 담당하고 배상 문제를 조정할 전문가를 소개해줄 것을 청했다. 주목할 것은, 이때 김윤식이 그 전문가는 서양인도 무방하다고 말한 사실이다.

> 배상금 지급으로 보더라도, 우리나라 사람은 외무(外務)에 익숙지 않으므로 반드시 많은 손해를 볼 것입니다. 장차 병선(兵船)이 갈 때, 그런 일을 잘 아는 사람 1명을 초빙해서 처리하고 조정하는 것이 좋겠습니다. 이는 서양인도 무방합니다.[10]

서양인도 무방하다고 한 것은 현실적으로 중국인 중에선 당장 적임자를 구하기 어려웠기 때문이었을 것이다. 또한 지금 같은 비상사태에선 서양인의 입국이 상대적으로 수월할 것이며, 또 그에게 공적을 세우게 해서 여론을 호전시켜 보려는 계산도 있었을 것이다.

김윤식과 어윤중은 8월 16일에 톈진에서 출발해서 21일에 제물포에 입항했다. 26일에 대원군이 톈진으로 납치되고, 30일에 이유원과 하나부사 요시모토 간에 제물포조약과 조일수호조규속약이 체결됐다. 9월 1일에 조영하·김홍집·이조연이 베이징에 파견될 진주겸사은사(陳奏兼謝恩使)에 임명됐다. 이어서 9월 7일에 대청외교의 전담기구로서 기무처가 설치됐다.

진주겸사은사 조영하 등의 공식사명은 군란 진압에 대한 사의를 표하고,

---

10 『陰晴史』, p. 182; 『외교문서』 제6권, 문서번호 43; 『中日韓』 第2卷, 문서번호 485의 부건1.

대원군의 석방과 귀국을 소청(訴請)하는 것이었다. 하지만 이는 문자 그대로 구실에 불과했다. 9월 12일, 조영하는 이홍장과 회견을 갖고 대규모 차관도 입을 전제로 한 내정개혁안 「선후육조(善後六條)」를 제출했다. 그 6번째 조목인 '상무를 확충함[擴商務]'에 다음과 같은 구절이 있다.

우리나라는 이미 각국과 통상을 시작했는데, 온 나라의 상하가 상무(商務)의 관계에 완전히 어둡습니다. (중략) 이제 부두를 건축하고 세관을 설치할 기한이 임박했는데, 사변 후 조처에 대해선 전혀 대책이 없으니 이것이 당장의 절박한 근심입니다. 또한 마땅히 적임자를 고빙해서 그 권리를 관장하게 한 뒤에야 자주(自主)를 잃지 않을 수 있을 것입니다.[11]

아마도 조영하는 조선에서 출발하기 전부터 김윤식에게서 묄렌도르프에 관한 이야기를 들었던 것 같다. 『묄렌도르프 자전』에 따르면, 아직 묄렌도르프의 조선행이 극비였음에도 불구하고 조영하는 9월부터 매일같이 그를 찾아와서 여러 가지 문제들에 관해 조언을 구했다고 한다.[12] 이는 묄렌도르프의 고빙 건에 관해 조정 내에서 — 구체적으로는 기무처 당상들과 고종 간에 — 이미 어느 정도 결정이 이뤄져 있었음을 의미한다. 조영하는 귀국하기 직전인 10월 5일에 마지막으로 묄렌도르프를 찾아와서, 조만간 돌아와 조선으로 데려가겠다는 언질을 주었다고 한다.[13]

조영하 등은 10월 18일에 귀국, 복명했다.[14] 그로부터 불과 열흘 뒤인 28일에 상판(商辦), 즉 상의해서 처리할 문제가 있다는 이유로 다시 조영하와

---

11 『中日韓』第3卷, 문서번호 554의 부건1.
12 『묄렌도르프 자전』, p. 59.
13 『묄렌도르프 자전』, p. 59.
14 『承政院日記』, 고종 19년 9월 7일; 『日省錄』, 고종 19년 9월 7일; 『高宗實錄』, 고종 19년 9월 7일.

김윤식을 톈진에 파견하라는 전교가 내려졌다. 이른바 상의해서 처리할 문제에 관해, 『음청사』에는 톈진에 파견된 영선학도(領選學徒)를 조선에 데려오고, 조선에 머물고 있는 오장경으로 하여금 친군(親軍)의 교련을 담당하게 해줄 것을 청원하는 자문을 전달하는 일이었다고 기록되어 있다. 그런데 흥미로운 것은, 조영하는 하교를 받은 당일에 출발해서 31일에 남양에서 승선했는데, 김윤식은 11월 8일에야 비로소 길을 떠났다는 사실이다.[15] 이는 김윤식과 조영하의 '상의해서 처리할 문제'가 서로 달랐음을 의미한다.

조영하는 11월 11일에 톈진에 도착했다. 묄렌도르프는 즉시 조영하를 방문했고, 조영하도 곧바로 답방했다. 두 사람의 대화는 3시간 동안 이어졌다. 조영하는 모든 것은 이홍장의 뜻에 달려있지만, 어떤 경우라도 묄렌도르프가 조선에 가는 것은 확실하다고 장담했다.[16] 다음 날, 조영하는 북양아문으로 가서 서양 국가와의 조약 업무를 담당할 유능한 인물을 대신 고빙해달라는 내용의 국왕의 자문을 봉정했다.[17] 그리고 묄렌도르프에게 가서, 이홍장이 그를 조선국왕에게 천거하기로 확언했음을 전했다.[18]

11월 15일, 이홍장은 군기처에 묄렌도르프의 조선 파견을 상주했다.[19] 사흘 뒤인 18일에 톈진 해관서(海關署)에서 조영하와 묄렌도르프 간에 고용계약이 체결됐다.[20] 계약서는 6개 조로 구성되었다. 묄렌도르프는 조선의 외교 업무에 관해 자문을 해주고 해관 설치를 담당하며, 조선 정부는 묄렌도르프에게 매달 해관평은(海關平銀) 300냥을 지급하는 조건이었다. 또한 조선 정부가 묄렌도르프를 어떤 항구로 보내더라도 그는 거부할 수 없으며, 조선

---

15 『陰晴史』, p. 195·197.
16 『묄렌도르프 자전』, p. 60.
17 『李鴻章』 第10卷, p. 114.
18 『묄렌도르프 자전』, p. 61.
19 『李鴻章』 제10권, p. 113; 『中日韓』 第3卷, 문서번호 619.
20 『묄렌도르프 자전』, p. 62; 『陰晴史』, p. 202.

정부의 일방적 결정에 따라 3개월 치의 급료를 지급하는 조건으로 언제든 해임이 가능하다고 명시하는 등 묄렌도르프를 조선 정부의 통제하에 두도록 고안한 흔적이 역력했다.[21]

　12월 4일, 묄렌도르프와 조영하·김윤식은 ― 김윤식은 조영하보다 이틀 늦게 11월 13일에 텐진에 도착했다 ― 텐진을 출항, 다구(大沽)를 거쳐 10일에 제물포에 상륙했다. 조영하와 김윤식은 12월 14일에 국왕에게 복명했다.[22] 12월 26일, 묄렌도르프는 조선국왕을 알현한 최초의 서양인이 되었다.[23] 고종은 묄렌도르프의 알현을 받고 불과 30분 만에 외교 전담 부서인 통리아문(統理衙門)을 창설하라는 전교를 내렸다.[24] 그리고 그 장관인 판리(辦理)에 조영하, 차관인 협판(協辦)에 김홍집, 그리고 국장급인 참의(參議)에 묄렌도르프가 각각 임명됐다.

　통리아문의 설치와 관련해서『묄렌도르프 자전』에 "남편의 업무상 가장 긴급한 과제는 무엇보다도 외부(外部: Ministry of Foreign Affairs)를 창설하는 것이었다. 조영하와 남편 사이의 오랜 협의 끝에 외부의 설치와 편성이 확정되었다."라는 구절이 보인다.[25]

　외교 업무 및 세관 설치를 전담시키기 위해 벽안의 독일인 묄렌도르프를 데려오기는 했지만, 언어나 관습의 문제로 인해 그를 대번에 기존 행정조직에 배치하기는 어려웠다. 따라서 대청외교를 위해 설치된 기무처를 폐지하는 대신, 묄렌도르프의 자유로운 활동을 보장할 수 있는 독립 외교부서를 창설했던 것이다. 말하자면 통리아문의 창설에는 위인설관(爲人設官)의 의미

---

21 고병익, 앞의 글, pp. 237~239.
22 『承政院日記』, 고종 19년 11월 5일;『日省錄』, 고종 19년 11월 5일;『高宗實錄』, 고종 19년 11월 5일.
23 『承政院日記』, 고종 19년 11월 17일;『日省錄』, 고종 19년 11월 17일;『高宗實錄』, 고종 19년 11월 17일;『묄렌도르프 자전』, p. 73.
24 『묄렌도르프 자전』, p. 73.
25 『묄렌도르프 자전』, p. 67.

가 있었다. 창설 직후 통리아문은 기존의 기무처 당상들이 장악했다. 이와
관련해서 1883년 1월에 조선 주재 일본공사 다케조에 신이치로는 이노우에
외무경에게 "지난 12월 통리사무아문을 신설했습니다. 조영하를 판리(辦理)
에 임명하고, 김굉집을 협리(協理)에 임명하고, 묄렌도르프를 참리(參理)에 임
명해서 완전한 지나당(支那黨)의 소굴이 되었는데, 민영익이 귀국한 후 통리
사무협판에 임명됐습니다."라고 보고했다.[26]

통리아문은 1883년 1월 12일에 통리교섭통상사무아문(統理交涉通商事務衙
門)으로 개칭됐다.[27] 묄렌도르프는 이후에도 참의(參議, 임오 12월 5일~계미 1
월)와 협판(계미 1월~갑신 윤5월 16일, 갑신 10월 20일~을유 6월 16일, 이상 음력)을
역임하면서[28] 해관 신설·조일통상장정 체결·서양 국가들과의 조약 체결과
비준을 주도했다. 뿐만 아니라 전환국(典圜局) 설치,[29] 신식 조폐기구 도입,[30]
잠상공사(蠶桑公司) 설립, 유리공장과 성냥공장 설립, 광산 조사, 최초의 영어
학교인 동문학(同文學) 설립 등 조선의 문호개방 사업에 결코 작지 않은 족
적을 남겼다.[31] 비록 그의 공과(功過)에 대해선 사람들마다 평가가 엇갈리지
만,[32] 묄렌도르프가 그와 동등한 수준의 능력을 가진 10명의 사람이 해야

---

26 『明治十五年 朝鮮事變始末』七,「機密信第二號」(1883. 1. 12.).
27 『承政院日記』, 고종 19년 12월 4일;『日省錄』, 고종 19년 12월 4일;『高宗實錄』, 고종 19년 12
   월 4일.
28 統理交涉通商事務衙門 編,『統理交涉通商事務衙門參議先生案』; 統理交涉通商事務衙門 編,
   『統理交涉通商事務衙門協辦先生案』(서울대학교 규장각한국학연구소 소장).
29 甲賀宜政,「近世朝鮮貨幣及典圜局の沿革」,『朝鮮總督府月報』第4卷 12號, 1914; 유자후,『朝
   鮮貨幣考』, 學藝社, 1940; 이석륜,「典圜局小論」,『경희대학교논문집』제9집, 1979.
30 원유한,「李朝末期 獨逸로부터의 近代 造幣技術 導入에 대하여」, 藜堂金載元博士 回甲紀念事
   業委員會 編,『金載元博士 回甲紀念論叢』, 을유문화사, 1969.
31 1882년 조선 입국 당시 묄렌도르프 자신이 구상했던 조선의 개혁방안에 관한 회고로는『묄
   렌도르프 자전』, pp. 128~135를 참조할 것. 묄렌도르프의 개혁에 관한 연구로는 Walter
   Leifer 편,『묄렌도르프』, 정민사, 1983와 김현숙,「묄렌도르프(Möllendorff)의 외교정책과
   경제개발정책의 성격」,『호서사학』제34집, 2003을 참조할 것.
32 예를 들어 박일근은 묄렌도르프에 대해 어떤 원칙이나 확고한 신념, 양식(良識)이 아닌 자기
   의 편의와 이익을 위해 행동한 범인(凡人)에 불과했으며, 따라서 이홍장이 묄렌도르프를 조

할 만큼의 많은 일을 혼자서 담당했다는 평에는[33] 수긍하지 않을 수 없다.

청의 조선 속국화 정책의 허실

묄렌도르프에 대한 인식은 대체로 부정적이다. 그 이유는 임오군란 이후 청은 조선을 근대국제법적 의미에서의 속국(dependent state)으로 만들려고 했으며, 묄렌도르프는 이를 위해 이홍장이 조선에 파견한 꼭두각시에 불과했다는 것이다. 묄렌도르프의 고빙은 이홍장과 그 막료들의 권유에 따른 것이었으므로, 그 배후에는 반드시 불순한 의도가 있었을 것으로 의심하는 것 또한 무리는 아니다.

과연 임오군란 직후 청은 묄렌도르프를 앞세워 조선을 속국으로 삼으려고 했을까? 당시 청에서 조선에 감국(監國)을 파견해서 직접 통치하거나, 아니면 그 군현(郡縣)으로 편입시켜야 한다는 과격한 의견이 제출된 것은 사실이다. 장건(張謇)이나 장패륜(張佩綸)의 상주가 그 대표적인 예이다.[34] 하지만 조선정책을 담당한 이홍장은 서양 열강이나 일본과의 외교적 마찰을 우

선에 추천한 것은 전체적으로 공보다 과가 많았다고 평가했다(박일근, 「李鴻章과 穆麟德의 在韓外交活動에 對한 小考」, 『중국문제연구』 제11호, 1985).

33 Homer B. Hulbert, 「Baron von Möllendorff」, *The Korean Review*, Vol.1, No.6, 1901, p. 247.

34 장건은 오장경의 막료로 임오군란 직후 조선에 파견되었다. 그는 1882년과 1883년 사이에 상주를 올려 한(韓)나라의 원도군(元菟郡)과 낙랑군(樂浪郡)의 전례에 따라 조선을 중국의 군현으로 만들거나, 주(周)나라의 전례에 따라 감국(監國)을 둬서 동삼성(東三省)과 하나로 만들어야 한다고 주장했다. 이 상주를 받은 서태후(효흠황태후)는 이홍장에게 자순(咨詢)했는데, 이홍장이 이를 물리친 탓에 실제 정책에 반영되지는 않았다(張謇, 張孝若 編, 『張季子九錄』, 「政聞錄」 第3卷, "爲東三省事復韓子石函", 上海: 中華書局, 1931). 장패륜은 1882년 10월에 올린 상소에서, 조선에 통상대신을 파견해서 그 외교정책을 대신 관장하게 하고 또 교관을 보내서 무기 구매 및 훈련 등을 담당케 할 것을 제안했다. 이와 더불어 조선이 일본에 지불해야 하는 임오군란의 배상금을 청에서 대신 떠맡음으로써 일본이 간여할 여지를 막아야 한다고 주장했다(『中日』 第4卷, 문서번호 147). 그러나 이 또한 이홍장의 반대로 당장 실현되지는 않았다(『李鴻章』 第10卷, 88~89쪽).

려해서 이와 같은 노골적인 정책에는 반대하는 입장이었다.[35] 묄렌도르프의
고용 계약서를 보더라도 그를 조선 정부의 명령하에 예속시키려고 한 의도
가 뚜렷하다는 것은 앞에서 이미 언급했다. 또한 그가 조선에 입국할 때 마
건상(馬建常)이 동행하였고, 게다가 조선에는 이미 오장경과 원세개 등이 있
었으므로 굳이 묄렌도르프에게까지 청의 이익을 대변하는 역할을 맡길 필
요는 없었다.[36]

심지어 박영효조차 당장 이홍장과 마건충이 조선의 자주(自主)를 침해할
것으로는 생각하지 않았으며, 묄렌도르프를 조선 정부의 피고용인으로 간
주했다. 일본공사 다케조에는 1883년 2월에 박영효와의 대화를 다음과 같
이 보고했다.

하나, 지나(支那) 정부엔 조선을 내속(內屬)시켜야 한다는 논의가 성행하지만, 이
　　홍장은 내치외교(內治外交)를 그 자주(自主)에 맡긴다고 명언(明言)했으므
　　로, 내속(內屬)에 떨어뜨리는 것은 적절치 않다고 주장한다고 박영효가 은
　　밀히 말했습니다.

하나, 박 씨는 또 말하길, "묄렌도르프는 우리 정부에서 고입(雇入)한 자이며, 마
　　건상도 우리 정부의 청구에 따라 이홍장이 조선은 교제에 익숙지 않기 때
　　문에 만사에 진력하도록 명령해서 파견한 자로서, 마건상의 월봉(月俸)은
　　조선에서 지급되며 완전히 우리 정부에 고용되었다. 지금으로선 마건상도
　　역시 조선의 자주지권(自主之權)을 보호하려는 주의(主意)지만, 청 정부에
　　조선을 내속(內屬)시켜야 한다는 논의도 있기 때문에 왕왕 기우(杞憂)를 견
　　딜 수 없다."라고 했습니다.[37]

35 김정기, 「1876-1894년 청의 조선정책 연구」, 서울대학교 박사학위논문, 1994.
36 고병익, 앞의 글, pp. 240~242.
37 『明治十五年 朝鮮事變始末』 七, 「機密信第九號」(1883. 2. 9.).

적어도 1883년 초의 시점에서 다케조에는 청 조정에서 과격한 논의가 제기되는 것과는 별도로 이홍장의 조선정책의 기조가 급변할 가능성은 크지 않다고 보고 있었던 것이다. 묄렌도르프 자신도 1883년 5월 애스턴에게 마건상은 오직 자신을 감시하기 위해 조선에 파견됐으며, 그의 유일한 임무는 이홍장에게 자신에 관한 비밀보고를 하는 것이라고 불평한 일이 있다.[38] 심지어 그는 1884년 말에 청의 간섭으로부터 조선의 자주(自主)를 지키기 위해 러시아를 끌어들일 것을 고종에게 제안해서 한아밀약사건의 단서를 열게 된다. 이른바 거청인아책(拒淸引俄策)이었다.[39]

오히려 주목할 것은 묄렌도르프와 일본인의 관계이다. 처음에 이홍장이 묄렌도르프를 조선에 보내려고 한 데는, 그가 일본인의 행동을 제어할 수 있을 것으로 기대한 이유도 있었다.

이홍장이 말했다. "묄렌도르프는 자신의 나라에서 관직이 높았으니 함부로 대우하거나 일본인과 똑같이 대해선 안 되오. 일본인은 독일을 가장 두려워하고, 또 묄렌도르프를 기피하오. 나는 일본인이 귀국을 업신여기는 것을 가장 중오하오. 그러므로 묄렌도르프를 보내서 그들을 제어하려는 것이오. 일본인은 반드시

---

38 BDFA, Doc.89. "Memorandum of Information collected during Mr.Aston's visit to Söul", May 1883.

39 『묄렌도르프 자전』, pp. 86~87; Martina Deuchler, *Confucian gentlemen and barbarian envoys: the opening of Korea, 1875-1885*, Seattle: University of Washington Press, 1977, p. 163. 한러밀약사건에 관한 연구로는 다음을 참조할 것. 다보하시 기요시 저, 김종학 역, 『근대 일선관계의 연구 (하)』, 일조각, 2016, pp. 1~52; Jerome Ch'en, *Yuan Shih-K'ai*, Stanford: Stanford Univ. Press, 1972, pp. 21~45; 최영희, 「歐美勢力의 浸透」, 국사편찬위원회 편, 『한국사 16』, 탐구당, 1975; 노계현, 「Möellendorff가 한국외교에 끼친 영향」, 『비교문화연구』 제1집, 1982; 임계순, 「韓·露密約과 그 후의 韓·露關係(1884-1894)」, 『韓露關係百年史』, 한국사연구협의회, 1984; 박준규, 『韓半島 國際政治史論』, 서울대학교 출판부, 1986; 씸비르쩨바 따짜아나, 「19세기 후반 조·러간 국교수립과정과 그 성격: 러시아의 조선 침략론에 대한 비판적 고찰」, 서울대학교 석사학위논문, 1997, pp. 53~65; 이양자, 『조선에서의 원세개』, 신지서원, 2002, pp. 61~66.

감히 전처럼 제멋대로 하지 못할 것이오."

내(김윤식)가 말했다. "그렇게 견제할 수 있다면 참으로 다행이겠습니다."[40]

그러나 이홍장과 김윤식의 기대와는 달리, 묄렌도르프는 조선에 들어와서 일본을 견제하기는커녕 오히려 그들과 결탁하는 모습을 보였다. 일본 외무경 이노우에 가오루는 묄렌도르프를 '공평한 인물'이라고 평가했는데,[41] 이 말은 묄렌도르프가 일본의 국익에 도움이 되는 존재라는 의미에 다름 아니었다. 다케조에 공사가 해저전선 부설 교섭 과정에서 외무독판 조영하를 사임하게 하고, 통리교섭통상사무아문에 홍영식과 김옥균 등을 심어놓을 때도 묄렌도르프는 전혀 장애가 되지 않았다. 다케조에는 1883년 3월 5일에 다음과 같이 보고했다.

> 하나, 처음에 조선 정부의 지나당(支那黨)은 마건상을 등에 업으면 일본이 발호할 수 없을 것으로 헛되이 믿었고, 마건상도 은밀히 조선인들에게 자부하는 것처럼 보였습니다. 그래서 한번 그 미몽을 깨지 않으면 만사가 여의치 않을 것으로 생각했습니다. 그래서 특별히 구실을 만들어서, 며칠 전에 기밀신 제13호에서 은밀히 아뢴 것처럼, 한인(韓人)의 눈앞에서 마건상을 호되게 힐책했습니다. 그 뒤로 과연 어느 정도 효과를 거둬서 조영하는 사직하고, 홍영식은 승급하고, 김옥균도 통리아문에 등용됐습니다. (중략)
>
> 하나, 오장경은 일부러 저에게 교의(交誼)를 지극정성으로 하고, 또 마건상은 조선의 관리가 되어 저에게 공순(恭順)한 응접을 하고 있습니다. 이러한 일들로 생각해보면, 이홍장의 속마음은 오직 조선을 보호하는 한 가지에 그치는 것 같습니다. 과연 그렇다면 지나(支那)의 간섭도 금일 정도가 최대일

40 『陰晴史』, p. 208.
41 이 책의 제6장 1절 참조.

것으로 생각됩니다. 따라서 공식적으로 내속(內屬)으로 떨어뜨리는 것 같은 정략은 결코 없으리라고 저로선 자신합니다.[42]

이 보고문에서 거듭 확인되듯이, 다케조에는 청이 조선에 대해 속국화 정책을 단행할 가능성을 심각하게 고려하지 않았다. 덧붙여 말하자면, 임오군란 직후 조청무역장정의 의정은 조선에 대한 청의 야심의 마각(馬脚)을 드러낸 상징적 사건으로 이해되어 왔다. "조선은 오랫동안 속방의 반열에 있었으니(朝鮮久列屬邦)", "이번에 의정하는 수륙무역장정은 중국이 속방을 우대하는 뜻에서 나온 것으로(惟此次所訂水陸貿易章程係中國優待屬邦之意)", "앞으로 장정을 개정할 일이 있으면 수시로 북양대신과 조선국왕이 자문을 통해 협의한 후 황제의 칙지를 청해서 시행한다(以後有須增損之處 應隨時由北洋大臣與朝鮮國王咨商安善 請旨定奪 施行)." 등의 구절이 그 증거로 인용되었다. 하지만 조청무역장정에 대해서도 다케조에는 조청 간의 역사적 관계나 전례(典禮)로 볼 때 새삼스러울 것이 없으니 문제 삼을 필요가 없으며, 오직 통상(通商)의 이익과 관련된 한성개잔(漢城開棧)과 토화운송(土貨運送), 그리고 청에 유리하게 책정된 관세율의 균점을 조선 정부에 요구할 것만을 상신했다.[43]

하지만 이러한 일본의 입장과는 달리, 김옥균과 개화당에게 묄렌도르프는 눈엣가시 같은 존재였다. 묄렌도르프는 조선의 외교 및 세관 업무를 전담시키기 위해 이홍장이 간택한 인물이었고, 이젠 일본인들의 신뢰마저 얻고 있었다. 묄렌도르프가 건재한 동안에는 개화당의 입지는 축소되고, 따라서 차관도입이나 조선 독립 승인 운동에도 큰 차질을 빚을 수밖에 없었다. 김옥균과 묄렌도르프 간의 갈등은 마침내 당오전 발행 문제를 놓고 극에 달하게 된다.[44]

---

42 『明治十五年 朝鮮事變始末』七, 「機密信第十八號」(1883. 3. 5.).
43 『明治十五年 朝鮮事變始末』七, 「機密信第十一號」(1883. 2. 13.).
44 이 책의 제5장 3절 참조.

우리는 일반적으로 임오군란 직후 청은 조선을 속국으로 삼으려는 야욕을 노골적으로 드러냈으며, 이러한 외부의 압력이 계기가 되어 조선의 자주독립을 위해 과격한 수단으로 국정을 일신하려고 한 급진개화파(개화당)가 등장한 것으로 알고 있다. 하지만 1883년의 시점에서 이홍장이 조선 속국화 정책을 진지하게 검토한 증거는 찾기 어렵다. 당시 청의 조선 속국화 정책이나 묄렌도르프의 역할에 관한 과장된 인식은 갑신정변을 정당화하고자했던 개화당의 생존자들과 그것에 관여한 일본인들의 증언에 의해 사후적으로 구성된 것이다. 여기서도 개화당을 역사의 주인공으로 설정하고 이들의 관점에서 근대사를 해석해온 개화중심사관(開化中心史觀)의 실례를 발견할 수 있다.

조영하의 죽을죄

다음에 인용하는 글은 1885년 9월에 김옥균이 강화유수 이재원(李載元)에게 보낸 밀서 가운데 일부이다. 당시 김옥균은 갑신정변이 실패로 돌아가 일본에서 고단한 망명생활을 하는 처지였다. 그럼에도 불구하고 여전히 조선에서 다시 한번 정변을 일으키려는 미몽을 버리지 못하고 있었다. 이 밀서는 김옥균이 이재원을 내응세력으로 포섭하기 위해 쓴 것으로, 임진왜란 때 일본으로 납치된 조선인의 후손들 가운데 1,000명을 동원해서 조선을 습격하겠다는 계획을 밝혔다. 그런데 이 밀서에 묄렌도르프에 관한 구절이 있다.

묄렌도르프가 러시아 사관(士官)을 청해서 그들이 조선에 들어와 큰 불편이 있다는 말을 들었는데, 결국 어떻게 되었는지 모르겠습니다. 이 때문에 나라가 어찌 망하지 않겠습니까? 저는 모르겠습니다. 그러나 조영하는 죽을죄가 있었습니다. 사리를 알지 못해서 묄렌도르프 놈을 데리고 들어왔으니 이것이 바로 그의 죄입니다. 제가 묄렌도르프 놈을 죽이지 못한 것이 후회가 됩니다. 조선인은 묄렌도르프 놈을 암살하고 싶어 하지만, 그놈은 청국 병사들에게 요청해서 항상 은밀히 보호를 받는다고 합니다. 그놈을 죽이는 것 또한 이번 계책에 포함되어 있습니다.[45]

갑신정변에서 희생된 대신은 모두 6명이었다. 한규직(韓圭稷), 윤태준(尹泰駿), 이조연(李祖淵), 민영목, 민태호, 그리고 조영하였다. 원래 민영익도 살생부에 들어있었지만, 호러스 N. 알렌(Horace N. Allen)의 헌신적인 치료로 간신히 목숨을 부지할 수 있었다. 이 가운데 한규직, 윤태준, 이조연, 민영익은 친군(親軍)의 지휘관이었다. 민태호는 재정권을 한 손에 쥐고 있었을 뿐 아니라 혜상공국의 구관당상(句管堂上)을 겸임하고 있었다. 혜상공국은 보부상을 관리하는 기구였는데, 당시 보부상 조직은 사실상 친위민병대와 다를 바 없었다.[46] 즉, 갑신정변 당시 개화당의 일차 제거 목표는 친군과 친위민병대의 지휘관들이었던 것이다. 군대 지휘관이 아닌 인물은 민영목과 조영하밖에 없었다. 민영목은 대표적인 척신(戚臣)인 데다가, 독판교섭통상사무로서 외교부의 수반이었기 때문에 제거된 것으로 짐작된다. 주목되는 것은 조영하이다. 김옥균의 밀서에 따르면 조영하의 '죽을죄'는 바로 묄렌도르프를 중국에서 데려온 것이었다.

이 밀서에서 김옥균은 갑신정변 때 묄렌도르프를 죽이지 못한 것을 천추의 한으로 여기면서, 이번에는 반드시 그를 죽이겠다고 다짐하고 있다. 그

---

45 한국학문헌연구소 편, 『김옥균전집』, 아세아문화사, 1979. pp. 123~125; 『李文忠公全集』 譯署函稿, 第18卷, 「發覺朝鮮金玉均密謀附譯金玉均致沁留書」. 『甲申日錄』에 따르면, 개화당은 갑신정변 직후 정부를 재조직하면서 당시 병조판서였던 이재원을 영의정에 임명했다고 한다. 하지만 이재원은 개화당에 가담했다는 혐의를 불식하기 위해, 국왕과 척족의 편에 서서 김옥균 몰래 그를 조선으로 유인해서 사로잡으려고 하고 있었다(다보하시 기요시 저, 김종학 역, 『근대일선관계의 연구』 하권, 일조각, 2016. pp. 151~159).
46 이 책의 제5장 5절 참조.

이유로 김옥균은 묄렌도르프가 러시아 교관을 초빙한 것을 들었지만, 이는 사실 고종의 밀명에 따른 것이었다. 수년간 고종의 측근이었던 김옥균이 이를 짐작하지 못했을 리 없다. 따라서 러시아 교관의 초빙만으로는 묄렌도르프에 대한 김옥균의 증오의 깊이를 설명할 수 없다. 묄렌도르프는 바로 10년 넘게 준비해 온 개화당의 쿠데타 계획을 망치고, 김옥균과 그 동지들로 하여금 아직 준비가 충분하지 않은 상태에서 섣불리 정변을 일으켜서 비극적 운명을 맞게 한 장본인이었던 것이다.

3. 당오전과 차관

김옥균의 회고

김옥균은 『갑신일록』에서 정변을 일으키기로 결심한 계기와 관련해서 당오전의 주전(鑄錢) 문제를 강조했다. 이에 따르면, 오장경과 민태호·윤태준 등이 당오전과 당십전(當十錢)의 주전을 주장했는데, 김옥균이 이를 반대하자 국왕은 묄렌도르프에게 자문을 구하게 했다. 그런데 묄렌도르프는 당오전과 당십전 뿐만 아니라 당백전(當百錢)의 주전까지 주장했으므로, 김옥균은 면전에서 그를 꾸짖고 국왕에게 아뢰어 300만 엔의 국채 위임장을 받아 일본으로 건너갔다. 하지만 김옥균이 경고한 대로 당오전의 폐해가 자심하자 궁지에 몰린 묄렌도르프는 민영익을 비롯한 민씨 일문을 사주해서 개화당을 제거하려는 음모를 꾸몄고, 결국 이로 인해 민씨 척족과 개화당은 서로 용납할 수 없는 형세가 되었다는 것이다.

또한 김옥균은 1885년 2월 15일에 고베 주재 영국영사 애스턴의 저택을 방문해서 사건의 전말을 들려주었다. 애스턴은 이를 프란시스 R. 플런켓

(Francis R. Plunkett) 주일 영국공사에게 보고했다. 그 내용은 다음과 같다.[47]

　김옥균은 약속한 대로 어제 제 집을 찾아와서 최근 조선의 변란으로 이어진 사건들의 전말을 말해주었습니다. 그는 국외자(局外者)들이 보수주의자와 진보주의자를 각각 청당(淸黨)과 일본당(日本黨)이라고 지목하는 것은 완전히 초점에서 벗어난 것이며, 두 당의 격렬한 반감은 원래 외국인들과의 관계와는 아무 상관이 없고, 재정문제로 인한 분쟁에서 기인한 것이라고 했습니다. (중략) 그동안 김옥균은 국왕에게 거듭 재정문제를 대담하게 처리할 것을 호소했습니다. 이는 보수그룹을 분개하게 했으며, 심지어 이들은 김옥균을 제주도로 유배할 것을 언급하기 시작했습니다. 이 계획은 나중에 김옥균과 다른 진보그룹의 지도자들을 살해한다는 보다 간편한 방법으로 바뀌었습니다. 물론 여기서 그들이 분열된 것은 단지 거창한 통화문제만은 아니었습니다. (중략) 또한 김옥균의 말에 따르면, 묄렌도르프의 영향력은 언제나 공공의 이익이 아니라 자신의 무한한 야심을 위해 발휘되고 있습니다. 왕비도 마찬가지로 자연스럽게 그 친척인 재상들 편에 섰습니다.[48]

---

47 플런켓은 1884년 3월 15일에 일본과의 불평등조약 개정교섭을 위한 전권공사로 부임했다가, 같은 해 8월 말에 파크스가 주청공사로 전임함에 따라 그 후임에 임명되었다. 그의 생애와 업적에 대한 간략한 소개로는 Hugh Cortazzi(ed.), *Britain&Japan: Biographical Portraits*, Vol. IV, London: Japan Library, 2002, pp. 28~41을 참조할 것.

48 FO 46/328, Inclosure 2 in No.73, Aston to Plunkett, Kobe, February 26, 1885;『외교문서』제10권, 문서번호 135. 원문은 다음과 같다.
"Kim Ok-kiün came to my house yesterday, as agreed, and gave me a full account of the events which led up to the late troubles in Corea. He said that the designations of Chinese Party and Japanese Party applied by outsiders to the Conservatives and Liberals respectively, fail altogether of hitting the mark, — that the bitter feeling between the two factions has, or had originally nothing to do with their relations with foreigners, but sprang from a quarrel on the financial question. ··· Meanwhile Kim's repeated entreaties to the King to deal manfully with the financial question had, enraged the Conservatives to such a degree that they began to talk of exiling him to the island of Quelpart—a plan afterwards exchanged for the still simpler one of murdering him and the other leading Liberals. Naturally, here again, it was not the one great currency question only

김옥균은 국외자들이 조선 조정 내의 보수주의자들(the Conservatives)을 청당(Chinese Party), 진보주의자들(the Liberals)을 일본당(Japanese Party)으로 보는 것은 완전히 잘못된 것이라고 단언했다. 다시 말해서, 조선의 독립(獨立)이나 사대(事大)와 같은 외교적 사안은 갑신정변과 직접적 관계가 없었던 것이다. 두 그룹이 결정적으로 반목하게 된 원인은 바로 재정문제를 둘러싼 다툼에 있었다. 즉, 김옥균은 국왕에게 재정문제를 대담하게 처리할 것을 거듭 상주했는데, 이것이 보수주의자들을 분개하게 해서 결국 김옥균과 진보주의자들을 제거하려는 음모까지 꾸미게 만들었다는 것이다. 여기서 재정문제를 둘러싼 다툼이란 곧 당오전 발행과 관련한 논란을 가리킨다. 그리고 김옥균의 대담한 재정정책은 외국 차관의 도입을 뜻한다. 그렇다면 이 문제는 왜 보수 그룹, 즉 민씨 척족에게는 김옥균 등의 제거가 불가피하다고 판단할만큼 심각하게 받아들여진 것일까. 이를 이해하기 위해선 먼저 당오전의 연혁을 살펴볼 필요가 있다.

당오전의 연혁

1678년(숙종 4)에 상평통보(常平通寶)가 법정화폐로 지정된 뒤로 주전사업(鑄錢事業)은 조선 정부의 만성적 재정난을 타개하는 효과적 수단이 되어 왔다. 왜냐하면 상평통보를 만드는 데 투입된 실제비용보다 높은 명목가(名目價)를 매김으로써 주전 차익을 거둘 수 있었기 때문이다. 이에 따라 조선 후기에는 각 중앙관서, 군영, 지방관청 등에서 독자적으로 주전을 행해서 필요한 경비와 자연재해의 구휼비 등을 마련하는 것이 관례가 되어 있었다.

---

on which they had split. ⋯ Then too there was Möllendorff's influence always, says Kim, exercised on the side, not of the public good, but of his own boundless ambition. The Queen likewise was naturally on the side of the Ministers, who are her relatives."

그런데 국내 동(銅) 생산의 부진과 일본 동(銅)의 수입 감소로 상평통보의 주원료가 되는 동(銅)의 가치가 등귀함에 따라, 그 주조총액에서 일체의 소요 경비를 제한 이윤율 또한 숙종 5년 50%, 영조 7년 50%, 영조 51년 30%, 정조 22년 20%, 순조 14년 10%와 같이 지속적으로 감소했다. 이처럼 주전사업의 이윤이 줄어들자 조정에서는 2전(錢) 5푼(分)으로 되어 있는 상평통보 1문(文)의 무게를 영조 18년에 2전, 영조 28년에 1전 7푼, 영조 33년에 1전 2푼, 순조 초에 1전 2푼으로 줄이는 편법을 동원하기도 했다.[49] 또한 영·정조 대엔 값싼 청전(淸錢)을 수입해서 유통시키고, 당오(當五)·당십(當十)·당백전(當百錢)을 새로 만들어서 주전사업의 이윤율을 높이자는 의견까지 제기됐다.

흥선대원군의 악명 높은 당백전 주조는 이미 18세기 후반부터 진행되어 온 논의를 실행에 옮긴 것에 불과했다. 그것이 공식 결정된 것은 병인양요 직후인 1867년 1월 11일이었다. 서양 함대의 재침에 대비한 군사비와 경복궁 중건비 등을 마련하기 위한 것이었다. 하지만 당백전은 그 실질가치는 상평통보의 5~6배에 불과한 반면 명목가치는 100배에 달하는 악화(惡貨)였으므로, 그것이 시장에 범람하자 당연히 화폐가치는 폭락하고 물가는 급등했다. 당시 관(官)에서 주조한 당백전만 1,600만 냥의 거액에 달했으며, 미가(米價)는 6배로 폭등했다.[50] 그러자 제아무리 대원군이라도 시행 6개월 만에 당백전 주전을 중단하고, 연말에 이르러선 통용마저 금지시킬 수밖에 없었다. 큰 재원을 잃은 대원군은 이번에는 청에서 실질가치가 상평통보의 1/3에 불과한 청전을 밀수입해서 상평통보와 동일한 명목가치로 강제 유통시켰다. 1874년의 집계에 따르면 당시 청전의 유통량은 300~400만 냥에 달했는데, 이는 상평통보 유통량의 30~40%에 달하는 규모였다.[51] 조선 후기의 화폐경

---

49 원유한, 「18세기에 있어서의 화폐정책 – 동전(銅錢)의 주조사업 중심」, 『사학연구』 제19호, 1967.
50 원유한, 「當五錢攷」, 『역사학보』 제35·36집, 1967.
51 『日省錄』, 고종 11년 1월 13일.

제보다 악화(惡貨)가 양화(良貨)를 구축한다는 그레셤 법칙(Gresham's Law)을 입증하기에 더 좋은 역사적 사례는 아마 드물 것이다.

고종은 친정(親政)의 개시와 함께 청전의 유통을 금지시켰다.[52] 하지만 이 조치는 역효과만을 초래했다. 왜냐하면 이미 시장에서 상평통보는 자취를 감추고 청전만 유통되는 상황에서 하루아침에 이를 폐기하자 통화량이 격감해서 상거래가 마비되고 실직자가 폭증했으며, 상평통보를 비축해둔 사람들만 몇 배의 이익을 얻었기 때문이다. 결국 몇 달이 지난 후 청전은 다시 유통되었다.[53]

문호개방과 부국강병정책 또한 정부의 재정난을 가중시켰다. 문호개방이 이뤄지면서 정부의 재정능력으로는 감당하기 어려운 새로운 지출항목들이 생겨났다. 외국 사절의 접대,[54] 수신사·조사시찰단·유학생의 파견, 부산·원산·인천의 개항에 수반되는 각종 시설비, 무기 구입과 신식군대의 설치 등이 그것이다. 이로 인해 이미 빈사상태였던 조선 정부의 재정은 회복이 어려울 정도의 타격을 입었다. 1880년에 수신사 김홍집을 일본에 파견한 이래로 기회가 있을 때마다 외국에서 차관을 얻으려고 혈안이 되어 있었던 것도 이 때문이다. 엎친 데 덮친 격으로 조선 정부는 일본에 임오군란의 배상금과 피해자 위로금 55만 엔까지 지불해야 했다.

상황이 이 지경에 이르자 대원군의 모든 정책을 부정했던 고종도 그 전철

---

52 『日省錄』, 고종 11년 1월 6일.

53 『역주 매천야록』 상권, p. 75.

54 『羅巖隨錄』의 「大臣箚對」(고종 19년 3월 18일 자)에는 조미조약 체결 직전 사절의 접대비와 당백전, 청전의 혁파 후 호조의 재정 부족으로 고심하는 어전회의 기록이 실려 있다.
"上: 미국인의 용모가 다른 나라 사람들과 다르니, 우리나라 백성이 반드시 놀라서 소란을 일으키는 폐단이 있을 것이다. 길가에서 구경하는 자들을 특별히 단속한 뒤에야 업신여김을 당할 우려가 없을 것이다. (중략)
判府(김병국): 호조(戶曹)의 사정이 대단히 딱합니다.
上: 당백전과 청전을 혁파한 뒤에 호조의 재정이 더욱 고갈되었다. 하지만 일이 급하니 물러가 깊이 상의해서 잘 접대할 방도를 마련하도록 하라"(『羅巖隨錄』, pp. 272~273).

을 답습하지 않을 수 없었다. 1883년 3월 26일에 고종은 당오전의 주전을 결정하고, 29일에 척족의 우두머리이자 민영익의 생부인 민태호에게 이를 맡겼다. 그리고 8월 7일에는 주전사업을 전담하는 기구로 전환국을 신설하고 민태호에게 그 책임자인 전환국관리사무(典圜局管理事務)를 겸직하게 했다.[55] 급한 대로 이러한 미봉책을 써서라도 각 군대와 관청의 급료문제를 해결하려고 했던 것이다.[56]

민태호는 점차 재정권을 장악했다. 1883년 9월 20일에 통리군국사무아문이 6사(司) 체제로 개편되면서 민태호는 장내사(掌內司)의 독판이 되었는데, 장내사는 모든 왕실사무를 관할하면서 6사 전체의 사무를 총괄하는 통리군국사무아문의 최고 부서였다. 장내사의 독판은 수독판(首督辦)이라고 해서 사실상 통리군국사무아문의 최고책임자로 인정됐다. 또한 그는 주전당상(鑄錢堂上)·고주처관리(鼓鑄處管理)·개성유수(開城留守)·선혜청당상(宣惠廳堂上)·공시당상(貢市堂上) 등 국가재정과 관련된 요직을 독점했다.[57]

김옥균의 통화제도 개혁안

한편, 수신사 박영효가 귀국한 뒤에 일본에 잔류했던 김옥균과 서광범은 1883년 3월 22일에 영국인 애스턴, 헨리 A. C. 보너(Henry A. C. Bonar)와 함께 인천에 입항해서 23일에 서울에 들어왔다. 애스턴과 보너는 김옥균의 연락을 받고 3월 28일에 입경(入京)했다.[58]

앞에서 설명한 것처럼 당오전 주전의 전교가 내린 것은 3월 26일이었다.

55 『承政院日記』, 고종 20년 7월 13·14일.
56 『承政院日記』, 고종 20년 5월 4일·6월 3일.
57 한철호, 「統理軍國事務衙門(1882-1884)의 組織과 運營」, 이기백선생 고희기념 한국사학논총 간행위원회 편, 『韓國史學論叢』 (下), 일조각, 1994, p. 1531.
58 BDFA, Doc.72. Aston to Parkes, Sŏul, April 10, 1883.

비록 전교는 26일에 있었지만, 논의는 그전부터 비공식적으로 진행되고 있었을 것이다. 아마도 김옥균은 자신의 부재 중에 당오전에 관한 논의가 상당히 진전된 것을 알고 크게 당황했을 것이다. 왜냐하면 그는 이때까지만 해도 전권위임장을 갖고 다시 일본에 건너가려는 생각을 갖고 있었기 때문이다.[59]

김옥균이 당오전 발행 계획을 신랄하게 비판한 것은 당연했다. 왜냐하면 그의 부재중에 당오전 발행이 결정된 것은 개화당의 음모에 큰 차질이 생겼을 뿐만 아니라 김옥균과 박영효에 대한 국왕의 신뢰가 약해진 것으로 해석될 수 있었기 때문이다. 그에 반해 민씨 척족의 입장에선 막대한 이권사업에 훼방을 놓는 김옥균이 눈엣가시처럼 여겨졌을 것이다. 결국 앙심을 품은 민씨 척족은 마침내 김옥균과 그 일당을 제거하기로 결심했던 것이다.

김옥균은 『갑신일록』이나 애스턴과의 회견에서 주장한 것과 달리, 당오전 발행을 막기 위해 차관을 도입하려고 한 것이 아니었다. 그 반대로 차관을 도입하기 위해 당오전 발행을 극력 반대했던 것이다. 그런데 일설에 따르면, 김옥균이 차관도입을 주장한 이유는 금은본위제의 기초를 마련하고 태환화폐를 발행하기 위해서였다고 한다.[60]

하지만 차관을 도입해서 통화제도를 개혁한다는 구상은 당시 조선의 경제적 상황에서는 현실성이 없는 것이었다. 뒷날 조선의 내무부·궁내부 고문을 역임하는 찰스 W. 러젠드르(Charles W. LeGendre, 李善得)는 1883년 12월 23일에 루서스 H. 푸트(Lucius H. Foote) 조선 주재 미국공사에게 보낸 비밀문서에서 김옥균의 은본위제 시행 구상이 갖는 문제점들을 조목조목 지

---

59 이 책의 제6장 참조.
60 김옥균과 개화당의 금은본위제 및 화폐개혁 구상에 관해선 다음 연구들을 참조할 것. 이석륜, 『한국화폐금융사연구』, 박영사, 1971; 박찬일, 「개항초기(1883-1885) 한국의 경제정책과 묄렌도르프의 역할」, 『한국외국어대학교논문집』 제16집, 1983; 김성우, 「개화파의 경제사상과 경제정책」, 한국근현대사연구회 편, 『한국근대 개화사상과 개화운동』, 신서원, 1998.

적한 바 있다. 이에 따르면, ① 조선의 국고에는 은본위제를 실시하기에 충분한 은이 확보되어 있지 않으며, ② 국제사회에서 조선은 미개발되고 불안정한 나라로 인식되고 있으므로 500만 달러라는 거액의 차관을 제공할 나라를 찾기 어렵고, ③ 조선의 경제구조는 원초적 농업단계에 머물고 있으므로 은본위제를 도입하기 전에 먼저 경제발전에 진력해야 하며, ④ 조선 경제는 화폐가치 하락으로 인한 인플레이션과 동본위제(銅本位制)로 인해 수입이 자연 억제되고 있는데, 은본위제로 개혁할 경우 그 은화가 점차 영국 상인들의 수중으로 흘러들어가서 경제가 파산할 것이며, ⑤ 조선 정부의 지폐 발행은 경제 활성화가 아닌 재정난을 구제하기 위한 것으로 그 목적 자체가 잘못되었고, ⑥ 설령 김옥균이 500만 달러 차관도입에 성공하더라도 조선의 국가신용으로 볼 때 9%에 달하는 불리한 이자율 조건으로 계약을 체결할 수밖에 없는데, 이를 상환하려면 더욱 불리한 조건으로 차관을 얻어야 하기 때문에 결국 빚으로 빚을 갚는 악순환에 빠진다는 것이었다.[61]

김윤식도 당오전 주전과 지폐 발행의 문제점을 싸잡아서 신랄하게 비판한 일이 있다. 그는 당오전의 발행을 심장 부근의 살점을 도려내서 눈앞의 부스럼을 치료하는 것에 비유하면서, 국가가 이익을 취하려고 백성의 피해는 전혀 고려하지 않는 정책이라고 비난했다. 또한 지폐 발행에 대해서도 국가에 충분히 신용이 있다면 고려해볼 만하지만, 조선의 실정에서는 당오전보다 훨씬 더 큰 폐해를 초래할 뿐이라고 보았다.

오늘날의 당오전은 불과 2문(文)의 비용으로 5문(文)의 가치에 상당하게 한 것이니, 이는 단순히 조금 불순물을 섞은 것일 뿐만이 아니요, 장차 그 몇 배나 되

61 러젠드르의 비밀문서는 한림대 아시아문화연구소 편, 『주한미국공사관·영사관 기록: 1882-1905』 제2권, 한림대학교 출판부, 2000, pp. 365~466에 수록되어 있다. 이와 관련한 연구로는 김현숙, 「고문관 러젠드르(C. W. LeGendre: 李善得)의 경제개발안과 화폐개혁안의 성격―富國策(1883)을 중심으로」, 『경제사학』 제30호, 2001을 참조할 것.

는 이익을 거두려고 한 것이다. 이것은 관(官)을 위해서 이익을 긁어모으면서, 백성의 피해는 고려하지 않은 것이다. 백성의 피해를 고려하지 않고, 죽음을 무릅쓰고 이익을 추구하는 것은 몰래 돈을 주조하는 자들이나 하는 짓으로 나라를 다스리는 자가 마땅히 엄금해야 하는 것이니, 어찌 나라를 다스리면서 이런 일을 하는 자가 있겠는가? 그 처음에 나랏일을 계획하는 자는 반드시 "이렇게 하면 공시(貢市)에 쌓인 부채를 상환하고, 군대의 양향(糧餉)을 지급할 수 있다."라고 했을 것이다. 그러나 이는 심장 부근의 살점을 도려내서 눈앞의 부스럼을 치료하는 것과 다를 바 없으니, 지혜롭지 않음이 또한 심하다. (중략)

혹자는 말하길, "지폐는 어떠한가?"라고 한다. 관리에게 부세(賦稅)를 잘 다스릴 재주가 있고, 조정에 금석(金石)과 같은 믿음이 있다면, 지폐 또한 시행할 만하다. 하지만 그렇지 않다면, 또 그 피해는 오늘날 당오전에 비할 정도가 아닐 것이니 경솔하게 논의해서는 안 된다. 요컨대 백성을 이롭게 하는 데 뜻을 둔다면, 지폐가 되었건 금화나 은화가 되었건 당오전이 되었건 모두 시행할 수 있다. 그러나 나라를 이롭게 하는 데 뜻을 둔다면 어느 하나 폐해를 초래하지 않는 것이 없을 것이다. 그러므로 전(傳)에 이르길, "나라는 이익을 이롭게 여기지 않고 의로움을 이롭게 여긴다."라고 한 것이다. 의(義)라는 것은 일의 마땅함(宜)이다. 일의 마땅함에 합치되지 않는 것으로, 나라가 어찌 그 이로움을 홀로 누릴 수 있겠는가?[62]

요컨대 김옥균이 차관도입의 명분으로 내세운 금은본위제 확립과 통화제도 개혁은 당시 조선의 경제적 상황과 정부의 신용도로 볼 때 거의 실현 불가능한 구상이었던 것이다. 그것은 단지 차관도입을 정당화하기 위한 구실이었을 뿐이다.

---

62 金允植, 「十六私議」, 第二 錢幣, 『雲養集』 제7권.

차관의 용도

잘 알려져 있지는 않지만, 1883년 초에 청에서 도입한 차관의 용처를 놓고 김옥균과 묄렌도르프가 대립하는 해프닝이 있었다. 『갑신일록』에는 김옥균이 당오전 발행을 반대하자 고종이 묄렌도르프에게 자문을 구하도록 지시했다고만 기록되어 있지만, 실은 당시 묄렌도르프는 이미 청에서 차관을 얻어오는 데 성공했던 것이다.

제4장에서 설명한 것처럼, 1882년 10월 1일에 조영하·김홍집은 초상국 및 개평광무국 총판 당정추와 총 50만 냥의 차관협정을 체결했다. 그런데 상세한 이유는 알 수 없지만 이 합의는 곧바로 취소되었던 것 같다.[63] 이에 고종은 다시 청에서 30~40만 냥의 기채를 시도하기로 하고, 묄렌도르프와 민영익을 각각 전권·부전권에 임명해서 상하이 초상국에 파견했다. 하지만 당경숭(唐景崧)과 마건상의 방해가 심했으므로 묄렌도르프 일행은 다시 톈진으로 이동해서 이홍장과 상의했다.[64] 그 결과 1883년 2월 27일에 이홍장과 묄렌도르프 간에 은(銀) 20만 냥의 차관협정이 체결됐다. 차관은 초상국에서 제공하며, 이율 연 8%, 6년 거치 후 1889년부터 1898년까지 10년에 걸쳐 원리금을 상환하는 조건이었다.[65]

묄렌도르프는 은 20만 냥을 갖고 1883년 4월 10일에 서울에 복귀했다. 다음 날인 11일, 묄렌도르프는 애스턴을 방문해서 차관의 용처에 관해 이야기를 나누었다. 애스턴의 기록(memorandum)은 다음과 같다.

---

63 다케조에 일본공사는 1883년 4월 20일에 이노우에 외무경에게 보낸 기밀신(機密信)에서 작년에 조선 정부가 청에서 은(銀) 50만 냥을 차입했다는 소문은 전혀 사실이 아니라고 보고했으며(『明治十五年 朝鮮事變始末』七,「機密信第三十四號」), 애스턴의 1883년 4월 11일 자 메모(memorandum)에도 김옥균이 청의 차관은 아직 한 푼도 받지 않았다고 발언한 사실이 적혀 있다(BDFA, Doc.75, "Memorandum of W. G. Aston", Soül, April 11, 1883).

64 『묄렌도르프 자전』, pp. 77~78.

65 김정기,「조선 정부의 청 차관도입(1882-1894)」,『한국사론』제3집, 1976, pp. 439~440.

묄렌도르프는 청국 초상국 중 한 곳을 방문했으며, 이 상사(商社)에서 연 8%의 이율로 조선에 대부한 20만 냥의 금액을 가져왔습니다. 그는 저에게 자신이 이 돈에 대해 완전한 결정권을 갖고 있다고 알려주었습니다. 그의 의도는 이를 통해 세 가지의 목적, 즉 조선에 양잠을 도입하고, 영흥만에서 개량된 어장을 설치하고, 조선의 목재와 삼림을 확대하고 보전할 수 있는 계획을 수립하려는 것입니다. (중략) 묄렌도르프는 이 차관이 외국인 거류지 마련, 세관 및 부두 설치 등에 사용되는 것에 강하게 반대했습니다. 그는 이와 같은 시설들은 자체적으로 꾸려나가도 괜찮다고 생각하는 것 같았습니다.[66]

묄렌도르프는 자신이 얻어온 차관을 잠업(蠶業) 진흥, 영흥만 어장 개선, 삼림 조성과 보존 사업에 쓰려고 계획하고 있었다. 그는 귀국할 때 이미 수천 그루의 뽕나무 묘목과 함께 중국인 지도자(instructor) 2명을 데려왔다.[67]

그런데 같은 날 저녁, 이번에는 김옥균이 애스턴을 찾아왔다. 김옥균은 묄렌도르프와 달리 은 20만 냥을 항구·세관에 사용하고, 이를 담보로 200만 달러의 차관을 들여올 궁리를 하고 있었다.

김옥균이 같은 날 저녁에 저를 방문했습니다. 그는 왕궁에서 곧장 오는 길이었으며, 이날은 여느 때보다 더 흥분한 모습이었습니다.

그는 자신의 정책이 대성공을 거두었고, 국왕이 그것을 채택했다고 말했습니다. 특히 그는 20만 냥의 차관의 용처에 관해 언급했습니다. 그는 제게 그 차관은 항구·세관 등에 사용하기로 결정되었으며, 그 목적은 그의 계획의 핵심적인 부분인 외국 차관의 담보를 제공하는 데 있다고 알려주었습니다. 김옥균의 말에 따르면, 그 차관은 200만 달러가 될 것이며, 그것은 조선에 대단히 필요한 지

---

66 BDFA, Doc.76, Aston to Parkes, Hiógo, April 23, 1883.
67 위의 문서.

폐(paper currency)의 기초가 될 것이라고 했습니다. 그러나 저는 그것은 오직 부차적인 목적에 불과하며, 주된 목적은 군대의 재조직을 위한 자금을 만드는 데 있다고 믿습니다. 김옥균은, 귀하께서도 아시다시피 반청당(anti-Chinese party)의 가장 중요한 멤버입니다. 그의 정책은 조선의 국가적 독립(national independence)을 유지하고, 청의 종주권을 가능한 한 줄이며, 조선의 내부 통치와 대외관계에서 청국 군대와 관리들의 모든 간섭을 제거하려는 것입니다.[68]

김옥균과 묄렌도르프는 은 20만 냥의 용처에 관해 전혀 다른 구상을 갖고 있었다. 이날 김옥균은 국왕이 자신의 계획을 허락한 것으로 생각해서 몹시 흥분해 있었다. 하지만 이 차관은 묄렌도르프와 민영익이 들여온 것이었을 뿐 아니라, 통리교섭통상사무아문에서 차지하는 위상으로 보더라도 김옥균의 뜻대로 사용될 가능성은 없었다. 이는 석 달 뒤 김옥균과의 회견에서 일본 외무경 이노우에 가오루가 "귀국에서는, 지나(支那)에서 차입한 돈은 지나당(支那黨)만 쓴다는 것도 들었습니다."라고 한 발언으로도 알 수 있다.[69] 결국 김옥균은 자신이 쓸 자금을 스스로 구해오지 않을 수 없었다.

애스턴이 예리하게 간파한 것처럼, 김옥균이 차관을 얻으려고 한 참된 이유는 독자적으로 군대를 양성하려는 데 있었다. 금은본위제나 통화제도 개혁은 이를 은폐하기 위한 구실에 지나지 않았다. 설령 실제로 지폐를 발행하려는 생각이 있었다고 해도, 실질가치가 없는 지폐를 강제로 유통시켜서 군대 양성에 필요한 자금을 마련하려는 의도였을 것이다.

김옥균에 대해 우리가 대체로 가지는 이미지는, 근대문물에 대한 호기심과 민족독립의 뜨거운 열망으로 급진적으로 조선을 개혁하려다가 실패한 이상주의적 혁명가에 가깝다. 그가 외국에서 차관을 들여와 지폐를 발행하

---

68 위의 문서.
69 「井上外務卿金玉均卜對話筆記摘要」, 『韓國借款關係雜簒』(外務省記録 1-7-1-2), pp. 16~17.

려고 한 것에 대해서도, 궁극적으로 방향은 옳았지만 조선의 경제사회적 현실을 도외시한 채 서양제도의 외형만 불완전하게 모방하는 한계―불가피한 시대적 한계―가 있었다는 식의 온정주의적 평가에 그치고 만다. 하지만 일견 미숙하고 섣부른 것처럼 보이는 김옥균의 차관도입과 통화제도 개혁안의 이면에는 경악스러울 정도로 차가운 음모가 도사리고 있었다. 당시 예리한 안목을 가진 관찰자라면 누구든지 김옥균의 사람됨을 평가할 때마다 사용한 단어가 있었다. 바로 '교활함(shrewdness)'이다.

4. 개화당의 군대 양성

박영효의 양병

박영효는 1926년에 잡지 『신민(新民)』에 기고한 「갑신정변」이라는 글에서 개화당의 군대 양성 시도에 관해 다음과 같이 회고했다.

이와 같이 뜻대로 풀리지 않는 개화당이었지만, 그중에서도 나는 다행히 종척(宗戚)의 한 사람이었기 때문에 주상의 명을 받아 한성판윤이 돼서 경성의 지방행정을 장악했다. 아울러 경순국(警巡局)을 설치해서 경찰제도를 개시하고, 치도국(治道局)을 주관해서 전국 토목공사를 관장했다. 다음으로 박문국(博文局)을 신설해서 신식교육을 시작하려고 할 때, 도로 정비와 관련해서 민비의 개인적인 청탁을 들어주지 않은 원한으로 광주유수로 전임되었다. 홀로 부당한 대우를 받았다는 탄식을 금치 못하며 광주 남한산성으로 출발하려고 할 때, 마침 동지 김옥균이 포경사(捕鯨使)가 돼서 동해의 고래를 잡아 일본에 내다 팔고, 아울러 국채를 얻기 위해 일본으로 떠나려고 했다. 나는 광주유수가 수어사(守禦使)를 겸직해서 병권을 갖게 된 것을 다행으로 여기고, 뒷날을 위해 양병(養兵)을 할 테니 김옥균은 얻은 국채 가운데 수만금을 군자금으로 비밀리에 보내주기로 단단히 약속하고, 나는 광주로, 김옥균은 일본으로 각자 흩어졌다. 기다리는 군자금은 오지 않고, 곤궁한 중에 간신히 천여 명의 병사를 교련하니, (중략) 그럭저럭 1년이 지남에 광주유수가 정병을 양성하는 것을 민씨 일파가 대단히 위험시해서 민비의 한마디 말로 나는 곧 면관(免官)되고, 내가 양성한 일본식 군대는 곧 경성으로 징집되어 전후어영(前後御營: 친군 전영과 후영)에 소속되어 전영사 한규직·후영사 윤태준의 지휘하에 편입되고 말았다.[70]

이 회고담에 따르면, 개화당이 본격적으로 군대 양성에 착수한 것은 박영효가 한성판윤에서 광주유수 겸 수어사로 전임된 직후였다. 박영효는 광주에서 양병(養兵)을 하고, 김옥균은 일본에서 국채를 얻어 그중 수만금을 비밀리에 보내주기로 약속했다는 것이다. 박영효가 광주유수로 전임된 것은 1883년 4월 23일, 김옥균이 동남제도개척사(東南諸島開拓使)라는 신설 관직에 임명된 것은 그 하루 전인 22일이었다.[71] 그런데 이 회고담에는 사실과 다른 것이 있다. 박영효는 자신이 천여 명의 병사를 훈련시켰다고 했지만,『윤치호일기』(1883. 11. 7.)나『한성순보(漢城旬報)』(1883. 10. 21.) 기사에는 100명으로 되어 있다. 뒷날 이 부대와 기존 남한산성의 병력을 합쳐서 신설한 친군전영(親軍前營)의 병력이 500여 명이었던 것을 볼 때, 100명이 정확할 것이다.[72]

또한 박영효는 자신이 광주유수로 전임된 후, 그러니까 1883년 4월 이후에 본격적으로 군대를 양성했다고 회고했다. 그런데 김옥균과 박영효가 실제로 그 준비에 착수한 것은 1882년 수신사로 일본에 건너갔을 때부터였다.

---

70 박영효,「甲申政變」,『新民』 제14호(1926. 6.).
71 『承政院日記』, 고종 20년 3월 16·17일.
72 배항섭,『19세기 조선의 군사제도 연구』, 국학자료원, 2002. p. 198.

당시 박영효는 귀국하면서 7명의 일본인을 대동했다. 그 대부분은 서양학문의 도입과 근대적 신문(『한성순보』)의 발간을 위해 데려온 자들이었지만, 전(前) 육군대위 마쓰오 미요지(松尾三代治)처럼 군대 교련의 목적으로 고빙한 군인도 있었다. 이와 관련해서 다케조에 일본공사는 1883년 1월 12일에 다음과 같이 외무성에 보고했다.

인천에서 박영효가 조회(照會)한 이상 7명 가운데 우시바 다쿠조(牛場卓造)·이노우에 가쿠고로(井上角五郎)·다카하시 마사노부(高橋正信) 3명은 후쿠자와의 문하로서 영학(英學)을 열기 위해, 마에다 마쓰쿠라(眞田謙藏)·미노와 고조(三輪廣藏)는 인쇄를 위해, 그리고 혼다 세타로(本多淸太郎)는 목공으로서, 이 자들은 제가 도쿄에서부터 미리 알고 있었습니다. 그런데 마쓰오 미요지는 바칸(馬關)의 선상에서 윤웅렬이 처음 은밀히 이야기했습니다. 그는 메이지 4년(1871)경에 대위를 사직하고, 그 후 10년의 역(세이난 전쟁(西南戰爭))에서 다시 대위에 임용되었다가 같은 해 사직한 자라고 했습니다. 그런데 그 사람됨이 영리해 보이진 않았고, 승선해 있을 때도 저희 일행에게 한마디 인사도 하지 않았을 뿐만 아니라 행동이 난폭해서 유감스럽게 생각했습니다. 그래서 그런 자에게 일본식의 병식(兵式)을 교련시키는 것은 실로 좋지 않다는 뜻으로 여러 차례 박영효에게 충고했습니다. 하지만 이 일은 박영효가 상당히 고심해서 계획한 것으로, 마쓰오를 조선인으로 변장시켜서[지나(支那)에는 물론 조선인에게도 알려지지 않음] 원산(元山) 근방에 보내어[예로부터 함경도 군대는 강용(強勇)하다는 소문이 있음] 새로 모집한 병사들을 교련(敎鍊)시키고, 조만간 형편을 봐서 일본에서 능숙한 교사(敎師)를 고용할 계획이니 부디 비밀에 부쳐달라고 극력 간청하기에 우선 그대로 놓아두었습니다.[73]

---

73 『明治十五年 朝鮮事變始末』 七, 「機密信第二號」(1883. 1. 12.). 한편, 『使和記略』에 따르면 당시 박영효가 데리고 귀국한 일본인은 牛場卓造·井上角五郎·高橋正信·松尾三代太郎·眞田

당시 박영효가 군대교관으로 마쓰오 미요지 외에 하라다 하지메(原田一)라는 자를 고빙했다는 기록도 있다.[74] 어쨌든 다케조에의 보고문으로도 알 수 있듯이, 마쓰오 미요지나 하라다 하지메의 고빙은 일본 외무성과는 전혀 관계가 없었다. 이들은 후쿠자와 유키치, 그리고 김옥균의 차관교섭과 갑신정변 준비에 깊이 개입한 고토 쇼지로(後藤象二郞)가 알선해서 보내준 자들이었다.[75]

당시 박영효는 1883년 여름까지 중국인 교관들을 돌려보내고 마쓰오를 조선인으로 변장시켜서 일본식으로 군대를 훈련시킬 계획을 갖고 있었다.[76] 그런데 여기서 유의할 것은 고종 또한 이러한 개화당의 군대 양성 움직임을 모르지는 않았으며, 심지어 이를 방조(傍助)했다는 사실이다. 아마도 김옥균 등은 고종에게 장차 청국 군대를 조선 땅에서 몰아내고, 왕실의 권위를 세우기 위해선 반드시 별도의 친위부대가 있어야 한다고 아뢰었을 것이다. 물론 고종은 이를 자신을 위한 충언이라고만 믿었을 뿐, 그 이면에 개화당의 가공할 음모가 있다는 사실은 꿈에도 생각하지 못했다.

謙藏·三輪廣藏·本多淸太郎였다고 한다(『使和記略』, pp. 267). 이 가운데 松尾三代太郎는 松尾三代治와 동일인물로 생각된다.

74 近藤吉雄 編, 『井上角五郞先生傳』, 東京: 東京凸版印刷株式會社, 1943, p. 34; 다보하시 기요시 저, 김종학 역, 『근대 일선관계의 연구 (상)』, 2013, p. 808.

75 고토 쇼지로의 전기인 『伯爵後藤象二郞』에 다음과 같은 구절이 있다. "후쿠자와의 문하로서 백작(고토)과 친근한 이노우에 가쿠고로는, 우시바 다쿠조·다카하시 마사노부와 함께 그 대부금(요코하마 정금은행에서 대부한 17만 엔)의 감독으로서 조선에 고빙되어, 무예가(武藝家) 마쓰오 미요타로(松尾三代太郎: 松尾三代治의 잘못)·하라다 하지메도 동반해서 16년(1883) 1월에 도한(渡韓)했다"(大町桂月, 『伯爵後藤象二郞』, 東京: 富山房, 1914, p. 540). 고토 쇼지로의 갑신정변 개입에 관해서는 제6장 2절 참조.

76 『明治十五年 朝鮮事變始末』七, 「機密信第九號」(1883. 2. 9.).

윤웅렬의 양병과 배신

다케조에가 윤웅렬에게서 마쓰오 미요지를 소개받은 것에서 알 수 있듯이, 윤웅렬은 이미 일본에 있을 때부터 김옥균·박영효와 군대 양성 계획에 의기투합했던 것으로 보인다. 다케조에의 보고에 따르면, 고종은 임오군란으로 지휘관을 잃은 교련병대(별기군) 100명을 윤웅렬에게 맡겨서 일본식 훈련을 시키려는 뜻을 갖고 있었다고 하는데,[77] 여기에는 개화당 또는 다케조에의 배후공작이 있었을 것으로 생각된다.

여기서 잠시 윤웅렬의 이력을 살펴보자. 윤치호의 부친으로 유명한 윤웅렬은 원래 서얼(庶孼) 출신의 무인이었다. 그는 1856년에 무과에 급제한 후, 1878년까지 충청감영중군·공주중군·함경북도병마우후토포사·남영부사 등을 역임했다. 1880년에 수신사 김홍집의 수행원으로 일본에 건너가 이조연·강위·이동인과 함께 흥아회 간친회(懇親會)에 참석했으며,[78] 1881년에 교련병대가 창설되자 좌부령관(左副領官)에 임명되어 그 운영을 맡았다. 그리고 이듬해 임오군란이 발발하자 하나부사 공사에게 급사(急使)를 보내 속히 자위책을 강구할 것을 권고하고 함께 일본으로 피신했다가, 1883년 1월에 수신사 박영효와 함께 귀국했다.

윤웅렬은 개화당과 긴밀한 관계에 있었다. 그가 일본으로 망명한 직후인 1882년 9월 2일에 『조야신문(朝野新聞)』의 편집장 스에히로 시게야스와 가진 인터뷰에 따르면, 이동인의 암살 소식을 전하며 "조선의 개화당은 모두 그를 잃은 것을 애석해한다."라는 말을 했다는 기록이 있다.[79] 또한 임오군란 직후 후쿠조 고마타로(福城駒多朗)라는 일본인이 조선정세를 염탐한 후

---

77 『明治十五年 朝鮮事變始末』 七,「機密信第二號」(1883. 1. 12.).
78 『興亞會報告』 第10輯(1880. 9. 20.).
79 『朝野新聞』, 1882년 9월 2일.

편찬한 『조선처분찬론(朝鮮處分纂論)』에서는 윤웅렬을 "무관(武官) 중의 유일한 개진가(改進家)"라고 평하기도 했다.[80]

개화당의 군대 양성은 2가지 방식으로 진행됐다. 하나는 앞에서 언급한 것처럼 박영효가 광주에서 군대를 기른 것이며, 다른 하나는 남도병마절도사(南道兵馬節度使, 이하 남병사로 약칭)가 된 윤웅렬이 함경도 북청(北靑)에서 양병한 것이다(〈표 5-1〉 참조).

윤웅렬과 박영효는 1883년 4월 23일에 각각 남병사와 광주유수에 임명됐다. 윤웅렬의 남병사 임명에는 김옥균이 관계되어 있었다.[81] 이어서 김옥균은 군대 양성에 필요한 자금을 마련하기 위해 세 번째로 일본으로 떠나고—김옥균은 장래 혁명을 염두에 두고 17명의 조선 청년들을 일본에 유학시켰는데 그중엔 유명한 서재필(徐載弼, 1864~1951)도 포함돼 있었다[82]—윤웅렬과 박영효는 각각 북청과 광주에서 일본식으로 군대를 훈련하기 시작했다. 하지만 11월에 이르러 박영효의 양병은 민씨 척족의 눈에 띄어 그 군대는 신설된 친군전영에 이속되고 박영효 자신은 광주유수에서 체직되고 말았다.

---

80 "軍務司尹雄烈ハ武官中唯一名ノ改進家ニシテ四十三歲"(福城駒多朗 編, 『朝鮮處分纂論』第2篇, 東京: 椿香堂, 1882, pp. 22~23).

81 신용하, 「갑신정변의 주체세력과 개화당의 북청·광주 양병」, 『한국학보』 제25집 제2호, 1999.

82 이 조선인 유학생들은 후쿠자와 유키치의 제자로 『漢城旬報』의 간행을 돕기 위해 조선에 초빙되었다가 중도 귀국한 우시바 다쿠조의 안내로 1883년 5월 20일에 도쿄에 도착했으며, 후쿠자와 유키치가 경영하던 게이오기주쿠에 입학해서 6개월간 일본어를 학습한 후, 그해 11월에 17명 중 14명이 도야마 육군학교에 입학해서 신식 군사기술을 익혔다. 그리고 이들이 일본에 도착한 후 한 달 뒤에 김옥균도 차관을 얻기 위해 일본에 건너왔는데, 김옥균은 매주 일요일마다 이들을 쓰키지(築地)의 거처로 불러서 친동생같이 대접하면서 속마음을 숨김없이 털어놓았다고 한다(서재필, 「回顧 甲申政變」, 『東亞日報』, 1935년 1월 1·2일; 『推案及鞫案』 제324책, 「大逆不道罪人喜貞等鞫案」, 신중모(申重模)의 공술(供述); 이광린, 「서재필의 개화사상」, 『동방학지』 제18집, 1978, pp. 8~10).

【표 5-1】 개화당의 군대 양성 관련 주요 사건(1883. 4.~1884. 12.)

일자	주요 사건
1883. 4. 22.(3. 16.)	• 김옥균, 동남제도개척사 겸 포경사 임명
4. 23.(3. 17.)	• 박영효, 광주유수 겸 수어사 임명 • 윤웅렬, 남병사 임명
5. 23.(4. 17.)	• 윤웅렬, 북청으로 출발
6월	• 김옥균, 제3차 도일(渡日). 서재필을 비롯한 17명의 조선 청년들을 데려가 그중 14명을 11월에 일본 도야마(戶山) 육군학교에 입학시킴
6. 19.(5. 15.)	• 박영효, 남병영 시찰
6. 28.(5. 24.)	• 윤웅렬, 250명의 장정을 모집해서 서양식 군사훈련 실시
7. 15.(6. 12.)	• 박영효, 남병영 시찰
10. 31.(10. 1.)	• 박영효가 양병한 광주군대를 어영청(御營廳)에 배속시킴
11. 6.(10. 7.)	• 박영효, 광주유수에서 해임
11. 22.(10. 23.)	• 광주군대를 기초로 친군전영(親軍前營) 창설. 어영대장 한규직에게 친군전영사(親軍前營使)를 겸직케 함
1884. 5. 3.(4. 9.)	• 김옥균, 귀국해서 입경(入京)함
7. 29.(6. 8.)	• 서재필 등 14명의 사관생도 귀국
8. 9.(6. 19.)	• 윤치호, 김옥균을 만난 후 밤에 입궐해서 윤웅렬이 양병한 군대 중 100명을 입경시켜서 국왕 사열 후 돌려보내거나 다른 군영에 배속시킬 것, 사관학교를 새로 설립해서 일본에서 귀국한 사관생도를 수용할 것을 상주함
9. 16.(7. 27.)	• 윤웅렬, 총융중군에 임명 • 윤웅렬이 양성한 남병영 군대의 상경을 명함
10. 13.(8. 25.)	• 윤웅렬, 친군전영의 우정령관(右正領官) 임명
10. 14.(8. 26.)	• 기존 친군영의 전·후영을 전·후·좌·우영의 4영(營)으로 확대 개편함. 그 지휘관의 명칭을 감독(監督)에서 영사(營使)로 고침. 전영사 한규직, 후영사 윤태준, 좌영사 이조연, 우영사 민영익이 임명되어 민씨 척족이 군권을 장악
10. 17.(8. 29.)	• 용호영·금위영·어영청·총융청을 해체하고 그 병졸들을 친군 4영에 배속함. 전통적 경군(京軍) 제도인 오군영(五軍營) 체제 종식

10. 23.(9. 5.)	• 윤웅렬, 470명의 남병영 군대를 이끌고 입경 • 고종, 남병영 군대를 친히 사열. 사열 후 친군전영에 배속시킴
10. 29.(9. 11.)	• 환관 유재현, 윤웅렬과 윤치호에 대해 참간(讒間)함 • 한규직, 윤웅렬을 음해함
11. 2.(9. 15.)	• 고종, 남병영 군대 470명 가운데 절반만 서울에 남기고 절반 을 북청으로 돌려보내 교대하게 함
11. 4.(9. 17.)	• 윤웅렬, 고종의 전교와 달리 470명 가운데 400여 명을 북청 에 돌려보내고 서울에 70명만 남김
11. 27.(10. 10.)	• 윤웅렬, 스스로 전영사 정령관직에서 물러남
12. 4~6.(10. 17~19.)	• 갑신정변 발발

출처: 『高宗實錄』; 『承政院日記』; 『윤치호일기』; 『포교일지』; 『南兵營啓錄』; 신용하, 「갑신정변의 주체세력과 개화
당의 북청·광주 양병」, 『한국학보』 제25집 2호, 1999.
비고: 괄호 안 날짜는 음력이다.

1884년 5월 3일에 김옥균이 서울에 돌아왔다.[83] 이어서 7월 29일에는 도
야마(戶山) 육군학교에서 유학한 14명의 사관생도들이 귀국했다. 그런데 사
관생도들의 귀국 직후 윤웅렬의 파면과 처벌을 건의하는 상소가 빗발쳤다.
이에 대해 윤치호는 민태호와 윤태준이 배후에서 사주한 것으로 보았는데,
김옥균과 사관생도들의 귀국에 위기감을 느낀 민씨 척족 측에서 윤웅렬의
양병(養兵)을 경계하기 시작한 것으로 이해된다.[84] 덧붙여 말하자면, 사관생
도들 가운데 몇 명은 한규직이 통솔하는 친군전영에 배속되었지만, 얼마 후
민영익이 청에서 군사교관 5명을 고빙하면서 3명을 제외하고 모두 군대에서
쫓겨나 홍영식이 총판을 맡은 우정국(郵政局)의 하급관리가 되었다.[85] 이들

---

83 『윤치호일기』에 따르면, 김옥균은 1884년 5월 2일에 인천에서 윤치호에게 서한을 보내서 만
날 것을 청했다. 이날 밤 윤치호는 퇴궐한 후 급히 남대문을 벗어나 용등포(龍登浦)에서 1박
을 했는데, 김옥균을 만났을 가능성이 크다. 다음 날 밤에 김옥균은 기무처(機務處)에 나타
났다(『윤치호일기』, 고종 21년 4월 8·9일).
84 『윤치호일기』, 고종 21년 5월 14·21·윤5월 5일·6월 17일; 『高宗實錄』, 고종 21년 윤5월 10
일·6월 6일.
85 KAR, "Report of information relative to the revolutionary attempt in Seoul, Corea",
by G. C. Foulk, Dec.4-7, 1884, pp. 108~109.

은 1명도 빠짐없이 갑신정변에 가담했다.

8월 9일에 이르러 김옥균은 미국공사 푸트의 통역관으로서 국왕과 왕비의 총애를 받고 있던 윤치호를 통해 윤웅렬과 남병영 병사들의 입경을 상주하게 했다. 거사를 염두에 둔 포석이었다. 마침내 1884년 10월에 윤웅렬과 470명의 병사들이 서울에 들어왔다. 고종은 친히 이를 사열했는데, 그 행동이나 규율이 경군과 비교해서 손색이 없었다고 한다.[86] 하지만 고종은 환관 유재현(柳載賢)이나 한규직 등의 참소를 끝내 물리치지 못했던 듯, 11월 2일에 입경한 남병영 병졸들의 반을 돌려보내라는 어명을 내렸다. 그런데 여기서 뜻밖의 사건이 생겼다. 윤웅렬이 470명 병졸 가운데 400여 명을 돌려보내고 70명만 남겨둔 것이었다. 이는 윤웅렬이 정변이 실패할 것으로 보고 발을 빼기 시작했음을 의미한다.[87]

하지만 이미 기호지세(騎虎之勢)에 있던 개화당은 여기서 멈출 수 없었다. 윤웅렬이 남병영 병졸들을 돌려보낸 11월 4일 밤에 개화당이 일본공사관의 서기관 시마무라 히사시(島村久)에게 거사 계획을 구체적으로 설명하고 유사시 일본 군대로 청국 군대를 막아줄 것을 의뢰한 것은 결코 우연이 아니었

---

86 『윤치호일기』, 고종 21년 9월 9일.

87 신용하, 앞의 글(1999), p. 101. 또한 『윤치호일기』에 따르면, 갑신정변이 일어나고 사흘째인 1884년 12월 6일에 윤웅렬은 정변이 반드시 실패할 것으로 예측하면서 그 이유를 다음과 같이 들었다고 한다. 첫째, 군주를 위협한 것은 순리(順理)가 아니라 역리(逆理)라는 것, 둘째, 외세에 의존했으니 반드시 오래갈 수 없다는 것, 셋째, 인심이 복종치 않으니 장차 내부에서 변란이 발생하리라는 것, 넷째, 옆에 있는 청국 군대가 비록 처음엔 연유를 알지 못해서 가만히 있더라도 일단 그 곡절을 알게 되면 반드시 군대를 몰아 쳐들어올 것이다. 작은 것은 큰 것을 대적할 수 없으니, 적은 일본 군대로 많은 수의 청국 군대를 대적할 수 없다는 것, 다섯째, 설령 김옥균·박영효 등이 순조롭게 뜻을 이루더라도 이미 여러 민씨와 국왕이 친애하는 신하들을 살해했으니, 이는 국왕과 왕비의 뜻에 위배되는 것이다. 국왕과 왕비의 뜻을 저버리고서 그 지위를 보전할 수는 없다는 것, 여섯째, 만약 김옥균·박영효 등의 당(黨)이 사람이 많아서 조정을 가득 채울 수 있다면 혹시 어떻게 할 수도 있지만, 불과 2~3명으로 위로는 군주의 사랑을 잃고 아래로는 민심을 저버렸으며, 옆에는 청국 사람들이 있고, 안으로는 국왕과 왕비의 증오를 받고 밖으로는 도와줄 패거리가 없으니 반드시 패망하리라는 것이었다(『윤치호일기』, 고종 21년 10월 19일).

다.[88] 윤웅렬에 대한 개화당의 분노는 당연했다. 갑신정변이 진압된 직후 고종은 윤치호에게, 김옥균과 박영효가 윤웅렬을 죽이려고 했지만 윤치호가 미국공사관에 소속되어 있기 때문에 차마 실행하지 못한 것이라는 말을 들려주었다.[89]

거사 계획의 차질

1883년부터 개화당이 군대 양성을 시도했다가 결국 실패하고만 경위는 대략 이와 같다. 그런데 이들이 처음부터 1884년 말에 정변을 일으킬 것을 계획하고 군대를 기른 것은 아니었다. 이와 관련해서 『유길준전서』에 수록된 「조 충정공에게 보내는 편지(書趙忠定公)」의 구절이 참조된다.

> 이윽고 유학을 위해 북미(北美)의 미국으로 향하려고 할 적에 홍영식 공과 김옥균 공을 일본 도쿄에서 만나서 개혁의 대의(大議)를 의정(議定)했다. 김 공은 외국에서 군대 양성을 주관하고, 홍 공은 국내에서 경성에 주둔한 두 나라(청과 일본) 군대의 철군을 권고하는 일을 주관해서 5년 뒤에 거사하기로 약속했다. 나는 일개 서생으로 계획을 도울 순 없었고, 단지 청임(聽任)에 간여하고 만국의 정형(情形)을 관찰하는 일만 허락받았다.[90]

유길준은 미국 유학을 위해 잠깐 일본에 들렀을 때 홍영식과 김옥균을 만났는데, 이 자리에서 김옥균은 외국에서 군대 양성을 주관하고, 홍영식은 국내에서 외교적으로 청일 양국 군대의 철군을 도모하고, 자신은 국제정세

---

88 이 책의 제7장 1절 참조.
89 『윤치호일기』, 고종 21년 10월 21일.
90 兪吉濬全書編纂委員會 編, 「書趙忠定公」, 『兪吉濬全書』 제5권, 일조각, 1971, pp. 263~265.

를 파악하는 것으로 역할을 분담하고, 5년 뒤에 거사를 일으키기로 약속했다는 것이다. 유길준이 보빙사 민영익과 홍영식을 따라 일본 요코하마(橫浜)에서 아라빅(Arabic)호를 타고 미국 샌프란시스코를 향해 출항한 것은 1883년 8월 18일이었다.[91] 김옥균은 1883년 6월에 일본에 건너갔고, 홍영식은 7월 16일에 인천에서 일본을 향해 출항했으므로 이들이 일본에서 만난 것은 대략 7월 말에서 8월 중순 사이였던 것 같다.

당시 이들의 구상대로라면 정변은 1888년에 일으킬 예정이었다. 5년 정도의 시간이라면 청국 군대를 축출하고 안정적으로 혁명정권을 유지하기에 충분한 군대를 양성할 수 있다고 믿었던 것이다. 하지만 여러 뜻하지 않은 사건들로 인해 이들은 겨우 1년 만에 정변의 도화선에 불을 댕기지 않을 수 없었다. 그중에서도 가장 큰 요인은 김옥균이 차관도입에 완전히 실패한 것이었다.[92]

또한 임오군란 직후 개화당은 17명이 아니라 200명 정도의 조선 청년들을 일본에 유학 보낼 계획을 갖고 있었다고 한다. 이와 관련해서 「구당거사약사(矩堂居士略史)」라는 글의 일부를 살펴보자. 구당(矩堂)은 유길준의 호(號)다.

우리나라에 돌아오니 당시 우리나라는 임오(壬午)의 난(亂)을 겪어서 국사가 점차 잘못되어 가고 있었다. 따라서 여러 공들과 개혁의 단행을 은밀히 상의하되, 도쿄에 유학생 문무(文武) 각 200명을 보내서 3년을 양성하고, 또 구미 각국의 사정을 환히 깨달아서 대외관계를 교섭해야 한다고 했다. 따라서 이를 스스로 담당하고, 학생의 양성과 제반준비는 김옥균·홍영식·박영효 등이 담당하기로 약속하고, (후략)[93]

---

91 유동준,『유길준전』, 일조각, 1987, p.85.
92 이 책의 제6장 참조.
93 「矩堂居士略史」,『兪吉濬全書』제5권, pp. 365~367.

만약 200명이나 되는 조선 청년들을 일본에서 3년간 유학시킬 수 있었더라면, 어쩌면 개화당의 바람대로 조선사회의 근본적 혁신이 가능했을지도 모른다. 하지만 갑신정변 전까지 이들이 실제로 일본에 파견한 유학생은 그 반에 반에도 미치지 못했다. 물론 가장 큰 이유는 자금 부족이었다. 서재필의 회고에 따르면, 도야마 육군학교 유학생 14명의 경비는 김옥균이 포경사에 임명된 뒤에 부산의 일본인에게 그 이권을 저당 잡히고 2만 5천 엔을 빌려서 마련했다고 한다.[94] 원래 이 이권은 김옥균이 고종에게 일본에서 차관을 얻는 데 쓰기로 약속한 것이었다.

5. 갑신정변 당시의 군사적 상황

「조난기사」의 '경성지도'

갑신정변 당시 조선 정부의 군사적 상황에 관해 몇 가지 사항을 지적하고자 한다.

첫 번째는 개화당과 정부군의 병력에 관한 것이다. 갑신정변 당시 개화당이 준비한 병력 규모에 관해선 여러 가지 설들이 있다.[95] 이와 관련해서 여기서 소개할 자료는 1884년 12월 19·20일 자 『시사신보(時事新報)』에 실린 이노우에 가쿠고로와 이마이즈미 히데타로(今泉秀太郎)의 「조난기사(遭難記事)」

---

94 김도태, 『서재필 박사 자서전』, 을유문화사, 1974, p. 95.
95 예컨대 신용하는 정변에 동원된 무력이 1,000명이 넘는 것으로 보았다(신용하, 「갑신정변의 전개」, 국사편찬위원회 편, 『한국사 38: 개화와 수구의 갈등』, 국사편찬위원회, 2003). 한편, 박은숙은 사관생도 14명, 친군전영군(親軍前營軍) 70여 명, 장사(壯士) 30여 명, 부상(負商) 100여 명 등 개화당이 직접 동원한 200여 명에 일본공사관 수비대 120~150여 명을 더해서 총 300~400명이 정변에 동원된 것으로 보았다(박은숙, 『갑신정변 연구』, 역사비평사, 2005, pp. 126~131).

에 포함된 '경성지도(京城地圖)'와 해설이다.[96] 특히 이노우에 가쿠고로는 후쿠자와 유키치와 고토 쇼지로의 심복으로서 처음부터 개화당과 정변을 공모했다.[97] 따라서 이 지도는 갑신정변 당시 각 군영의 배치 및 경성의 치안상황에 대한 정변 주도세력의 인식을 보여준다는 점에서 주목할 필요가 있다.

(전략) 지나(支那)의 병영은 3곳에 있다. 장교 3명이 각각 감독한다. 즉, 'ナ'는 원세개의 병영으로서 이른바 하도감(下都監)이라는 것이다. 지나(支那) 병졸 및 취사부(炊夫)·심부름꾼(使役) 등을 합쳐서 300명이 있다. 'ネ'는 오조유(吳兆有)의 병영으로 마찬가지로 150명이 있다. 'ヲ'는 광장정(光張正, 장광전(張光箭)의 잘못)의 병영으로 마찬가지로 150명이다. 단, 이 숫자는 대략 계산한 것이지만 지나(支那) 병졸의 실제 수는 결코 이 수를 넘지 않을 것이다. 성안에 있는 지나 상인과 지나 관리를 합쳐서 또한 150명이 될 것으로 생각한다.

친군(親軍)은 조선의 근위병이다. 재작년 난(임오군란) 이후에 일본·지나 양국의 병식(兵式)을 모방해서 교련한 것이다. 총수는 2,458명이다. 즉, 'ム'는 전영(前營)으로 일본식 병사 560명, 'ヨ'는 후영(後營)으로 일본식 병사 500명, 'マ'는 좌영(左營)으로 지나식 병사 800명, 'ツ'는 우영(右營)으로 지나식 병사 600명이다. 이 밖에 조선에서 양제(洋制)의 병사는 강화부에 일본식 병사 600명, 지나식 병사 500명인데, 모두 해방아문(海防衙門)에서 감독한다.

지도 중에 'ソ'와 'ヤ'는 포도청이다. 도교(盜校)[즉, 포리(捕吏)]는 대략 200여 명이다. 좌우 양 포도대장을 두고 이들을 감독한다. 도교(盜校)는 모두 칼을 찼을 뿐이다. 그 아래에 이른바 오카쓰피키(岡引: 조사보조원)가 있다. 이들은 박도혜상(博徒惠商)[행상(行商)]의 부류에 불과하다. 그 수가 매우 많기 때문에 포도청

---

96 「遭難記事」에 관해서는 이 책의 제7장 3절 참조. 이 기사는 崔吉城·原田環 共編, 『植民地の朝鮮と台湾: 歷史·文化人類学的研究』, 東京: 第一書房, 2007, pp. 335~358에 전재되었다.
97 이 책의 제6장 참조.

경성지도

ヲ: 내원군의 집
ハ: 경우궁(景祐宮)
ナ: 계동궁(桂洞宮)
ラ: 외아문(外衙門)
ム: 김옥균의 집

カ: 영국영사관
ヨ: 지나(支那)영사관
タ: 일본영사관
レ: 우정국(郵政局)
ソ: 미국공사관

サ: 장교(長橋)
シ: 봉대(烽臺)
ス: 종구(鐘閣)
セ: 종묘(宗廟)

(子는 ‘ネ’, ヰ은 ‘ヰ’와 같음―인용자)

イ: 남대문
ミ: 서소문
ニ: 신문(新門): 서대문
ヘ: 창의문(彰義門): 북문, 자하문
ホ: 혜화문(惠化門): 동소문

ヘ: 동대문
ト: 수구문(水口門): 광희문
チ: 대궐의 동문, 선인문(宣仁門)
リ: 전문(前門)
ヌ: 서문(西門)

은 매우 힘이 세다.

'ウ'는 진고개(泥峴)의 일본 병영이다. 일본 병사는 140명으로, 2, 3개월 치의 탄약과 식량 모두 이 병영 내에 저장해두었다. 그런데 지난 4일의 사변(갑신정변) 이래 탄약은 일본공사관으로 이송했지만, 식량은 그대로 두고 지키지 않았다. 모두 대궐로 갔기 때문에 지나인(支那人)들에게 탈취되어 겨우 2, 3일 동안에 벌써 식량이 부족하게 되었다. (후략)

이 기사에서 우선 주목되는 것은 청군의 병력이다. 정변을 일으키는 입장에서 가장 큰 장애물은 바로 청군의 존재였다. 1884년 5월에 이르러 청프전쟁의 여파로 청은 조선에 주둔하던 육영(六營) 3,000명 병력 가운데 절반인 3영(營) 1,500명 병력을 펑톈(奉天)의 진저우(金州)로 철수시켰다.[98] 이 때문에 기존 연구에서는 대체로 갑신정변 당시 1,500명의 청군이 경성에 잔류하고 있었던 것으로 보았으나, 이 기사에 따르면 관리와 민간인까지 합쳐도 청국인의 수는 750명, 그중 군인은 600명 미만에 불과했던 것이다. 나머지는 경성 외곽에 주둔했던 것인지, 아니면 그 사이에 추가 철군이 있었는지는 분명하지 않지만 어차피 정변 당시 개화당의 일차적 목표가 고종의 신병을 확보하는 데 있었다고 한다면 우리가 생각하는 것보다 그 성공 가능성은 상당히 높았다고 할 수 있다.

또한 이 지도로부터 갑신정변 당시 친군(親軍)의 병력이 총 2,458명이었음을 알 수 있다. 여기에 포도청이 있었는데, 포교는 200여 명에 불과했지만 많은 수의 행상, 즉 보부상을 휘하에 거느렸기 때문에 그 세력이 상당했다는 것, 그리고 일본공사관 수비대가 총 140명이었다는 것도 확인할 수 있다.

---

98 다보하시 기요시 저, 김종학 역, 앞의 책(2013), p. 781.

친군의 난맥상

두 번째는 서울의 경비를 담당한 친군(親軍)의 난맥상이다. 임오군란 직후 서울의 치안은 사실상 청국 장수 오장경이 지휘하는 회용(淮勇) 육영(六營)의 3,000명 병력에 의해 유지되었다. 조정에서는 경군을 재건하기 위해 1882년 11월에 원세개의 교련 아래 친군 좌·우영(左·右營)을 창설했다. 따라서 친군 좌·우영은 청국 군대의 색채가 강했다. 세간에서는 1881년에 창설한 교련 병대(별기군)가 일본식이라고 해서 흔히 '왜별기'라고 했던 것처럼 친군 좌·우영은 '청별기'라고 불렀다.

이어서 1883년 11월에는 박영효가 광주에서 일본식으로 교련한 군대를 토대로 친군전영이 창설됐다. 전영에는 윤웅렬이 북청에서 훈련시킨 병졸 일부도 편입되었으며,[99] 일본 도야마 육군학교 출신의 사관생도 일부도 잠시 배속되었다. 그리고 이듬해 7월 30일에는 충주목사(忠州牧使) 민응식(閔應植) 이 조련한 군대를 평창동에 있는 연융대(鍊戎臺)로 옮기고, 9월 11일에 이르러 이를 친군후영(親軍後營)이라고 명명했다.[100] 그런데 임오군란 이후 교련병대의 군졸들을 평창동으로 옮겼던 것으로 보아, 친군후영에는 이들이 다수 포함됐을 가능성이 크다. 이 때문에 청국 색채가 농후했던 좌·우영과는 대조적으로 전·후영은 일본식 군대가 되었던 것이다.

명칭은 비록 같은 친군이라고는 하지만, 좌·우영과 전·후영은 전혀 같은 부대로 보기 어려울 정도였다. 훈련 방식과 군복 양식이 다른 것은 물론, 심지어 계급체계 또한 좌·우영은 병방(兵房)·영관(領官)·초관(哨官)이라고 한 반면, 전·후영은 교련병대를 답습해서 정령관(正領官)·부령관(副領官)·참령관

---

99 『日省錄』, 고종 21년 8월 26일 조에 따르면, 이날 고종은 전영의 병졸 가운데 북도(北道)에서 뽑아 올린 무사 김관욱(金寬郁)과 김병헌(金秉憲)에게 사제(賜第)했다는 기록이 있다. 사제란 임금의 특명으로 과거 급제와 같은 자격을 부여하는 것을 말한다.
100 『承政院日記』, 고종 21년 6월 9일·7월 22일.

(參領官)이라고 했다.[101] 뿐만 아니라 좌·우영과 전·후영은 서로를 원수처럼 적대시하고 있었다. 1884년 1월에 윤치호는 국왕에게 친군의 유명무실(有名無實)함과 반목을 아뢰면서 차라리 이를 혁파할 것을 건의했다.

한마디로 말해서 지금 우리나라에서는 좌·우영 병대가 모두 쓸모없음을 알면서도 그것을 혁파하지 못하고 있으니, 그것은 어째서입니까? 지금 좌·우영과 전영은 서로 원수처럼 보고 있습니다. 평상시에도 이와 같은데, 하물며 유사시에 어찌 나라를 위해 힘을 내겠습니까? (중략) 이제 좌·우영의 병대는 비단 기예가 없을 뿐 아니라 교만하고 안일하기 짝이 없으며, 양병(養兵)의 주의에 이르러선 막연히 아는 바가 없습니다. 그것이 유용하건 그렇지 않건 간에 우리나라 사람들은 청국인의 위세를 억누르기 어려워서 철파할 수 없으니 그래도 말할 만합니다. 하지만 원세개도 늘 조선 병대는 교만하고 안일해서 쓸모가 없다고 떠들고 다닌다고 합니다. 그는 이미 그 무용함을 알고 있으면서도 어째서 고집하며 철파하지 않아서 한갓 다른 나라 사람을 병들게 하는 것입니까?[102]

1884년 12월 4일, 갑신정변이 일어나자 전·후영의 병사 가운데 적지 않은 숫자가 개화당 편에 가담했다. 예컨대 『갑신일록』에 따르면, 12월 1일의 정변모의에서 김옥균은 전영(前營) 소대장 윤경완(尹景完)에게 전영 병사 50명을 거느리고 대기하다가 밖에서 불이 나면 군대를 단속하고, 경비를 뚫고 궐내로 들어오는 자가 있을 경우 그를 처치하는 임무를 맡겼다. 또 12월 5일에는 미국공사·영국영사·독일영사에게 각각 전영 병정 30명씩을 보내서 호위하고, 전·후영의 병사 400명을 차출한 후 100명씩 나누어 요지(要地)를 수비하게 했다고 한다. 창설 초기부터 지적되어 온 친군의 난맥상은, 전·후

---

101 최병옥, 『개화기의 군사정책 연구』, 경인문화사, 2000, pp. 219~220.
102 『윤치호일기』, 고종 20년 12월 21일.

영의 일부 병졸들은 갑신정변에 가담하고, 좌·우영의 병졸들은 청국 장수의 지휘하에 그 진압에 나서는 기묘한 광경을 연출했던 것이다.

친위민병대로서의 보부상

세 번째는 친위민병대 겸 준(準) 징세기구의 기능을 담당한 보부상(褓負商) 단체에 관한 것이다.

비록 연혁은 상세하지 않지만, 조선시대에 봇짐장수인 보상(褓商)과 등짐장수인 부상(負商)은 군대에 버금가는 지휘명령체계와 엄격한 기율을 갖춘 전국적 조직이었다. 타향을 전전하며 행상으로 생계를 유지하던 보부상은 조선사회에서 가장 소외되고 괄시받는 서러운 존재였다. 이들은 스스로를 보호하기 위해서 단결하지 않을 수 없었다. 보부상 단체는 나라의 부름에 가장 적극적으로 호응하는 집단이었는데, 여기에는 그 조직과 영업상 특권의 공인이라는 현실적 이해관계와 함께 자아를 국가와 동일시함으로써 일상적인 천대로부터 훼손된 자존감을 보상받으려는 심리적 기제가 작용했던 것으로 생각된다.

보부상 조직은 흥선대원군 집정시기부터 본격적으로 국가의 관리를 받기 시작했던 것 같다. 쓰네야 세후쿠(恒屋盛服)의 『조선개화사(朝鮮開化史)』에 따르면, 대원군은 병인양요 직후 보부상 조직을 상병조직(商兵組織)으로 만들어 선혜청에 소속시켰다고 한다.

부상(負商)과 보상(褓商)은 목기(木器)·토기(土器)·동철기(銅鐵器) 등을 지고 행상하는 사람, 잡화를 보자기 속에 품고 다니면서 행상하는 사람들의 조직이다. 처음에 위로는 관리의 가혹한 착취를 피하고, 아래로는 도적의 약탈을 막고자 건장한 남자들로 조직했으며, 상품 운반 및 소매(小賣)를 업으로 삼았다. 그 인원이

2만여 명인데, 모두 죽피(竹皮)로 만든 패랭이를 쓰고 일종의 은어를 쓰면서 서로 업(業)을 격려하며, 각 도(道)와 현(縣)에 분사(分社)가 있다. 절제(節制)가 대단히 빈틈이 없어서 사회에 필요한 상대(商隊)가 되었는데, 프랑스 함대가 한강에 침입했을 때, 그 한 무리가 스스로 무기를 잡고 전장에 나가길 희망했다. 충분히 전령 등의 역할을 할 수 있었으므로, 당시 섭정 대원군은 이를 크게 가상히 여겨서 특권을 부여하고 상병조직(商兵組織)으로 만들어 선혜청에 소속시켰다.[103]

또 일설에 따르면, 대원군은 부상청(負商廳)을 설치해서 몸소 그 총책임자인 도반수(都班首)가 되고, 장자인 이재면(李載冕)이 총리가 되어 전국 보부상을 관할했다고 한다.[104] 또한 대원군이 부상(負商)을 평시 정보 수집 업무에 활용한 것은 잘 알려진 사실인데, 이들의 전국적 네트워크는 문서 체송이나 자금 동원의 측면에서 정부기관을 크게 능가하는 효율성과 신속성을 자랑했다.[105]

고종의 친정 이후에도 부상단(負商團)의 어용화 경향은 계속되었다. 1881년 8월에 팔도임방도소(八道任房都所)라는 것이 창설되고, 전국의 부상단을 총괄하는 직책으로 팔도임방도존위(八道任房都尊位)·부존위(副尊位)·삼존위

---

103 恒屋盛服, 『朝鮮開化史』, 東京: 博文館, 1901, p. 340~341.
104 유자후, 『朝鮮褓負商攷』, 정음사, 1948, pp. 101~103.
105 "褓負商團에 무슨 至急한 일이나 重大한 일이 있으면, 褓負商廳 左右團社 時代에는 左右團社에서 各其 道房(任房과 같이 보부상을 통제하던 기관이 아니라, 각도에 왕래하던 보부상들의 숙박처소)에 指揮하면, 道房에서는 道任房으로 통지하여 준다. 그러면 道任房에서 郡任房으로, 郡任房은 各 所屬 褓負商에게 이와 같이 通知하는 방법이었는데, 中央機關으로부터 各郡 褓負商에게까지 무슨 至急한 通知를 하려면, 그 사이에 사발통문(鍮鉢 또는 陶鉢) 주위에 먹을 칠해 白紙 1장 복판에다가 印置하고, 道任房 혹은 郡任房 혹은 負褓商의 명칭성명을 輪書한 것으로 巡覽速達하게 하는 제도가 있었으니, 이것이 어찌나 빨랐었는지 瞬息間에 전국 8도를 현대의 전신, 전화와 같이 신속하게 전달되어, 사발통지의 明示한 사실에 의하여, 지정된 장소로 전국의 보부상이 물밀 듯 모여들어왔다고 한다. 그 비용은, 예전 돈으로 몇 만 냥, 특히 국가적 유사시에는 몇 십만 냥이라는 방대한 巨費를 준비하지 않으면 못했다고 한다"(위의 책, pp. 34~35).

(三尊位)·도접장(都接長)이 만들어졌다. 여기에는 이재원·민영익·한규직·이조연이 각각 임명되었는데,[106] 도존위는 명예직에 불과하고 실권은 부존위 민영익이 장악했다. 팔도임방도소의 창설과 운영비용은 모두 무위소에서 지급되었다.[107] 팔도임방도소의 실권을 민영익이 장악한 것, 뒷날 친군의 전영사와 좌영사에 임명되는 한규직과 이조연이 실무를 맡은 것, 그리고 제반 비용이 고종의 친위부대인 무위소에서 나온 것은 부상단이 유사시 정권의 보위를 위해 동원되는 친위민병대로 조직되었음을 의미한다. 그 반대급부로 부상들은 토기(土器)·목기(木器)·사기(沙器)와 어염(魚鹽)·무쇠[水鐵] 등 5개 생필품의 전매권(專賣權)을 재확인받았다.

이미 완비된 전국적 조직을 갖추고 있고, 자체적으로 재원을 조달할 수 있었던 부상단은 친위민병대로 재조직하는 데 거의 비용이 들지 않는다는 장점이 있었다. 이와 관련해서 창강(滄江) 김택영(金澤榮)은 다음과 같이 기록했다.

왕이 병력을 늘리고자 했지만 군향(軍餉: 군인들에게 지급하는 급료)이 없음을 근심했다. 그런데 누군가가 "부상(負商)은 군향을 쓰지 않고도 그 힘을 얻을 수 있을 것입니다."라고 하자, 왕이 그 말을 옳게 여겼다. 이에 조영하 등이 팔도 부상(負商)의 장(長)·부(副)가 되어 부상들을 서울로 불러 모으고, 면화(棉花)로 그 삿갓에 표식을 하고 소를 잡아 크게 연향을 베풀고는 약속을 정하여 그들을 파견했다. 이에 부상(負商)들이 세력을 믿고 횡포를 부리니 향려(鄕閭)가 소란스러웠다.[108]

---

106 『判下新設靑衿錄』(조재곤, 『보부상 — 근대 격변기의 상인』, 서울대학교 출판부, 2003, p. 41에서 재인용). 여기서 「청금록(靑衿錄)」은 원래 조선시대 성균관·향교·서원 등에 비치된 유생(儒生)들의 명부를 가리키지만, 보부상 단체에서도 그 회원명부를 「청금록」이라고 칭했다.

107 한우근, 『한국개항기의 상업연구』, 일조각, 1970, pp. 148~149.

108 金澤榮, 『韓史綮』(한국학문헌연구소 편, 『김택영전집』 제5권, 아세아문화사, 1978, p. 295).

부상단이 실력을 발휘한 것은 임오군란 때였다. 군란이 발발한 지 이틀째인 7월 24일 밤부터 성 밖으로 달아난 민영익이 경기·강원의 부상(負商) 수천 명을 거느리고 동대문으로 쳐들어온다는 소문이 퍼져서 서울 내 인심이 크게 동요했던 것이다. 박정양(朴定陽)의 일기에 따르면, 이는 단순히 소문에만 그친 것이 아니라 실제로 부상들이 무리지어 입성(入城)해서 헛소문을 퍼뜨리고 많은 인명을 해쳤다고 한다.[109] 당시 정권을 장악한 흥선대원군은 성문과 강나루를 차단하고 거동이 수상하거나 보따리 안에서 명부(名簿)가 나오는 자들은 모두 부상으로 간주해서 체포하게 했다.[110] 또 부상들이 대거 쳐들어올 경우 막을 병력이 없었으므로 군기고(軍器庫)를 개방하고 백성들에게 총검 등을 마구 불출해서 방어하게 했는데, 이는 뒷날 서울 인근에서 무장 도적이 출몰하는 원인이 되었다.[111]

그 후 1882년 11월(음력)에 이르러 정부는 보상단(褓商團)에 완문(完文)과 절목(節目)을 주고, 다른 상인들에 대한 징세 업무에 동원하기 시작했다. 원래 조선시대에는 시전상인(市廛商人)의 공역(貢役)을 제외하면 지방 장시에는 과세하지 않는 것이 원칙이었다.[112] 그런데 이제 보상(褓商)을 동원해서 잡세(雜稅)를 징수하기 시작한 것이다. 이들은 전매물품뿐 아니라 백목·당목·곡식·소금 등 각종 물품의 매매에서 구문(口文)을 받기도 하고, 반상(班常)과 노소(老少)를 불문하고 장에 들어오는 백성들에게 한 푼씩 거두기도 하고, 객주와 포구에서도 세금을 거둬가는 등 관아의 묵인하에 온갖 종류의 잡세

---

109 "各營亂拙輩 乘黃昏時 有外道負商輩作薰入城 互相轉訛 大起惹鬧 城內城外 多害人命"[朴定陽, 『從宦日記』, 壬午 六月十一日(한국학문헌연구소 편, 『박정양전집』 제2권, 아세아문화사, 1984, p. 446)]; 鄭喬 저, 조광 편, 변주승 역주, 『대한계년사』 제1권, 소명출판, 2004, p. 172(이하 『大韓季年史』의 인용 면수는 이 책에 의거함).

110 조재곤, 앞의 책, pp. 80~81.

111 『承政院日記』, 고종 20년 6월 15일 자 의금부도사 경광국(慶光國)의 상소 참조.

112 한우근, 앞의 책, pp. 121~142.

를 징수했다.[113] 이와 같은 징세는 전례는 물론 법적 근거도 없는 것이었다. 정부가 보상단이라는 사적인 길드(guild)를 징세 업무에 동원한 이유는 바로 여기에 있었다.

하지만 보상단의 과도한 수탈이 문제가 되자, 조정에서는 1883년 5월에 부상(負商)의 도소(都所)와 보상(褓商)의 상리소(商理所)를 혁파한 후 이를 통합해서 통상아문에 부속시키는 조처를 내리고, 이어서 8월에는 다시 군국아문에 부속시켰다.[114] 그러자 보부상은 이 조치가 내려진 지 불과 며칠 만에 연명(連名)으로 군국아문에 탄원서를 제출해서, 외국에서는 상국(商局)·상사(商社)·상회(商會) 등을 세워서 상업을 보호하고 있으니 우리나라에서도 별도로 상국(商局)을 세워 보부상을 보호해줄 것을 청원했다. 이어서 9월 19일에 총리군국사무(總理軍國事務) 김병국(金炳國)은 정식으로 혜상공국(惠商公局)의 신설을 상주했다.[115]

김병국이 말하길, "부상(負商)·보상(褓商)을 군국아문(軍國衙門)에 귀속시켜서 견제할 방도를 잘 조처하는 일로 방금 성명(成命)이 있었습니다. 그러나 현재 우내(宇內)의 여러 나라들이 모두 상국(商局)·상사(商社)·상회(商會) 등의 이름이 있으니, 별도로 일국(一局)을 설립해서 혜상공국(惠商公局)이라고 칭하고, 이들을 관리·검속하는 방도로 삼아야 할 것입니다. 외읍(外邑)에서 무뢰배들이 멸시·능모하거나, 그 이름을 빙자해서 세금을 거두거나, 보부상에 혼잡하게 섞여 들어오는 등의 여러 가지 폐단으로 말하자면, 일체 통렬히 금한 다음에야 간사한 거짓을 막고 생업을 편안히 영위하게 할 수 있을 것이니, 각 도(道)에 분부해서 상세

---

113 유자후, 앞의 책(1948), pp. 44~48.
114 "七月初五日 大殿下敎曰 三軍府革罷後 負商褓商尙無歸俗 付之軍國衙門 牽制之方 從長措處", 『惠商公局關文謄書冊』(한국전통상학회 편, 이훈섭 역, 『負褓商關聯史料譯解』, 보경문화사, 1988, p. 58에서 재인용).
115 『承政院日記』, 고종 20년 8월 19일; 『高宗實錄』, 고종 20년 8월 19일.

히 탐찰(探察)해서 각별히 엄중하게 징계하며, 또한 혜상공국에서도 험표(驗標)를 만들고 인신(印信)을 만들어 발급해서 증빙하게 해야 합니다. 이와 같이 한 뒤에 부상과 보상이 혹시 추호라도 민간에서 침핍(侵逼)한다면 해당 영읍(營邑)에서 적발되는 대로 엄중히 다스리겠다는 뜻으로 일체(一體) 관칙(關飭)하는 것이 어떻겠사옵니까?"라고 하자, 상께서 윤허하셨다.[116]

이어서 9월 30일에는 혜상공국의 총책임자인 구관당상(句管堂上)에 좌찬성(左贊成) 민태호, 총판(總辦)에 어영대장 한규직·권지교섭통상사무(權知交涉通商事務) 민영익·협판군국사무(協辦軍國事務) 윤태준·참의군국사무(參議軍國事務) 민응식·참의교섭통상사무 이조연을 임명하고,[117] 3일에는 어영대장 한규직을 다시 공사당상(公事堂上)에 차하했다.[118]

김병국은 혜상공국을 신설해야 하는 이유로 보부상의 관리와 단속의 필요성을 들었다. 이즈음 조선 내에서 근대적 회사에 관한 담론이 나타나기 시작하고,[119] 유길준 같은 경우 이미 1882년부터 정부 보호 하에 특권기업을 육성해야 한다고 주장한 것은 사실이다.[120] 하지만 김병국의 말은 구실에 불과했을 뿐, 혜상공국을 설립한 참된 목적은 부상단의 친위민병대로서의 기능과 보상단의 준(準) 징세기구로서의 기능을 통합해서 민씨 척족이 관장하는 독립기구로 재편하려는 것이었다. 이는 혜상공국의 구관당상인 민태호가 이미 국가재정을 장악하고 있었던 것, 그리고 총판 한규직·민영익·이조연·윤태준이 모두 친군4영의 감독(영사)을 맡고 있었던 사실로도 알 수 있다.

116 『承政院日記』, 고종 20년 8월 19일; 『高宗實錄』, 고종 20년 8월 19일.
117 "九月二日 昨日傳曰 惠商公局不可無句檢 左贊成閔台鎬句管差下 御將韓圭稷·權知交涉通商事務閔泳翊·協辦軍國事務尹泰駿·參議軍國事務閔應植·參議交涉通商事務李祖淵 幷總辦差下"(李能和,「朝鮮の負·褓商とその變遷」,『朝鮮』제271호, 1937, p. 54).
118 『日省錄』, 고종 20년 9월 3일.
119 『漢城旬報』 제3호, 1883년 10월 21일,「會社說」.
120 「會社規則」,『兪吉濬全書』 제4권.

또한 「조난기사」에 따르면, 민영익은 보빙사로 미국과 유럽을 순방한 직후 무뢰배와 떠돌이를 고용해서 민병대(militia)를 창설했다고 하는데,[121] 여기서도 혜상공국을 설치한 의도를 짐작할 수 있다. 요컨대 혜상공국은 민씨 척족이 비자금을 조성하고, 청국 군대의 영향 하에 있는 친군과 별도로 정권을 보위하기 위해 만든 권력기구였다. 이처럼 보부상 단체의 위세가 등등해지자 심지어 이곳에서 사역하는 양반들까지 나타났다고 한다.[122] 갑신정변 직후 김옥균이 스스로 혜상공국 당상에 오르고 혁신정강을 통해 혜상공국의 폐지를 선언한 근본적 이유는 그것이 상공업 발전을 저해해서라든지 다른 형태의 개혁구상이 있었기 때문이 아니다. 그것은 민씨 척족의 자금줄을 차단하고, 또 보부상 단체의 난동을 막기 위해서 가장 절실하고 시급한 정치적 과제였던 것이다.

---

121 "이보다 앞서 민영익은 구미 각국을 둘러보고 금년 봄에 귀국했다. 그 뒤로 오직 병제(兵制)에 관심을 두어 특별히 충의병(忠義兵)이라는 것을 편성했다. 그의 말에 따르면, "구미 각국에는 militia[勇義兵－원문]란 것이 있다. 상비군과 별도로 국가에 일이 있을 때마다 군주에게 충성을 다하는 것이다. 우리나라도 이러한 병사가 없어선 안 된다."라고 했다. 이에 동지를 모으고, 또 부유한 장사꾼과 농민들에게 갹금(醵金)을 걷어서 함께 계(契)라고 칭했다. 계라는 것은 한국말로 company의 뜻이다. 무뢰배와 유식(遊食)하는 무리 1,000여 명을 집합시켜서 약간 급여를 주고, 또 용역에 고용해서 그 신종(信從)을 얻은 뒤에 마침내 충의병(忠義兵)이라고 이름을 붙였다. (중략) 지난 4일(12월 4일의 갑신정변)에 민 씨(민영익)가 부상당하고, 이윽고 그 일족이 많이 살해당하자 이 충의병들이 모두 크게 분노했다. 그 가운데 민 씨의 가신 이두현(李斗鉉)이라는 사람이 그 대장이 되어 여러 사람을 선동해서 지나병(支那兵)과 결탁하고, 여기에 또한 반인(泮人: 성균관에 속한 천민)들이 가담해서 성내를 소란스럽게 했다"[井上角五郎·今泉秀太郎, 「遭難記事」(『時事新報』, 1884년 12월 19·20일)].
122 『대한계년사』 제1권, p. 173.

266

제6장
김옥균의
세 번째 일본 방문

1. 차관교섭의 실패

이노우에 가오루의 냉대

1883년 6월에 김옥균은 세 번째로 일본에 건너갔다. 두 번째 일본 방문에서 차관을 신청했을 때, 외무경 이노우에 가오루와 외무대보 요시다 기요나리는 전권위임장을 요구했다. 따라서 차관을 얻으려면 무엇보다 전권위임장이 필요했지만, 그가 가져갈 수 있었던 것은 오직 '동남제도개척사(東南諸島

開拓使) 겸 포경사(捕鯨使)'라는 신설 관직의 명함뿐이었다.[1]

김옥균이 전권위임장을 받지 못했던 이유는 외아문을 장악하고 있던 친청파 대신들, 특히 묄렌도르프의 비협조 때문이었다. 묄렌도르프는 김옥균을 조선의 독립이라는 '어리석은 생각(foolish idea)'을 부추기는 '위험한 모사꾼(dangerous schemer)'이라고 보고 있었다.

> 묄렌도르프와 김옥균 간의 반목은 최근에 더욱 더 뚜렷해졌다. 묄렌도르프는 김옥균이 일본을 방문했을 때의 비용 낭비와 거짓된 설명을 숨기고, 자신의 목적을 위해 국왕에게 국가 독립의 어리석은 생각을 부추기는 위험한 모사꾼 — 그는 불행히도 국왕의 이목을 사로잡았다 — 이라고 비난한다. 묄렌도르프는 만약 자신이 보호해주지 않았으면 김옥균은 대원군의 뒤를 따라 중국으로 압송됐을 것이라고 했다. 이는 김옥균을 대단히 증오하는 친청당(pro-Chinese Party)이 그를 겁주기 위해 사용해온 위협이다. 묄렌도르프는 김옥균이 대단히 무지하며 전혀 영리하지 않다고 생각한다. 그는 김옥균이 재래식 선박과 어망을 갖고 포경사업을 시작하려는 계획을, 이러한 방식의 포경조업은 그가 틀림없이 아이디어를 얻었을 일본 해안에서나 성공적으로 행해진다는 사실을 모르는 것이라고 조소했다. 그는 김옥균이 곧 외아문에서 쫓겨날 것으로 생각한다.[2]

김옥균에 대해 자신의 목적을 위해 국왕에게 국가 독립을 부추기는 위험한 모사꾼이라고 한 묄렌도르프의 평가는 어떤 의미에서 정곡을 찌르는 것이었다. 하지만 고종은 김옥균의 말에 동조하고 있었다. 김옥균을 동남제도개척사에 임명하는 전교에서 "하직은 제하고 편하게 왕래케 하라(使之除下直

---

1 『承政院日記』, 고종 20년 3월 16일.
2 BDFA, Doc.89, "Memorandum of Information collected during Mr. Aston's visit to Sŏul", May 1883.

從便往來),"라고 한 것 또한 일본에 지장 없이 다녀오도록 한 조처였다.[3]

김옥균은 『갑신일록』에서 당시 300만 엔의 기채를 목표로 하고 있었다고 회고했다. 그런데 1884년 기준으로 일본 정부의 연간 총세입은 약 7,600만 엔으로, 300만 엔은 연간세입 4%에 달하는 거액이었다.[4] 일본 정부와 금융계는 조선에 그만한 투자를 할 여력이 없었다. 게다가 김옥균이 생각한 것보다 울릉도의 이권은 보잘것없었고, 바닷속 고래는 담보가 될 수 없었다. 이에 대해 황현은 『매천야록』에서 "양인(洋人)은 고래를 잡아서 큰 이익을 얻고 왜인(倭人) 또한 그러하다. 하지만 우연히 그렇게 된 것이 아닌데, 김옥균은 방문도 나가지 않고 입으로 고래의 이익을 만드니 사람들이 그를 비웃었다."라고 조롱했다.[5] 이미 실패는 어느 정도 예정되어 있었다.

김옥균은 1883년 6월 28일에 도쿄에 도착해서 7월 2일에 외무경 이노우에 가오루와 회견을 가졌다. 이날의 담화는 일본 외무성 기록『한국차관관계잡찬(韓國借款關係雜纂)』이라는 문서철에 있는「이노우에 외무경, 김옥균과 담화필기적요(井上外務卿金玉均ト談話筆記摘要)」라는 문헌에 상세히 기록되어 있다.[6] 이것에 기초해서 이날 김옥균과 이노우에의 대화를 재구성해보자.

인사를 마친 후 김옥균은 대뜸 조선이 지금 독립국인지 속국인지 모르겠다고 하면서 이노우에에게 견해를 물었다. 이노우에는 왜 자기 나라의 일을 모르느냐고 반문했다. 김옥균은, 조선은 미국, 일본과는 대등한 조약을 체결해서 독립을 승인받았지만, 청은 여전히 경성에 군대를 주둔하면서 조선을 속국 취급하기 때문이라고 답했다. 김옥균이 이 말을 꺼낸 것은 일본의

---

3 『承政院日記』, 고종 20년 3월 16일.
4 1884년 당시 일본 정부의 연간 총세입은 76,669,653엔으로서, 300만 엔은 약 3.91%에 해당한다. 메이지 초기 일본 정부의 예산 및 결산 현황에 관해서는 大內兵衛·土屋喬雄 編, 『明治前期財政經濟史料集成』第4~6卷, 東京: 改造社 1932를 참조할 것.
5 『역주 매천야록』 상권, p. 189.
6 「井上外務卿金玉均ト對話筆記摘要」, 『韓國借款關係雜纂』(外務省記錄 1-7-1-2).

원조를 청하려는 포석이었다. 하지만 이노우에의 응수는 다음과 같았다.

국외자의 입장에서 보건대, 지금껏 오랜 세월 동안 귀국의 국왕은 지나(支那)에 대해 거의 속국과 같은 태도를 취했지만, 지금부터 7년 전 강화의 일(조일수호조규)에서 조금 독립의 싹을 틔웠고 미국과 조약을 체결하면서 한층 더 독립의 경향이 생겼습니다. 하지만 본래 지난 300년 동안의 관계도 있기 때문에 지금 하루아침에 단호히 순수한 독립의 형태를 갖추려고 한다면 불가피하게 간과(干戈: 무기)로 지나와 다투게 될 것입니다. 그러므로 모든 일을 급격하게 하려고 하지 말고, 서서히 이 경향을 이어나가서 각국이 조금씩 독립의 원조를 주는 것을 이용해서 순수무결한 독립을 도모해야 합니다. 금일의 형세로선 단지 독립의 경향만 있다고 해야 할 것입니다.

이노우에는 원조를 거부한 것은 물론, 조선이 독립을 추구하는 것에 대해서도 부정적이었다. 구밀복검(口蜜腹劍)! 이노우에의 완곡한 말투 속에서 김옥균은 다시 말을 붙이기 어려울 정도로 높은 벽을 느꼈을 것이다.

그런데 이노우에가 이처럼 냉정한 태도를 보인 데는 묄렌도르프의 영향이 컸다. 앞에서 언급한 것처럼, 조선 현지에서 다케조에 공사가 외무당국을 위협해서 유리한 정책을 펼치는 데 묄렌도르프는 거의 장애가 되지 않았다. 조선 독립에 관한 이야기를 하다가 이노우에는 갑자기 묄렌도르프를 언급했다. 이노우에는 묄렌도르프를 '공평한 인물'이라고 평했는데, 이는 '일본의 국익에 도움이 되는 인물'이라는 의미였다. 이노우에로선 김옥균과 개화당 같은 모험주의자들을 도울 아무런 이유가 없었던 것이다.

또 귀하는 묄렌도르프 씨와 잘 지내지 못한다는 소문이 있는데, 그는 귀하를 칭찬하고 있습니다. 또 그는 지금 만사 일본을 모방하지 않을 수 없다는 것도 잘 알고 있습니다. 또 지나(支那)를 우두머리로 받들고 일을 하면 틀림없이 만사가 이뤄지지 않을 것이라고 말합니다. 그는 공평한 사람으로 보입니다. (중략) 귀하가 이번에 개척사에 임명되신 것도 저는 결코 축하할 수 없습니다. 어째서 중앙정부에 들어가서 나랏일에 진력하지 않습니까? 의론이 조금 맞지 않는다고 해서 불평을 한다면 어떻게 어려움에 빠진 조선을 다스릴 수 있겠습니까?

당황한 김옥균은 묄렌도르프가 고관에 임용된 것은 전적으로 청의 비호 덕분이며, 자신이 묄렌도르프의 속셈을 알고 있기 때문에 그가 자신을 종종 헐뜯는다고 대꾸했다. 그러자 이노우에는 다음과 같이 말했다.

그것은 전적으로 귀하의 의심일 것입니다. 묄렌도르프 씨는 원래 이홍장의 소개로 국왕이 고빙한 인물이므로, 저도 처음엔 그가 행동에서 일한(日韓)의 일보다 오히려 지나(支那)의 이익을 도모하더라도 굳이 이상하게 여길 것이 없다고 생각했습니다. 하지만 최근 그가 공평한 도리로 능히 조선을 위해 도모한다는 것을 충분히 볼 수 있었습니다. 사람의 일은 자기 자신만의 생각으로 다른 사람의 생각을 단죄해서는 안 되는 법입니다. 지금 귀하가 그를 조선을 위해서 이롭지 않은 인물이라고 하는 것은 어째서입니까? 아마도 결국 귀하 자신만의 의심을 갖고 그의 생각을 단죄하기 때문일 것입니다.

이노우에는 묄렌도르프를 공평한 인물로 추켜세우면서 오히려 김옥균을 자기 생각만 고집하는 편협한 소인으로 몰아붙였다. 사실상 인신공격과 다를 바 없는 이노우에의 말에 김옥균은 형언하기 어려운 굴욕을 느꼈을 것이다. 계속해서 묄렌도르프에 관한 이야기가 이어졌지만, 결국 김옥균은 "과연 묄렌도르프 씨는 재주도 있고 우리나라를 위해 진력하는 것도 있지만, 조금 해심(害心: 남을 해치려는 마음)을 갖고 있다는 것 또한 소생은 알고 있습니다. 하지만 그 이야기를 하면 우리나라의 수치가 될 뿐이니 더 이상 말씀 드리지 않겠습니다."라며 입을 다물지 않을 수 없었다.

마침내 대화는 본론으로 들어가서 차관에 관한 이야기가 시작됐다. 김옥 균은 차관을 얻으려는 이유를 설명했다.

김옥균:　저도 개척사의 관직은 받았지만, 중앙정부에서 통리아문의 반열에도 있으면서 재정 일부를 담당하고 있습니다. 하지만 무엇보다 국고가 고 갈됐기 때문에 외채를 얻기로 내부 의논이 결정돼서 귀국에 도항한 것 입니다. 아울러 여러 가지 상의를 하고자 합니다.

이노우에: 금은 어디에 쓰려는 것입니까?

김옥균:　현재 우리나라에서 은화와 더불어 상평통보의 1닢 기준으로 5문(文) 에 해당하는 것(당오전)을 주조하고는 있습니다만, 이 정도로는 아무 래도 쓰기에 부족합니다. 그러므로 외채를 얻어서 병비(兵備)·광산(鑛 山) 등에 종사하라는 내명(內命: 밀명)을 받아서 온 것입니다.

하지만 이노우에가 이미 대조선 외교의 파트너로 묄렌도르프를 낙점한 이상, 김옥균이 바라는 대로 차관이 성사될 가능성은 없었다. 이노우에는 작년에 요코하마 정금은행에서 빌려간 17만 엔의 용처를 추궁한 후, 김옥균 의 요청을 정식으로 거절했다.

지난번 17만 엔 가운데 아직도 정금은행에 남아있는 돈이 있음을 알고 있습니 다. 또 다른 사람에게 사기당한 것도 알고 있습니다. 귀하는 대단히 허술한 사람 입니다. 그리고 실제로 조선을 위해 도모하려고 생각하는 사람은(묄렌도르프를 가리킴) 깊이 의심하고, 또 모처럼 정부 요로의 지위를 차지했다고 생각하면 바 로 사직해 버려서, (박영효가 한성판윤에 임명되었다가 좌천된 일을 가리킴) 아침

저녁으로 바뀌는 것이 실로 귀 정부의 전권(全權)을 누가 갖고 있는지 알 수 없으니 참으로 신용하기 어렵습니다. 그러므로 이 300만 엔에 제가 증인이 되어 모집하긴 어렵습니다.[7]

이것으로 일본 정부로부터 차관을 얻고자 한 김옥균의 계획은 완전히 좌절되었다. 세 차례에 걸쳐 일본을 왕래한 수고도 모두 허사가 되었다. 하지만 빈손으로 귀국할 수는 없었다. 군대 양성과 정변 계획, 그리고 고종의 신임이 모두 차관의 성사 여부에 달려있었기 때문이다.

뉴욕 자본시장에서의 기채 시도

김옥균이 다음으로 찾아간 사람은 미국공사 존 A. 빙엄(John A. Bingham)이었다. 『김옥균전(金玉均傳)』에 따르면, 김옥균은 빙엄에게 일체의 사정을 털어놓고 미국의 원조를 얻어 국정 혁신을 단행하겠다는 뜻을 밝혔다. 빙엄은 일단 본국 정부에 보고하겠다고 답했다. 빙엄의 보고를 접수한 미국 정부는 '만약 조선에서 광산을 담보로 제공한다면 쉽게 응낙할 수도 있다. 하지만 일본 정부가 이를 거부한 이상 먼저 그 사정을 상세히 탐지할 것'을 지시했다. 이에 빙엄은 이노우에 외무경에게 문의했는데, 그 보고를 받은 미국 정부는 차관 요청에 응하지 않기로 결정했다고 한다.[8]

빙엄은 김옥균에게 요코하마에 있는 미국회사 아메리칸 클락앤드브라스 컴퍼니(American Clock and Brass Company)의 대리인 제임스 R. 모스(James R. Morse)를 소개해 주었다. 모스는 뒷날 경복궁에 조선 최초의 전기시설을

---

7 위의 문서.
8 古筠紀念會 編, 『金玉均傳』(上), 東京: 慶應出版社, 1944, pp. 256~257. 또 당시 김옥균의 차관모집 시도에 관해선 다음을 참조할 것. 琴秉洞, 『金玉均と日本:その滯日の軌跡』, 東京: 綠蔭書房, 1991, pp. 120~127; 김용구, 『임오군란과 갑신정변』, 원, 2004, pp. 149~150.

설치해서 고종의 환심을 사고, 조선 주재 미국공사 호러스 N. 알렌(Horace N. Allen)과의 친분을 이용해서 조선 최대의 금광인 운산광산의 채굴권과 경인선 철도부설권을 획득했다가 자금이 부족하자 일본에 팔아넘기는 인물이다. 아무튼 모스는 김옥균의 의뢰를 받고 미국 뉴욕으로 건너가 기채를 시도했다. 당시 미국 주재 일본공사 데라지마 무네노리(寺島宗則)의 기밀보고에 따르면, 모스는 조선 북부지방의 가장 좋은 4개의 금광을 담보로 설정해서 연 7%에서 최고 연 9% 이자율로 총 300만 달러의 차관을 얻으려고 했다고 한다.[9]

그런데 김옥균은 모스에게 기채를 의뢰하면서 자신의 직함을 통리교섭통상사무아문 협판 겸 동북지방 무역감독관(vice minister for foreign affairs and superintendent of trade for the northern and eastern provinces of Corea)이라고 알려주었다. 하지만 실제로 김옥균은 통리교섭통상사무아문의 참의에 불과했고, 동북지방 무역감독관이라는 관직은 존재하지도 않았다. 지난 일본 방문 때와 마찬가지로 관직을 사칭했던 것이다.

뿐만 아니라 김옥균은 외무독판 민영목 명의의 전권위임장도 위조했다. 모스는 뉴욕에서 기채를 하면서 김옥균의 전권위임장을 증거로 제시했다. 그런데 김옥균은 이노우에와의 회견에서는 전권위임장을 제시하지 않았으므로, 의심을 품은 이노우에는 조선에 있는 다케조에 공사에게 그 진위를 확인하라는 지시를 내렸다. 다케조에는 1883년 11월 15일에 다음과 같은 기밀보고를 올렸다.

앞에서 언급한 외무경(독판 민영목) 위임장은 전부 꾸며낸 것이 틀림없습니다. 왜냐하면 독판 민영목은 결코 그런 일에 보증을 할 성격이 아니기 때문입니다. 이미 지난날 러젠드르가 내항했을 때도 압인을 꺼렸는데, 하물며 평소 마음에

9 「機密信第三十二號 別紙」(1883. 9. 19.), 『韓國借款關係雜纂』(外務省記錄 1-7-1-2).

들지 않는 김옥균의 국채 모집에 동의했을 리는 절대로 없습니다. 독판이 압인해서 추진한 것이라면 김옥균이 여기서 출발할 때 극비에 부쳤을 리도 없고, 또 저에게 일본인의 소개를 은밀히 부탁했을 리도 없습니다. 따라서 외무경의 압인은 완전히 위조한 것임에 틀림없습니다.[10]

김옥균은 이미 국왕의 밀명을 받았으므로, 그 신하인 외무독판의 관인을 현지의 필요에 따라 만들어 쓰는 것은 크게 잘못된 일이 아니라고 생각했던 것일까? 아니면 목숨을 걸고 조선의 혁신을 위해 쿠데타를 도모하는 마당에 그런 것은 사소한 문제라고 판단했을 수도 있다. 무엇보다 그는 문서를 위조하는 것쯤은 눈 하나 깜짝 않고 행할 수 있는 교활하고 과감한 성격의 소유자였다. 그 증거로 그는 뒷날 국왕의 교지까지 위조하기에 이른다.

이보다 앞서 1883년 7월 8일에 미국에 파견할 보빙사로 민영익과 홍영식이 임명됐다. 9월 2일에 샌프란시스코에 도착한 보빙사 일행은 기차로 대륙을 횡단해서 9월 18일에 체스터 A. 아서(Chester A. Arthur) 미국대통령에게 국서를 봉정하고 보스턴·뉴욕 등 여러 도시를 시찰한 후 11월 10일에 귀국길에 올랐다. 전권대신 민영익 등은 해군무관 조지 C. 포크(George C. Foulk)와 함께 유럽 각국을 순방하는 세계일주 항해에 나서고, 부대신 홍영식은 퍼시벌 로웰(Percival Lowell)과 함께 샌프란시스코를 경유해서 11월 14일에 일본 도쿄로 복귀했다.[11] 이 과정에서 민영익이 개화당과 완전히 결별한 것은 유명한 일화이다. 홍영식은 도쿄에서 일주일 남짓 체류했는데, 이때 그는 김옥균에게서 직접 차관교섭이 여의치 않다는 말을 전해들었다. 덧붙

10 「機密信第百四十八號」(1883. 11. 15.), 『韓國借款關係雜簒』(外務省記錄 1-7-1-2).
11 보빙사행에 관한 기록 및 연구로는 다음을 참조할 것. Percival Lowell, 「A Korean coup d'état」, The Atlantic Monthly, Vol.58. Issue 349. Nov. 1886, pp. 599~618; 김원모, 「朝鮮 報聘使의 美國使行(1883) 硏究(上·下)」, 『동방학지』 제49·50호, 1985/1986; 김원모, 「遣美使節 洪英植 硏究」, 『사학지』 제28집 1호, 1995.

여 말하자면, 포크는 홍영식이 보빙사행에서 돌아온 뒤에 개화당에 가담했다고 기록했지만,[12] 그는 적어도 1883년 3월 이후로 개화당의 일원이었다.[13]

홍영식은 12월 16일에 부산으로 귀국했다. 그리고 12월 21일에 푸트 공사를 내방해서, 김옥균이 모스에게 차관교섭을 의뢰했는데 얼마 전에 뉴욕의 모스로부터 청프전쟁으로 인한 정세 불안 때문에 차관을 모집할 수 없다는 전보가 도착했다는 소식을 전했다.[14] 모스를 통한 기채도 끝내 실패로 돌아가고 말았던 것이다.

그 후 김옥균은 후쿠자와 유키치의 도움과 고토 쇼지로의 알선으로 일본 제일국립은행장 시부사와 에이치에게서 20만 엔의 차관을 얻기로 했지만, 이 또한 일본 정부에서 승인을 해주지 않아 무산되었다.[15]

김옥균의 마지막 차관도입 시도가 결국 실패로 끝나고 만 경위는 이와 같다. 그는 『갑신일록』에서 저간의 사정을 다음과 같이 기록했다.

처음 외무경 이노우에 가오루를 만났을 때, 그의 말이나 기색이 지난날과는 크게 달라지고 나를 의심하고 기피했다. 나는 비로소 다케조에와 묄렌도르프가 모함하는 말이 이미 보고된 것을 알았다. [다케조에는 내가 소지한 위임장이 가짜이니 분명히 신용할 수 없다는 말을 했다고 한다.] 그러나 대략 일본 조정의 상황을 논하면, 비단 다케조에가 이간질을 했을 뿐만이 아니요, 두세 달 사이에 일본 정부의 정략이 갑자기 변했던 것이다. 조선에 대해선 당분간 손을 떼고 움직이지 않는다는 것이 그들의 주된 의도였던 것이다. 그 실상을 안 뒤에는 참으로 구차하게 변명할 필요가 없었지만, 내가 귀국해서 주상과 정부에 보고한 일들이

---

12 KAR, "Report of information relative to the revolutionary attempt in Seoul, Corea", by Ensign Geroge C. Foulk, Dec. 4-7, 1884, p. 106
13 『明治十五年 朝鮮事變始末』七, 「機密信第十八號」(1883. 3. 5.).
14 『윤치호일기』, 고종 20년 11월 22일.
15 『金玉均傳』(上), pp. 256~257.

모두 기만의 죄과(罪科)에 빠지게 되었으므로, 형편상 어쩔 수 없이 실상을 들어 미국공사 빙엄에게 의논했다. 그의 주선으로 요코하마 주재 미국 상인 모스를 미국 내지 영국에 보내서 도모하게 했다. 하지만 다른 나라들은 아직 조선이 어떤 나라인지도 몰랐으므로 일이 뜻대로 이뤄지지 않았다. [일본 정부가 훼방을 놓고 묄렌도르프가 경성에서 영국 상인들과 다방면으로 장난을 쳤다고 한다. 하지만 이 말은 깊이 믿을 수 없다.] 중도에 모스는 미국으로 돌아왔다. 어쩔 수 없이 일본 제일국립은행의 시부사와 에이치에게 상의해서 10만이나 20만 엔을 대여받으려고 했다. 그러나 이 또한 외무경이 허락하지 않아 성사되지 않았다고 한다. [일본 정부에서 김옥균과 박영효의 무리는 경박하고 조급해서 일을 의논할 수 없다고 했다고 한다.] 나는 곧 귀국했다.

여기서 두세 달 동안에 일본 정부의 조선 정략이 바뀌었다고 한 것은 김옥균이 스스로 변명한 말에 불과하다. 적어도 임오군란 이후로 일본의 대조선 소극정책의 기조는 변한 일이 없었다. 김옥균이 일본인들의 외교적 언사 뒤에 숨겨진 속내를 미리 간파하지 못했던 것은, 아마도 그의 절박한 심정과 간절한 희망이 판단력을 흐렸기 때문일 것이다.

2. 고토 쇼지로와의 공모

고토 쇼지로와의 만남

이제 김옥균의 계획은 모두 물거품이 되었다. 군대를 길러 청국 군대를 조선에서 축출하고 혁명정부를 세우기로 한 동지들과의 맹약도 어그러졌다. 빈손으로 귀국할 그를 기다리는 것은 고종의 불신과 민씨 척족의 핍박뿐이었다.

궁지에 몰린 김옥균에게 마지막으로 손길을 내민 것은 후쿠자와 유키치와 고토 쇼지로(後藤象二郎, 1838~1897)였다. 고토는 도사 번(土佐藩) 출신의 무사로 메이지유신 과정에서 큰 공적을 세웠지만, 이른바 메이지 6년의 정변(1873)으로 메이지 정부에서 하야한 후 자유민권운동(自由民權運動)에 투신해서 1874년에 「민선의원설립 건백서」를 제출하고 1881년에 자유당(自由黨)을 결성한 유력한 재야정객이었다.

고토는 후쿠자와와도 매우 친밀한 관계였다. 그는 1873년에 호라이샤(蓬萊社)라는 상사(商社)를 설립하고 이듬해에 정부로부터 히젠(肥前)의 다카시마(高島) 탄광을 불하받았는데, 경영난으로 인해 외국인에게 큰 빚을 지고 소송을 당할 위기에 처했다. 이때 후쿠자와가 나서서 다카시마 탄광을 미쓰비시(三菱)의 이와사키 야타로(岩崎弥太郎)가 인수하도록 주선한 것을 계기로 두 사람의 관계가 가까워졌다고 한다.[16] 그 뒤로 고토는 후쿠자와의 제자인 이노우에 가쿠고로와 후쿠자와가 운영한 『시사신보(時事新報)』의 기자 미야케 효조(三宅豹三)를 비서로 두었다. 이 가운데 이노우에 가쿠고로는 1882년에 게이오기주쿠(慶應義塾)을 졸업한 후 후쿠자와의 천거로 고토 밑으로 들어갔는데, 후쿠자와와 고토 간의 연락을 담당했다. 후쿠자와는 고토를 대단히 높이 평가하고 있었다. 그는 고토의 정치적 후원자를 자임했을 뿐 아니라,[17] 1897년 8월 고토가 사망했을 때는 '정부의 현상을 변혁하고 악폐를 일소할 수 있는 대단히 대담한 호걸이자 만천하 유일의 인물'이라고 평한 부고기사를 『시사신보』에 싣기도 했다.[18]

김옥균이 고토를 처음 만난 것은 두 번째 일본 방문 중인 1882년 가을이었다. 김옥균과 박영효는 후쿠자와의 소개로 고토의 저택에 초대받았다.[19]

---

16 『福澤諭吉傳』第2卷, pp. 523~531.
17 『伯爵後藤象二郎』, p. 539.
18 『時事新報』, 1897년 8월 6일, 「後藤伯」.
19 『伯爵後藤象二郎』, p. 540.

원래 고토는 이타가키 다이스케(坂垣退助)와 유럽여행을 떠날 예정이었는데, 박영효와 김옥균의 소식을 듣고는 '긴급한 개인 용무'를 이유로 여행을 11월로 연기했다. 그는 김옥균을 만난 자리에서 동해의 포경사업과 제주도에서 녹나무(camphor tree)를 벌목하는 구상에 큰 흥미를 표시했다고 한다.[20] 울릉도의 목재와 동해의 포경사업권을 담보로 차관을 얻는다는 아이디어는 이 자리에서 처음 만들어졌던 것으로 보인다. 고토는 유럽의 대의제(代議制)를 연구하기 위해 11월에 출국해서 이듬해 6월에 귀국했다.

김옥균이 고토를 다시 만난 것은 1883년 10월이었다. 고토 쇼지로의 전기 『백작 고토 쇼지로(伯爵後藤象二郎)』에서는 김옥균과 고토의 재회를 다음과 같이 서술하고 있다.

백작(고토 쇼지로)은 귀조(歸朝)한 후 비육지탄(髀肉之嘆)을 금치 못하고 특히 외교가 부진한 것을 개탄하고 있었다. 그때 김옥균이 비상수단을 결행할 것을 결심하고 금력(金力)과 무력(武力)을 우리나라에서 빌리고자 다시 우리나라에 왔다. 그는 우선 이노우에 외상(外相)을 설득했지만, 우리 정부는 지나(支那)를 두려워해서 민씨 척족의 사대당을 도우려는 정책을 취하고 있었으므로 그 뜻을 이룰 수 없었다. 그는 실망해서 후쿠자와에게 호소했다. 후쿠자와는 백작을 추천했다. 김옥균은 전에 백작의 향응(饗應)을 받은 적이 있었다. 백작의 사람됨과 경력을 알고 있었으므로 크게 기뻐하며 백작을 방문해서 사정을 자세히 호소하고 도움을 청했다. 백작은 '청한(淸韓) 간에 만약 일이 생기면 내 소시(壯士)들을 그곳에 보내서 울분을 풀게 하고, 아울러 외부에서 우리 정부를 자극해서 우리의 내외정책을 개혁할 수 있을 것이다.'라고 생각했다. 그리하여 김옥균에게 대답하기를, "귀하는 걱정하지 마시오. 나는 맹세컨대 귀하의 간청을 받아들일 것이오."라

---

[20] Harold F. Cook, *Korea's 1884 incident: It's background and Kim Ok-kyun's elusive dream*, Seoul: Royal Asiatic Society, Korea Branch, 1972, pp. 63~64.

고 했다. 김옥균은 크게 놀라고 기뻐하면서 다시 그 방책을 물었다. 백작은 옷깃을 여미며 말했다.

"쇼지로가 이미 이를 떠맡은 이상 결코 두말을 하지 않을 것이나, 오직 이 일에 대한 조선국왕의 신한(宸翰)을 바라오. 즉, 조선 개혁의 한 가지 일은, 그것을 일체 이 고토 쇼지로에게 위임한다는 조칙(詔勅)을 받지 않는다면 나중에 여러 소인들이 혹시 내 행동을 방해해서 대사를 그르칠지도 모르기 때문이오. 각하가 과연 나를 신뢰한다면 바로 그것을 받아오시오. 나는 100만 엔의 자금과 뜻을 같이 하는 지사들을 이끌고 귀국으로 건너가서 일거에 잡배(雜輩)를 일소하여 팔도의 백성들을 편안히 하고, 귀국을 태산과 같은 안정 위에 올려놓을 것이오."

김옥균은 더욱 기뻐하며 말했다.

"지금 조선 정부에서는 사대당이 크게 발호해서 쉽게 국왕에게 접근할 수 없을 뿐 아니라, 우리 동지가 국외로 나가는 것도 엄중히 감시되고 있습니다. 따라서 어쩌면 빨리 약속을 이행하지 못할 수도 있습니다. 하지만 나는 기회를 봐서 국왕의 조칙을 청하겠습니다."

그리고 곧장 자세한 소식을 본국의 동지들에게 전하고, 자신은 잠시 도쿄에 머물렀다. 16년(1883) 10월의 일이었다.[21]

메이지유신으로부터 1889년에 제국헌법이 제정되기까지 일본의 이른바 자유민권운동과 그 중심이었던 자유당의 역사를 기록한 『자유당사(自由黨史)』(초판 1910년 출간)에도[22] 고토는 김옥균을 만난 자리에서 자신이 자금문제를 해결하겠다고 호언장담하면서, 그 대가로 먼저 이노우에 가쿠고로가 조선 정부에 고빙된 다음에 자신이 직접 조선에 건너가 객경(客卿), 즉 외국

---

21 『伯爵後藤象二郞』, pp. 540~542.
22 『自由黨史』의 편찬 배경 및 출판 경위에 관해서는 遠山茂樹, 「『自由黨史』解說」, 『遠山茂樹著作集』 第3卷, 東京: 岩波書店, 1991, pp. 110~128을 참조할 것.

인 재상이 되어 조선 개혁을 주도하겠다는 뜻을 피력했다는 기록이 있다.[23]

고토는 차관 교섭의 난항으로 궁지에 몰린 김옥균에게 자금을 제공하고 자신의 '소시(壯士)'를 보내 정변을 돕는 대신, 조선 개혁의 전권을 자신에게 위임해줄 것을 제안했던 것이다. 그리고 밀약의 증거로 고종의 친서를 요구했다. 고종의 친서는 나중에 김옥균이 말을 바꿀 때를 대비하기 위한 것이면서, 이웃 나라의 정변에 부당하게 간여한 것에 대해 향후 있을지 모를 서양인들의 비난을 모면하려는 뜻도 있었다. 참고로 우리는 장사(壯士)라고 하면 건장하고 힘이 센 사람을 의미하지만, 일본의 소시는 일정한 직업 없이 다른 사람의 의뢰를 받아 담판이나 협박을 일삼는 불량배를 뜻한다. 이들은 종종 일본의 재야정객들에게 고용돼서 경비나 선거운동에 종사했다.[24]

「조선내정개혁의견서」

그렇다면 김옥균은 고토의 제안에 대해 어떻게 반응했을까. 이와 관련해서 김옥균이 고토에게 보낸 답장이 전해진다. 이 서한은 『김옥균전집』에 「조선내정개혁의견서(朝鮮內政改革意見書)」라는 수긍하기 어려운 제목으로 수록되어 있는데, 김옥균의 가장 큰 치부가 되기 때문인지 아직까지 번역은 물론 내용조차 정밀하게 검토된 적이 없다.[25] 이제부터 이 서한의 내용을 자세

---

23 宇田友猪·和田三郎 編, 板垣退助 監修, 『自由黨史』 下卷, 東京: 岩波書店, 1957, pp. 125~126.
24 후쿠자와 유키치 저, 허호 역, 『후쿠자와 유키치 자서전』, 이산, 2006, p. 166.
25 이 서한은 원래 일본 도쿄도립대학(東京道立大學) 도서관 소장 『花房文書』에 포함된 것으로, 山邊健太郎, 『日本の韓國併合』, 東京: 太平出版社, 1966, pp. 120~122와 한국학문헌연구소 편, 『김옥균전집』, 아세아문화사, 1979, pp. 109~119에도 실려 있다. 그런데 양자 모두 오탈자가 적지 않기 때문에 주의할 필요가 있다. 특히 『김옥균전집』의 경우, 서한의 영인본과 이를 탈초(脫草)한 활자체 문서를 병행 수록했다. 그런데 활자체 문서는 『日本の韓國併合』에서의 오탈자를 똑같이 답습한 것으로 보아 이를 그대로 옮기지 않았나 생각된다. 다음은 김옥균의 서한 원문으로, 『日本の韓國併合』과 『김옥균전집』에 수록된 서한에서 탈자(脫字)는 □, 오자(誤字)는 밑줄로 표시한 후, 필자가 교정한 글자를 [ ] 안에 표기했다.

히 살펴보기로 한다.

조선책략을 고안하여 고토 선생 각하께 드려서 증명(證明)하오니, 부디 가르침을 내려주시길 바랍니다.

조선은 지난 400년 동안 병혁(兵革)과 흉황(凶荒)이 없어서 상하 인심이 대단히 안일합니다. 이제 비록 천하 각국과 차례로 조약을 체결했지만 개진지도(改進之道)에 이르러선 실로 방향이 없습니다. 대군주께선 비록 지극히 영명총단(英明聰斷)하시나 저렇듯 400년간 누적된 완고한 습속은 갑자기 바뀔 수 없을 것이니, 형편상 부득불 한번 대경장(大更張)을 해서 정부를 개혁한 뒤에야 군권(君權)을 높이고 민생(民生)을 보전할 수 있을 것입니다.

擬以朝鮮策略 呈後藤先生閣下證明 更乞垂誨

蓋朝鮮一國 四百年來 無兵革凶荒 上下人心 安逸酷甚 今□[雖]有天下各國 秩次結約 至於改進之道 實無方向 大君主雖極英明聰斷 以玆[若]四百年積累之頑俗 猝無以化矣 勢不得不一番大更張 改革政府 然後君權可以尊 民生可以保矣 惟我大君主 肝[肝]憂仲仲[忡忡]時有懇惻之敎 更不無密議而力極改革 以玉均之無似 得此知遇之誠 雖滅身抉腹 惟尊王室 以報我大君主之恩 而□[言]乎其圖報之策 自來淸國之自以爲屬國 誠萬無之恥 亦不無因此 而國無振作之望 此是第一疑 撤[撤]退羈絆 特立爲獨全自主之國 欲獨立則政治外交 不可不自修自强 然彼事 以今政府人物 萬不可得矣 亦不可不一番掃盡傾危君權貪勢苟息之輩 其掃除之道 有二策 一是得君密勅而平和行事也 一是賴君密意而以力從事也 又若曰平和 則朝鮮國人皆可用之 若用武力 則勢不得不雇用日本人 或曰 欲改革己國之事 何用他國之人 此固有說焉 以朝鮮蠢蠕之物 實無以與圖大事 以往年大院君之亂 無一介爲王家 而于[倡]義主[者]于此可見 我國人之無一可用也 欲雇用日人 我雖有財 實無威權於日人 亟擬與閣下 共圖大事 此誠世界上大功系[業]萬年不朽之盛名也 我知日本有閣下一人可共大計 □[一]面之契 閣下又慨然相許 此特氣義爲重 其如做事之際 生死二路 均屬常理 □[今]閣下與我所結之義氣 卽是共生共死四字而已 其如事遂誠[원문, 成?]就 局面一新 以後許多可行之事 便民利國在[者]自不必□[預]贅 惟面前可行緊要一件 卽有金爲重 所以玉均得君主委任之全權 方有就議者 此事成彼[後]如購銃砲彈藥汽船等之物 不可不爲急先務 如雇入可使之人 精粗幷著 關一不可 此固閣下全任而相議者 然其他瑣小節目 今不須言及乎 行事之際 緩急疎密 自有觀機之變 今與閣下有鐵盟 替[誓]無相誓[替]然惟我二人取[所]言卽私也 玉均將得我君主密勅于閣下 之[今]與共大事 有不得不就閣下一言而大決主[者]閣下今雖無職事于貴政府 明明[明日再明]不意出脚 亦不可知 若至於此 今與我爲盟者 卽空虛也 今以義氣相投 我將奉君 不可不一□[質]于閣下 然彼事荒亂 草此而証之 惟於一言而之[之]決 行[小]無回互

後藤象次郎 閣下

請旨[與]福澤諭吉先生 證正

282

우리 대군주께선 밤낮으로 근심하셔서 때때로 간절한 전교를 내리시고, 다시 밀유(密諭)가 없지 않아서 개혁에 온 힘을 쏟으십니다. 그래서 저처럼 보잘것없는 사람이 이와 같은 지우(知遇)를 입게 되었으니, 설령 몸을 멸하고 배를 가르는 한이 있어도 오직 왕실을 높여서 우리 군주의 은혜에 보답할 것입니다.

그런데 그 보답하는 방법으로 말하자면, 예로부터 청국은 우리를 속국으로 여겨왔으니, 참으로 만세(萬世)의 치욕이 또한 여기에 기인하며, 나라는 진작(振作) 할 가망이 없습니다. 따라서 가장 먼저 굴레를 벗어던지고 특립(特立)하여 독전 자주지국(獨全自主之國)이 되어야 합니다. 그런데 독립하고자 한다면 정치·외교를 자수자강(自修自强)하지 않을 수 없는데, 이 일은 지금 정부의 인물로는 결코 할 수 없으니, 또한 군권(君權)을 위태롭게 하고 권세를 탐하여 고식(姑息)하는 무리를 한번 싹 쓸어버리지 않을 수 없습니다.

서두에서 정변의 대의명분을 제시했다. 비록 조선은 서양 몇 개 나라와 근대적 조약을 체결했지만, 400년 동안 큰 전쟁과 흉년을 겪지 않았기 때문에 민심이 대단히 안일하다. 따라서 대경장(大更張), 즉 철저한 개혁을 단행해야 한다. 국왕은 대단히 영명해서 자신과 같이 보잘것없는 사람도 그 총애를 받게 되었다. 그 은혜에 보답하는 방법은 무엇인가? 조선을 속국으로 취급하는 청국 세력을 몰아내야 한다. 왜냐하면 이는 만세의 치욕이 될 뿐 아니라, 그 영향력 하에서는 조선이 진작할 가망이 없기 때문이다. 그런데 조선이 완전한 독립자주국이 되기 위해선 정치와 외교를 자수자강(自修自强) 해야 하는데, 현재 조정 신하들로는 절대 불가능하므로 이들을 한번 싹 쓸어버려야 한다는 것이었다.

이미 김옥균은 차관을 얻어서 군대를 양성한다는 계획을 포기하고, 그 대신에 참간(斬奸)이라는 직접행동을 통해 '군권을 위태롭게 하고 권세를 탐해서 고식하는 무리'를 제거하기로 결심하고 있었다. 그런데 조선에서 정치적 반란은 빈번하게 있었지만 유혈참사를 본 경우는 많지 않았다. 정적의 제거는 보통 합법적으로 체포해서 심문한 후 유배를 보내거나 마지막에 사사(賜死)하는 방식으로 이뤄졌다. 그에 비해 막부 말기부터 근대 일본의 정치사는 암살로 점철되어 있었다.[26] 일본의 이른바 청년지사들은 암살을 찬미할지언정 이를 정치적으로 비열한 수단이라거나 도덕적으로 중대한 죄악이라고는 생각하지 않았다.[27] 김옥균은 갑신정변의 구체적 아이디어를 일본에서 얻었던 것이다.

> 그 소제(掃除)하는 데는 두 가지 방책이 있습니다. 하나는 군주의 밀칙(密勅)을 받아서 평화롭게 행하는 것이요, 다른 하나는 밀의(密意)에 기대서 무력으로 행하는 것입니다. 또 만약 평화롭게 한다면 조선인을 모두 그 일에 쓸 수 있지만, 무력을 쓴다면 형편상 일본인을 고용하지 않을 수 없습니다.

정적을 제거하는 데는 국왕의 밀칙(密勅)을 받아서 평화롭게 행사하는 방법과 국왕의 밀의(密意)에 기대서 무력으로 해결하는 두 가지 방법이 있는데, 후자를 택한다면 일본인 소시를 고용하지 않을 수 없다고 했다. 밀칙(密勅), 즉 고종이 민씨 척족을 제거하라는 밀명을 내릴 가능성은 전혀 없었다. 개화당의 입장에서야 민씨 척족은 당연히 제거해야 할 정적이지만 고종에게는 집권세력의 일부로서 기존 권력구조의 유지에 공통된 이해관계를 갖는 파트

---

26 서양과의 굴욕적인 조약 체결을 주도했다는 이유로 막부 다이로(大老) 이이 나오스케(井伊直弼)를 미토 번(水戸藩)의 탈번 사무라이 등이 척살한 사쿠라다몬 사건(桜田門外の変, 1860)이 대표적이다. 이 밖에도 근대 일본에서 암살로 희생된 정·재계 거물들의 명단에는 요코이 쇼난(横井小楠, 1869)·오무라 마스지로(大村益次郎, 1869)·오쿠보 도시미치(大久保利通, 1878)·모리 아리노리(森有礼, 1889)·하라 다카시(原敬, 1921)·단 다쿠마(團琢磨, 1932)·이누카이 쓰요시(犬養毅, 1932)·나가타 데쓰잔(永田鉄山, 1935)·사이토 마코토(斎藤実, 1936)·다카하시 고레키요(高橋是清, 1936) 등이 포함된다.
27 다보하시 기요시 저, 김종학 역, 『근대 일선관계의 연구 (상)』, 일조각, 2013, p. 837.

너였기 때문이다. 따라서 김옥균이 밀칙 운운한 것은 자신에 대한 고종의 신임을 과시하기 위한 것이었을 뿐, 실제 그의 의도는 후자에 있었다. 여기서 "밀의에 기댄다"는 말은 고종의 명령이 없어도 그 심중을 '헤아려서' 정변을 일으키겠다는 뜻이다. 하지만 갑신정변 당시 고종이 취한 행동은, 이른바 '밀의'라는 것이 고종의 실제 뜻과는 사실상 거리가 멀었음을 보여준다.[28]

누군가가 "자기 나라의 일을 개혁하려고 하면서 어찌 타국인을 쓰는가?"라고 한다면, 거기엔 참으로 이유가 있습니다. 조선의 어리석은 인물들로는 실로 함께 큰일을 도모할 수 없습니다. 몇 해 전 대원군의 난(임오군란)에 단 1명도 왕실을 위해 창의(倡義)하지 않았으니, 여기서 우리나라 사람은 쓸 수 없음을 알 수 있습니다. 일본인을 고용하려고 할진댄, 설령 저에게 재물이 있더라도 실로 일본인에 대해 권위가 없기 때문에 다급하게 각하와 대사를 도모하려고 생각한 것입니다. 이는 참으로 세계적으로 큰 공업(功業)이자 만년불후(萬年不朽)의 성명(盛名)이 될 것입니다.

---

28 일본 사노시(佐野市) 향토박물관의 '수나가 하지메(須永元) 문고'에는 박영효의 회고담을 기록한 것으로 추정되는 『朝鮮甲申事變稿本』이라는 문헌이 있다. 그중에 정변 당시 고종의 행동과 관련해서 다음과 같은 대목이 있다.
"이가[李家: 이재원(李載元)의 사저인 계동궁(桂洞宮)]에 있을 때, 경기도 감사 심상훈이 왕 옆의 복도에서 자기 집에 돌아가고 싶다고 하면서 궁 밖으로 내보내줄 것을 요구했다. 박영효는 허락하지 않았다. 심상훈은 평소 옥균과 친한 사이였으므로, 옥균에게 간청해서 이가(李家)에서 자기 집으로 돌아가는 척 하고는 곧장 청국 병영(兵營)으로 갔다. 그리고 원세개와 이야기해서 이용구에게 밥공기 안에 편지를 넣게 했다. 그리하여 이용구는 아침 수라상 공기에 밀서를 숨겨서 왕에게 보여주었다. 그때 서재필이 엄중히 감시하고 있었지만, 이를 보고도 무엇인지 묻지 않았다고 한다. (중략) (다음 날) 연경당 뒤편에 관제묘가 있다. 밀서는 아마 이곳으로 도망치라는 내용이었을 것이다. 왕은 걷지 못했기 때문에 무예별감의 등에 업혀서 도망치려고 했다(李家ニ居タトキ京畿道監司沈相薫王ノ側ノ廊下ニ在リ自家ニ歸リタカリ宮外ニ出ンコトヲ需ム朴之ヲ許サス沈ハ平生玉均ト懇親ノ間柄ナリ強テ玉均ニ乞フテ李家ヨリ已ノ家ニ歸ル風ニテ直ニ清營ニ至リ袁ト相談シテ李容九ニ手紙ヲ飯茶碗ニ入□タ而シテ李容九ハ朝飯ノ茶碗ノソコニ密書ヲ潜マセテ王ニ觀セシメタ此時徐載弼嚴重監視セシモ之ヲ見テ其何如ナルカヲ問ハサリシト云 (中略) 延慶堂ノ後ニ關帝廟アリ密書ハ多分此ニ逃レヨトノコトナリ王ハ步行出来ヌカラ武藝別監□領ノ肩ニ負ハレテ逃レントセリ)。"

저는 일본에 오직 각하 한 분만이 대계(大計)를 함께 할 만하다는 것을 알고 있습니다. 한 번 만남에 각하께선 또 개연(慨然)히 허락하셨으니, 이는 의기(義氣)를 중시하신 것입니다. 일을 할 때 죽고 사는 두 가지 길은 모두 상리(常理)에 속하니, 이제 각하와 제가 결합한 의기는 바로 '살아도 같이 살고 죽어도 같이 죽는다[共生共死]'는 네 글자일 뿐입니다.

일본에서 행동대원으로 소시를 구하려고 하는 이유를 설명했다. 비록 김옥균은 조선인이 어리석고 신의가 없기 때문이라고 했지만, 실제로는 조선인은 암살과 같은 유혈극에 익숙하지 않아서 쓰기 어렵다고 판단했기 때문일 것이다. 그런데 일본인을 고용할 경우 긴박한 상황에서 김옥균의 지휘에 순종하리라는 보장이 없었다. 따라서 소시의 지휘를 위해서라도 고토의 도움이 절실했던 것이다.

장차 일이 마침내 성취되어 국면이 일신한 뒤에 행해야 할, 백성을 편안히 하고 나라를 이롭게 하는 많은 일들은 미리 췌언(贅言)할 필요가 없습니다. 다만 당장 해결해야 할 긴요한 1건은 바로 자금입니다. 이 때문에 제가 군주께 위임받은 전권을 갖고 상의드리는 것입니다. 이 일이 성공한 뒤엔 총포·탄약·증기선 등의 구입이 급선무가 아닐 수 없고, 쓸 만한 사람을 고용하고 온갖 물건을 비축하는 일 또한 어느 하나라도 빠뜨릴 수 없습니다. 이는 참으로 각하께서 전담하면서 상의해야 할 것들입니다. 하지만 나머지 사소한 사항은 지금 언급할 필요가 없습니다. 일을 행할 때의 완급(緩急)과 소밀(疏密)은 별도로 임기응변할 것입니다.

김옥균이 고토와 결탁한 가장 큰 이유는 바로 자금 때문이었다. 이 자금은 비단 정변을 위한 것만은 아니었다. 김옥균은 무기와 선박의 구매, 인재 등용과 온갖 물품의 비축 등 장기적으로 혁명정권을 안정시킬 방안까지 염두에 두고 있었다. 이를 실현하려면 당연히 막대한 자금이 필요했다.

이제 각하와 철맹(鐵盟)을 맺어서 서로 번치 않기로 맹서했습니다. 그러나 우리 두 사람이 말한 것은 사적인 것입니다. 따라서 저는 장차 우리 대군주께서 각하에게 내리시는 밀칙(密勅)을 얻겠습니다. 이제 함께 대사를 도모하면서 각하의 한마디로 크게 결정하지 않을 수 없는 것이 있습니다. 각하께선 지금은 비록 귀정부에서 직분이 없으시지만, 내일이나 모레 뜻밖에 다시 출사(出仕)하실 지도 모릅니다. 만약 그런 일이 생긴다면 지금 저와 맹약한 것은 공허해질 것입니다. 이제 의기투합해서 제가 군명(君命)을 받들 것이므로 각하께 한번 확인하지 않을 수 없습니다. 그러나 저 일이 황란(荒亂)해서 이 편지를 써서 증빙하는 것입니다. 단 한마디로 결답해 주신다면 조금도 회호(回互)가 없을 것입니다.

고토 쇼지로 각하
부디 후쿠자와 유키치 선생과 함께 살펴주시기 바랍니다.

앞에서 보았듯이, 고토는 거사에 성공하면 자신에게 조선 개혁의 전권을 일임하기로 한 약속의 증명으로 고종의 친서, 즉 교지(敎旨)를 요구했다. 이에 대해 김옥균은 거사 이전에 고종의 교지를 받아다 주기로 약속했던 것이다. 하지만 고종이 쿠데타를 승인하고 심지어 일본인 재야정객에게 정권을 맡긴다는 내용의 교지를 하사하는 것은 상상할 수도 없는 일이었다.

그렇다면 김옥균은 고종의 교지를 어떻게 얻어다 줄 작정이었을까. 이와 관련해서, 김옥균의 심복으로서 갑신정변 이듬해인 1885년에 조선정세를 염탐하기 위해 일본에서 잠입했다가 체포당한 백춘배(白春培)의 취조기록이 주목된다.

그(장은규)는 "김옥균과 함께 고토 쇼지로를 찾아가서, 군대 5,000명을 크게 일으켜 9, 10월 사이에 강화도를 기습하고 다시 경궐(京闕)을 범하기로 약속했다. 일이 이뤄지지 않더라도 주상을 나가사키로 모신다면 일은 반드시 이뤄질 것이다."라고 했습니다. 저는 크게 놀라서 물었습니다. "대체 고토는 빙거(憑據: 증거)를 갖고 있기에 그렇게까지 하는 것인가?" 그가 말했습니다. "밀지(密旨)가 있다." 저는 더욱 놀라서, "무슨 밀지가 있는가?"라고 물었더니, 은규가 답하길 "상년(上年: 작년)에 김옥균이 한성에 있을 때, 차관을 얻으려고 하는데 어보(御寶)가 찍힌 문빙(文憑)이 필요하다고 상주했다. 그래서 어보를 찍은 빈 종이를 하사하셨다. 김옥균이 그 종이에 밀지를 위조해서 고토에게 보여주었다. 그래서 고토가 이를 증거로 믿는 것이다."라고 했습니다.[29]

김옥균은 갑신정변이 실패해서 일본에 망명한 뒤에도 여전히 군대 5,000명을 이끌고 고토 쇼지로와 함께 조선에 쳐들어가려는 미몽(迷夢)을 버리지 못하고 있었다. 장은규(張殷奎)는 김옥균의 지시로 고토와의 연락을 담당한 인물이었다. 그의 말에 따르면, 김옥균은 1884년에 고종에게 차관을 얻으려면 어보(御寶), 즉 옥새가 찍힌 문서가 필요하다고 아뢰었다. 이에 고종은 옥새가 압인된 빈 교지(敎旨)를 하사했는데, 김옥균은 여기에 임의로 내용을 기입해서 고토에게 제시했다는 것이다. 하지만 고종이 김옥균을 아무리 신뢰했더라도 옥새가 찍힌 빈 종이를 하사했다는 것은 선뜻 납득하기 어렵다. 그렇다면 김옥균은 옥새를 하나 위조해서 필요에 따라 교지를 만들어 쓰고선 장은규에겐 국왕이 준 것이라고 둘러댄 것은 아니었을까.[30] 갑신정변의

---

29 고려대학교 아세아문제연구소 편, 『구한국외교문서』 제3권, 「일안(日案)3」, 고려대학교 아세아문제연구소, 1967, 문서번호 621의 부건.

30 1894년 4월에 김옥균과 박영효 암살의 임무를 맡아 일본에 건너간 이일직(李逸稙)이 일본 관헌에게 체포됐을 때 압수 물품 중에서 국왕의 칙유를 사칭한 위조문서와 옥새가 발견되었다. 도쿄 지방재판소의 예심판사가 그 진위 여부를 박영효에게 묻자, 그는 "김옥균은 인

아수라장 속에서 고종이 다케조에 공사에게 보냈다는 '일사래위(日使來衛)' 교지 또한 위조된 것을 보면,[31] 어떤 방식으로든 김옥균이 교지를 날조해서 고토에게 전달한 것은 틀림없다.

김옥균의 밀서에서 또 하나 눈에 띄는 것은 고토에게 일본 정부에 출사하지 말라고 신신당부한 사실이다. 이미 이노우에 외무경은 김옥균을 신용하지 않는다는 뜻을 분명히 했다. 따라서 김옥균은 고토의 출사로 인해 정변에 관한 정보가 새어나가는 것을 우려했던 것으로 보인다. 또한 김옥균은 서한의 말미에 "부디 후쿠자와 유키치 선생과 함께 살펴주시기 바랍니다(請與福澤諭吉先生 證正)."라는 말을 덧붙였는데, 이는 김옥균과 고토가 결탁한 배경에 후쿠자와가 있었음을 입증하는 증거가 된다.

그렇다면 고토가 개화당의 쿠데타에 가담하기로 마음먹은 이유는 무엇이었을까. 고토는 이전부터 후쿠자와로부터 조선에 건너가 정권을 장악하고 개혁을 추진하라는 권유를 받고 있었다.[32] 일견 황당한 구상처럼 보이지만, 후쿠자와와 고토는 1894년에 유길준을 통해서 다시 이 계획을 시도할 정도로 진지하게 생각하고 있었다.[33]

하지만 고토가 조선의 정변에 간여하기로 결심한 것은 비단 후쿠자와의 권유 때문만은 아니었다. 반정부적 성향이 강한 자유당 인사들은 조선에서 중대한 분규를 일으킴으로써 일본 정부를 곤란에 빠뜨리고 정국의 주도권을 잡아 일본의 내정을 개혁하려고 했던 것이다. 이들은 갑신정변이 실패

장도 잘 새기고, 성격도 그런 일을 하는 것을 좋아하기 때문에 나는 김옥균과 이일직 등이 오미와 조베(大三輪長兵衛)를 속이기 위해 마련한 것은 아닐까 하는 의심이 든다."라고 진술해서 김옥균이 국왕의 친서를 상습적으로 위조했음을 입증했다[다보하시 기요시 저, 김종학 역, 앞의 책(2013), p. 908].

31 이 책의 제7장 2절 참조.

32 『福澤諭吉傳』 第2卷, p. 531.

33 都倉武之, 「明治27年甲午改革における日本人顧問官派遣問題－後藤象二郎渡韓計劃を中心に」, 『武蔵野短期大学研究紀要』 第20號, 2006.

한 뒤에도 일본으로 망명한 김옥균을 이용해서 끊임없이 음모를 꾸몄다. 일
례로 1885년 6, 7월에 오이 겐타로(大井憲太郎)·고바야시 구스오(小林樟雄) 등
자유당원들이 김옥균을 옹립해서 조선에서 재차 폭동을 일으킬 계획을 꾸
몄다가 사전에 발각되는 바람에 수포로 돌아간 일도 있었다.[34] 고토 쇼지로
가 "청한 간에 일이 생기면 내 소시(壯士)들을 조선에 보내서 울분을 풀게
하고, 아울러 외부에서 우리 정부를 자극해서 내외정책을 개혁한다."라고
한 말은 바로 이러한 의미를 내포하고 있었다.

고토 쇼지로의 자금 동원 시도와 실패

이제 고토의 행적을 따라가보자. 그는 김옥균에게 100만 엔의 자금을 조
달하겠다고 호언장담했지만, 1883년 말까지 그가 실제로 모을 수 있었던 금
액은 3, 4만 엔에 불과했다.[35]

그런데 고토에게 뜻밖의 기회가 찾아왔다. 바로 청프전쟁의 격화였다. 청
프전쟁은 1882년 3월부터 1885년 6월까지 베트남을 놓고 청과 프랑스 간에
벌어진 전쟁을 말한다.[36] 전쟁의 국면이 심각해진 것은 1884년 5월이었다.

---

34 고바야시 구스오·오이 겐타로·이소야마 세베에(磯山淸兵衛)·아라이 쇼고(新井章吾)·이나
  가키 시메스(稻垣示)·가게야마 히데(景山英) 등 자유당원들의 음모는 1885년 11월에 발각되
  었다. 이들은 외환(外患)·폭발물취체벌칙(爆發物取締罰則) 위반 혐의로 체포되었고, 1887
  년에 공판이 열렸다. 당시 공판기록 및 회고록으로는 石川傳吉 編,『國事犯事件公判傍聽筆
  記』, 東京: 正文堂, 1887와 福田(景山)英子 撰,『妾の半生涯』, 東京: 東京堂, 1904가 있다. 자
  유당원들의 조선폭동 음모에 관해선 다보하시 기요시 저, 김종학 역,『근대 일선관계의 연구
  (하)』, 일조각, 2016, pp. 143~150을 참조.
35 『伯爵後藤象二郎』, pp. 542~543.
36 청프전쟁에 관해선 다음 연구를 참조할 것. Lloyd E. Eastman, *Throne and Mandarins,
  China's search for a policy during the Sino-French controversy, 1880-1885*,
  Cambridge: Harvard University Press, 1967: 窪田文三,『支那外交通史』, 東京: 三省堂,
  1928, pp. 272~296: 坂野正高,『近代中國政治外交史』, 東京: 東京大學出版會, 1973, pp.
  345~367.

1884년 5월 11일에 청과 프랑스 간에 톈진정전협정(天津停戰協定, 이홍장-푸르니에 협정)이 성립했다. 이에 따르면, 청은 프랑스가 코친차이나 및 통킹을 차지하는 것을 용인하고, 프랑스는 청에 배상을 요구하지 않기로 되어 있었다. 하지만 청군의 철병시기를 둘러싼 이견으로 협정은 곧 결렬되었다. 7월 28일에 프랑스는 청에 2억 5천만 프랑의 배상금 요구와 함께 최후통첩을 발송했다. 이러한 거액의 배상금 요구는 당시 프랑스의 제2차 쥘 페리(Jules Ferry) 내각이 무리한 식민지 확장으로 심각한 재정난에 빠져있던 것과 관계가 있었다.[37] 청은 사흘 만에 이를 거부했다. 프랑스 극동함대는 8월 5일에 타이완(臺灣)의 지룽포대(基隆砲臺)에 포격을 개시했다. 이어서 23일에는 푸저우해전(福州海戰)에서 장패륜이 통솔하는 복건함대(福建艦隊)를 대파하고 푸저우선창(福州船廠)을 파괴했다. 이에 26일에 청이 정식으로 프랑스에 선전포고함으로써 양국은 본격적인 전쟁 상태에 돌입했던 것이다.

고토는 청프전쟁을 기회로 프랑스로부터 원조를 받아내기로 했다. 9월 9일, 고토를 비롯해서 자유당 총리 이타가키 다이스케, 간사 고바야시 구스오가 프랑스공사관을 방문했다. 이 자리는 프랑스어에 능숙하고 프랑스공사관에 자주 출입하던 고바야시가 알선한 것이었다. 이 자리에서 고토 등은 주일 프랑스공사 조제프 A. 시앙키에비치(Joseph A. Sienkiewicz)에게, "우리의 목적은 조선의 독립을 회복하고 강대하게 만들어서, 일본인들이 조선을 선망하게 만들어 일본을 참된 자유의 시대에 진입하게 하려는 것이다. 조선 최초의 개혁은 자국을 방위할 수 있는 군대를 갖추는 데 있다. 왜냐하면 군대를 가져야 청에 철군을 요청할 수 있기 때문이다. 만약 프랑스가 조선에 100만 엔, 즉 500만 프랑의 차관을 제공한다면 조선을 수중에 넣을 수 있을 것이다. 이 차관의 담보로 조선은 광산 채굴권을 제공할 것이다."라는 제안을 했다. 메이지 정부의 비판세력인 자유당의 간부들이 갑자기 찾아와

---

37 彭澤周, 「フェリー內閣と日本」, 『史林』第45卷 第3號, 1962.

서 이처럼 중대한 제안을 하는 것에 대해 시앙키에비치 공사는 적잖은 의구심을 품었지만, 그는 이들이 메이지 정부의 밀사이거나 적어도 정부의 동의를 얻었을 것으로 판단했다.[38]

『자유당사(自由黨史)』에는 시앙키에비치가 이타가키의 말에 일리가 있다고 생각해서 그 자리에서 제안을 승낙했다고 기록되어 있다. "내 직권상 감히 프랑스 정부를 관여하게 할 순 없지만, 나는 프랑스인의 자격으로 파리에 있는 내 친구 은행가에게 전하겠다."[39] 하지만 이는 외교적 수사에 불과했을 뿐, 시앙키에비치는 실제로는 책임질 만한 어떤 약속도 하지 않으려고 주의했다.[40] 그럼에도 불구하고 자금 마련에 부심하던 고토와 이타가키는 이를 승낙의 의미로 이해했다.

그로부터 며칠 후 시앙키에비치 공사는 서기관 도트르메르(Dautremer)를 보내서 고바야시를 공사관으로 불렀다. 그리고는 100만 엔의 차관이 결정돼서 언제든 받을 수 있으며 프랑스 극동함대 사령관 아메데 아나톨 프로스페르 쿠르베(Amédée Anatole Prosper Courbet) 제독 또한 사정이 허락하는 한 군함 2척의 사용을 허락했다는 소식을 전했다.[41] 하지만 이는 사실이 아니었고, 시앙키에비치의 의도는 자유당원들에게서 조선의 내부정세에 관한 정보를 얻어내려는 것에 불과했다. 그러나 이러한 내막을 알 도리가 없었던 고토는 즉시 조선의 김옥균에게 이 낭보를 전했을 것이다. 제7장에서 살펴보겠지만, 개화당은 10월 초부터 본격적으로 거사준비에 착수하는데, 여기에는 이러한 이유도 있었을 것으로 추측된다.

---

38 CP Japon vol.30 f.295-7, 290-4; 彭澤周, 「朝鮮問題をめぐる自由黨とFrance 一主として山邊氏説に對する批判」, 『歷史學研究』 第265號, 1962; 『伯爵後藤象二郎』, pp. 544~549.
39 宇田友猪・和田三郎 編, 板垣退助 監修, 앞의 책, p. 127; 『伯爵後藤象二郎』, p. 549.
40 彭澤周, 앞의 글(1962), p. 56.
41 『伯爵後藤象二郎』, p. 550.

고토 쇼지로의 갑신정변 개입

그런데 『자유당사』에는 마지막 순간에 고토가 김옥균의 정변계획에서 발을 뺐다고 기록되어 있다.

어느 날 저녁, 뜻밖에 참의 이토 히로부미가 고토를 방문해서 공신망라책(功臣網羅策)을 설명하며 그의 입각을 권유했다. 고토는 그를 만나서 옛 교분을 회복했다. 술잔을 기울이다가 화제가 조선의 시사(時事)에 이르렀다. 고토는 자기도 모르게 앞으로 몸을 기울이며, "정부에서 만약 내게 그 문제를 일임한다면 기필코 공을 거두어 다년간의 화근을 끊을 것이오."라고 했다. 이토는 "그대가 만약 그 임무를 맡을 수 있다면 그보다 더한 다행이 어디 있겠는가?"라고 했다. 고토는 이 말을 듣고, 다시 정부에서 실제로 그럴 의도가 있는지 여부를 물었다. 이토는 "어찌 의심할 것이 있겠는가? 내가 반드시 그대를 추천해서 그 국면을 담당할 수 있도록 힘쓸 것이오."라고 했다. 이에 거침없고 경솔한 성격의 고토는 김옥균·박영효와의 밀약을 의심 없이 모두 누설해버렸다. "그대는 카부르가 되시오. 나는 가리발디가 될 뿐이오." 이토는 속으로 크게 놀랐으나 겉으로는 그 기색을 내비치지 않았다. 얼마 후, 이토는 이 일을 이노우에 외무경에게 말했다. 이노우에는 단호하게 그것은 불가하다고 하면서 "이와 같은 대사를 재야인사에게 의탁할 수 있겠소?"라고 말했다. 논의는 이것으로 끝났다. 고토는 이 사실을 알지 못했다.[42]

이에 따르면, 고토는 술에 취해서 입각을 권유하는 이토 히로부미에게 경솔하게 김옥균과의 밀약을 발설했다. 경악한 이토는 이노우에와 협의한 끝에 고토와 같은 재야인사가 조선의 정변에 간여하는 것은 위험하다고 보고, 조선 정부의 환심을 사기 위해 임오군란의 배상금 50만 엔 중에 40만 엔을 면

---

42 宇田友猪·和田三郎 編, 板垣退助 監修, 앞의 책, p. 128.

제해주는 한편, 다케조에 공사를 통해 김옥균에게 조선 독립을 돕겠다는 뜻을 전하게 했다. 마침내 다케조에의 태도가 급변한 것을 본 김옥균은 고토와의 밀약을 저버리고 일본공사관과 결탁해서 정변을 일으켰다는 것이다.[43]

하지만 이 기록은 신뢰하기 어렵다. 일본인 연구자 야마베 겐타로(山邊健太郞)는 『자유당사』의 성립 과정을 상세히 검토한 후 이토와 이노우에의 방해로 고토의 계획이 좌절됐다고 한 것은 갑신정변이 실패했기 때문에 이렇게 쓴 것이지, 만약 성공했더라면 고토·이타가키·후쿠자와·가쿠고로의 덕으로 돌렸을 것이라고 지적했는데, 이는 타당한 결론이라고 생각된다.[44] 고토는 결국 프랑스에서 차관을 얻는 데 실패했으므로 당초 김옥균과 약속한 대로 많은 인원과 물자를 동원할 수는 없었다.[45] 그러나 정변에서 완전히 손을 뗀 것도 아니었다.

갑신정변 직후 일본공사관이 파악한 바에 따르면 정변에 가담한 일본인은 모두 5명이었다. 소시마 와사쿠(總島和作)·고사카 가메지로(小坂龜次郞)·이토 긴키치(伊藤金吉)·가나이로 료닌(金色良忍)·오에 다니키치(大江種吉)였다. 이들은 모두 '신원불명의 일개 사인(私人)으로서 일본공사관과는 무관한 자들'이었다.[46] 이 가운데 동본원사의 승려로 1882년에 김옥균이 처음 일본에 건너갔을 때 통역을 맡았던 가나이로를 제외한 4명은 고토가 일본에서 파견한 소시였을 가능성이 크다.[47]

---

43 宇田友猪·和田三郞 編, 板垣退助 監修, 앞의 책, pp. 128~129.

44 山邊健太郞, 앞의 책(1966), pp. 109~126.

45 이와 관련해서 『甲申日錄』을 보면, 갑신정변 사흘째인 12월 6일 오전에 김옥균이 다케조에에게 외국인에게서 300만 엔에서 500만 엔을 기채(起債)하는 문제에 관해 상의하자, 다케조에가 300만 엔쯤은 일본 대장성에서 문제없이 얻을 수 있다고 호언장담하는 장면이 나온다. 실제 이런 대화가 있었는지의 여부는 확언하기 어렵지만, 고토가 약속한 자금을 보내주지 않아서 김옥균이 크게 낭패했던 것만큼은 분명하다.

46 檜山幸夫 編, 『伊藤博文文書(秘書類纂朝鮮交涉)』第3卷, 東京: ゆまに書房, 2006, pp. 599~605(『伊藤博文文書(秘書類纂朝鮮交涉)』는 이하 『伊藤』으로 약칭).

47 당시 일본공사관에서는 이 4명이 조선에 들어온 이유에 관해, 소시마는 쓰시마의 상인으로

이와 관련해서 1884년 11월 4일에 열린 개화당과 시마무라 히사시(島村久)의 비밀회합에서, 시마무라가 정변에 동원할 수 있는 인원이 얼마나 되는지 묻자 김옥균은 "결맹(結盟)한 용사는 30명 있소. 비록 소수이지만 담력이 있는 자들이니 우리의 일에는 충분할 것이오. 또 이 계획은 어제오늘의 일이 아니오. 이미 일본도(日本刀) 50자루를 준비하고, 일본에 자객을 주문해 두었으니 머지않아 도착할 것이오."라고 대답했다.[48] 김옥균이 사전에 일본도와 일본인 자객을 주문할 만한 상대는 고토 이외에는 생각하기 어렵다.

이밖에 고토의 갑신정변 간여를 입증할 만한 새로운 사료를 한 가지 제시하고자 한다. 일본 게이오대학 후쿠자와 연구센터에는 이노우에 가쿠고로가 자신의 생애를 연보 형태로 기록한 『이노우에 가쿠고로 자기연보(井上角五郎自記年譜)』(이하 『가쿠고로 연보』)라는 문헌이 있다. 이 문헌은 그의 전기 『이노우에 가쿠고로 선생전(井上角五郎先生傳)』에서만 일부 인용되었을 뿐, 아직까지 국내외 연구에서 본격적으로 검토된 바가 없다.[49] 그런데 『가쿠고로 연보』의 1884년 12월 5일 자 기사에 흥미로운 구절이 있다.

> 국사(國師)를 초빙해서 국정(國政)을 이혁(釐革: 개혁)하기로 결정함.
> 동시에 국사를 초빙해서 개국진취(開國進就)의 방책을 세우기로 결정하고, 국

누군가에게 빌려준 돈을 재촉하기 위해 정변 2주일 전에 입국했으며, 오에는 정변 한 달 전에 일본식 건물을 짓기 위해 김옥균이 고용한 인물로, 그리고 고사카와 이토는 각각 도쿄 인력거꾼과 도쿄 긴자(銀坐) 상점의 점원으로, 김옥균이 도쿄에 왔을 때 처음 알게 된 자들로 파악했다. 한편, 후쿠자와 유키치의 갑신정변 기록인 『메이지 17년 조선경성변란의 시말(明治十七年朝鮮京城變亂の始末)』에 따르면, 정변 당시 4명의 일본인이 동원됐는데 이 가운데 1명은 육군, 1명은 공사관, 2명은 김옥균과 박영효가 동원한 사람으로 되어 있다(이 책의 부록 2 참조). 아마도 일본공사관의 보고가 더 정확할 것이다.

48 伊藤博文 編, 『秘書類纂 朝鮮交渉資料』 上卷, 東京: 原書房, 1970, p. 272(이하 『秘書類纂』으로 약칭).

49 『가쿠고로 연보』의 서지사항 및 대략적인 내용에 관해서는 김종학, 「이노우에 가쿠고로와 갑신정변: 미간사료 『井上角五郎自記年譜』에 기초하여」, 『한국동양정치사상사연구』 제13권 1호, 2014, pp. 148~153 참조.

왕 전하께서 백작 고토 쇼지로(後藤象次郞-원문)를 부르라는 내의(內意)를 보이셨다. 나는 이 내의를 받자마자 육로로 부산에 사람을 급히 보내서 이 소식을 전달하는 절차를 취했다.

정변을 통해 개화당이 정권을 장악하고 바로 다음 날, 고종은 고토 쇼지로를 국사(國師)로 초빙해서 국정을 개혁하기로 하고, 그를 불러들이라는 내의(內意)를 비쳤다는 것이다. 여기서 국사란 고토의 이른바 객경(客卿)과 같은 뜻이다. 내의는 밀의(密意)와 같은데, 김옥균이 고토에게 보낸 밀서에서 고종의 밀칙(密勅)이 없더라도 밀의에 기대어 거사한다고 한 구절을 연상시킨다. 즉, 비록 명시적인 국왕의 명령은 없지만 김옥균이 그 뜻을 '헤아려서' 고토를 고빙하려고 했다는 의미이다. 실제로 이런 일이 있었는지는 단언하기 어렵다. 하지만 적어도 이노우에 가쿠고로는 갑신정변이 '삼일천하'로 끝나기 전까지 김옥균과 고토의 밀약이 유효한 것으로 믿었음을 알 수 있다.

3. 후쿠자와 유키치의 갑신정변 간여

이노우에 가쿠고로의 밀정 활동

1883년 1월에 박영효와 함께 입국한 뒤로 조선 현지에서 암약하면서 조선 정세와 정변 준비상황 등을 후쿠자와와 고토에게 보고하고, 이들과 김옥균 간의 연락책으로 활동한 인물로 이노우에 가쿠고로가 있었다. 그는 조선 최초의 근대적 신문인 『한성순보(漢城旬報)』의 창간 및 운영에 기여한 것으로 유명하지만, 실제 정체는 고토와 후쿠자와가 보낸 밀정에 가까웠다.

이노우에 가쿠고로는 처음부터 "조선을 일본류(日本類), 일본화(日本化)해서 청으로부터 독립시키고, 만약 조선에 독립할 실력이 없다면 차라리 일본의 선정(善政)과 덕교(德敎)를 베풀려는"목적을 갖고 있었다.[50] 조선으로 떠나는 이노우에 가쿠고로에게 후쿠자와는 다음과 같이 당부했다고 한다.

적어도 조선을 우리 세력범위 내에 두고 긴밀히 제휴해서, 만에 하나라도 지나(支那)와 같은 운명에 빠지게 해선 안 된다. 이를 위해선 무력(武力)이 가장 필요하다. 그러나 무력의 일은 그 당국(當局)에 맡기기로 하고, 문력(文力) 또한 대단히 필요하다. 조선인이 문명의 지식을 함양하고 생활의 안정을 얻기 전에는 도저히 완전한 제휴는 불가능하다. (중략) 우리가 고토 백작과 상담한 것은 너도 대략 알고 있을 것이다. 그러므로 솔직히 말하는 것인데, 이러한 일들을 잘 기억해 두었다가 일단 그곳에 거주하면, 당장 조선의 풍토·인정·경제·정치 등 무엇이든지 조사 연구해서 뒷날 일익을 담당할 사람이 되길 바란다.[51]

여기서 "우리가 고토 백작과 상담한 것은 너도 대략 알고 있을 것이다."라고 한 말에 주목할 필요가 있다. 이는 1883년 1월 이전에 이미 후쿠자와와 고토 간에 조선의 개혁, 후쿠자와의 용어로 하면 조선의 '개화'에 관한 모종의 음모가 성립해 있었음을 의미한다. 후쿠자와가 일부러 김옥균에게 고토를 소개한 것은 이 때문이었다. 뿐만 아니라 차관교섭의 실패로 곤경에 빠진 김옥均에게 고토가 자금을 지원해주는 대가로 조선 개혁의 전권을 요구한 것 또한 두 사람 간에 합의된 음모의 일부였던 것이다.

후쿠자와는 이노우에 가쿠고로를 통해 조선 현지의 상황을 보고받았다. 『가쿠고로 연보』에 따르면, 이노우에 가쿠고로는 후쿠자와에게 수시로 조선

---

50 井上角五郎, 「渡韓の目的」, 『故紙羊存』, 東京: 弘文堂, 1907, p. 2.
51 井上角五郎, 『福澤先生の朝鮮御經營と現代朝鮮文化とに就いて』, 東京: 明治印刷株式會社, 1934; 『井上角五郎先生傳』, pp. 36~37.

정세를 보고했는데 대부분 분실되고 1884년 10월 이후 정변 준비의 진척상황을 보고한 2통의 서한만이 남았다고 한다.[52] 첫 번째 서한은 다음과 같다.

　서면(書面)은 처음에, "우리가 곤란을 겪고 있는 것은 무기입니다. 즉, 소총과 피스톨은 박영효가 상당히 준비해두고 있습니다. 다이너마이트는 마쓰오 미요타로(松尾三代太郎)의 부하인 후쿠시마 하루히데(福島春秀)라는 자가 근래 은밀히 휴대해서 왔습니다. 이러한 가운데 가장 골계(滑稽)를 느낀 것은 일본도(日本刀)입니다. 일본도의 도착이 가장 늦어서 기다리고 있었는데, 이다 산지 이름 앞으로 일본도 80자루가 들어있는 큰 상자가 도착했으므로 모두가 크게 기뻐하며 그것을 열어보았습니다. 그러나 어찌 생각이나 했겠습니까? 칼집만 들어 있을 뿐, 칼날도, 자루도 없었습니다. 이를 열어보고서 실망스러운 다마테바코(玉手箱: 안에 무엇이 들어있는지 알 수 없는 상자)의 느낌을 참을 수 없었지만, 여러 가지로 궁리한 끝에, 마침내 하나의 묘안이 떠올랐습니다. 놋쇠의 노베카네(のべがね: 두들겨서 편 금속)를 사와서 칼날을 꽂고, 백자(柏子)라고 하는 오동나무와 비슷한 부드러운 목재를 깎아 붙여서 자루를 만들고, 그 위를 마(麻)로 풀을 붙여서 단단히 둘러쌌습니다. 어쨌든 기괴천만(奇怪千萬)한 것으로 때에 맞추게 했습니다. 따라서 이것들을 사람들에게 나눠줄 때마다 이것으로 사람을 베려면 번쩍 치켜

52　이 2통의 서한은 井上角五郎 談, 「關係書類は何もない」(葛生東介 編, 『金玉均』, 東京: 民友社, 1916)에도 기록되어 있다. 이 기록에 따르면, 이노우에 가쿠고로는 정변을 일으키기 전에 이 서한들을 후쿠자와에게 보냈는데, 알 수 없는 이유로 첫 번째 서한은 갑신정변이 실패한 뒤인 12월 10일에야 도착했으며, 두 번째 서한은 두 달 뒤에 자신에게 반송되었다고 한다. 강연록에는 그가 언제 이 서한들을 발송했는지에 관해선 기록되어 있지 않은데, 『가쿠고로 연보』에 따르면 1884년 10월 초에 김옥균 등과 정변을 모의한 후에 곧바로 후쿠자와에게 보낸 것이라고 한다. 덧붙여 말하면, 이노우에 가쿠고로는 자신이 후쿠자와에게 보고한 서한 가운데 2통만 남아있다고 했다. 그런데 「明治十七年朝鮮京城變亂の始末」의 부록에는 신원미상의 인물이 1884년 11월 9일에 경성에서 발송해서 후쿠자와가 같은 달 26일에 받은 서한이 실려 있다. 이 서한도 사실은 이노우에 가쿠고로가 보낸 것이라고 한다(『井上角五郎先生傳』, p. 85).

들지 않으면 안 되니, 강하게 찌르든지(突く) 예리하게 찌르든지(刺す) 양자택일하라고 명령할 작정입니다."라고 썼다.

그 다음에 "무기 준비는 이와 같이 갖춰졌으므로, 이른바 영수의 회합(領袖の會合)이 김 씨의 별장에서 열렸고, 여기서 구체적 계획안이 정해졌습니다. 그 계획의 대략을 말하면, 이 김 씨의 별장이 완성된 것을 기회로 신축 축하연을 거행한다는 명분으로 중직에 있는 조선 관리와 재류 각국 외교관들을 초대해서, 연회가 무르익었을 때 거사를 일으킬 계획입니다. 이는 12월 초가 마침 소월야(宵月夜: 초저녁에만 달이 뜨는 밤)이므로 한밤중부터 깜깜해서 모든 일에 편리합니다. 그러므로 그 날짜를 12월 1일로 결정했습니다."라고 썼다. 그리고 다시 "드디어 연회가 무르익으면, 일본에서 돌아온 사관학교 유학생 17명에게 모두 지나(支那) 군복을 입히고, 아울러 준비한 일본도(日本刀)를 치켜들고 모두 말 위에 탄 채 회장(會場)에 돌입합니다. 바로 그때 지나병(支那兵)이 난폭한 짓을 하는 것처럼 보이게 해서 이를 국왕전하에게 상주한다면, 이미 그 다음엔 일본공사의 힘을 빌리지 않을 수 없으리라는 계획입니다."라고 썼던 것이다. 이 서면에는 북악의 별장 정원의 모양 및 주위 도로와 도랑의 도면을 첨부했고, 또 암살하려고 하는 사람들의 성명을 덧붙였다.

두 번째 서한은 다음과 같다.

서면(書面)은 처음에, "예전의 계획이 어째서인지 세간에 누설된 것처럼 생각되고, 게다가 김옥균 씨는 이른바 일본당(日本黨)의 수령으로서, 더욱이 다케조에 공사와의 왕래가 매우 빈번해서 공사도 크게 세인(世人)들의 의혹을 받고 있으므로, 민가(閔家)의 사람들을 비롯해서 사대주의자들은 초대해도 오지 않으리라는 염려가 있었습니다. 따라서 다시 두 번째 계획이 정해졌습니다."라고 쓰고, 그 다음에 "경성 전동(典洞)에 우정국(郵政局)이 설치되고, 게다가 홍영식 씨가 그 국장에 임명되었습니다. 이 홍영식 씨는 별로 세간에서 의혹을 받지 않고 있으며, 따라서 12월 4일에 개업 연회를 열고 중요한 인물들을 부르기로 정했습니다."라고 적고, 그 전동(典洞)의 위치에서부터 우정국 안팎의 모양을 상세히 표시했다. 그리고 다시 "우정국 앞 길가에 있는 도랑에는 유학생 및 일본인 소시마 와사쿠(宗島和作) 외 3명을 매복시키고, 또 우정국 우측에 인접한 초가집에는 미리 다이너마이트를 설치해서 시각을 가늠하여 점화시키기로 했습니다. 이렇게 해서 내객들이 그 발화(發火)에 놀라서 달아날 때, 한쪽에서 척살(刺殺)함으로써 사대당(事大黨)을 뿌리째 멸망시킬 작정입니다."라고 썼다.

첫 번째 서한에 따르면, 갑신정변에 사용된 다이너마이트는 마쓰오 미요타로의 부하인 후쿠시마 하루히데라는 자가 일본에서 가져왔다. 그런데 마쓰오 미요타로란 바로 마쓰오 미요지로서, 박영효가 후쿠자와의 소개로 알게 되어 군사교관을 시키려고 일본에서 데려온 자였다.[53] 또 거사에 사용할 일본도(日本刀) 80자루가 경성에 있는 이다 산지 앞으로 도착했다고 했는데, 이다 산지는 게이오기주쿠의 졸업생이자 『시사신보』의 기자로서 김옥균이 처음 일본에 갔을 때 교토에서부터 그를 데려와 후쿠자와에게 소개를 시켜준 인물이었다. 또한 1883년에 김옥균이 17명의 유학생을 일본에 보냈을 때는 관련 잡무를 담당하기도 했다.[54]

또한 갑신정변이 실패한 후 일본에 망명한 김옥균은 후쿠자와에게 "이번 일은 선생께 참으로 면목이 없습니다. 대체로 계획대로 진행됐는데, 지나병(支那兵)이 예상치 못한 행동으로 나오는 바람에 보기 좋게 실패해버렸습니다. 일본병(日本兵)은 비록 수는 적으나 충분한 힘이 있었습니다. 그런데 아무튼 다케조에가 겁이 많아서 어쩔 수 없었습니다. 만약 하나부사 공사였

---

53 이 책의 제5장 4절 참조.
54 福澤諭吉事典編輯委員會 編, 『福澤諭吉事典』, 東京: 慶應義塾, 2014, pp. 433~434.

더라면, 이제 와서 아쉬움을 금할 수 없습니다."라고 아쉬움을 토로했다고 한다.[55]

정치의 진찰의

후쿠자와와 개화당의 관계에 관해 이노우에 가쿠고로는 다음과 같이 평했다.

선생은 단지 제3자의 위치에 계셨던 것처럼 보이지만, 김옥균·박영효 등 일파의 거사는 처음부터 선생께서 간여하셨다. 선생께서는 항상 "나는 작가로서 대본을 쓸 뿐이다. 그 대본이 무대에서 연출되는 것을 볼 때는 유쾌해서 참을 수 없지만, 그 배우 같은 것은 누구든 상관없으며, 또 그것으로 나의 명리(名利)를 바라는 마음은 추호도 없다."라고 하셨지만, 김옥균·박영효의 거사에서만큼은 선생께서는 비단 그 대본의 작가였을 뿐만 아니라, 더 나아가 배우를 고르고, 배우를 가르치고, 또 도구와 그 밖의 모든 것을 지시하신 사실이 있다. 필경 동양의 평화문명(平和文明)을 위해 조선의 독립을 원조하여 지나(支那)의 폭만(暴慢)을 제압해서, 우리 국권(國權)의 확장을 도모하고자 열중하신 데서 나온 것이리라.[56]

말하자면 후쿠자와는 갑신정변의 연출가이자 극작가였으며, 김옥균과 박영효는 그의 오디션에 합격한 배우였다는 것이다. 하지만 개화당은 후쿠자와를 만나기 오래전부터 독자적으로 외세를 이용한 조선 개혁 방안을 구상하고 암약을 펼치고 있었다는 점에서, 이들을 단순히 배우에 비유한 것은 부당한 표현이라고 하지 않을 수 없다. 개화당과 후쿠자와는 각자의 정치적

55 『福澤諭吉傳』第3卷, p. 346.
56 『福澤諭吉傳』第3卷, pp. 340~341.

목적을 위해 서로가 서로를 이용하는 관계였다고 보는 편이 정확하다.

단, 후쿠자와가 일본의 국권(國權)을 확장하려고 열중해 있었다는 구절만큼은 정곡을 찌르고 있다. 그가 개화당을 원조한 것은 문명개화나 동정심 같은 허울 좋은 명분을 위해서가 아니라 철저하게 일본의 국익을 고려한 결과였다. 후쿠자와가 가장 우려한 것은 조선이 청의 속박에 안주해서 미개(未開)의 단계를 벗어나지 못하다가 제3국, 특히 러시아에 의해 점령되는 사태였다. 따라서 그는 개화당의 음모를 도와서 미개하고 부패한 조선 정부를 무너뜨리고, 고토로 하여금 조선 개혁의 전권을 잡게 해서 그것을 '개화'시킨 뒤에 궁극적으로는 일본의 세력권으로 편입시키고자 했던 것이다. 갑신정변이 실패로 돌아간 지 3개월 만인 1885년 3월 16일에 발표한 「탈아론(脫亞論)」에서 조선과 청을 악우(惡友)로 규정하고, 악우와 친한 자는 함께 악명(惡名)을 면할 수 없으니 마음으로부터 동방의 악우를 사절한다고 선언한 것은 이러한 구상이 좌절된 데 대한 분노와 실망감의 표출이었다.[57]

그럼에도 불구하고, 후쿠자와는 큰 판을 짜기는 하되 현실적 문제는 김옥균이나 고토, 이노우에 가쿠고로에게 맡겨두고 자신은 한발 물러서서 정세의 추이를 흥미롭게 관찰하는 태도를 시종일관 견지했다. 후쿠자와는 스스로를 오직 진단만 할 뿐 병을 치료할 능력도 의지도 없는 정치(政治)의 진찰의(診察醫)라고 자평(自評)했다.[58]

---

57 『福澤諭吉全集』第10卷, 1960, pp. 238~240.
58 후쿠자와 유키치 저, 허호 역, 앞의 책, pp. 343~344.

제 7 장

갑신정변에 관한

몇 가지 문제

1. 다케조에 신이치로 일본공사의 갑신정변 개입

정변 계획의 수립 시점

갑신정변 연구에서 가장 논쟁적인 문제 중 하나는 다케조에 공사, 더 나아가 일본 외무성의 개입 여부이다. 『자유당사』에는 김옥균이 고토와의 밀약을 어기고 일본공사관과 결탁해서 정변을 일으킨 것처럼 기술되어 있다. 또한 김옥균의 『갑신일록』이나 후쿠자와의 갑신정변 수기(手記)로 알려진

『메이지 17년 조선경성변란의 시말(明治十七年朝鮮京城變亂の始末)』(이하『시말』로 약칭)은[1] 다케조에 공사가 서울에 귀임(歸任)한 1884년 10월 30일부터 본격적인 일기체 서술을 시작함으로써 은연중에 그가 정변을 사주한 장본인임을 암시하고 있다. 하지만『자유당사』·『갑신일록』·『시말』은 모두 갑신정변의 주역들이 직접 기록했거나 그 증언을 기초로 한 문헌이다. 다시 말해서 이 문헌들은 기본적으로 정변의 주모자들이 자신들의 행위를 정당화하거나 불리한 사실을 은폐하려는 동기에서 만들어진 것이다. 따라서 이를 모두 역사적 사실로 믿기보다는, 그렇게 쓴 이유와 이면의 심리를 비판적으로 분석하면서 읽을 필요가 있다.

먼저 개화당이 구체적으로 정변 계획을 수립한 시점을 살펴보자. 1884년 초부터 조선정세는 심상치 않게 돌아가고 있었다. 연초부터 청이 대원군을 석방, 귀국시킨다는 소문이 나돌아 국왕과 민씨 척족을 전율케 했다. 2월에 민씨 척족은 일본공사관과 가까운 한규직을 시마무라 히사시 대리공사에게 보내서, 대원군이 귀국하면 반드시 반란이 일어날 것이니 부산·인천·원산 등지에 일본 군대를 미리 파병해줄 것을 요청하기까지 했다.[2]

5월에는 청프전쟁의 여파로 원래 6영(營) 3,000명 규모였던 청의 조선 주둔군이 절반으로 감축됐다.[3] 청의 세력이 위축되는 것과 반비례해서 일본 세력을 등에 업은 개화당의 위세는 점점 커졌다. 7월 8일에는 김옥균의 최대 정적 묄렌도르프가 외아문 협판을 사임했는데, 그 배후에 김옥균이 있

---

1 『福澤諭吉傳』第3卷, pp. 312~343; 慶應義塾 編, 『福澤諭吉全集』第20卷, 東京: 岩波書店, 1963, pp. 285~305.

2 『秘書類纂』中卷, pp. 6~18; 다보하시 기요시 저, 김종학 역, 『근대 일선관계의 연구 (상)』, 일조각, 2013, pp. 783~791.

3 임오군란 직후 조선에 오장경(吳長慶) 휘하 회용(淮勇) 6영(營) 3,000명의 병력이 배치되어 있었으나, 1884년 2월에 오장경은 그 절반의 병력인 3영을 인솔해서 펑톈 성(奉天城) 진저우 청(金州廳)으로 주둔지를 옮겨서 랴오둥(遼東)의 방비를 맡고, 잔류한 3영은 통령기명제독(統領記名提督) 오조유(吳兆有)의 통솔하에 경성에 주둔하게 했다. 실제 병력 이동은 5월에 이뤄졌다(『中日』第5卷, 문서번호 187).

다는 소문이 돌 정도였다.[4]

후쿠자와도 가만히 있지 않았다. 그는 『시사신보(時事新報)』의 기자이자 자신의 처조카인 이마이즈미 히데타로에게 「북경몽침(北京夢枕)」(《그림 7-1》)이라는 제목의 니시키에(錦繪) 풍자화를 그리게 한 뒤에 직접 청의 현실을 조롱하는 화제(畫題)를 덧붙여서 도쿄 시중에 판매했다. 이어서 『시사신보』 10월 16일 자에는 「지나제국분할지도(支那帝國分割之圖)」(《그림 7-2》)라는 제목의 삽화와 함께 1899년에 청이 서구 열강에 과분(瓜分)당한 상황을 묘사한 「지나제국분할안(支那帝國分割案)」이라는 허구의 기사가 게재됐다. 이 그림과 기사는 서울에도 유포되어 조선 군신(君臣)의 불안감을 크게 부채질했다.[5]

이러한 정세 변화는 청으로부터의 독립을 주장하는 목소리에 크게 힘을 실어주었을 것이다. 이제 조정 내에서 확실히 친청파로 분류할 수 있는 대신은 김윤식·윤태준·민영익 정도에 불과했다. 10월 27일, 원세개는 조선 조정의 심상치 않은 분위기를 다음과 같이 이홍장에게 보고했다.

조선의 군신(君臣)은 일본인에게 농락을 당해서 어리석은 고집을 부리며 깨닫

---

4 묄렌도르프는 7월 8일(음력 윤5월 16일)에 체직(遞職)되었다(統理交涉通商事務衙門(朝鮮) 編, 「統理交涉通商事務衙門協辦先生案」, 奎18157). 『윤치호일기』에 따르면, 7월 7일에 윤태준은 김옥균에게 고종의 뜻을 격동시켜서 진수당(陳樹棠)의 허물을 들추는 글을 청에 보내서 북양대신 이홍장을 욕보인 것과 뒤에서 주선해서 묄렌도르프를 외무협판직에서 체직시킨 것을 비난했다. 이에 대해 김옥균은, "우리나라 신민은 마땅히 우리 권리를 보호하고 우리 왕실을 빛내는 데 힘써야 하니, 우리나라가 문서로 진 씨(陳氏)의 죄를 알려서 이홍장을 부끄럽게 한 것이 우리와 무슨 관계가 있는가? 만약 북양대신을 부끄럽게 했다고 해서 우리나라의 권리가 손상되는 것과 우리 군부(君父)께서 체면을 잃으시는 것을 돌아보지 않는다면, 어째서 이홍장의 밑으로 가서 신하 노릇을 하지 않는 것인가? 또 지금 묄렌도르프가 체직당한 일의 허물을 나에게 돌리고 있으니, 아! 그것이 무슨 말인가? 나는 권리가 없으므로 묄렌도르프의 진퇴를 결정할 수 없다. 그러나 나에게 권리가 있어서 묄렌도르프를 관직에서 내쫓을 수 있다면, 그것은 내가 마음으로 기쁘게 여기는 일이다. 그대는 묄렌도르프가 물러났다고 하여 우리나라에 해가 있을 것이라고 하는데, 나는 모르겠다. 묄렌도르프가 재직 중에 무슨 좋은 사업을 한 것이 있는가?"라고 논박했다고 한다(『윤치호일기』, 고종 21년 윤5월 15일).

5 『始末』; 『井上角五郎先生傳』, p. 51.

【그림 7-1】「북경몽침(北京夢枕)」

출처: 石川幹明 編, 『福澤諭吉傳』 第3卷, 東京: 岩波書店, 1932, p. 304.

【그림 7-2】「지나제국분할지도(支那帝國分割之圖)」

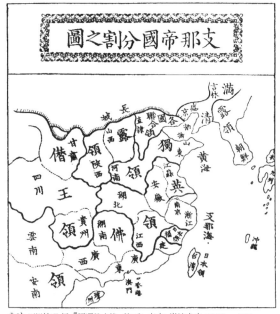

출처: 石川幹明 編, 『福澤諭吉傳』 第3卷, 東京: 岩波書店, 1932, p. 307.

지 못하고, 매번 왕에게도 침윤(浸潤)되니 왕 또한 그 의혹에 깊이 빠져서 중국에서 벗어나려고 다른 음모를 생각하고 있습니다. 그 근본 원인을 따져보면, '프랑스인과 전쟁을 벌이고 있으니, 중국의 병력은 나누기 어려울 것이다. 따라서 조선을 공격할 수 없을 뿐만 아니라 다시 러시아인들과 다툴 수도 없을 것이니, 이 기회를 이용해서 강린(强隣)을 끌어들여 자위(自衛)한다면 칭웅자주(稱雄自主)할 수 있을 것이요, 다른 나라들과 어깨를 나란히 해서 중국의 통제를 받지 않고 아울러 다른 나라 사람에게 머리를 숙이지 않아도 될 것이다.'라고 생각한 것입니다. 온 나라의 권세를 가진 자들의 절반이 모두 이와 같은 의견을 갖고 있으나, 김윤식·윤태준·민영익만이 의견이 조금 달라서 왕의 뜻을 크게 어기니, 왕이 점차 그들을 소원하게 대하고 있습니다. (중략) 외서(外署)는 비록 일본인들과 사이가 좋지 않지만, 왕의 좌우 신하들이 모두 이러한 음모에 따른다면 장차 어떤 지경에 이를지 알 수 없습니다. 다케조에 신이치로는 공사관 수비대를 교대시키기 위해 필시 군대를 이끌고 8, 9일 내로 도착할 것입니다.[6]

우리는 일반적으로 묄렌도르프와 민씨 척족의 탄압으로 인해 개화당이 어쩔 수 없이 정변을 일으킨 것으로 알고 있지만, 사실은 1884년 가을께에 이미 정변을 일으키기에 유리한 조건이 조성됐던 것이다. 도야마 육군학교의 사관생도 14명도 7월부터 들어와 있었다. 고토 쇼지로도 9월경에 프랑스의 재정적·군사적 원조가 확정되었다는 낭보를 전해왔을 것이다.

개화당은 드디어 천재일우의 기회가 찾아왔다고 판단했다. 이들은 마침내 갑신정변의 구체적 모의를 시작했다. 이와 관련해서 다음 『가쿠고로 연보』의 기사가 주목된다.

10월, 김옥균·박영효 등과 처음으로 변란의 계획을 결정함.

---

6 『李鴻章』 第33卷, p. 418; 『中日韓』 第3卷, 문서번호 893의 부건1.

김 씨는 근래 경성 북악산 중턱에 새로 별장을 지었다. 그 신축이 끝나자, 한가위 보름달(仲秋の名月)을 감상한다고 하면서 박영효·홍영식·서광범 세 사람과 나, 그리고 유대치를 초대해서 연회를 열었다. 이 연회가 다가올 변란의 중요한 회합이 되었던 것으로, 구체적 계획안을 세워본 것은 이 회합이 사실상 처음이었다.

나는 북악의 회합이 끝나자마자, 김옥균·박영효 두 사람의 부탁도 있었으므로 곧바로 (후쿠자와) 선생께 보고하였다.

이 기사에 따르면, 김옥균을 비롯해서 박영효·홍영식·서광범·유대치 그리고 이노우에 가쿠고로는 '중추(仲秋)의 명월(明月)', 즉 한가위 보름달을 감상한다는 구실로 김옥균의 신축별장에 모여 처음으로 구체적인 정변 계획을 모의했다. 갑신년 추석은 양력으로 1884년 10월 3일이다. 기존 연구에서는 대체로 『갑신일록』의 11월 7일 자 기사에서 "거사의 대계(大計)는 실로 이날 다케조에와의 만남에서 결정되었다."라고 한 것을 사실로 간주했지만, 실은 다케조에가 10월 30일에 경성에 귀임하기 1개월 전부터 이미 정변모의는 시작됐던 것이다. 후쿠자와와 고토의 밀정 이노우에 가쿠고로가 처음부터 개화당의 정변 모의에 간여한 사실 또한 주목할 필요가 있다.

또한 미국공사관 무관 조지 포크 소위는 다음과 같은 기록을 남겼다.

10월 25일, 진보당의 수령 중 1명이 저를 찾아와서는 곧바로 국왕과 자신의 당이 처한 불운한 상황에 대해 격정적으로 말했습니다. 이윽고 심사숙고한 끝에 그는 조선을 위해서 민태호와 조영하, 그리고 4명의 장군과 아마도 4명의 다른 하급 관리들을 살해해야 한다고 하였습니다. 비록 이 관리의 태도는 격정적이었지만, 그는 항상 저에게 현실적이며 정확한 말을 하는 사람 중 1명입니다. 그래서 그의 말은 저에게 빈말로 들리지 않았고, 저는 그가 그런 생각을 저에게 전하는 것에 대해 분개하게 되었습니다. 저희 둘 사이에 날카로운 말들이 오갔고, 그리고

그는 조용해졌습니다.[7]

10월 25일에 개화당 수령 중 1명이 포크를 찾아와서 거사계획을 털어놓았다는 것이다. 이 개화당 수령이 누구였는지는 분명치 않지만, 그가 지목한 암살대상, 즉 민태호와 조영하 그리고 친군의 4명의 영사(한규직·윤태준·이조연·민영익)는 모두 갑신정변에서 희생되었다. 오직 민영익만 중상을 입고 간신히 목숨을 부지했을 뿐이다. 12월 4일 밤의 희생자 중에서 이 살생부에 들어가 있지 않은 것은 민영목 1명뿐이었다. 이는 적어도 10월 25일 이전에 정변계획이 구체적으로 만들어져 있었음을 의미한다. 10월 초에 처음 정변을 공모했다는 『가쿠고로 연보』의 기록이 신빙성을 갖는 이유이다.[8]

다케조에 공사의 귀임 목적

『갑신일록』이나 『시말』은 1884년 10월 다케조에 신이치로 일본공사의 귀임이 갑신정변의 중대한 계기가 된 것처럼 서술하고 있다. 다케조에는 실제로 개화당의 정변을 돕기 위해 귀임했던 것일까?

다케조에는 원래 구마모토 번(熊本藩) 출신의 한학자(漢學者)였는데, 그의 뛰어난 문장이 청국 관리들을 절충(折衝)하는 데 유리할 것으로 판단되어 대청외교(對淸外交)의 일선에 투입된 특이한 이력의 소유자였다.

다케조에는 1875년 말 조일수호조규의 사전 교섭을 위해 특명전권공사 모리 아리노리(森有禮)가 베이징과 톈진에 파견됐을 때 그 수행원 자격으로

---

7 KAR, pp. 110~111.
8 『甲申日錄』의 기록을 보더라도, 11월 4일에 김옥균이 시마무라 히사시 일본공사관 서기관에게 처음으로 정변계획을 발설하는 대목을 자세히 살펴보면 이날 처음 계획을 꾸민 것이 아니라 이미 만들어진 계획을 통보하는 것임을 알 수 있다. 또 『甲申日錄』 10월 31일 조와 11월 1일 조를 보더라도 정변 계획은 이미 그 전에 만들어진 것이 분명하다.

처음 청국 땅을 밟았다. 그리고 3년 뒤인 1878년에 청에 기근이 발생하자 구호식량을 전달하기 위해 톈진을 다시 방문했다. 당시 이홍장은 다케조에가 중국대륙을 일주하며 여러 명승지를 관람하고 쓴 『잔운협우일기(棧雲峽雨日記)』라는 여행기 겸 시문집에 서문을 써주었다.

광서 3년(1877)에 수도 인근과 산시(山西)·허난(河南)에 기근이 들었다. 이듬해 일본의 정정(井井: 다케조에의 호) 거사(居士) 다케조에 신이치로가 와서 굶주린 백성들에게 곡식을 보내주었다. 나는 그 후의에 감사하고 사례했다. 뒤에 그와 이야기를 해보니 도량이 넓어 끝이 없었으니, 독아(篤雅)하고 학문에 힘쓰는 선비이기 때문이다. (중략) 내가 또 듣건대 해동구국(海東舊國: 일본)은, 그 풍속이 근고(近古)에 선진(先秦) 이래로 보지 못한 서적들이 전해지며, 그 선비들 중에 기이한 계책을 갖추고 변설에 능하지만 왕왕 속세를 버리고 홀로 바위와 골짜기를 떠돌며 큰 뜻을 키우는 자가 많다고 했는데 거사가 혹시 바로 그 사람이 아닌가? 또 거사 말고도 자취를 감춰서 볼 수 없는 선비들이 있는가? 거사는 부디 내게 말해 달라. 지금 양국의 문궤(文軌: 문물과 제도)가 서로 같고 왕래가 이뤄졌으니 국경의 구분이 예전에 비할 바가 아니다. 이제부터 거사의 뒤를 따라오는 자가 있을 것이니, 나는 장차 동쪽을 향해 객(客)을 초청해서 상석에 모신 뒤에 한번 그 마음속의 기이한 계책을 물어보리라.[9]

그로부터 2년 뒤인 1880년에 다케조에는 톈진 영사에 임명되어 이홍장과

---

9 "光緒三年 畿輔山西河南饑 其明年 日本井井居士竹添進一實(郎의 오자)來 餼饑氓以粟 余旣感其意而謝之 就與語 閎豁無涯涘 蓋篤雅劬學士也 (중략) 余又聞海東舊國 其俗近古 其傳有先秦以來未見之書 其士多恢奇博辯 往往遺世獨立 徜徉巖壑 以頤其志 居士儻卽其人歟 抑猶遜跡沈影 不可得而見者歟 居士其爲我告之 方今兩國文軌相同 往來相通 畛域之分 非復曩時比 繼自今有踵居士而來遊者 余將東嚮速客 延之上座 一叩其胸中之奇也"(李鴻章, 「序」, 竹添進一郎 撰, 『棧雲峽雨日記』, 東京: 中溝熊象, 1879).

310

류큐(琉球)의 귀속권에 관한 교섭을 벌였다. 다케조에가 조선 주재 공사에 처음 임명된 것은 임오군란으로 인해 조선에 청군이 주둔해서 청일 간의 긴장이 최고조에 달했을 때였다. 이 인선은 다분히 다케조에와 이홍장 간의 개인적 친분을 고려한 것이었으며, 조선 문제에 대한 일본 정부의 소극정책을 의미했다. 다케조에는 1883년 12월에 본국에 돌아갔다가 이듬해인 1884년 10월에 서울에 귀임했다.

문제는 다케조에가 귀임할 때 과연 일본 정부로부터 개화당의 쿠데타를 원조하라는 지시를 받았는지의 여부이다. 다케조에가 일본을 떠나기 전에 받았을 훈령은 유감스럽게도 아직 발견되지 않았다. 따라서 그 내용이 무엇이었는지는 알 수 없지만, 다행히 어느 정도 짐작할 수 있게 하는 자료가 있다. 다케조에가 조선에 들어오기 위해 고베에 기항했을 때 청국 주재 공사 에노모토 다케아키에게 보낸 서한이다.

조선의 지나당(支那黨)은 일한조약균점(日韓條約均霑)에 관해 별로 큰 이의는 없지만, 세칙(稅則)을 영국과 동일하게 고칠 것을 주장하면서 이행을 저지하고 있습니다. 이 문제에 관해 시마무라가 몇 차례 변론(辯論)하였지만 결국 쌍방의 의논이 도중에 중단됐습니다. 이대로는 타협에 이를 수 없는 형편이니 급히 제가 조선에 건너가 담판을 열지 않을 수 없는 것입니다. (중략) 앞에서 진술한 균점(均霑) 실시의 분운(紛紜)은, 사실 지나당과 일본당의 알력에서 비롯된 것입니다. 이번 담판은 지나당의 권력 여부에 관계되므로 저들도 자신들의 논의가 무리하다는 것을 스스로 알면서도 고집을 꺾지 않는 것입니다. 사정이 몹시 성가셔서 상황에 따라 조금 자극제[激劑]를 써야할 지도 모르겠습니다. (중략) 청·프의 사건은 (중략) 만약 양국이 공식적으로 선전포고를 한다면 우리 정부는 당연히 국외중립(局外中立)을 엄수할 것입니다. (중략) 이바라키(茨木) 현에서의 자유당 폭발물의 1건 또한 흉도(兇徒)를 대략 체포했으니 염려할 것은 없습니다. 내지(內地)

는 특별히 이상이 없고, 향후 3년 동안은 외전(外戰)도 일어나지 않을 것이니, 대장경(大藏卿)의 흉산(胸算)으로는 5천만 정도의 준비금(準備金)은 가능합니다. 대장경의 목적은 4, 5년 내에 정금(正金)을 통용하는 것입니다.[10]

이 서한에 따르면, 다케조에의 가장 큰 임무는 조일통상장정(朝日通商章程)을 일본에 유리하게 개정하는 것이었다. 조일통상장정은 1883년 7월 25일에 외아문 독판 민영목과 다케조에 간에 체결됐는데, 같은 해 11월 26일에 제2차 조영·조독수호통상조약이 체결되자 일본 외무성은 조일통상장정의 조건이 상대적으로 불리하다고 보고 그 이권의 균점(均霑)을 지시했던 것이다. 당시 영국총영사 애스턴 또한 다케조에가 귀임하는 목적이 저율의 톤세(tonnage dues)를 확보하고, 조선과 체결한 조약에서 일본에 유리한 조항을 포기하지 않으면서 조영·조독조약의 이권을 균점하는 데 있다고 보고했다.[11]

그런데 이 목적을 달성하기 위해 다케조에는 '자극제[激劑]'를 쓰겠다고 공언했다. 다케조에는 아마 시마무라 히사시 대리공사의 보고 등을 통해 조선 정세의 변화, 즉 친청파의 세력이 위축되고 개화당의 영향력이 커진 상황을 어느 정도 파악했을 것이다. 따라서 그는 개화당을 어느 정도 지지하면서 조선의 군신(君臣)에게 적절히 겁을 주기만 하면 쉽게 목적을 달성할 수 있다고 판단했던 것이다. 다케조에 공사는 서울에 귀임하자마자 청과의 일전도 불사하겠다고 호언장담했는데, 이 또한 국왕과 친청파 대신들을 위협하려는 허장성세에 불과했다.

일본 정부는 조선의 독립을 위해 청과 일전을 벌일 생각이 전혀 없었다.

---

10 「榎本文書」(日本國會圖書館 憲政資料室 소장)[高橋秀直, 「形成期明治國家と朝鮮問題 — 甲申事變期の朝鮮政策の政治·外交史的檢討」, 『史學雜誌』 第98輯 3號(1989. 3.), p. 7에서 재인용].

11 FO 228/750, No.41. Aston to Parkes, Hanyang, 11 November, 1883; 『외교문서』 제10권, 문서번호 38.

다케조에도 일본 정부가 청프전쟁에서 국외중립을 엄수하리라는 것, 그리고 향후 3년 동안은 외국과의 전쟁을 계획하고 있지 않다는 것을 잘 알고 있었다. 게다가 대장경 마쓰카타 마사요시(松方正義)는 4, 5년 내에 금본위제를 시행한다는 목표로 긴축재정을 실시하고 있었다. 따라서 불가피한 상황이 아니라면 막대한 전비가 소요되는 전쟁이 일어날 가능성은 거의 없었다.

다케조에 공사의 포섭

이미 그 전년에 다케조에의 보고로 인해 차관교섭을 망쳤던 김옥균과 개화당은 그가 복귀한다는 소식에 크게 긴장했을 것이다. 공들여 준비한 거사 계획이 그의 방해로 수포로 돌아갈 수도 있었기 때문이다. 하지만 얼마 지나지 않아 이들은 다케조에 공사의 달라진 태도를 확인하고 크게 고무되었다. 이노우에 가쿠고로는 다케조에의 변모를 11월 7일에 후쿠자와에게 다음과 같이 보고했다.

이와 같이 다케조에 공사는 강경하게 조선인을 대하기 때문에, 조선인들은 크게 두려워해서 일본이 하는 말을 모두 듣습니다. 예전부터 분규가 있었던 일한무역장정(日韓貿易章程) 또한 지난 11월 4일에 일본공사가 말한 대로 비준됐습니다. 따라서 경성개시(京城開市)는 금년 내에 시작될 것입니다. 다케조에 공사의 거동 또한 난폭했기 때문에 제가 공사에게 그 본의를 물었습니다. 그 대답을 조목별로 열거하면 다음과 같습니다.

첫째, 일본의 묘의(廟議)는 기회를 봐서 지나(支那)와 전쟁하기로 결정했다.
둘째, 이 전쟁을 일으키려면 일본이 조선에 크게 간섭하고, 그런 뒤에 지나에서 이런저런 말이 있으면 일본이 그것에 대응한다. 물론 다른 좋은 기회가 있으면 조선은 그대로 있을 것이다. (조선의 일은 논외로 하더라도 지나와 전단을 열 좋은 기회가 생기면, 반드시 조선과 관련짓지 않더라도 가능하다는 의미인지?*)

셋째, 조선에 크게 간섭하기 위해선 박영효·김옥균·서광범·홍영식 4명을 원조하는 것이 제일이다. 이들이 만약 금전을 요구하면 빌려줄 수도 있다.

이상에 관해 두세 차례 반복해서 질문했는데, 공사는 과연 일본의 묘의가 틀림없다고 명언(明言)했습니다.[12]

즉, 다케조에는 일본 정부가 개화당을 원조할 의사가 있으며, 경우에 따라선 청과 일전을 불사할 용의도 있다고 확인했던 것이다. 하지만 이는 개화당의 정변 계획의 전모를 파악하지 못하고 그것이 초래할 중대한 결과를 숙고하지 않은 상태에서 개화당을 자신의 편으로 포섭하고, 또 조선 조정을 위협하기 위해 내뱉은 과장된 발언이었다. 그렇지만 다케조에의 방담(放談)을 계기로 개화당과 이노우에 가쿠고로는 정변에 일본공사관을 끌어들일 방법을 연구하기 시작했다. 결국 이 무책임한 호언장담이 나중에 다케조에의 발목을 잡는 결과를 초래했던 것이다.

이보다 앞서 11월 4일 밤에 박영효의 집에서 비밀회합이 열렸다. 이 자리에는 김옥균, 홍영식, 서광범 그리고 일본공사관의 시마무라가 참석했다. 여기서 김옥균은 일본공사관 낙성식에 고종이 행차할 때 민영익, 한규직, 윤태준을 살해하고 그 죄를 지나당(支那黨)에게 뒤집어씌워서 처형하는 안, 한밤

---

12 『井上角五郎先生傳』, p. 84. 한편, 이 서한은 『福澤諭吉傳』 第3卷, pp. 337~340과 『福澤諭吉全集』 第20卷, 1963, p. 302~305에도 게재되어 있다. 『福澤諭吉傳』과 『福澤諭吉全集』에는 이 서한의 발송자가 누구인지 명시되어 있지 않은데, 『井上角五郎先生傳』에 따르면 이는 가쿠고로가 보낸 것이며, 또 인용문 가운데 *표시한 괄호 안 문장은 후쿠자와가 덧붙인 것이라고 한다. 『福澤諭吉傳』과 『福澤諭吉全集』에서는 후쿠자와의 갑신정변 개입을 은폐하기 위해 의도적으로 이 메모를 삭제한 것으로 보인다.

중에 청국 복장을 한 자객을 보내서 3명을 암살하고 다른 지나당에게 뒤집어씌워서 사형시키는 안, 우정국의 개관 축하연에서 한꺼번에 참살하는 안을 제시했다. 그리고 유사시엔 일본 군대로 청국 군대를 막아줄 것을 시마무라에게 의뢰했다. 이에 대해 시마무라는 일본공사관 수비대 1개 중대면 청국 군대를 물리치는 것은 어렵지 않지만, 그러한 일은 아시아에 일대 소란을 일으킬 수 있으므로 자신은 답변할 수 없다고 말했다.[13] 이날은 윤웅렬이 개화당을 배신하고 남병영의 470명 병졸 가운데 400여 명을 돌려보낸 날이기도 했다.

11월 12일에 이르러 다케조에는 외무성에 개화당의 정변계획을 보고하고, 자신의 진퇴에 관해 훈령을 청했다.

갑안(甲案)

우리 일본은 지나 정부와 정치의 침로(針路)를 달리하므로 전혀 친목에 이르려는 목적이 없고, 따라서 차라리 지나와 일전(一戰)해서 그들에게 허오(虛傲)의 마음을 없게 하는 것이 오히려 진실한 교제에 이를 수 있다는 것이 묘의(廟議)라면, 금일 일본당을 선동해서 조선의 내란을 일으키는 것이 득책(得策)이 됩니다. 우리가 자진해서 지나와 개전한 것이 아니라, 단지 조선국왕의 의뢰에 따라 왕궁을 수위(守衛)하고 조선국왕에게 맞서는 지나병을 격퇴한다는 명분이라면 어떤 불편함도 없을 것으로 생각합니다.

을안(乙案)

만약 금일은 오직 동양의 화국(和局)을 보지(保持)함을 주지(主旨)로 해서, 지나와 일을 만들지 않고 조선은 그 자연스런 운수에 맡기는 편이 득책이라는 것이 묘의(廟議)라면, 저의 재량으로 가능한 한 일본당이 큰 화를 입지 않도록 보호하는 선에서 그치겠습니다. (중략)

---

13 『秘書類纂』上卷, pp. 269~273; 『伊藤』第3卷, pp. 37~46.

국왕전하는 일본에 기우는 마음이 한층 더 강해져서 최근 2, 3일 동안 지나당의 세력이 갑자기 위축됐습니다. 지금 같은 상황이라면 특별히 염려할 것도 없지만, 향후 다시 지나당이 발호하면 일본당은 반드시 죽을 처지에 몰릴 것이므로 틀림없이 참간(斬姦)의 행동으로 나갈 것입니다. 그런 상황이 되면 전보로 다시 지휘를 청할 생각입니다.[14]

당시 서울에서 도쿄까지 우편이 도달하는 데는 보통 2주가 걸렸다. 따라서 이 청훈에 대한 회훈(回訓)은 정상적인 상황이라면 12월 중순에야 올 것이었다. 외교관이 주재국(駐在國)의 내정문제, 더구나 쿠데타에 개입하는 것은 심각한 외교적 분쟁과 국제사회의 비난을 초래할 것이므로 다케조에는 당연히 본국 정부의 훈령을 받고 움직여야 했다. 따라서 이는 11월 12일의 시점에서, 다케조에가 적어도 12월 중순까지는 개화당이 정변을 일으키지 않을 것으로 믿고 있었던 증거가 된다.[15]

그 후에도 다케조에는 11월 16일[16] · 11월 18일[17] · 11월 23일[18] 3차례에 걸쳐 서광범과의 밀담, 가쿠고로의 밀보, 홍영식과의 밀담을 차례로 보고했다. 하지만 정변을 일으켜야 하는 당위성이나 아주 개략적인 계획만 담겨져 있었을 뿐, 구체적인 시행방법이나 거사날짜는 전혀 언급되지 않았다.

예전부터 일본당이 저에게 지나당의 화기(禍機: 재앙)가 눈앞에 닥쳤다고 은밀히 말한 것은 이미 지난날의 일입니다. 최근에 이르러선 일본당이 갑자기 세력을

---

14 『秘書類纂』上卷, pp. 265~268; 『伊藤』 第3卷, pp. 29~36.
15 다보하시 기요시 저, 김종학 역, 앞의 책(2013), p. 829; 山邊健太郎, 『日本の韓國倂合』, 東京: 太平出版社, 1966, pp. 139~140.
16 『秘書類纂』上卷, pp. 282~286; 『伊藤』 第3卷, pp. 67~77.
17 『秘書類纂』上卷, pp. 286~288; 『伊藤』 第3卷, pp. 79~82.
18 『秘書類纂』上卷, pp. 289~294; 『伊藤』 第3卷, pp. 83~93.

얻었으니, 이 기회를 틈타 내정을 개혁하는 데 열중하고, 그에 따라 수백 년 동안의 적폐를 일소하려면 심상한 수단으로는 도저히 성공의 가망이 없습니다. 따라서 한두 명의 지나당을 죽여서 인심을 격동시켜 단번에 대개혁을 행하려는 속셈이라고 생각됩니다.[19]

이 보고문은 다케조에가 11월 18일에 이노우에 가쿠고로에게 입수한 정보를 외무성에 올린 것이다. 미국공사관의 포크가 이미 10월 25일에 개화당의 살생부를 구체적으로 파악했던 것과는 달리, 다케조에는 11월 18일까지도 개화당의 정변에서 불과 1~2명이 희생될 것으로 믿고 있었다. 근대 일본에서는 인심을 격동시키기 위한 수단으로 정적의 암살, 즉 참간(斬奸)이 전가의 보도처럼 사용됐는데, 다케조에는 개화당의 계획 또한 그와 비슷한 것으로 알고 있었던 것이다.

다케조에는 갑신정변 전에 마지막으로 발송한 11월 23일 자 보고에서도 "내정(內政)을 치유하는 데 극약을 쓰지 않을 수 없다는 논지(論旨)가 아직 분명치 않으니, 다시 추후보고를 통해 알려드리겠습니다."라고 결론을 맺었다. 즉, 그는 갑신정변의 불과 열흘 전까지도 거사계획을 제대로 파악하지 못하고 있었던 것이다.

『갑신일록』에 따르면, 김옥균은 11월 25일 오후 2시경에 홀로 다케조에를 방문해서 여러 민 씨와 두세 간신을 제거할 계획을 밝혔다고 한다. 또 『시말』에는 같은 날 오후 1시경부터 김옥균이 홀로 다케조에와 면회해서 처음으로 대사의 계획을 밝히고 민 씨와 다른 대신들을 제거할 음모를 알렸다고 기록되어 있다. 즉, 김옥균은 11월 25일에야 비로소 거사방법과 암살대상을 다케조에에게 말해주었던 것이다. 그럼에도 불구하고 김옥균은 12월 1일, 즉 정변 사흘 전까지도 거사날짜를 12월 7일로 일부러 틀리게 가르쳐주었다.

19 『秘書類纂』 上卷, pp. 286~288; 『伊藤』 第3卷, pp. 79~82.

나는 마침내 별궁에 방화하는 계책을 말했다. 시마무라 또한 매우 좋아하며, 날짜는 언제인지 물었다. 나는 "우선 이번 달 20일[구력 10월 20일이며, 신력으로는 12월 7일이다]로 정했소."라고 답했다. [우리가 결정한 날은 이날이 아니었지만, 우선 결정한 날짜를 사전에 누설하고 싶지 않아서 이렇게 둘러댔던 것이다.] 시마무라가 말했다. "왜 그렇게 늦습니까?" 내가 웃으며 말했다. "20일 이전은 달이 밝은 것이 흠이오. 八人 두 글자는(火를 破字한 것) 깜깜한 밤이라야 그 광채를 발할 수 있는 것이오."[20]

개화당은 정변 계획이 완전히 탄로 나지 않도록 신중에 신중을 기하면서 다케조에를 끌어들였다. 심지어 이들은 다케조에를 교묘하게 포섭해서 일본군 수비대의 파견 동의까지 얻었음에도 불구하고, 거사 직전까지도 계획의 전모를 밝히지 않았다. 중간에 일본 외무성이 개입해서 계획이 틀어질 것을 우려했기 때문이다.

다케조에가 갑신정변과 관련해서 자신의 진퇴를 문의한 11월 12일 자 청훈에 대해 궁내경 이토 히로부미와 외무소보 요시다 기요나리의 명의로 된 회훈이 만들어진 것은 11월 28일이었다. 외무소보의 명의로 회훈이 작성된 것은, 당시 외무경 이노우에 가오루가 야마구치(山口)에 외유 중이었기 때문이다.

11월 12일부 양 경(兩卿: 이토 히로부미와 이노우에 가오루) 앞으로 보낸 기밀신(機密信)을 숙독해보니, 갑안(甲案)의 취지는 온당치 않아서 을안(乙案)을 재가하기로 했다. 그러나 우리 정부로서는 조선 정당 가운데 한 편을 원조하거나 혹은 공공연히 그것에 간섭하는 것은 취하지 않는 바다. 따라서 현재 일본당(日本黨)이라고 칭하는 자들로 하여금 되도록 온화한 수단으로 그 나라의 개명(開明)에 진력하

---

20 『甲申日錄』, 12월 1일.

게 해서 우리에게 이롭게 해야 한다. 이 점에 깊이 주의하라.[21]

개화당의 음모에 관여하거나 원조하는 것을 불허하고, 쓸데없는 사단을 만들지 않도록 유의하라는 것이었다. 하지만 이 회훈이 도착한 것은 이미 갑신정변이 터지고 서울 한복판에서 청국 군대와 일본공사관 수비대의 교전이 벌어진 뒤였다. 박영효의 회고에 의하면, 다케조에는 12월 6일에 창덕궁에서 청국 군대와 한창 전투가 벌어지고 있는 와중에 이 회훈을 받았는데, 이를 읽자마자 낯빛이 하얗게 질려서 공사관 수비대를 이끌고 달아날 길을 찾았다고 한다.[22]

2. '일사래위' 교지의 위조

'일사래위(日使來衛)' 교지란, 갑신정변이 발발한 1884년 12월 4일 밤에 고종이 일본공사의 호위를 요청하기 위해 이 네 글자를 친필로 썼다는 쪽지를 말한다. '일사래위' 교지가 고종이 직접 쓴 것이 맞다면, 일본공사관 수비대를 이끌고 창덕궁에 난입해서 개화당의 정권 찬탈과 여섯 대신의 살해를 방

---

21 『秘書類纂』上卷, p. 295; 『伊藤』第3卷, p. 95.
22 朴泳孝, 「吾等一生の失敗」, 『古筠』 창간호(1935. 3.). 11월 12일 자 다케조에의 청훈(請訓)의 수신인은 이토 히로부미와 이노우에 가오루로 되어 있다. 그런데 이노우에는 야마구치(山口)에 귀성(歸省) 중이어서 외무대보 요시다 기요나리가 그 대리를 맡고 있었다. 즉, 11월 12일의 시점에서 다케조에는 이노우에의 외무성 부재 사실을 모르고 있었던 것이다. 그런데 12월 7일, 즉 갑신정변이 삼일천하로 끝난 다음 날에 다케조에는 경성의 일본공사관에서 이 소식을 보고하면서 그 수신자를 이노우에가 아닌 요시다로 지정했다. 이는 11월 28일 자 회훈(回訓)이 다케조에가 인천으로 피난하기 전에 도착했음을 의미한다(Harold F. Cook, *Korea's 1884 incident: It's background and Kim Ok-kyun's elusive dream*, Seoul: Royal Asiatic Society, Korea Branch, 1972, p. 216). 따라서 박영효의 회고는 신빙성이 있다고 생각된다.

조한 다케조에 공사의 행동은 상당부분 면책된다. 또한 12월 6일 새벽에 우의정 심순택(沈舜澤)이 청군에 국왕의 구출을 탄원한 것과 청군이 이에 응해 일본군과 교전을 벌인 것은 명분을 잃는다. 반대로 이 교지가 위조된 것이라면 일본 정부는 다케조에 공사의 불법행위에 대한 응분의 책임을 져야만 했다. 이 때문에 '일사래위' 교지의 진위(眞僞)를 판별하는 문제가 갑신정변의 사후 처리 과정에서 핵심 현안 중 하나로 부상했던 것이다.

갑신정변이 삼일천하로 끝난 12월 6일에 다케조에는 일본공사관 수비대와 민간인들을 이끌고 인천으로 퇴각했다. 그 다음 날인 12월 7일부터 약 2주간 다케조에와 외아문 독판(오늘날 외교부 장관에 해당) 조병호 간에 다케조에의 불법행위를 따지는 날선 조회문이 여러 차례 오갔는데, 그 논란의 핵심도 '일사래위' 교지의 진위 여부에 있었다.[23]

12월 29일, 임오군란 때 살해당한 김보현(金輔鉉)의 서소문(西小門) 밖 저택에서 다케조에와 조병호 간의 회담이 열렸다. 이 자리에서 다케조에는 정변 당일 밤에 개화당을 통해 전달받았다고 그때까지 주장해 온 교지의 실물을 제시했다. 그것은 연필로 갈겨쓴 초본(草本)이었다. 이를 본 조병호는 그것은 국왕의 친필이 아니라 흉당(凶黨), 즉 개화당이 위조한 것이라고 반박했다. 그러자 다케조에는 갑자기 고종의 옥새가 압인된 정서본(淨書本) 교지를 꺼내 보였다. 그 옥새만큼은 진품이 분명했지만, 교지에 고종의 어명(御名)이 적혀 있을 뿐만 아니라 으레 있어야 할 봉칙(奉勅)이라는 자양(字樣)과 교지를 하사받는 신하의 이름이 기재되어 있지 않는 등 서식이 전혀 칙유(勅諭)의 형태를 갖추고 있지 않았다. 무엇보다 이미 초본 교지가 있는데 또 다른 정서본 교지가 존재하는 것은 누가 봐도 납득하기 어려웠다. 이에 조병호는 다음 날인 30일에 다케조에에게 조회를 보내서 2통의 교지 모두 신빙할 수

23 다보하시 기요시 저, 김종학 역, 앞의 책(2013), pp. 875~893.

없다고 성명했다.[24]

이 2통의 교지는 갑신정변 당시 다케조에 공사의 불법행위를 입증할 수 있는 결정적 증거가 된다. 그런데 필자가 알기로는 이 교지의 실물에 관해 언급한 연구는 다보하시 기요시의 『근대 일선관계의 연구(近代日鮮關係の研究)』(1940)가 유일하다. 그 내용은 다음과 같다.

메이지 17년(1884) 12월 4일 밤에 내관을 통해 다케조에 공사에게 전달된 친서 2통이야말로 갑신변란의 해결을 볼 수 있는 중요한 단서가 되는 문건이다. 이 친서는 실물 크기의 사진을 보면 (1) 연필 초본은 세로 27센티미터, 가로 33센티미터의 양지(洋紙)로 보이는 종이 한 장을 반으로 접어서, 우측 부분에 연필로 '日使來衛' 네 글자를 크게 썼다. 김옥균의 기사(『갑신일록』)에서 보이는 것처럼 밤중에 등불 밑에서 갈겨쓴 듯, 그 서풍(書風)을 감별하기가 매우 곤란해서 흉도가 위조했다고 해도 반증하기는 쉽지 않다. (2) 정서본(淨書本)은 세로 27.5센티미터의 종이를 몇 폭으로 접어서, 그 한 폭에 '日使來衛', 그 다음 한 폭에 '朝鮮國大君主李熙'이라고 썼다. 해서체의 작은 글자가 단정하고, 왕명(王名) 아래에 '朝鮮國大君主寶'를 검인했다.[25]

이 짧은 기록을 제외하고는, 최근까지 교지의 실물은 물론 그것을 보았다는 사람조차 나타나지 않았다. 그런데 2007년에 일본의 유마니쇼보(ゆまに書房)라는 출판서에서 일본 궁내청 서릉부에 소장된 이토 히로부미의 문서철 『비서류찬(秘書類纂)』을 『이등박문문서(伊藤博文文書)』라는 제목으로 영인·출간했는데, 그 안에 '일사래위' 교지의 사진이 수록되어 있다((그림 7-3)).

이 사진을 보면 다보하시의 묘사와 정확히 일치함을 알 수 있다. 다보하시

24 위의 책, pp. 905~910.
25 위의 책, p. 907.

【그림 7-3】 1884년 12월 29일 다케조에 공사가 제시한 '일사래위(日使來衛)'
교지의 초본(왼쪽)과 정서본(오른쪽)

출처: 檜山幸夫 編, 『伊藤博文文書(秘書類纂朝鮮交涉)』 第3卷, 東京: ゆまに書房, 2007, pp. 514~515.

는 바로 이 교지를 보고 자신의 책에서 그 모양을 묘사했을 것이다.

누가 쓴 것인지 알기 어려운 초본 교지는 일단 놓아두고 먼저 정서본 교
지를 살펴보자. 앞에서 언급한 것 외에도 이 교지에는 이상한 점이 하나 더
있다. 원래 윗사람의 성명을 기휘(忌諱)하는 풍습이 강했던 조선에선 군부
(君父)가 신자(臣子)에게 내리는 교지에 어명(御名)을 적지 않는 것이 관례였
다. 그런데 이 정서본 교지에서는 '대조선국 대군주 이경'이라고 하여 국왕
의 어명이 뚜렷이 적혀 있다. 이태진 교수에 따르면, 교지에 어명을 쓰고 옥
새를 압인하는 것은 일본식으로, 우리나라에 이러한 제도가 도입된 것은
1907년 정미조약으로 일본인 통감이 내정을 장악한 이후였다고 한다.[26]

---

26 이태진, 「1884년 갑신정변의 허위성 ─ '일사래위 어서 위조의 경위'─」, 『고종시대의 재조
명』, 태학사, 2000, pp. 175~187.

이는 어떻게 된 영문일까. 다케조에는 11월 12일에 외무성에 정변 간여에 대해 훈령을 청하면서 "조선국왕의 의뢰에 따라 왕궁을 수위하고 조선국왕에게 맞서는 지나병을 격퇴하는 명분이라면, 어떤 불편함도 없을 것으로 생각합니다."라고 했다.[27] 또한 『갑신일록』에 따르면, 11월 25일에 김옥균이 다케조에와 독대해서 여러 민 씨와 두세 간신을 제거할 계획을 밝히자, 다케조에는 일본군 수비대의 호위를 요청하는 고종의 친서를 준비할 것을 요구했다.[28] 아직 본국 외무성의 훈령이 도착하지 않은 상황에서 다케조에로서는 뒷날의 책임을 면하기 위한 최소한의 자구책으로서 고종의 친서를 확보하지 않을 수 없었던 것이다.

『갑신일록』을 비롯해서 「갑신정변(甲申政變)」,[29]이나 『조선갑신사변고본(朝鮮甲申事變稿本)』[30] 과 같은 박영효의 회고담으로 볼 때, 12월 4일 밤에 박영효가 미리 준비한 연필과 종이를 고종에게 바쳐서 '일사래위'의 교지를 받아낸 뒤에 이를 직접 일본공사관에 전달한 것은 분명해 보인다.[31] 초본 교지는 이렇게 해서 만들어졌을 것이다. 그런데 이처럼 조솔하게 만든 교지로는 나중에 틀림없이 그 증거능력을 두고 논란이 벌어질 것이었다. 이에 다케조에는 다시 교지를 얻어줄 것을 요구했고, 김옥균은 다케조에에게 옥새가 찍힌 백지 교지를 건네주었을 것이다. 김옥균은 평소 국왕의 옥새가 찍힌 백지 교지를 여러 장 소지하고 있었으며, 그중 1장에 임의로 내용을 기입해서

---

27 이 책의 7장 1절 참조.

28 "다케조에가 말했다. '공(公)의 말씀이 이처럼 시원시원하시니 저 또한 안심이 됩니다. 하지만 정변이 일어나 국왕께서 자신을 호위하기 위해 오라고 부르실 때 그 방법은 어떻게 할 것입니까?' 내가 웃으며 말했다. '왕이 친히 쓰신 글이 있으면 되겠습니까?' 다케조에도 웃으며 말했다. '한 글자만 써주셔도 됩니다.'"(『甲申日錄』, 11월 25일).

29 박영효, 「甲申政變」, 『新民』 제14호(1926. 6.).

30 일본 사노 시(佐野市) 향토박물관 '수나가 하지메(須永元) 문고' 소장.

31 이노우에 가쿠고로와 이마이즈미 히데타로의 「遭難記事」에 따르면, 먼저 변수(邊燧)가 일본공사관으로 달려갔으나 다케조에는 응하지 않았다. 다시 박영효가 칙사로서 친필의 칙서를 공사에게 전달하자 그제야 호위병을 이끌고 입궐했다고 한다.

고토 쇼지로에게 줄 작정이었다는 것은 제6장에서 살펴본 바와 같다. 정서본 교지 또한 김옥균이 준 백지 교지에다가 다케조에가 임의로 기입해서 만든 위조문서였을 것이다. 교지의 형식이 일본 칙유의 양식을 따른 것이 그 결정적 증거이다.

다보하시는 김옥균이 교지를 위조한 것으로 보았다.[32] 그런데 『갑신일록』에는 교지의 내용이 '일본공사래호짐(日本公使來護朕)'의 7자였다고 기록되어 있다. 또 박영효의 「갑신정변」에는 '일본공사래호아(日本公使來護我)'였다고 하고, 『조선갑신사변고본』에는 "일본공사는 와서 보호하라(日本公使來リ護レ)"라는 내용이었다고만 기록되어 있다. 왜 김옥균과 박영효의 회고와 교지 실물의 문구가 다른 것일까. 아마도 정변의 북새통 속에서 박영효는 고종에게 초본 교지를 받고서도 그 내용도 제대로 확인하지 못한 채 다케조에에게 급히 전달했던 것 같다. 만약 김옥균과 박영효가 자신들의 손으로 위조했다면, 아무리 시간이 흘렀더라도 이처럼 중대한 문서의 내용을 똑같이 잘못 기억할 리는 없을 것이다.

교지 문제의 미봉적 처리

이제 '일사래위' 교지의 진위 여부를 둘러싼 논란이 어떻게 매듭지어졌는지 살펴보기로 한다. 사안의 중대성을 감안하여 일본 외무경 이노우에 가오루가 사후 처리를 위해 직접 조선에 건너왔다. 그는 1885년 1월 3일에 경성에 도착해서 4일에 조병호 및 묄렌도르프와 예비회담을 갖고, 7일과 8일에 김홍집·조병호·묄렌도르프와 2차례에 걸쳐 본회담을 가졌다. 그리고 1월 9일에 김홍집과 이노우에 가오루 간에 한성조약(漢城條約)이 체결됨으로써 갑신정변과 관련한 조일 양국의 현안은 모두 일단락되었다.

32 다보하시 기요시 저, 김종학 역, 앞의 책(2013), pp. 906~910.

그런데 1월 4일의 조병호와 이노우에 가오루 간 예비회담에서는 교지의 증거능력에 관해 치열한 공방이 있었지만, 1월 7일과 8일의 본회담에서는 이 문제가 아예 언급되지도 않았다. 정확하게 말하면, 조선 측에서 자발적으로 이 문제를 공식의제에서 철회했다. 그 이유는 무엇이었을까. 그것은 갑신정변 직후 조만간 조선 땅에서 청과 일본 간의 전쟁이 발발한다는 불길한 소문이 급속도로 유포된 것과 관계가 있었다. 청일전쟁이 예견되고 그 성패를 쉽게 점칠 수 없는 불안함 속에서 조선의 군신(君臣)은 일본과의 분쟁을 빨리 해결하는 것이 상책이라고 판단했던 것이다.

이 과정에서 이노우에 가쿠고로의 물밑 교섭이 크게 주효했다. 이와 관련해서 『가쿠고로 연보』의 기록을 인용한다.

나는 김 씨(김윤식)와 면회하자마자 바로 붓과 종이를 잡고, "조선 일국의 안위(安危)를 지나(支那)와 함께 하게 할 작정입니까?"라고 물었다. 그는 "일본은 진실로 지나와 개전할 뜻이 있습니까?"라고 물었다. 몇 차례 응답한 끝에, 마침내 나는 "조선이 이러한 때에 처하여, 반드시 한쪽을 같은 편으로 삼아서도 안 되며, 또한 한쪽을 적으로 삼아서도 안 됩니다. 반드시 양국이 서로 수영(輸贏: 승부)을 다투는 것을 수수방관해야 할 뿐입니다."라고 썼다. 그때 마침 김굉집이 들어와서 그것을 보았다. 그 후 나는 두 사람에게 강화조약에 대한 이노우에 참의의 의향을 알려주었다. 두 사람은 그 배상금을 더 줄일 것을 희망했으므로, 나는 반드시 그렇게 해주겠다고 서약했다.[33]

이노우에 가쿠고로는 평소 친분이 두텁던 김윤식에게 조만간 청일전쟁이 발발할 텐데, 조선은 반드시 어느 한쪽을 적으로 삼아선 안 되며 그 승부의 결과를 수수방관해야 한다고 '충고'했다. 그러면서 그 대가로 조선이 지불

---

33 井上角五郎, 『井上角五郎自記年譜』, 「講和の事に盡す」(1884. 1.).

할 배상금 규모를 줄여주겠다고 제안했던 것이다. 이노우에 가쿠고로가 반드시 이노우에 외무경을 위해 과장된 말로 불안감을 부추긴 것은 아니었다. 그 또한 이노우에 외무경에게 속아서 머지않아 조선의 독립 문제를 결판내기 위해 청일 간 전쟁이 발발할 것으로 믿었으며, 또 그렇게 되길 진심으로 희망하고 있었던 것이다.[34] 이는 나중에 그가 이노우에 외무경에게 앙심을 품는 한 가지 이유가 되었다.

김윤식은 1885년 1월 7일에 조선의 질서유지를 위해 파견된 청국 장수 오대징(吳大澂)과 회견을 가졌다. 이날 김홍집과 이노우에 가오루는 제1차 본회담을 갖고 있었다. 이 자리에서 김윤식은 평소 친한 일본인에게 들었다고 하면서 다음과 같은 말을 했다. 그 친한 일본인은 이노우에 가쿠고로였다.

오늘 아침에 평소에 친한 일본인을 만났는데, 그가 밀고하기를, "귀국은 무사할 것입니다. 단, 가짜 교지(矯旨)에 관해선 언급할 필요가 없습니다. 이것이 가장 긴요한 일입니다."라고 했습니다. 저는 "가짜 교지를 언급하지 않는다면 비단 귀국 공사는 과실이 없을 뿐만 아니라, 난당(亂黨) 또한 죄를 면할 것이다. 더구나 우리 정부는 중국의 주방영(駐防營)에 보호를 청했는데, 만약 난당의 가짜 교지가 아니라면, 정부가 보호를 청한 것과 화영(華營)이 응원(應援)해서 궁궐에 들어온 것이 모두 명분이 없게 된다. 어찌 그것을 자처하겠는가?"라고 했습니다. 그러자 그는 "우리 정부의 뜻은 귀국에 있지 않고 중국에 있습니다. 귀국과의 일을 신속히 처리한 이후에 중국에 대해 이치를 따질 것입니다."라고 하였습니다. (중략) 그는 "저는 본국에 있을 때 이미 귀국 개화당이 장차 난을 일으킬 조짐이 있음을 알고 있었습니다. 다케조에의 착오는 다른 사람들이 혹 알고 있지만, 정부 체면에 장애가 되기 때문에 착오라고 말하길 원치 않는 것입니다. 이 일은 매우

---

34 김종학, 「이노우에 가쿠고로와 갑신정변: 미간사료 『井上角五郎自記年譜』에 기초하여」, 『한국동양정치사상사연구』 제13권 1호, 2014.

처리하기 어려우니 어찌하겠습니까? 저는 대사에게 설명하고, 그의 의사가 어떤지 한번 살펴보겠습니다."라고 하였습니다. 그리고 고별하고 떠났습니다. 저는 그대로 돌아와서 과군(寡君)에게 아뢰고, 또 좌상(左相: 김홍집)과 이야기를 나누었습니다.[35]

이노우에 가쿠고로는 김윤식에게 본회담에서 교지문제를 꺼내지 말 것을 종용했다. 김윤식은 교지의 진위 여부를 분명히 하지 않으면 정부에서 청군의 개입을 요청한 것과 청군이 그것에 응해서 일본군과 교전한 것이 모두 명분을 잃는다면서 난색을 표했지만, 이노우에 가쿠고로는 청일 간 전쟁의 가능성을 내비치면서 더 이상 이 문제를 언급하지 말라고 '충고'했던 것이다. 김윤식은 이를 고종에게 아뢰고, 김홍집과도 상의했다. 그 결과 이들은 일본이 갑신정변의 배상문제를 관대하게 처리하는 한, 이 문제를 덮어두기로 결론을 내렸던 것이다.

한편, 이노우에 가쿠고로는 일본 정부가 체면 때문에 다케조에 공사의 불법행위를 인정하지 않는 것이라고 했지만, 실제로는 일본의 복잡한 내정문제가 걸려 있었다. 메이지 정부는 원래 사쓰마(薩摩)·조슈(長州)·도사(土佐)·히젠(肥前)의 4개 웅번(雄藩)이 연합한 형태로 구성되었는데, 이른바 '메이지 14년의 정변'(1881)을 거치면서 사쓰마 번과 조슈 번의 양자 대결 구도로 정계가 재편되었다. 그런데 이때 이르러 1885년 12월로 예정된 내각제(內閣制) 실시와 내각총리대신의 지명을 앞두고 양자 간의 알력이 극심해지고 있었다.[36] 조선 문제는 이토 히로부미 궁내경과 이노우에 가오루 외무경 등 조슈 번 출신 참의들이 주도하고 있었으므로 다케조에 공사의 불법적인 정변 개

---

35 『中日韓』第3卷, 문서번호 938의 6.
36 春畝公追頌會 編, 『伊藤博文傳』中卷, 東京: 春畝公追頌會, 1940, pp. 462~498; 古圧農 編, 『井上角五郎君略傳』, 東京: 森印刷所, 1919, pp. 144~149.

입은 사쓰마 번에 좋은 공격 빌미를 제공할 수 있었다. 이 때문에 이노우에 가오루는 조선에 있는 동안 교지문제를 비롯해서 다케조에 공사의 책임론이 제기될 만한 모든 사안을 은폐하는 데 급급했던 것이다.[37]

3. 『갑신일록』의 저술 배경

『갑신일록』 위작설

김옥균의 수기(手記) 『갑신일록』은 개화당과 갑신정변 연구에 가장 중요한 1급 문헌으로 다뤄져 왔다. 그런데 1960년에 일본인 학자 야마베 겐타로(山邊健太郎)가 『갑신일록』 위작설(僞作說)을 제기해서 학계에 큰 파문을 일으켰다.[38] 그 뒤로 『갑신일록』의 여러 판본에 관한 비교연구가 활발하게 이뤄진 것도[39] 기본적으로는 그 위작설(僞作說)의 진위 여부를 규명하려는 문제의식과 무관하지 않았다.

우리나라 연구자들에게 야마베의 문제제기는 용납할 수 없는 도발로 받아들여졌다. 이 문제에 관한 한 북한 연구자들의 태도도 크게 다르지 않았

---

37 김종학, 앞의 글, p. 175. 조병호와의 예비회담(1885. 1. 4.)에서 이노우에가 가장 먼저 요청한 것은 다케조에 공사와 왕복한 조회문의 작환(繳還), 즉 무효처리였다. 1월 6일 고종을 알현하는 자리에서도 이노우에는 조회문의 작환을 거듭 요청했으며, 제1차 본회담(1. 7.)에서 김홍집의 전권위임장에 다케조에 공사의 책임을 언급한 구절("京城不幸有逆黨之亂 以致日本公使誤聽其謀 進退失據 館焚民戕 事起倉卒 均非逆料")이 있는 것을 보고 이를 삭제, 또는 수정하지 않는 한 회담을 갖지 않겠다고 주장했다. 제2차 본회담(1. 8.)에서 이 구절이 삭제된 것을 보고서야 이노우에는 비로소 한성조약의 체결에 동의했다.

38 山邊健太郎, 「甲申日錄の硏究」, 『朝鮮學報』 第17輯, 1960.

39 『甲申日錄』의 판본들에 관한 비교연구는 다음을 참조할 것. 康玲子, 「甲申政變の問題點 ― 『甲申日錄』の檢討を通じて」, 『朝鮮史硏究會論文集』 第22輯, 1985; 김봉진, 「『甲申日錄』에 관한 一硏究」, 『한국학보』 제12집 1호, 1986.

다. 하지만 어떤 역사적 문헌이든지 위조나 변조의 가능성은 존재한다. 게다가 『갑신일록』을 저술할 당시 김옥균은 역적으로 몰려 일본에 망명한 상황이었고, 여전히 재기의 희망을 놓지 않고 있었으므로 사실을 있는 그대로 기록했다기보다는 여러 가지 정치적 고려 속에서 일부 진실을 숨기거나 과거의 사실을 선택적으로 재구성했을 것으로 보는 편이 합리적이다.

그럼에도 불구하고 『갑신일록』 위작설이 터부시된 이유 중 하나는, 갑신정변 당시 개화당이 반포한 이른바 혁신정강 14개 조가 오직 이 문헌에만 기록된 데서 찾을 수 있다. 이 혁신정강에는 조공폐지(朝貢廢止)나 인민평등(人民平等)과 같은 민족주의적이고 근대적인 언설이 상당히 포함되어 있다. 이 때문에 『갑신일록』 위작설은 곧 갑신정변의 민족주의적·근대적 지향을 부정하는 시도로 간주되어 심한 지탄을 피하기 어려웠던 것이다.[40]

『갑신일록』과 이노우에 가쿠고로

그런데 정작 김옥균이 왜 『갑신일록』을 썼는지에 관해선 아직까지 설득력 있는 설명이 제시되지 않은 것 같다. 여기서는 『가쿠고로 연보』의 기록을 토대로 이 책이 만들어진 배경과 김옥균의 저술의도를 살펴보고자 한다.

(개) 나(이노우에 가쿠고로)는 처음으로 도쿄의 여관에 숙박함.

나는 상경한 뒤로 교바시 구(京橋區) 스기야바시(數寄屋橋) 외곽 니시무라 여관(西村旅館) 지점에 잠시 숙소를 정했다. 내가 선생의 식객이 된 이후로 도쿄에

---

40 "그러나 외국의 일부 논자들은 갑신정변이 우리나라 역사 발전에서 차지하는 진보적 의의를 고의적으로 말살하거나 또는 이를 왜곡·왜소화할 목적으로부터 출발하여 갑신정변 연구에서 기본사료가 되는 『甲申日錄』을 '신빙할 수 없는 자료'로 일소에 붙이려 하고 있다"(김사억, 「『甲申日錄』에 대하여」, 북한사회과학원 역사연구소 편, 『김옥균』, 역사비평사, 1990, p. 297).

서 선생의 자택 외에 다른 곳에 숙박한 것은 이것이 처음이었다. 나는 또한 김옥균·박영효 두 사람과 이야기해서, 두 사람도 모두 선생의 자택에서 나왔다.

이처럼 나와 두 사람이 잠시 선생에서 떨어진 것은, 근래 이노우에 참의 일파가 경성의 내란이 주로 선생의 지시에서 나온 것인 양 떠들고, 특히 김옥균·박영효 두 사람, 또는 나의 거동에 관해 자주 탐색을 한다는 소식을 들었기 때문이다. 나도, 김옥균·박영효 두 사람도 반드시 선생께 누를 끼치지 않는 한 이노우에 참의에게 반대하는 태도를 취하기로 약속한 것은 당시 부득이한 행동이었다고 할 수밖에 없다.

(나) 나는 구로다 참의에게 「조선내란전말서(朝鮮內亂顚末書)」를 증정함.

선생께서 일찍이 나에게 말씀하셨던 것처럼 사쓰마·조슈 두 파(派)의 알력은 점차 심해졌고, 이에 따라 이노우에 일파는 한창 조선의 내란을 후쿠자와 선생의 소행이라고 떠들고 있었으므로, 나는 김옥균·박영효 두 사람과 함께 앞으로의 일을 이야기해둘 필요를 느껴서 특별히 회합을 열었다. 김 씨는 먼저 그 이른바 홍아책(興亞策)을 말했지만 그것은 뒷날로 미루게 하고, 우리들의 기왕의 행동은 국왕에 대해 충실(忠實)을 드러내고 또 어디까지나 그 왕실의 안태(安泰)를 바랐다는 것, 변란 와중에 살육이 많았지만 처음부터 어떠한 은원(恩怨)이 있어서 그런 것이 아니며, 그래서 정권을 장악한 뒤에는 그 당여(黨與)의 인물들과 함께 협력해서 거국일치(擧國一致)를 통해 지나(支那)의 굴레에서 벗어날 수단을 강구할 계획이었다는 것, 이노우에와 다케조에 때문에 우리는 결심하여 바로 신속하게 거사를 일으켰지만 마지막에 그들의 태도가 연약해진 것 등을 밝히는 것을 위주로 하고, 그에 더하여 우리들의 은사이신 선생께 만에 하나라도 누를 끼칠 만한 사실이 있으면 서로 비밀로 해서 발설하지 않기로 의견을 모았다. 이 석상에서 김옥균 씨는 『갑신일기(甲申日記)』의 원고를 꺼내 보였다. 그리고 얼마 지나지 않아 그는 등사해서 은밀히 세간에 유포하였다. 이러한 상황이었으므로 선생과 조선

변란의 관계는 오히려 극력 부정했다. 이『갑신일기』또한 그러한 것에 다름 아니었다.

나는 이렇게 해서 주문한 기계 활자가 나오기를 기다리면서, 뜻밖에 참의 구로다 기요타카 씨에게 접근하게 되어 몇 차례 면회해서 이야기를 나누었다. 그런데 그 대화의 요령을 글로 적어서 달라는 부탁을 받았으므로, 나는「조선내란전말서(朝鮮內亂顚末書)」를 적어서 철한 뒤에 증정했다.

이 기사는 날짜가 명시되어 있지 않지만, 1885년 9월의「구라이 다다시(倉井忠)의 누이 스에코와 결혼함」이라는 기사와 11월의「경성에 도착함」이라는 기사 사이에 실려 있는 것으로 보아 이 사이의 일을 기록한 것 같다. 실제로 이노우에 가쿠고로는 1885년 7월에『한성주보(漢城週報)』에 쓸 언문(諺文) 활자를 구입하기 위해 도쿄에 잠시 돌아갔다가 11월에 다시 조선에 건너왔다.

먼저 (가)를 보면, 이노우에 가쿠고로는 1885년 9월부터 11월 사이에 교바시 구(京橋區) 스기야바시(數寄屋橋) 외곽 니시무라 여관에 머문 것으로 되어 있다. 그런데 1885년 9월 5일 자『조야(朝野)』를 보면, "김옥균 씨. 그는 우리나라에 도망쳐 와서 요코하마, 고베 등을 떠돌며 머물렀으나, 최근에는 긴자(銀座) 주변에 우거(寓居)하며 일체 방문객을 사절하고 유창(幽窓) 아래에서 붓을 놀리며 기구간관(崎嶇間關), 지금까지 겪은 일 등을 서술하고 있다는 소식이다. 완성된 뒤에는 반드시 처음 듣는 사실도 많을 것으로 생각한다."라는 기사가 게재되었다. 또 11월 22일 자『개진(開進)』에는 김옥균이 교바시 구 야리야마치(鎗屋町)에 우거하고 있다는 기사가 실렸다.[41]

이를 종합하면 김옥균은 1885년 9월을 전후해서『갑신일록』을 저술하기 시작했으며, 9월에는 긴자, 11월에는 교바시 구의 야리야마치에 있었다고 볼 수

41 琴秉洞,『金玉均と日本: その滯日の軌跡』, 東京: 綠蔭書房, 1991, p. 230에서 재인용.

있다. 그런데 긴자와 야리야마치, 그리고 가쿠고로가 머물고 있었던 스기야바시는 모두 길 하나를 사이에 두고 인접해 있었다. 즉, 김옥균이 『갑신일록』을 집필할 때 가쿠고로는 바로 곁에 있었던 것이다(그림 〈7-4〉 참조). 참고로 교바시 구는 도쿄 도 내의 행정구역으로 1878년부터 1947년까지 존속했다.

이보다 앞서 갑신정변의 실패 후 일본에 망명한 개화당은 후쿠자와의 집에 숨어 있었다. 『가쿠고로 연보』에 따르면, 이들은 이노우에 가오루 일파가 갑신정변이 후쿠자와의 지시에서 나왔다는 소문을 퍼뜨리고 감시를 강화해서 어쩔 수 없이 나왔다고 한다.

이와 관련해서, 1885년 초에 조선 주재 일본공사관원 오바 나가시게(大庭永成)가 김옥균의 배후에 후쿠자와 유키치가 있다는 글을 써서 조선 관리들에게 돌린 일이 있었다. 오바는 갑신정변 당시 일본공사관 수비를 담당한 인물이었다.[42] 이노우에 가오루 일파가 후쿠자와가 갑신정변을 지시했다는 소문을 퍼뜨렸다고 한 것은 바로 이 일을 가리키는 것으로 보인다.

이 사실을 알게 된 이노우에 가쿠고로는 격분해서 같은 해 5월에 갑신정변의 괴수는 조슈 번 출신의 이토 히로부미와 이노우에 가오루라고 반박하는 문서를 만들어 민응식과 정병하(鄭秉夏)에게 전달했다.[43] 그리고 9월부터 11월 사이에 김옥균을 만나 이노우에 가오루에게 반대하는 태도를 취하기로 약속했던 것이다. 단, 박영효는 서광범·서재필과 함께 1885년 5월 26일에 미국으로 떠나 1년 뒤에 돌아왔으므로, 1885년 9월부터 11월 사이에 이노우에 가쿠고로를 만날 수는 없었다. 밀약은 이노우에 가쿠고로와 김옥균 간에 성립됐을 것이다.

(내)는 『갑신일록』의 집필의도를 분명하게 보여준다. 사쓰마와 조슈 두 파벌의 알력은 갈수록 더욱 심해지고 이노우에 가오루 일파는 갑신정변이 후

---

42 『時事新報』, 1884년 12월 19~20일, 井上角五郎·今泉秀太郎, 「遭難記事」.
43 『伊藤』 第5卷, pp. 137~164.

[그림 7-4] 도쿄 교바시 구지도

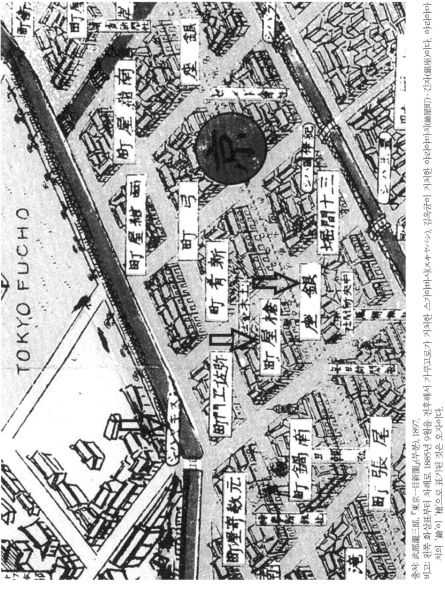

쿠자와의 소행이라는 소문을 퍼뜨리고 있었다. 이에 가쿠고로는 김옥균을 다시 만났다. 김옥균은 흥아책(興亞策)에 관해 상의하길 바랐지만, 가쿠고로는 그 문제는 미뤄두고 우선 갑신정변에 관해 입을 맞출 것을 제안했다. 이들이 합의한 내용은 다음과 같다. 갑신정변은 국왕에 대한 충성심에서 나왔으며 왕실의 보전을 위해 일으켰다는 것, 정변에서 많은 이들이 희생됐지만 그것은 개인적인 원한 때문이 아니었다는 것, 정권 장악 이후에는 민씨 척족을 포함한 거국일치의 내각을 구성해서 청으로부터 독립하려고 했다는 것, 이노우에와 다케조에가 선동해서 거사를 결심했지만 중간에 이들이 변심하는 바람에 정변이 실패했다는 것, 그리고 '은사' 후쿠자와 유키치에게만에 하나라도 누를 끼칠 만한 사실은 절대로 발설하지 않는다는 것이었다.

또한 김옥균은 이노우에 가쿠고로를 만난 자리에서 『갑신일기(甲申日記)』라는 원고를 꺼내 보였다고 하였다. 김옥균이 이를 등사해서 세간에 몰래 유포했다고 한 것, 그리고 그 내용에 후쿠자와 갑신정변 간의 관련성을 극력 부정했다고 한 것으로 보아 『갑신일기』는 다름 아닌 『갑신일록』을 가리키는 것으로 생각된다.

단, 김옥균이 이를 자발적으로 써왔다고 한 것은 사실이 아닐 가능성이 크다. 그렇게 추측하는 이유는 인용문의 문맥상 김옥균과 이노우에 가쿠고로 간에 '서술방침'에 관한 합의가 이뤄진 뒤에 김옥균이 『갑신일록』을 쓴 것으로 보는 편이 더 자연스럽기 때문만은 아니다. 다음 절에서 보듯이 『갑신일록』은 후쿠자와 유키치의 『메이지 17년 조선경성변란의 시말(明治十七年朝鮮京城變亂の始末)』(『시말』)을 토대로 만든 문헌이었다. 그리고 이노우에 가쿠고로는 『시말』을 김옥균에게 전달한 장본인이었을 가능성이 크다. 그렇게 본다면 김옥균이 『갑신일록』을 스스로 썼다고 한 것은, 이와 같은 저술 과정의 비밀을 은폐하기 위한 이노우에 가쿠고로의 의도적 속임수였다고 할 수 있다.

334

여러 가지 부정확한 서술에도 불구하고 『가쿠고로 연보』의 기록을 단순히 허구로 치부하기 어려운 것은, 『갑신일록』의 전반적 내용이 '서술방침'과 거의 일치하기 때문이다. '서술방침'의 핵심은 후쿠자와의 갑신정변 개입 사실을 은폐하고, 그 발발과 실패의 책임을 이노우에 외무경과 다케조에 공사의 사주와 배신에 돌리는 데 있었다. 즉, 이노우에 가쿠고로는 김옥균의 『갑신일록』을 갖고 후쿠자와 배후설을 퍼뜨리는 이노우에 가오루 일파에게 대항하려고 했던 것이다.

『갑신일록』과 『메이지 17년 조선경성변란의 시말』의 관계

김옥균의 『갑신일록』과 후쿠자와 유키치의 『시말』을 비교해보면 전체적 구성으로부터 세부내용에 이르기까지 두 문헌이 대단히 유사하다는 것을 알 수 있다. 보다 정확하게는, 『갑신일록』은 마치 『시말』을 토대로 해서 일부 내용을 덧붙이거나 수정해서 만든 문헌처럼 보인다.

『갑신일록』을 읽다보면 간혹 눈에 거슬리는 대목이 있다. 예컨대 별궁(別宮)을 설명하면서 "별궁이라는 것은 세자가 혼인할 때 거처하는 궁으로 특히 그 중대한 장소요, 또 서광범 군의 집과 담장 하나 사이라서 궁의 후문이 바로 서광범 군의 정원 앞이니 하수하기에 편했다. 그러므로 여기로 결정한 것이다(別宮者 世子婚禮時所處之宮 特其重大之處 又是其徐君光範家隔墻 宮之後門卽徐家庭前 便於下手 故以此決之)."라고 부연한 것이라든지, 또 미국과 프랑스를 조선식으로 '美國'·'法國'이라고 쓰지 않고 일본식으로 '米國'·'佛國'이라고 하거나 조선의 '정자(亭子)'를 일본식으로 '별장(別莊)'이라고 표현한 것 등이다. '근위(近衛)', '육군대장', '대신과 참찬' 등도 메이지 일본의 관제와 병제에서 유래한 표현이다. 이와 관련해서 야마베 겐타로는 조선 사람이라면 상식적으로 알고 있을 내용들에 대해 굳이 설명을 붙인 것, 그리고 일본

식 한자어를 사용한 것을 근거로 『갑신일록』은 일본인 독자를 상정하고 쓴
것이라고 지적했지만,[44] 그보다는 『갑신일록』이 『시말』을 저본(底本)으로 해
서 작성된 문헌이기 때문에 이러한 현상이 발생했다고 생각된다. 별궁에 관
한 해설이라든지, '米國'·'佛國' 및 '別莊'이라는 표현, 그리고 '육군대장'과
같은 용어는 모두 『시말』에 보인다.

『시말』이 『갑신일록』의 저본이 되었다는 것은 이미 김봉진 교수에 의해
지적되었다.[45] 이러한 주장은 일견 이상해 보인다. 갑신정변을 일으킨 김옥
균이 당시 현장에 있지도 않은 후쿠자와의 기록을 토대로 회고록을 쓴다는
것이 말이 되는가? 하지만 김옥균이 『갑신일록』을 집필한 1885년 9월 당시
김옥균과 이노우에 가쿠고로 간의 관계를 이해하면 이 의문은 어느 정도
풀린다. 이노우에 가쿠고로는 후쿠자와 유키치가 갑신정변에 간여한 사실
을 은폐하기 위해 광분하고 있었다. 그렇다면 이노우에 가쿠고로는 후쿠자
와의 갑신정변 간여 사실은 은폐하고, 모든 허물을 이노우에 외무경과 다케
조에 공사에게 뒤집어씌운 『시말』을 김옥균에게 전달하면서 이를 토대로 새
로운 회고록을 작성하도록 강청(强請)한 것이 아니었을까. 이미 조선으로 돌
아갈 수도 없고, 일본 정부로부터 환영도 받지 못해서 의지할 데라곤 오직
후쿠자와밖에 없었던 김옥균으로선 이 요청을 거절하기 힘들었을 것이다.

이노우에 가쿠고로는 갑신정변과 관련해서 이노우에 가오루 외무경을 비
난한 「조선내란전말서(朝鮮內亂顛末書)」라는 문헌을 직접 만들어서 조슈파와
라이벌 관계에 있던 사쓰마의 구로다 기요타카에게 주기까지 했다.[46] 조선

<hr>

44 山邊健太郎, 「甲申日錄の硏究」, 『朝鮮學報』 第17輯, 1960.

45 김봉진, 앞의 글.

46 이 책 p. 329~331의 『가쿠고로 연보』 인용문 참조. 「朝鮮內亂顛末書」의 실물은 현재 전해
지지 않는다. 그 존재가 처음 공식석상에서 언급된 것은 1888년 1월에 가쿠고로가 보안조
례 위반(후에 사문서위조죄, 관리모욕죄로 변경)으로 체포되어 심리를 받는 과정에서였다.
『井上角五郎先生傳』의 기록은 다음과 같다. 당시 검사는 「福澤諭吉手記」라고 적힌 봉투 안
에서 반지(半紙) 15~16매에 작은 글씨로 쓴 서류를 꺼내 보이면서 다케조에게 이것을 기

개화당의 리더이자 갑신정변의 주모자인 김옥균이 직접 쓴 회고록은 그와는 비교도 되지 않을 정도로 엄청난 파급력이 있을 것이었다. 또한 이노우에 가쿠고로가 후쿠자와의 심복이라는 것은 세상이 모두 아는 사실이었으므로, 자신이 직접 나서기에는 어려운 점도 있었을 것이다.

심지어 『갑신일록』의 일부 구절에서는 이노우에 가쿠고로가 직접 손을 댄 것 같은 흔적마저 발견된다. 예컨대 정변 당일의 암구호를 설명하면서 "즉 '천천이'이다. 조선의 속어(俗語)로, 풀이하면 '서서히'라는 뜻이다(卽天天以 朝鮮俗語 譯之卽徐徐之意)."라는 할주(割註)를 붙인 것이라든지, 『갑신일록』은 순한문 문서임에도 불구하고 굳이 '빙함, 모스, 아스톤'과 같이 우리말 인명 위에 가타가나로 후리가나(振り仮名)를 병기한 것이 그 예이다. 이와 관련해서, 이노우에 가쿠고로가 1885년 3월부터 4월 사이 일본에 귀국했을 때의 일을 기록한 「井上角五郎日記」라는 한문 문헌이 있는데, 『갑신일록』과 마찬가지로 인명을 '도그라'라는 식으로 적었다.[47] 이는 일본어와 조선어에 능통했던 이노우에 가쿠고로의 숨겨진 서명(hidden signature) 같은 것이라고 생각된다.

억하느냐고 물었다. 다케조에가 살펴보니 예전에 자신이 구로다에게 준 「朝鮮內亂顚末書」였다. 그 서류는 '현재 우리나라의 국정(國政)은 사쓰마·조슈가 전횡하고 있다고 세간에서는 모두 비난하지만, 사쓰마인은 정직해서 억지로 정권을 천단(擅斷)하려고 하지 않는다. 그에 반해 조슈인은 매사에 극히 교활해서, 심하게는 사쓰마인을 배척하려 한다.'라고 전서(前書)하고, 이노우에 가오루의 외교적 악행과 내정의 비행을 열거했다. 그리고 마지막에 후쿠자와 유키치(福澤諭吉)라는 서명이 있었다. 검사의 추궁에 대해 이노우에 가쿠고로는 그 서명은 후쿠자와의 것도, 자신이 한 것도 아니라고 부정했지만, 서명만 제외하면 이 서류는 자신이 1885년 가을에 구로다에게 증정한 것이 맞다고 인정했다(『井上角五郎先生傳』, p. 135).
47 『秘書類纂』中卷, pp. 57~59.

『메이지 17년 조선경성변란의 시말』의 작성 경위

그렇다면『갑신일록』의 저본이 된『시말』은 어떻게 만들어진 문헌일까. 『시말』은『후쿠자와 유키치전』에「선생 수기의 변란시말(先生手記の變亂始末)」이라는 제목으로 수록되어 있다. 여기에는 그 작성 경위가 다음과 같이 기록되어 있다.

> 17년 경성변란(갑신정변)의 시말에 관해서 선생이 직접 기록한 상세한 기사가 있기 때문에 다음에 게재한다. 단, 이 기사가 김옥균의『갑신일록』과 대동소이한 것을 보면, 아마도 김옥균이 변란 후 일본에 숨어 들어와서 선생의 저택에 잠복해 있을 때 주로 김옥균에게서 들은 사실에 근거해서 기록한 것 같다.[48]

『시말』이 후쿠자와의 갑신정변 수기로 알려지게 된 것은 바로 이 문장에서 연유한다. 그런데 일본 도쿄 인근 사노(佐野) 시의 향토박물관에는 수나가 하지메(須永元)란 인물이 생전에 수집한 문헌, 액자 등 약 1만 4,000점의 자료를 갖춘 '수나가 문고'가 있다. 수나가 하지메는 김옥균의 일본 망명시절 후원자를 자임한 인물이었다.[49] '수나가 문고' 속에『조선갑신일기(朝鮮甲申日記)』라는 문헌이 있다. 총 44쪽 분량으로 장당 12행, 행당 24~26자로 작성된 일기이다. 그런데『시말』에서 일부 추가 또는 삭제한 구절과 두주(頭註) 정도를 제외하면, 형식과 내용이『시말』과 완전히 동일하다. 또 겉표지의 제목은『조선갑신일기』라고 되어 있지만, 첫 장을 넘겨 보면「메이지 17년 12월 조선경성변란의 시말(明治十七年十二月朝鮮京城變亂の始末)」이라는 부제가 적

---

48 『福澤諭吉傳』第3卷, p. 312.

49 수나가 하지메와 김옥균의 관계에 관해서는 다음을 참조할 것. 朝井佐智子,「須永元-金玉均を支援した日本人」,『愛知淑德大学現代社会研究科研究報告』第3號, 2008; 강범석,『잃어버린 혁명-갑신정변연구』, 솔, 2006. pp. 26~29.

혀 있다. 이러한 점으로 볼 때, 『조선갑신일기』가 『시말』의 저본이 되었던 것은 분명하다. 그런데 『조선갑신일기』의 말미에 다음과 같이 이 문헌의 작성 경위가 기록되어 있다.

이상은 김옥균, 박영효의 「석필일기(石筆日記)」를 가져다 엮고, 또 그들이 기억하는 바를 들은 것이다. 그것을 이노우에 가쿠고로와 이마이즈미 히데타로의 「조난기사(遭難記事)」와 대조하고, 또 혹은 당시 경성에 있으면서 결코 정치상의 고려가 없는 사람들의 증언의 단서를 종이에 기록하여 한 편(編)을 만든 것이다. 물론 우리(我輩, 또는 '나')는 일의 현상(現相)을 목격하지 못했으니 반드시 이를 믿을 수는 없다. 그러나 사실은 조만간 일일이 명백해질 것이니, 그때 참고하기 위해 여기에 기록해 두는 것이다.

즉, 『조선갑신일기』는 김옥균과 박영효가 쓴 「석필일기(石筆日記)」라는 문헌에다가 이들의 기억을 덧붙이고, 이노우에 가쿠고로와 이마이즈미 히데타로의 「조난기사」와 대조한 뒤에 목격자들의 증언을 추가해서 만든 문헌이라는 것이다. 석필이란 연필이라는 뜻인데, 「석필일기」의 존재는 아직 확인되지 않는다. 「조난기사」는 1884년 12월 19·20일 자 『시사신보』에 실린 기사 제목이다.[50]

여기서 주목되는 것은 『조선갑신일기』를 '我輩'가 썼다고 한 사실이다. 일본어로 '와가바이(我輩)'는 1인칭 단수로도, 복수로도 사용된다. 따라서 『조선갑신일기』를 쓴 사람이 후쿠자와인지, 그의 제자들인지는 분명하지 않지만, 그것이 『후쿠자와 유키치전』에 『시말』로 수록되면서 후쿠자와의 수기로 둔갑했던 것이다. 뿐만 아니라 이노우에 가쿠고로와 이마이즈미 히데타로의 이름도 사라졌다. 이것으로 후쿠자와의 정변 개입 사실 또한 완전히 은폐되었던 것이다.

---

50 제5장 5절 참조.

이마이즈미 히데타로는 『시사신보』의 기자였다. 후쿠자와의 자서전인 『복옹자전(福翁自傳)』에는 자신의 '가까운 친척의 아들(近親今泉の小兒)'이었다고 적혀 있는데, 실제로는 처조카였다.[51] 이마이즈미는 1884년 10월 30일 다케조에 공사가 경성에 귀임할 때 함께 조선에 건너왔다가 정변 직후 일본으로 돌아갔다.[52] 그렇다면 『시말』과 『갑신일록』의 일기체 기록이 10월 30일부터 시작하는 것 또한 이날 비로소 이마이즈미가 서울에 들어와서 그날그날의 메모를 시작했기 때문이라는 해석이 가능하다. 갑신정변 직후 오직 『시사신보』만이 「조선사변(朝鮮事變)」(12. 15.)이나 「조선국에 일본당 없다(朝鮮國に日本黨なし)」(12. 17.)와 같은 조선정세에 관한 비교적 정확한 기사를 게재할 수 있었던 데는 이마이즈미의 역할이 컸을 것이다.

『갑신일록』과 『시말』을 실제 역사적 사실에 비추어 고증해보면, 『시말』에 기록된 내용은 대부분 사실에 부합하지만 『갑신일록』에서 고치거나 덧붙인 부분에서는 적지 않은 오류가 발견된다.[53] 이는 『시말』, 즉 『조선갑신일기』는 갑신정변 직후 이마이즈미의 메모와 김옥균·박영효의 증언, 그리고 여러 목격자들의 진술을 종합해서 만든 문헌인 반면, 『갑신일록』은 그로부터 몇 달이 지나 김옥균의 기억에만 의존해서 수정한 문헌이므로 당연한 결과라고 할 수 있다.

『갑신일록』의 저술 동기

김옥균이 『갑신일록』을 저술한 동기와 관련해서 지금까지 가장 많이 인용되어 온 것은 이누카이 쓰요시(犬養毅)의 회고담이다.

---

51 후쿠자와 유키치 저, 허호 역, 『후쿠자와 유키치 자서전』, 이산, 2006, p. 258과 『井上角五郎先生傳』, p. 50 참조.
52 『福澤諭吉傳』 第3卷, p. 341.
53 김종학, 『개화당의 기원과 비밀외교: 1879-1884』 서울대학교 박사학위 논문, 2015, 7장 「갑신일록의 해석」 참조.

그런데 김 씨가 일본 당국을 신뢰해서 마침내 일본에 와보니, 뜻밖에 그에 대한 일본 정부의 대우는 매우 냉담했다. 특히 당시 외무대신 이노우에 가오루 씨 같은 경우는 김 씨가 몇 번이고 방문했지만 만나주지도 않았다면서, 당시 그는 대단히 분개하고 일본의 배신에 성내고 있었다. 그는 분개한 나머지 메이지 17년의 개혁 전말을 상세히 적어서, 그것을 갖고 이노우에 가오루 씨에게 부딪히고, 끝까지 일본이 배신적 태도를 취한다면 우리는 단지 이를 천하에 공표해서 일본 정부에 보복할 뿐이라고 위협한 일이 있다.[54]

하지만 김옥균이 아무리 이노우에의 '배신'이나 홀대에 분개했다고 해도, 망명정치범의 신분으로 본국 송환이나 끊임없이 밀파된 자객들을 피하기 위해서라도 일본 정부의 보호가 절실했던 그의 처지로 볼 때 자발적으로 보복에 나서긴 어려웠을 것이다. 따라서 이는 이노우에 외무경에게 보복하려고 광분해 있던 가쿠고로에게 김옥균이 어쩔 수 없이 동조한 것으로 이해해야 한다.

뒷날 김옥균은 수나가 하지메에게 다음과 같은 말을 했다고 한다.

김옥균 씨 저(著) 『갑신일록』은 지금도 믿는 사람이 많지만, 김 씨 자신은 술회하기를, 그건 사정이 있어 그렇게 썼지만 실록(實錄)은 아니다. 시기를 봐서 진짜 쓰고 싶었던 것을 쓰고 싶다고 말하고 있었다.[55]

『갑신일록』을 저술할 당시 김옥균은 사실상 고립무원의 처지였다. 그가 기댈 수 있는 대상은 오직 후쿠자와밖에 없었다. 게다가 그는 여전히 고토

54 犬養毅, 「朝鮮第一の人物」, 葛生東介 編, 『金玉均』, 東京: 民友社, 1916, p. 36.
55 大喜多義城, 「隱れたる義人須永元翁回顧錄(一)」, 『古筇』 第23號(1936. 11.)(青木功一, 「『金玉均伝原稿』と雜誌 『古筇』─その探索及び 『甲申日錄』 の否定について」, 『朝鮮史研究会論文集』 第18集, 1981에서 재인용).

쇼지로를 비롯한 자유당 정객들과 손을 잡고 다시 한번 조선을 침공하려는 헛된 꿈을 버리지 못하고 있었다. 이 때문에 김옥균은 이노우에 가쿠고로의 요청에 따라 『시말』을 보완해서 『갑신일록』을 저술하고 자신의 이름으로 유포했던 것이다. 이것이 김옥균이 실록(實錄)도 아닌 『갑신일록』을 쓰지 않을 수 없었던 사정이었으며, 따라서 그는 언젠가는 정말 쓰고 싶었던 것을 쓰겠다는 희망을 버릴 수 없었다.

하지만 김옥균은 그렇게 『갑신일록』을 저술하면서도 자신의 경험을 바탕으로 정변의 전말을 상세히 서술하고, 또 다른 사람이 알지 못하는 소회나 거사의 대의를 일부나마 드러내려고 애썼다. 앞에서 지적한 것처럼 『시말』과 비교해서 『갑신일록』에 추가된 부분, 즉 김옥균이 덧붙인 부분은 사실에 부합하지 않는 것이 많다. 그중에는 단순한 기억 착오로 인한 오류도 있고, 또 김옥균이 의도적으로 만든 허구도 있다. 예컨대 거사 직전 마지막으로 다케조에를 만나서 묄렌도르프의 이간질과 다케조에의 훼방으로 인해 차관교섭이 실패한 과정을 장황하게 설명한 11월 25일 자 기사나, 고종을 홀로 알현한 자리에서 세계의 정세로부터 조선 독립의 당위성을 설파하고 이를 위해선 먼저 친청파 대신들을 제거해야 함을 논한 11월 29일 자 기사는 의도적 허구의 대표적인 예다. 하지만 김옥균이 『갑신일록』을 통해 전달하고 싶었던 참된 메세지는 바로 여기에 있었다.

사실(史實)에 부합하지 않는다고 해서 그것이 진실(眞實)이 아닌 것은 아니다. 다만 역사적 사실에 입각해서 진위를 감별하는 것이 아닌, 그 숨겨진 의도와 의미를 발굴하고 해석하는 방식의 독해가 필요할 뿐이다. 이러한 의미에서 『갑신일록』을 온전히 독해하기 위해서는 실패한 혁명가의 심리를 이해할 수 있는 통찰력과 창조된 세계 속에서 진실의 파편을 그러모을 수 있는 문학적 상상력이 더 긴요할지 모른다.

4. 개화의 의미

개물성무(開物成務), 화민성속(化民成俗)

조선 후기 실학이 개항기의 국내외 조건에 조응해서 근대지향적인 개화 사상으로 내재적으로 발전했다고 보는 관점에서 '개화(開化)' 또한 우리 고유의 말이었다고 주장하는 것은 이상한 일이 아니다. 그중에서도 가장 보편적인 견해는, 개화란 곧 '개물성무(開物成務), 화민성속(化民成俗)'의 줄임말이라고 보는 것이다.[56]

원래 '개물성무'와 '화민성속'은 각각 『주역(周易)』 「계사전(繫辭傳)」과 『예기(禮記)』 「학기(學記)」에 나오는 구절로, 전자는 만물의 도리를 밝히고 천하의 사업을 행해서 성공을 이루는 것이고, 후자는 백성을 교화해서 선한 풍속을 이룬다는 뜻이다. 개화를 이와 같이 '개물성무, 화민성속'의 의미로 처음 풀이한 것은 1898년 9월 23일 자 『황성신문(皇城新聞)』의 기사였다.[57]

그런데 이때는 이미 개화라는 말이 대한제국 내에서 널리 통용되고, 그에 따라 다양한 정의(definition)들이 등장하고 있었다. 이는 당대의 유행어가 된 개화라는 말의 의미를 선취하기 위해 여러 정치적 행위자들 간에 경합이 벌어진 상황으로 이해할 수 있다.

예컨대 유길준은 인류의 문명 발달 단계를 미개화(未開化)·반개화(半開化)·개화(開化)로 구분했고, 김윤식은 "이른바 개화란 곧 시무(時務)를 뜻하는 것"이라고 보았으며,[58] 황현은 "개화란 특별한 물건이 아니며 개물화민

---

56 이광린·신용하, 「대담: 開化史 認識의 問題」, 『현상과 인식』 제1집 2호, 1977.

57 "客이 余다려 問ᄒ여 曰 開化라ᄒᄂ 者ᄂ 何物을 指홈이며 何事를 謂홈이뇨 余ㅣ應ᄒ여 曰 開物成務ᄒ며 化民成俗을 開化라 謂ᄒᄂ니라"(『皇城新聞』, 1898년 9월 23일).

58 金允植, 『續陰晴史』(『속음청사』 상권, 국사편찬위원회, 1955, p. 156).

(開物化民)에 불과하다."라고 정의했다.[59] 이들의 정치적 입장은 서로 같지 않았으며, 따라서 자신들의 정치적 견해에 따라 개화의 의미를 전유(專有, appropriation)했던 것이다. 마찬가지로 『독립신문』(1898. 1. 20.)에서는 "해해로 날날마다 극히 편리케 하며 극히 연구하여 사람의 일과 물건의 이치를 시세에 따라 극진한 데 나아감이 곧 개화"라고 했고, 『대한매일신보』(1909. 9. 10.)에서는 "편당(偏黨)도 없고 사정(私情)도 없으며 윗사람은 아랫사람을 학대하지 아니하고, 아랫사람은 윗사람에게 납첨을 아니하며 인륜이 서로 밝고 상하가 속임이 없으며 법률을 각박히 아니하고 문화도 외식을 아니하고 각각 실업을 힘써서 근검독실하는 것이 실로 개화의 본뜻"이라고 했다.[60] 개화는 실로 누구나 아는 말이면서, 또 아무도 알지 못하는 말이었다.

이돈화(李敦化)에 따르면, 개화라는 말은 1894년 청일전쟁을 전후해서 민간에 유행하기 시작했다고 한다.

우리가 처음으로 개화의 말을 듣고 개화라는 것을 입으로 불러본 것은 갑오년(甲午年)을 제1기로 삼지 않을 수 없다. 수백 년 동안 타성에 젖어 인습에 잠들어 있던 일반 민중이 세속에서 이른바 동학란이라고 부르는 민중적 개혁당의 활동에 따라 일반 사회는 처음으로 지루한 구덩이로부터 잠에서 깨어 "이것이 왠일인가"하는 뜻을 갖게 되었다. 따라서 일청전쟁(日淸戰爭)이 일어나자 개화의 소리가 점점 민간에 높아졌다. 물론 갑오년 이전에도 일부 지사와 정객의 개화당이 없는 것은 아니었지만, 그것은 극히 일부 정치가의 신구(新舊) 충돌에 지나지 않았던 것이요, 온 민중이 다 같이 사상적 동요를 일으키고 변화하려는 심리를 갖게 된 것은 적어도 갑오년 이후부터였다. 몽롱하나마 개화라고 하는 용어가 민간에 유행하기 시작해서 그것을 찬동하는 사람도 생겼으며, 그것을 반대하는 사람도 있

---

59 黃玹 著, 金澤榮 編, 『梅泉集』, 1911(고려대학교 중앙도서관 소장).
60 『大韓每日申報』, 1909년 9월 10일.

게 되었다. 의미를 알고 불렀든 모르고 불렀든 어쨌든 이 개화, 개화라고 하는 용어 한마디가 과도기의 초기를 형성한 것은 부정하기 어려운 사실이었다.[61] (현대문 번역은 인용자)

"의미를 알고 불렀든 모르고 불렀든 어쨌든 이 개화, 개화라고 하는 용어 한마디가 과도기의 초기를 형성했다."라는 구절은 청일전쟁을 즈음해서 개화라는 말이 어떻게 쓰였으며, 또 그것이 어떤 사회적 의미를 갖고 있었는지 요령 있게 보여준다. 청과 일본이라는 2개의 강대국 사이에 개재(介在)한 19세기 조선이 상정할 수 있는 최악의 상황은, 아마도 양국 중 일국의 세력권에 완전히 편입되어 국가 자주성을 상실하거나 한반도에서 양국이 군사적으로 충돌하는 사태였을 것이다. 갑신정변의 사후 처리 과정에서 '일사래위' 교지의 위조문제를 끝까지 추궁하지 않고 덮어둔 것 또한 후자가 초래할 파국(破局)에 대한 두려움 때문이었다.[62] 그럼에도 불구하고 결국 1894년에 이르러 한반도에서 청일전쟁이 터져 애꿎은 조선 백성은 어육(魚肉)이 되고, 일본은 조선의 개혁을 명분으로 노골적으로 내정간섭을 자행하였다. 경위야 어떻든 결과적으로 이는 조선의 외교정책의 처참한 실패라고 하지 않을 수 없다.

그제야 조선의 많은 지식인들은 이 국난을 극복하기 위해선 정치사회의 대개혁이 필요하다는 문제의식을 갖게 되었다. 여기에 청일전쟁에서 보여준 일본의 힘에 대한 경외감과 노대국(老大國) 청에 대한 모멸감이 어우러진 결과로 개화라는 말이 사회적으로 크게 유행했던 것으로 생각된다. 하지만 그 방법론이나 구체적 지향에 있어선 여전히 서로 다른 생각들을 갖고 있었다. 이 때문에 개화의 필요성은 모두가 인정하면서도, 막상 그 의미를 살

---

61 李敦化, 「混沌으로부터 統一에」, 『開闢』 제13호(1921. 7.).
62 제7장 2절 참조.

펴보면 서로 다른 정의를 내렸던 것이다. 한말 개화라는 말의 다의성(多義性, ambiguity)은 당시 사회적 분열의 정도를 반영하고 있었다.

개화라는 말의 전파

개화는 메이지 일본의 신조어였다. 비록 전근대 동아시아 전적(典籍)에서 개화라는 말이 사용된 전례가 전혀 없지는 않더라도, 그것은 예외적인 경우에 지나지 않았다. 개화라는 말은 후쿠자와 유키치가 'civilization'을 '문명개화(文明開化)'라는 말로 번역하면서 대중적으로 정착했다. 그는 존 힐 버튼(John Hill Burton)의 『Political Economy for use in Schools and for Private Instruction』을 번역해서 『서양사정외편(西洋事情外篇)』(1868)으로 출간했는데, 「세상의 문명개화(世の文明開化)」라는 장에서 'civilization'을 문맥에 따라 '문명' 또는 '문명개화'로 옮겼다.

문맥에 따라 다르게 옮겼다고 한 것은, 같은 civilization이라고 하더라도 문명의 상태를 지칭할 때는 '문명'으로, 그것에 도달하는 과정을 강조할 때는 '문명개화'로 구분해서 뉘앙스를 구분하려고 한 흔적이 보이기 때문이다. 영어 원문의 "It is shown by history that nations advance from a barbarous to a civilized state"라는 구절은 "歷史ヲ察スルニ人生ノ始ハ莽昧ニシテ次第ニ文明開化ニ赴クモノナリ"로 옮긴 반면에 "It has also been asserted that the barbarous state is natural, while that of civilization is artificial: but the word artificial is here misused"라는 구절은 "又或人ノ說ニ野蠻ハ天然ナリ文明ハ人爲ナリト云フ者アレドモ畢竟字意ヲ誤解シタル論ナリ"라고 옮긴 것이 그 예이다.

organization을 '조직', government를 '정부'라고만 옮기면 원래 단어가 함축하고 있었던 조직화의 의미라든지 결정의 부단한 과정이라는 측면은 사장되고 정적인 의미로 응고되어 버린다. 프랑수아 P. G. 기조(François P. G. Guizot)와 헨리 T. 버클(Henry T. Buckle)의 계몽적 진보사관의 영향을 크게 받은 후쿠자와는,[63] 문명의 본질은 어떤 완성된 상태가 아니라 끊임없이 향상을 추구하는 과정에 있음을 강조하기 위해 굳이 '문명'의 뒤에 '개화'를 덧붙인 것으로 이해된다.

그 후 '개화'는 1870년대에 이르러 '문명'과 분리되어 독립된 단어로 쓰이기 시작했다. 〈표 7-1〉은 메이지 초기의 사전들에서 개화의 정의를 발췌한 것이다.

일본에서 한창 유행하던 개화라는 말이 본격적으로 조선에 수입된 것은 1881년 일본에 파견된 조사시찰단의 견문보고를 통해서였다. 당시 조사시찰단의 일원이었던 이헌영(李鐘永)은 청국 통역 임우륙(林又六)과의 대화를 다음과 같이 기록했다.

이헌영: 귀 경내에 들어온 뒤로 처음 '개화' 두 글자를 들었습니다. 개화의 설은 무슨 뜻입니까?

임우륙: 개화라는 것은 서양인의 설이요, 또 일본 서생의 설입니다. 예의를 파괴하고 고풍을 훼손해서 지금의 양풍을 따르는 것을 득계로 여기는 것입니다. 예의를 지키고 고풍을 귀하게 여기는 자를 시속(時俗)에 통달하지 못했다고 하면서 물리치니, 이는 양인(洋人)이 인국(隣國)을 파괴하려는 은밀한 계책인데도, 관가의 대리(大吏: 대관) 가운데 누구 하나 깨닫는 자가 없습니다.

이헌영: 그 말씀을 들으니 몹시 개탄스럽습니다. 예의를 버리고 이속(異俗: 다른 나라의 풍속)을 따르는 것이 어찌 '개화'가 되겠습니까?[64]

---

63 마루야마 마사오 저, 김석근 역, 『문명론의 개략을 읽는다』, 문학동네, 2007, pp. 96~132.
64 李鐘永, 「問答錄」, 『日槎集略』 人卷.

【표 7-1】 1870~1880년대 일본에서 간행된 사전에서의 '開化'의 의미

사전명	간행연도	開化의 정의	의미
英和對譯袖珍辭典	文久 2 (1862)	polish	
佛和辭典	明治 4 (1871)	civilisation, amélioration	
和英語林集成(再版)	明治 5 (1872)	(hirakete kawaru) -suru, to open and change, to be reformed, to become civilized	
孛和袖珍字書	明治 5 (1872)	Buildung, Entwicklung	
獨和字典	明治 6 (1873)	Cultur, Buildung	
廣益熟字典	明治 7 (1874)	下ヲオシエミチビクコト	아랫사람을 가르쳐 인도하는 것
萬國史略便覽	明治 7 (1874)	ヒラケル	열리다.
輿地誌略字引	明治 8 (1875)	ヨガヒラケル	세상이 열리다.
大全漢語字彙	明治 8 (1875)	ヲシヘニヒラケル	가르침에 열리다.
萬國史略字引	明治 8 (1875)	ヒラケル	열리다.
袖珍萬國地誌略字引	明治 9 (1876)	ヒラケル	열리다.
布告律令字引	明治 9 (1876)	ヒラケタコト	열린 것
萬國史略字引	明治 9 (1876)	人心ノヒラケルアリサマ	인심이 열린 모양
萬國地誌略字引	明治 9 (1876)	ヒラケル	열리다.
小學課程書字引	明治 10 (1877)	ヒラケル	열리다.
文明いろは字引	明治 10 (1877)	ヒラケル	열리다.
新撰詩學自在	明治 11 (1878)	ヒラケタヨ	열린 세상
必携熟字集	明治 12 (1879)	ヒラケルコト	여는 것
以呂波分漢語字引	明治 13 (1880)	ヨノ中ガヒラケル	세상이 열리다.

　이헌영은 일본에 들어와서 처음 '개화'라는 두 글자를 들었으며, 그 의미를 '예의를 파괴하고 고풍을 훼손해서 서양의 풍속을 따르는 것'이라고 이해했음을 알 수 있다. 만약 개화가 조선사회에서 일반적으로 쓰는 말이었다면, 이헌영이 이를 처음 들었다고 했을 리 없다. 마찬가지로 조사시찰단의 일원이었던 박정양은 어전 복명하는 자리에서 개화의 의미를 다음과 같이

설명했다.

처음 서양과 교통할 적에 조정의 의론이 일치하지 않아서 외국을 물리쳐서 받아들이지 말자는 자도 있었고, 문호를 열고 받아들일 것을 청한 자도 있었습니다. 그런데 서양과 교통한 이후로는 혹 정법(政法)을 모두 서인(西人)을 모방할 것을 주장한 자도 있었고, 혹 구제(舊制)를 계속 지킬 것을 주장한 자도 있었습니다. 이를 일러 개항(開港)·쇄항(鎖港)의 당(黨)과 개화(開化)·수구(守舊)의 논(論)이라고 하는데, 서로 알력을 빚으며 오랫동안 용납하지 않았습니다.[65]

박정양도 이헌영과 마찬가지로 개화의 의미를 '서양의 정법(政法)을 모방하는 것'이라고 파악했다. 어떤 의미에서는 메이지 일본의 문명개화 내지 개화의 의미를 적확히 파악한 것이라고 할 수 있다. 단, 당시 조선인들로선 자국의 고유한 문물제도를 버리고 서양 오랑캐의 것을 추종하는 일본인들의 모습을 결코 좋게 볼 수 없었던 만큼, 개화라는 말도 처음에는 부정적으로 인식될 수밖에 없었다.

개화당이라는 호명

그렇다면 이른바 개화당도 메이지 일본처럼 서양의 정치·법률과 풍속을 준거로 한 개혁을 추구했을까?

우리의 상식과 달리, 개화당이 처음부터 개화당을 자처한 것은 아니었다. 오경석과 유대치가 처음 김옥균을 포섭한 것이 1871년이고, 오경석이 베이징공사관의 메이어스를 비밀리에 방문해서 군함 파견을 청원한 것이 1874~1875년, 이동인을 일본에 밀파한 것이 1879년이었던 것에 반해, 조사

---

65 박정양 저, 한국학문헌연구소 편, 『박정양전집』 제5권, 아세아문화사, 1984, pp. 24~25.

시찰단을 통해 개화라는 말이 조선사회에 전파된 것은 1881년이었으니, 이 비밀결사가 처음부터 개화를 목적으로 조직되었다고는 생각하기 어렵다. 사실 이 비밀결사는 결성된 뒤에도 오랫동안 정해진 이름이 없었으며, 개화당(開化黨)·개진당(開進黨)·개진당(改進黨)·혁명당(革命黨)·개혁당(改革黨) 등 다양하게 호명(呼名)되고 있었다. 누구보다도 김옥균과 이 비밀결사의 정체를 정확하게 파악하고 있었을 후쿠자와 유키치조차 『시말』에서 '독립당'이라고 호칭했을 뿐, '개화당'이라는 말은 단 한 차례도 쓰지 않았다.

개화당이라는 이름은 1880년 말부터 1881년 초 사이에 일본인들에 의해 처음 붙여졌다. 이는 이동인의 도일(渡日) 및 개화당의 활동과 관련되어 있었다. 흥미로운 점은, 일본 외무성과 언론에서 각각 개화당이라고 지칭하는 대상에 차이가 있었다는 사실이다.

이는 현재 조선국 개화당의 제일류(第一流)인 이재긍[영의정의 아들, 즉 국왕의 종형제]·박영효[국왕의 사위, 즉 금릉위에 봉한 자]·김옥균·서광범의 내명(內命)으로 비밀리에 도쿄로 가서 각하와 이와쿠라 우대신 공을 배알(拜謁)하고 이상 4명이 때때로 두 각하께 비밀서한을 왕복할 것을 청원하며, (후략)

이 인용문은 1881년 1월 김옥균의 밀사 이헌우와의 회견 후 곤도 마스키 부산 주재 일본영사가 보고한 문서의 일부이다.[66] 곤도 영사는 조선의 개화당 멤버로 이재긍·박영효·김옥균·서광범을 열거했다. 그는 비밀결사 개화당의 실체를 정확히 파악하고 있었는데, 이는 일본 외무성의 원조를 기대한 개화당이 그 정체를 숨김없이 드러냈기 때문이다.

우리는 일찍이 우인(友人)에게 듣기를, 이동인이 도쿄에 머물면서 아사노 도진

---

66 제2장 7절 참조.

(朝野東仁)이라고 칭하며 우리나라 사람과 교제하는 것을 보니, 그 한마디 한마디 가 우내(宇內)의 형세와 오늘날의 시무(時務)에 미치지 않는 것이 없었으며, 식견 이 매우 높고 작은 일에 연연하지 않아서 대단히 호걸의 풍모가 있었다고 했다. 그러므로 그가 조선 수신사에게 인정을 받아서 같은 배로 본국에 돌아가자 우리 는 그에게 크게 희망을 걸고, 저 정부가 종래 고집하던 쇄봉단립주의(鎖封單立主 義)를 타파하고 개화의 풍조(風潮)를 계림(鷄林: 조선)에 이끌어올 사람은 반드시 이동인일 것이라고 생각했다. 그리고 또 그 개화설(開化說)은 어떤 범위 내에서 행해질까, 어떤 저항을 수구당에게서 받게 될 것인가를 상상했다. 그런데 그 조정 에서는 개화설이 뜻밖에 승리를 얻어서, 재상을 필두로 현관(顯官)들이 왕왕 그 것에 좌단(左袒)했다. 국왕 또한 굳이 거절하지 않으니, 묘당의 방향이 대략 이것 으로 정해져서, 마침내 개화당의 주창자 김옥균·이원회(李元會)·민종묵(閔鐘黙)· 홍영식(洪永植)·박정양(朴正陽—원문)·어윤중(魚允仲—원문)·엄정창(嚴正昌—원 문)·조준영(趙竣永—원문)·강문형(姜文馨)·이동인을 우리나라에 파견하여 일본 개진(改進)의 규모를 모방해서 충분한 개정(改正)을 하며, (후략)[67]

이 인용문은 1881년 4월 29일 자『조야신문(朝野新聞)』의「조선 개화의 정 황(朝鮮開化ノ情況)」이라는 기사의 일부다. 여기서는 이동인과 김옥균 외에도 이원회·민종묵·홍영식·박정양·어윤중·엄세영(嚴世永)·조준영(趙準永)·강문 형 등 조사시찰단을 모두 개화당이라고 지칭했다. 이는 어떻게 된 영문일까.

물론 이 기사를 쓴『조야신문』의 기자가 조선정세에 어두웠기 때문이라 고 간단히 치부해버릴 수도 있지만, 실은 이동인과 관계가 있었던 것으로 보 인다.『조야신문』의 편집장 스에히로 시게야스는 이동인과 여러 차례 직접 만나 이야기를 들었다.[68]『조야신문』은 이 기사에서도 이동인에 대해 "쇄봉

67「朝鮮開化ノ情況」,『朝野新聞』, 1881년 4월 29일.
68 제2장 5절 참조.

단립주의를 타파하고 개화의 풍조를 계림에 이끌어올 사람"이라고 높이 평가했지만, 이밖에도 이동인을 "개화당의 우두머리"라고 하고(1881년 5월 4일), "통신사(수신사 김홍집) 일행이 갑자기 개항론이 된 것은 전적으로 이동인의 힘이었다."라고 하는(1881년 5월 8일) 등 대체로 그의 역할을 과장하는 경향이 있었다. 아마도 이는 성격이 활달하고 큰소리도 잘 쳤던 이동인 본인이 한 말들이었을 것이다. 개화당에 관련된 정보도 대부분 이동인의 입에서 나왔을 가능성이 크다. 그렇다면 『조야신문』에서 비밀결사 개화당의 정체를 제대로 파악하지 못한 것은 이동인이 언론에 자신들의 정체가 완전히 노출되는 것을 피했기 때문이라고 할 수 있다.

메이지유신 이래로 일본은 전통적인 조일관계의 형식을 변경하고, 조선에 대한 침략을 정당화하는 명분으로 개화라는 말을 사용했다.[69] 그런데 일본 또한 서구사회에 비해 스스로 열등함을 인정했기 때문에 문명개화를 국시(國是)로까지 삼은 것이 아니었던가? 하지만 당시 일본인들은 문명과 야만은 상대적인 개념이며, 따라서 일본이 서양에 대해선 반개(半開) 또는 미개(未開)의 단계에 머물러 있지만 더 열등한 조선과 청에 대해선 문명이 된다는 논리로 이러한 모순을 해결했다. 예컨대 후쿠자와는 단선적 진보사관에 입각해서 문명의 발전 단계를 문명-반개(半開)-미개(未開)로 구분했다. 그리고는 이 세 단계를 나누는 절대적 기준이 있는 것은 아니며 국가들 간의 관계는 어디까지나 상대적으로 결정되는 것이라고 주장했다.

---

69 예를 들어 일본 외무성에서는 1869년 10월 태정관(太政官)에 기존에 쓰시마 번주(藩主)가 전담해온 조일 간 외교관계를 서양의 국제법과 관례에 따라 변혁할 것을 상신하면서 "이처럼 전세계 문명개화(文明開化)의 시세에 이르러, 조약을 맺지 않고 애매한 사교(私交)로 일개 번(藩)의 소리(小吏)들에게 처리하게 놓아두신다면, 황국(皇國)의 성문(聲聞)에 관계됨은 물론, 만국공법(萬國公法)에 따라 서양 각국으로부터 힐문을 받을 때 변해(辨解)할 말이 없을 것입니다."라고 했다(『朝鮮交際始末』 第1卷). 또한 1875년 4월에 외무소승(外務小丞) 모리야마 시게루(森山茂)는 조선 정부로 하여금 일본의 서계(書契)를 접수하게 하는 방법으로서 조선 연해에 군함을 파견해서 무력시위를 할 것을 건의하면서 "그러므로 우리의 거동이 암암리에 개화의 기세를 도울 수 있을 것입니다."라고 했다(『朝鮮交際始末』 第3卷).

이와 같이 3단계로 구별해서 그 상태를 기록하면, 문명과 반개와 야만 간의 경계는 분명하지 않다. 하지만 원래 이 명칭은 상대적인 것으로, 아직 문명을 보기 전에는 반개를 최상의 수준으로 여기더라도 무방하다. 이 문명도 반개에 대할 때만 문명이 되는 것이지만, 반개라고 해도 그것을 야만과 대하게 한다면 또한 그것을 문명이라고 부르지 않을 수 없다. (중략) 또 서양 여러 나라를 문명이라고 하지만, 바로 지금의 세계에서만 그러한 이름을 붙일 수 있을 뿐이다.[70]

개화라는 말 속에는 마치 19세기 유럽인들이 제국주의적 침략을 분식하기 위해 '백인의 의무(The White Man's Burden)' 같은 위선적 레토릭을 만들어낸 것처럼, 조선은 일본이 이미 경과한 역사적 발전 단계를 뒤따라오고 있다는 비하 인식, 그리고 미개한 조선을 지도해서 문명의 단계로 인도해주는 것은 문명국 일본의 책임이라는 왜곡된 시혜 의식이 바탕에 깔려 있었다. 여기에는 서양을 대할 때의 열등감을 조선 및 중국에 대한 우월의식으로 보상받으려는 심리 또한 작용했을 것이다. 이와 같은 맥락에서 1880년대 초반 일본인들이 조선의 특정 정치세력을 가리켜서 개화당이라고 불렀을 때는, 일본이 주도하는 조선의 '개화'에 자발적이고 적극적으로 협조해서 도움이 되는 집단이라는 의미를 내포하고 있었다.

갑신정변과 개화

필자가 검토한 결과에 따르면, 김옥균이 개화라는 말을 입에 올리기 시작한 것은 1884년 5월 일본에서 귀국한 이후의 일이었다. 이와 관련해서 갑신정변의 종범(從犯)으로 체포된 신중모(申重模)의 공술(供述)을 살펴보자.

---

70 福澤諭吉, 『文明論の槪略』(『福澤諭吉全集』 第4卷, 1959, pp. 17~18).

저는 본래 상놈으로 유길준의 권유로 일본에 가서 일본어를 배우고 돌아왔습니다. 당시 일본에 간 20여 명 가운데 저를 비롯한 14명은 1년 반 동안 사관공부(士官工夫)를 배웠습니다. 그 후 김옥균이 들어왔습니다. 그러므로 7일마다 1번 있는 모임에 가서 자주 상종했습니다. 거기서 "**서양 각국은 모두 독립국이다. 어떤 나라를 막론하고 독립한 후에 화친을 할 수 있거늘, 조선은 홀로 중국의 속국이 되었으니 매우 부끄럽다. 조선은 언제나 독립해서 서양 국가들과 동렬(同列)에 설 수 있겠는가?**"라는 말을 들었습니다. 그 후 조선에 돌아와서 또한 사관(士官)의 구식 무예를 배웠으며, 소명(召命)을 받아 입궐해서 간품(看品)을 받고 남행부장(南行部長)에 임명되었습니다. 날마다 김옥균·서재필의 집을 왕래하며 자주 어울렸는데, 그들은 항상 "**각국 사람들은 일신을 아끼지 않아서 개화를 할 수 있었는데, 조선만 유독 할 수 없으니 매우 한스럽다.**"라고 말했습니다.

9월에 박영효가 함께 압구정에 가서 고기를 잡으며 놀자고 했습니다. 그래서 저는 박영효의 청지기 이규완과 함께 압구정에 가서 이틀 있다가 돌아왔습니다. 다시 탑동 승방에 가니, 김옥균·서광범·서재창·이인종·유형로(유혁로)·이점돌·고영석·박재경이 모두 그곳에 있었습니다. 저는 그 건넌방 하인 처소에 있었는데, 이인종이 자주 방에 들어와서 이야기를 했습니다. 그 다음 날 박영효 등이 저를 불러들이기에 들어가서 들어보니, 전에 했던 말을 반복하면서 사람이 없음을 개탄했습니다. 또 "**건넌방에 있는 최은동과 윤경순 두 사람이 모두 이와 같다면 개화를 이룰 수 있을 것이다.**"라고 했습니다.[71] (강조―인용자)

신중모는 일본 도야마 육군학교에서 유학한 사관생도 14명 중 1명이었다. 그의 말에 따르면, 김옥균은 일본에선 항상 조선이 '독립'하지 못한 것을 개탄했는데 귀국한 뒤로는 '개화'를 위해 일신을 아끼지 않는 인재가 없음을 한탄했다는 것이다. 박영효도 갑신정변의 구체적 모의가 시작된 음력 9월에

---

71 『推案及鞫案』 제324책, 「大逆不道罪人喜貞等鞫案」.

탑동 승방에서 계획을 논의하면서 만약 최은동과 윤경순이 적극적으로 가담한다면 "개화를 이룰 수 있을 것"이라고 했다.[72] 일본 유학 시절부터 김옥균과 가까웠던 윤치호의 일기를 보더라도 1884년 9월 17일에야 처음 개화라는 말이 보인다.[73]

이즈음 김옥균과 박영효가 개화를 운위하기 시작한 것은 후쿠자와 유키치 및 고토 쇼지로와 결탁한 것과 관계가 있었다. 당시 김옥균은 이들로부터 자금과 소시(壯士)들을 지원받는 대가로 고토에게 조선 개혁의 전권을 맡기기로 밀약한 상태였다.[74] 문명개화는 후쿠자와 유키치의 트레이드마크(trademark)였다. 따라서 김옥균이 개화를 표방한 것은, 후쿠자와 및 고토와의 연대의 상징이자 정변의 원조를 받아내기 위한 조건이었으며, 그 결탁을 정당화하는 명분이었던 것이다. 또한 김옥균과 박영효가 당시 일본말로 인식되고 있던 개화를 공공연히 발설할 수 있었던 배경에는, 청프전쟁으로 인해 청의 세력이 위축되고 일본의 위상이 상대적으로 상승한 것도 영향을 미쳤을 것이다.[75]

하지만 개화는 개화당과 후쿠자와, 고토의 유대를 상징하는 구호로만 남아있지 않았다. 개화당은 이 말을 갑신정변의 대의(大義)와 관련해서 적극적으로 재해석하였다. 그 결과, 개화는 조선에 수입되어 원래 후쿠자와가 부여한 것과는 다른 새로운 의미를 내포하기 시작했다.

(가) 매번 말했던 것처럼 국왕께서 처음에 독립의 체면을 공고히 하고 정치를 개량

---

72 『甲申日錄』 12월 1일 조에 따르면, 최은동과 윤경순은 거사에서 각각 이조연과 한규직을 살해하는 임무를 맡았다. 특히 윤경순은 동대문 내의 유명한 역사(力士)로 대단히 사납고 용맹했다고 한다(이규완, 「甲申大變亂의 回想記」, 『別乾坤』 제3호(1927. 1.)).
73 『윤치호일기』, 고종 21년 7월 28일.
74 제6장 2절 참조.
75 제7장 1절 참조.

하기로 결심하신 다음부터 지나당(支那黨)이 이를 채용했기 때문에 국왕의 눈으로 보면 모두가 독립당입니다. 왜냐하면 지나당은 모두 간녕(奸佞)한 놈들이라서, 국왕의 면전에서는 오직 국왕의 뜻에 영합해서 마음에도 없는 독립이나 다른 것들에 대해 열심히 교묘한 말을 떠들다가도, 면전에서 물러나기가 무섭게 간책(奸策)을 써서 인민을 학대하여 조야가 모두 그 독해(毒害)를 입고 있습니다. 국왕께서 아무리 총명하시다고 해도 이러한 일을 아실 수는 없습니다. 우리 일본당의 독립공고·정치개량론은 국왕의 앞에서나 뒤에서나 구별 없이 일관되지만, 국왕께서 보시기엔 모두가 독립당이라고 생각하시는 것도 무리가 아닙니다. 또 조선 수백 년의 적폐가 국왕의 개진론(開進論)으로 인해 일변해서 오히려 오늘날의 대폐를 낳았습니다. 그러므로 비상 치료를 하지 않으면 도저히 국왕의 뜻을 이룰 수 없습니다. (1884년 11월 14일에 서광범이 시마무라 히사시 일본공사관 서기관에게 한 발언)[76]

(나) 오늘날 권력을 가진 자들은 상하 구별 없이 국왕의 총애를 입은 자들일 뿐이니, 이들의 교묘한 간계로 정치에 비상한 권력을 미치게 된 것입니다. (중략) 평범한 신하로서 국왕의 총우(寵遇)를 입어서 권세를 천단하게 된 부류에 이르러서는, 원래 국왕께서 처음에 개진주의(開進主義)를 채택하셔서 국론이 이것으로 결정되었기 때문에, 우리나라에서 개명에 진력한 것은 비단 우리 당 뿐만이 아니요, 조정의 모든 신하들이 같은 의론이었다고 해도 과언이 아닙니다. 왜냐하면 국왕께서 개진주의인 이상 완고론(頑固論)을 주창하면 자기의 지위를 잃을 것이므로, 억지로 그 주의로 옮겨가면서도 원래 그 정신은 없었으니, 오직 이기주의(利己主義) 외엔 생각하지 않는 자들이었습니다. 그러므로 끝내 금일의 방해를 야기한 근원이 된 것입니다. (1884년 11월 19일에 홍영식이 루셔스 푸트 미국공사에게 한 발언)[77]

---

76 『秘書類纂』 上卷, pp. 282~286; 『伊藤』 第3卷, pp. 67~77.
77 『秘書類纂』 上卷, pp. 289~294; 『伊藤』 第3卷, pp. 83~93.

(대) 여기에 램프가 하나가 있다고 합시다. 그 불빛은 매우 밝지만, 외물(外物)이 가리고 있어서 안의 빛은 밖을 비추지 못하고, 외물은 그 밝음을 줄 수 없습니다. 그런데 어떤 사람이 한번 그 덮고 있는 것을 제거해서 빛을 내보내려고 하지만, 그 덮은 물건이 너무 뜨거워서 참으로 쉽게 제거할 수 없다면, 부득이 그 덮은 물건을 깨뜨려버려야 할 것입니다. 그래서 그 밝음을 사방에 전달한다면, 곁에서 지켜보는 자들은 장차 통쾌한 일이라고 하겠습니까, 아니면 어리석은 일이라고 하겠습니까? (1884년 11월 23일에 홍영식이 다케조에 신이치로 일본공사에게 한 발언)[78]

이 3개의 인용문은 갑신정변의 모의가 한창이던 1884년 11월에 개화당의 영수들이 한 발언이다. (개와 (내에 따르면, 고종은 친정을 시작하면서 개진론(開進論) 또는 개진주의(開進主義)를 채택했다.[79] 그런데 국왕의 총애를 입어 권세를 차지한 신하들은 실제로는 개혁에 전혀 뜻이 없다. 이들은 국왕에게 아첨하기 위해 앞에선 그 뜻을 받드는 것처럼 행동하지만 돌아서면 간악한 수단으로 인민을 학대한다. 따라서 국왕의 뜻을 받들어 참된 개혁을 이루려면 비상한 수단을 써서라도 이들을 제거하지 않을 수 없다는 것이다.[(대]

여기서 주목할 것은 개화당이 정변을 통해 제거하려고 한 대상은 변혁을 거부하는 완고한 수구세력이 아니라, 국왕의 측근을 장악한 사이비(似而非) 개혁론자들이었다는 점이다. 개화당은 고종의 뜻이 — 김옥균의 표현을 빌리

---

78 『윤치호일기』, 고종 21년 10월 2일.
79 오늘날에는 개진주의라는 말을 잘 사용하지 않지만, 1880년대 일본에서는 리버럴리즘 (liberalism)의 번역어로 썼다. 예컨대 『도쿄요코하마매일신문(東京橫浜每日新聞)』(1882. 1. 26.)의 「세계 개진당의 기운(世界改進黨ノ氣運)」이라는 논설에서는 프랑스의 레옹 강베타 (Léon Gambetta)가 이끄는 공화주의연합(Union Républicaine)을 비롯해서 독일진보당 (Deutsche Fortschrittspartei), 영국자유당(Liberal Party)을 모두 개진당(改進黨)으로 옮겼다. 1882년 4월 16일에 창당된 입헌개진당(立憲改進黨) 또한 영국식 의회정치와 점진적 개혁을 지향했다.

면 국왕의 밀의(密意)가 —개혁에 있다고 믿었다. 따라서 이들만 제거하면 고종을 옹위해서 참된 개혁을 이룰 수 있다고 보았던 것이다.

이들은 개화라는 말을 사이비 개혁론자들을 조정에서 몰아낸 뒤에 자신들이 주도할 참된 개혁이라는 뜻으로 썼다. 이와 관련해서, 박영효는 갑신정변 사흘 전인 12월 1일에 열린 비밀회의에서 "지금 국사를 돌아보면 막막해서 간신이 권력을 농단하고 재용은 고갈되었으니, 이름은 개화라고 하지만 개화의 효험이 없다."라고 하고, 또 "참 개화당(實開化黨)은 몇 사람 없고 모두 완고당이니, 개화의 효험이 언제나 있을지 모르겠다."라고 탄식했다고 한다.[80]

앞에서 우리는 구한말 지식인들이 각자 정치적 입장에 따라 개화의 의미를 전유(專有)한 사실을 확인했다. 개화당도 예외는 아니었다. 이들이 개화를 정변의 구호로 내세웠다고 해서, 단순히 일본식 구화주의(歐化主義, westernization)를 추구했다고 성급히 결론을 내려선 안 된다. 설령 개화당이 서구 문물제도의 도입이 불가피하다고 인식했다고 해도, 여기에는 반드시 조선이 처한 현실과 그 근본적 문제점에 대한 주체적 성찰이 전제된다. 그리고 그에 따라 개혁의 우선순위를 정하고 밖에서 도입할 것들의 본말과 경중을 가늠하는 과정이 이어진다. 이는 전면적 서구화를 국시(國是)로 천명한 메이지 일본도 다르지 않았을 것이다.

그렇다면 개화당이 추구한 '참된 개혁=개화'의 핵심은 무엇이었을까. 그것은 수백 년 동안 이어진 조선 특유의 양반 중심의 강고한 신분제를 타파하고, 소수 지배세력의 기득권을 깨뜨려서 모든 사람이 능력에 따라 인정받고 노력에 의해 출세하는 평등한 사회를 만드는 것이었다고 생각된다. 비록 개화당은 정치적 상황에 따라 조선의 문호개방, 자주독립, 개화 등 다양한 모토를 제시했지만, 언제나 그 중심에는 신분 때문에 차별 받지 않는 평등한 사회를 향한 열망이 자리하고 있었다. 이것이야말로 중인 유대치와 오경석

---

80 『推案及鞫案』 제324책, 「大逆不道罪人喜貞等鞫案」.

이 목숨을 걸고 개화당을 조직하고 배후에서 지도한 이유였으며, 역사에 기록되지 못한 채 스러져간 수많은 중인과 상인들의 설운 꿈이었다.

박영효는 1931년 이광수와의 인터뷰에서 "『연암집』에 귀족을 공격하는 글에서 평등사상을 얻었지요."라고 하여, 신사상(新思想)의 핵심을 평등사상이라고 정의한 적이 있다.[81] 하지만 이 인터뷰 기록은 지금까지 개화당이 박규수의 문하에서 만들어졌다는 사실을 입증하는 증거로만 인용되었을 뿐, 정작 박영효가 개화사상의 핵심을 평등사상으로 정의한 것의 의미에 관해선 거의 해석조차 시도된 일이 없다. 아마도 그 이유는 개화당의 급진적 평등사상이 박규수에게서 나왔다는 것이 난센스에 가깝다는 것,[82] 그리고 개

[81] 이광수, 「박영효 씨를 만난 이야기」, 『東光』 제19호(1931. 3.).
[82] 조경달은 박규수의 「范希文請興學校淸選擧」라는 글에서 "사람이 효제충순(孝悌忠順)의 덕을 갖추고 있다면 어찌 사(士)가 아닐 수 있겠는가? 사(士)이면서 백묘(百畝)의 땅을 자기의 근심으로 여겨 힘을 써서 땅의 재물을 넓히는 자를 농(農)이라고 하고, 사(士)이면서 오재(五材)를 잘 다스려 물건을 만드는 것을 공(工)이라고 하고, 사(士)이면서 서로 있고 없는 것을 교환해서 사방의 진기한 물건을 유통시켜 생계를 꾸리는 자를 상(商)이라고 한다. 그 몸은 사(士)이지만, 그 생업은 농·공·상고(農工商賈)의 일인 것이다. (중략) 그러므로 생업은 같지만 도(道)에는 큰 차이가 없으며, 명목은 비록 4개로 늘어놓았지만 사(士)라는 사실은 똑같은 것이다(夫人之有孝悌忠順之德也 何莫非士也 士之以百畝爲己憂 勤力以長地財者謂之農 士之飭五材辨民器 開利用厚生之物者謂之工 士之質遷有無 通四方之珍異 以資之者謂之商 其身則士 其業則農工商賈之事也 (중략) 是故業之不同 道無殊別 名雖列四 士則一也)"(朴珪壽, 「范希文請興學校淸選擧」, 『瓛齋先生集』 第11卷, 「雜文」, 金允植 編, 서울대학교 규장각한국학연구원 소장, 1911.)라고 한 것에 주목하여, 박규수는 사(士) 이외의 농공상(農工商)도 '효제충순'의 덕을 소유하고 있다는 사실을 인정함으로써 사민평등(四民平等)의 논리적 기초를 구축하였으며, 또한 신분과 직업의 개념을 구분함으로써 조선왕조의 신분 지배체제를 근저에서부터 사상적으로 뒤흔들었다고 주장했다. 이는 '전 인민의 총체적인 사화(士化)'라는 방향을 가리키는 것이며, 따라서 논리적으로는 사민평등, 인간평등의 방향으로 나아갈 수밖에 없었다는 것이다(조경달 저, 허영란 역, 『민중과 유토피아』, 역사비평사, 2009, pp. 38~39).
하지만 직분에 관계없이 효제충순의 덕을 체현한 사람을 사(士)라고 인정하는 것과 정치를 비롯한 양반의 신분적 특권을 일반 백성에게 허용하는 것은 별개의 문제이다. 박규수가 개화당과 같이 신분적 지배질서의 개혁을 지향했다고 보긴 어려우며, 그의 의도는 '효제충순'의 봉건적 이데올로기를 다시 확립함으로써 와해된 사회윤리와 국가기강을 재건하려는 데 있었다고 생각된다. 원래 『孟子』「梁惠王(上)」의 "壯者以暇日修其孝悌忠信 入以事其父兄 出以事其長上 可使制梃以撻秦楚之堅甲利兵矣"라는 구절에서도 알 수 있듯이, '효제충순(孝悌

화당이 추구한 목표는 조선의 독립과 부국강병에 있었다는 통념과 배치되기 때문일 것이다.[83]

특히 김옥균의 독특하면서도 위대한 인간적 면모는, 양반 명문가 출신으로 장원급제까지 한 수재임에도 불구하고 신분 차별이 갖는 문제점을 인식하고 이를 개혁하려고 했으며, 비천한 신분의 사람들과 스스럼없이 어울릴 줄 알았다는 데 있었다. 이동인이 김옥균을 위해 목숨 걸고 밀항을 결심한 것은 미천한 승려에 불과한 자신을 대등한 인간으로 대해 주었기 때문이며, 강위가 김옥균의 말몰이꾼 역할도 마다하지 않은 것은 하급 무신 가문 출신임에도 불구하고 특별한 예(禮)로 우대하는 것에 감격했기 때문이다.[84] 비밀결사 개화당이 신분을 초월해서 결성되고 유지될 수 있었던 가장 큰 요인은 김옥균의 이러한 태도에 있었다고 생각된다. 뒷날 박영효는 김옥균에 대해 "김옥균의 장처(長處: 장점)는 교유(交遊)요. 교유가 참 능하오. 글 잘하고 말 잘하고 시문서화(詩文書畵) 다 잘하오."라고 평가했다.[85] 여기서 김옥균의 장점이 사람 사귐에 있었다고 한 말 속에는 생각보다 깊은 의미가 있었던 것이다.

忠順)'보다는 '효제충신(孝悌忠信)'이라는 구절이 흔히 사용되었다. '信'을 '順'으로 치환한 데서도 이러한 박규수의 의도가 잘 드러난다.

83 박영효는 죽는 날까지 조선 왕실의 일원이라는 신분적 우월의식을 버리지 않았다. 일본으로 망명한 직후에 김옥균과의 사이가 멀어져서 1885년 5월에 서광범·서재필 등과 도미(渡美)한 뒤로 거의 교류가 없었다는 것 또한 잘 알려진 사실이다. 김옥균과 달리, 박영효는 개화당의 배후에 유대치와 오경석 같은 중인이 있었다는 사실은 결코 인정하고 싶지 않았을 것이다. 그에 반해 박규수는 박영효 자신의 문중 어른으로서 연암 박지원의 실학(實學)을 가학으로 전수받은 저명한 학자였으며, 일제강점기에는 조일수호조규의 체결에 큰 공을 세웠다고 해서 일본인들에게 조선의 선각자로 평가되고 있었다. 따라서 개화당이 일패도지(一敗塗地)한 후 거의 50년이 지나 박영효가 개화사상의 연원이 박규수의 가르침에 있었다고 회고한 것은 그다지 이상한 일이 아니다.

84 "嗚呼 以余卑微門地 庸陋姿材 少有讀書之名 誤人遠聽 金侍讀古遇玉均大人 待以殊禮 常懷感激 有執鞭之願 頃在庚辰夏 金侍郎道園宏集大人 以修信使赴日本 侍讀大人力薦不肯 辟充書記以行 得至日京"(한국학문헌연구소 편, 『강위전집』 하권, 아세아문화사, 1978, p. 921).

85 이광수, 앞의 글.

1886년에 망명지 일본에서 김옥균이 고종에게 바친 상소문 가운데 다음과 같은 구절이 있다.

신이 다년간 견문에 의거해서 폐하께 상주한 바 있는데, 폐하께서는 이를 기억하시나이까? 그 뜻은 오늘날 우리나라의 이른바 양반을 삼제(芟除)하는 데 있나이다. (중략) 이제 세계가 상업을 위주로 해서 서로 생업의 많음을 경쟁하는 시대를 맞이해서 만약 양반을 제거해서 그 폐단의 근원을 모두 없애는 데 힘쓰지 않는다면 국가의 폐망을 기대할 뿐입니다. 폐하께서는 부디 이를 맹성(猛省)해서 속히 무식무능(無識無能)한 수구완루(守舊頑陋)의 대신과 재상을 내쫓아서 문벌을 폐지하고 인재를 선발해서 중앙집권의 기초를 확립하며 (후략)[86]

김옥균은 이미 갑신정변을 일으키기 전부터 고종에게 양반을 삼제(芟除), 즉 잡초처럼 솎아낼 것을 상주했다. 세계적 경쟁시대에 조선이 부진하고 낙후되는 근본 원인은 폐쇄적 신분제에 있다. 따라서 국가의 패망을 면하고자 한다면, 속히 무식하고 무능한 대신들을 내쫓아서 문벌을 폐지하고, 능력 본위로 인재를 선발해서 중앙집권의 기초를 확립해야 한다는 것이 그의 지론이었다. 그는 임오군란 직후에도 대원군에게 밀서를 보내서 인재를 등용하는 데 '홍통지법(弘通之法)'을 써서 사족(士族)·서얼(庶孽)·중인(中人)·상인(常人)의 신분에 구애됨 없이 높은 관직에 임용할 것을 건의했다.[87]

이는 갑신정변에 목숨을 걸었던 수많은 중인과 '상놈'들의 꿈이기도 했다. 이들이 개화를 이해하는 방식은 개화당의 양반 영수들보다 더 명쾌하고 더 현실에 핍진했다. 이들에게 개화란, 자신들도 인간다운 대접을 받고 좋은 관직을 얻어서 남부럽지 않게 출세할 수 있는 세상으로 열린 길을 의

---

86 한국학문헌연구소 편, 『김옥균전집』, 아세아문화사, 1979, p. 147.
87 제3장 3절 참조.

미했다. 하지만 이들의 꿈은 조선의 역사에 오직 대역죄인의 흉악무도한 진술로만 기록될 수 있었다.

작년 10월 17일에 신복모가 와서 "나하고 놀러가자."라고 하기에 바로 같이 민창수의 집에 갔습니다. 그러자 신복모가 "오늘 저녁에 이교항(二橋項)에서 불길이 오르면 난리가 날 것이다."라고 했습니다. 저는 깜짝 놀라서 그게 무슨 말이냐고 물었습니다. 그러자 "청과 일본이 교전할 것이다. 박영효·김옥균 무리가 이일을 하는 것이다. 만약 일본 군대가 이기지 못하면 즉시 서양인들과 함께 대가(大駕)를 모시고 도성 밖으로 나갈 것이다. 우리들은 개화세상에서 일이 만약 이뤄지면 응당 좋은 벼슬을 얻을 것이다."라고 답했습니다. [모반부도죄(謀叛不道罪)로 처형당한 군졸 이응호(李應浩)의 진술][88]

신중모와 이인종이 말하길, "한가하게 지내던 사람이 관리가 된다면 우리가 어찌 원통하지 않겠느냐?"라고 했습니다. 제가 무슨 말이냐고 묻자 대답하기를, "곧 사고가 있을 것이니, 세도인(世道人)을 모두 소탕할 것이다. 박영효가 좋은 관직을 얻으면 너희도 좋은 직임을 얻을 것이니 걱정하지 말라."라고 했습니다. 저는 "무식한 놈은 장사나 할 뿐이니, 다른 것은 원하지 않소."라고 했습니다. 그러자 이인종은 "지금 세상은 상놈들이 모두 좋은 관직을 하고 있다."라고 했습니다. [모반대역부도죄(謀叛大逆不道罪)로 능지처참을 당한 배추장사 윤경순의 진술][89]

88 『推案及鞫案』 제326책, 「謀反大逆不道罪人景純等鞫案」.
89 위의 책.

5. 흥선대원군에 대한 개화당의 인식

『근세조선정감』

개화당의 정치사상을 논하는 데 빠뜨릴 수 없는 문헌은 박제경(朴齊絅)의 『근세조선정감(近世朝鮮政鑑)』(이하 『정감』)이다. 『정감』은 흥선대원군에 관한 야사(野史)를 기록한 책으로 1883년 7월부터 1884년 12월 사이에 집필된 것으로 추정되며,[90] 1886년 7월에 일본 도쿄에서 간행됐다.

이 책에는 박제경이 쓴 본문과 함께 '野史氏曰'로 시작되는 배전(裵㙉, 호는 此山)의 사평(史評)과 이수정(李樹廷, 호는 筌齋)의 서문이 실려 있다. 박제경·배전·이수정 모두 개화당의 일원이거나 깊은 관계가 있는 인물들이었다. 이들의 이력을 간략히 살펴보면 다음과 같다.

박제경은 갑신정변 이전부터 개화당의 핵심 멤버였다. 그는 임오군란 당시 윤웅렬이 부산으로 피난 왔을 때 일본 공병중위 가이즈 미쓰오(海津三雄)에게 부탁해서 일본 망명을 도와주었고, 같은 해 박영효가 수신사로 도일(渡日)할 때 수행원으로 참여했다. 이후 갑신정변에 가담했다가 분노한 민중의 손에 수표교에서 타살(打殺)당했다.

배전은 경상도 김해 출신의 중인으로, 이른바 육교시사(六橋詩社)의 일원이었다. 육교시사란 강위를 중심으로 청계천 광교(廣橋) 주변의 의역중인(醫譯中人)들로 구성된 시사(詩社)였다. 이 모임은 중국에 수차례 왕래한 역관들이 주축을 이루고 있었는데, 강위를 비롯해서 박영선(朴永善)·지석영(池錫永)·백춘배(白春培) 등 개화당과 깊은 관계가 있는 인물들이 여럿 참여했다.

이수정은 상인(商人)인데, 박제경과 마찬가지로 1882년 박영효가 수신사

---

90 이광린, 「『近世朝鮮政鑑』에 대한 몇 가지 問題」, 『한국개화사연구』, 일조각, 1969, pp. 294~297.

로 도일했을 때 민영익의 수행원으로 참여했다. 그는 일본에서 세례를 받은 최초의 조선인으로서, 『현토한한신약성서(懸吐漢韓新約聖書)』나 『마가복음』과 같은 성경을 우리말로 최초로 번역한 인물로 잘 알려져 있다. 도쿄외국어학교의 조선어 교사가 되어 조선 지리와 풍속, 역사 등의 강의를 담당했는데, 1886년 5월에 조선 정부의 소환령에 응하여 귀국했다가 처형당했다.[91]

이상의 이력들로도 알 수 있듯이, 『정감』은 개화당의 정치사상을 이해하는 데 매우 중요한 텍스트이다. 어떤 면에서는 김옥균이 썼지만 일본인의 손을 탄 『갑신일록』보다 더 적나라하게 그 사상의 일단을 보여준다고 할 수 있다. 그런데 지금까지 『정감』은 대원군의 통치를 일본인들에게 소개하기 위해 쓴 책자로만 알려져 있을 뿐, 정작 중요한 질문은 거의 제기되지 않았다. 바로 대원군이라는 존재가 개화당에게 어떤 의미를 갖고 있었는가라는 것이다.

세도의 의미

지금까지 『정감』에서 주로 주목을 받아온 대목은, 19세기 조선정치 특유의 현상이자 가장 큰 병폐였던 세도정치를 설명한 부분이다. 어떤 연구든 세도정치를 설명할 때 거의 빠짐없이 인용되는 문장이기도 하다.

조선의 속어에 정권을 세도(世道)라고 하니, "어떤 이가 세도가 되었다. 어떤 집안이 세도를 잃었다."라고 한다. (중략) 조선에서 세도라고 하는 것은, 어떤 사람이 낮은 관직에 있더라도 만약 왕명으로 세도의 임무를 맡기면 총재 이하가 그

---

91 이선근, 「朴齊炯의 近世朝鮮政鑑과 大院君時代 研究의 再檢討」, 『芝陽申基碩博士 華甲記念 學術論文集』, 지양 신기석박사 회갑기념학술논문집 편찬위원회, 1968; 이광린, 「李樹廷의 인물과 그 활동」, 앞의 책(1969), pp. 267~284.

사람의 명을 받든다. 모든 군국의 기무(機務)와 백관의 장주(狀奏)를 먼저 세도에게 상의한 다음에야 왕에게 상주하고, 또한 세도에게 물어본 뒤에야 결정을 내려서 위복(威福)이 그 손에 있고 여탈(與奪)을 제 뜻대로 하니, 온 나라가 세도를 마치 신명처럼 모신다. 한번 그 뜻을 거스르면 재앙이 곧바로 닥친다.

그런데 세도에 관한 『정감』의 정의에는 이상한 점이 있다. 우리가 상식적으로 알고 있듯이, 19세기 조선의 세도는 국혼(國婚)으로 맺어진 인척관계를 빼고는 설명되지 않는다. 즉, 국왕의 모후(母后)나 외척이 나이어린 국왕을 대신해서 정권을 전횡하는 것이 세도였던 것이다. 그럼에도 불구하고, 『정감』은 세도가 되기 위해 필수적인 조건인 국혼에 관한 언급을 의도적으로 회피하고 있는 것이다.

『정감』이 대원군 이야기를 하면서 세도의 정의로부터 시작하는 것은 이 때문이다. 이에 따르면, 비록 신분이 낮은 사람이라도 국왕이 명하면 세도가되어 무소불위의 권력을 휘두를 수 있다는 것이다. 대원군은 그 대표적인 사례였다. 신정왕후에 의해 12살 소년 명복(命福)이 왕위 계승자로 정해지기 전까지, 대원군은 조락(凋落)한 왕족으로서 시정잡배와 어울리며 파락호와 다름 없는 생활을 하고 있었다. 그럼에도 불구하고 신정왕후의 한 마디 명으로 대원군은 일약 세도의 지위에 올라 국정을 천단할 수 있었던 것이다.

개화당은 국정혁신을 단행하기 위해 스스로 세도가 되고자 했다. 『갑신일록』에는 갑신정변 이틀째인 12월 5일 새벽에 개화당이 발표한 14개 조의 혁신정강이 실려 있는데, 그중 2개 조항이 정부조직의 개편에 관한 것이었다.

하나, 대신과 참찬은 새로 6인을 임명했으나 지금 그 이름을 적을 필요는 없다. 날마다 합문(閣門) 내의 의정소(議政所)에서 회의한 후 품정(稟定)하고 정령(政令)을 선포·시행할 것(大臣與參贊新差六人 今不必書其名課日會議於閣門內議政

所 以爲稟定 而布行政令事).

하나, 정부 육조 외에 쓸모없는 관직은 모두 혁파하고, 대신과 참찬으로 하여금
상의해서 계품(啓稟)하게 할 것(政府六曹外 凡屬冗官 盡行革罷 令大臣參贊酌議
以啓事).

이에 따르면, 국가의 주요 사무는 대신과 6명의 참찬이 매일 가지는 중신
회의에서 의결되며, 국왕은 오직 그 결정사항을 승인하고 반포하는 권한만
갖게 되어 있었다. 이에 대해 기존 연구에서는 대체로 당시 일본의 태정관제
(太政官制)를 모방한 것이라고 설명했다.[92]

하지만 이러한 견해는 동의하기 어렵다. 이 개혁안은 일본의 태정관제가
아니라 임오군란 직후 설치된 기무처의 제도를 답습한 것이었다. 예컨대 합
문 안에 의정소를 설치해서 매일 중신회의를 연다고 한 것이나 의정소에서
국가의 중요사무를 의결한 후 국왕의 재결을 받아 정령을 포고한다고 한 것
은 「기무처절목」과 동일하다. 기무처 설치의 목적은 국왕의 독단적인 국정
운영에 제한을 두는 한편, 대청외교를 효율적으로 수행하는 데 장애가 되는
인적·제도적 장애를 제거하려는 것이었다.[93] 갑신정변 당시 정부개혁안의 취
지도 이와 다르지 않았다. 즉, 행정에 필요한 최소한의 관직만 남겨두고 모
든 권한을 개화당으로 구성된 의정소 회의에 집중시킴으로써 국왕과 기존
대신들의 간섭을 배제하고 신속하게 개혁을 달성하려는 의도였던 것이다.

그런데 개화당이 세도가 되려면 국왕에게서 통치의 전권을 위임받는 절
차가 필요했다. 갑신정변의 일차적 목표가 고종의 신병을 확보하는 데 있었
던 것도 이와 관련이 있었다. 이와 관련해서 박영효는 갑신정변의 실패 원인
에 관해 "그저 정권을 옮겨 잡는 것이지요. (중략) 상감을 꼭 붙드는 것이지

---

92 다보하시 기요시 저, 김종학 역, 앞의 책(2013), p. 853.
93 제4장 2절 참조.

요. 김옥균이가 어름어름하다가 상감을 놓쳐버려서 그만 실패지요."라고 회고했다.[94] 단, 국왕의 신병 확보 여부가 정변의 성패와 직결되어 있었다고 해서, 이를 반드시 국왕의 권위가 막강했음을 의미하는 것으로 해석하기는 어렵다. 오히려 그보다는 모든 공적 시스템과 권위가 거의 무너져서 현전(現前)하는 국왕의 옥체와 옥음(玉音)만이 정치적 정당성(political legitimacy)의 유일한 근거로 남은 상황이었다고 이해된다.

개화당은 자신들이 생각한 세도의 개념에 조응하는 형태로 정부조직을 개혁하려고 했다. 이는 근대적 입헌군주제와는 다른 것이었다. 그것은 세도정치의 제도화였으며, 개화당의 정치적 상상력은 여전히 전근대적인 영역에서 벗어나지 못하고 있었다.

힘을 향한 갈망

파격과 변칙으로 점철된 대원군의 집권과정과 10년간의 통치를 거치면서 성리학적 정치이념은 형해화(形骸化)되었다. 군주가 "덕을 수양해서 신민을 감화시키고 지극히 선한 경지로 이끌어서 안정시킨다(大學之道 在明明德 在親民 在止於至善)."는 왕도정치(王道政治)의 이상으로 돌아가는 것은 이제 불가능해졌다. 친정(親政)을 시작할 때는 대원군의 모든 시책을 부정하려고 했던 고종이었지만,[95] 결국엔 여러 측면에서 대원군의 정책을 답습하지 않을 수 없었던 데서도 이러한 현실을 간취할 수 있다. 전통적 정치이념과 윤리가 소멸된 자리에서 통치는 힘과 공포에 의지하지 않을 수 없었다. 성리학적 왕도정치의 이상을 종식시킨 장본인인 대원군은 역설적으로 자신이 만들어낸 정치이념과 윤리의 폐허 위에서 새롭게 평가되었다.

---

94 이광수, 앞의 글.
95 "是時凡雲峴所設施 毋論善否 一倂矯革"(『梅泉野錄』 제1권, 「甲午以前(上)」).

민간에서 존숭해서 제사를 지내는 국내의 큰 바위와 목재가 전부 도끼로 베어졌다. 요설(妖說)이 난무했으나 대원군이 대번에 그것을 물리치면서 "만약 목석의 귀신이 재앙을 내린다면 내가 다 받을 것이다. 백성은 근심할 것이 없다."라고 말하자 다른 사람들이 감히 저지하지 못했다. (중략) 대원군은 이 폐단을 통렬히 개혁했으니, 통쾌하게 근절했다고 할 만하였다. 그러나 그가 그 폐단을 완전히 제거하지 못하고 쓸데없는 데다가 쓴 것이 애석하다. 비록 그러하나 만약 이 공의 호랑이 같은 위세가 아니라면 개화를 막고 완고를 보호하지도 못할 것이요, 뒷날에 또한 완고를 변해서 개화로 나아가는 것도 기대하기 어려울 것이다.

대원군에 대한 『정감』의 평가는 대체로 호의적인데, 그중에서도 가장 인상적인 대목은 "호랑이 같은 위세가 아니라면 개화를 막고 완고를 보호하지도 못할 것이요, 뒷날에 또한 완고를 변해서 개화로 나아가는 것도 기대하기 어려울 것"이라고 한 것이다. 이 구절에 관해선 비단 대원군을 지목한 것이 아니라, '정치가들은 모름지기 대원군과 같은 과단성을 가져야 조선사회를 개명화의 단계로 이끌 수 있다는 뜻'이라는 해석이 있었다.[96] 하지만 당시 조선사회에서 현실적으로 대원군을 제외하고 누가 그처럼 호랑이 같은 위세로 과감하게 행동할 수 있었겠는가?

더욱이 『정감』이 집필되던 시점에는 대원군이 아직 톈진에 유폐되어 있었다는 점에서, 개화당은 대원군의 석방·귀국을 기대하고 있었다는 해석도 가능하다. 갑신정변의 혁신정강 제1조에서 "대원군을 불일내 모시고 돌아올 것(大院君不日陪還事)"을 천명한 것이라든지, 신정부에서 대원군의 조카인 이재원과 이재완(李載完), 장남 이재면, 5촌 조카 이재순(李載純), 손자 이준용(李埈鎔)을 중용한 것 또한 어떤 형태로든 대원군 또는 그 세력을 정치적으

---

96 이광린, 앞의 책(1969), pp. 295~296.

로 활용하려는 준비공작이었다.[97]

하지만 대원군은 서양문물의 유입에 완강히 저항한 수구세력을 대표하는 인물이 아니었던가? 실제로 『정감』의 다른 구절에서는 국가의 부강(富强)을 추구하려는 국왕의 의지를 받들지 못하고 오직 수구(守舊)만을 일삼으며 일신의 영달만 추구해서, 백성과 자손들을 희생시키는 조정의 신하들은 천벌을 받을 것이라고 저주를 퍼붓고 있다. 그럼에도 불구하고 개화당이 유독 대원군을 높이 평가한 것은 바로 그의 '호랑이 같은 위세' 때문이었다.

대원군은 묘지의 나무를 베기 위해 민간의 신앙, 전통적인 효(孝) 윤리, 국가의 제도 같은 것은 안중에도 두지 않았다. 개화당은 수백 년간 누적되어 마치 화석처럼 단단하게 굳어버린 조선사회의 폐습을 깨부수기 위해선 자신들이 세도가 되는 것만으론 충분하지 않다고 보았다. 대원군과 같이 전통과 제도, 심지어 도덕률마저도 초월한 위정자가 필요하다고 판단했던 것이다. 게다가 대원군은 사상적·윤리적 신념에서 서양문물의 수용에 반대한 것이 아니었으며, 권력을 위해서라면 언제든 입장을 표변할 수 있는—완고를 변해서 개화로 나아갈 수 있는—간지(奸智)를 가진 인물이었다.[98] 개화당은 자신의 정치적 목적을 이루기 위해서라면 온갖 잔인한 폭력과 비윤리적

---

97 『甲申日錄』에 따르면, 이재원은 영의정, 이재면은 좌찬성 겸 좌우참찬, 이재완은 병조판서, 이재순은 평안감사, 이준용은 세마(洗馬)에 임명되었다.

98 임오군란 당시 정권을 장악한 대원군은 영국 군함 플라잉피시(Flying Fish)호가 제물포 월미도 앞바다에 정박했다는 급보를 받자마자 반접관 윤성진(尹成鎭)과 차비역관 고영희(高永喜)를 급파해서, 자신은 예전의 생각을 바꿔서 외국인을 받아들이는 것이 조선의 국익 (benefits of his country)에 부합함을 확신하게 되었으며, 따라서 자신의 집정으로 인해 기존 외교정책에 어떤 변화도 없을 것임을 성명하게 했다. 이에 앞서 그는 부산과 원산에 급사 (急使)를 파견해서 일본인들이 난민의 손에 학살당하는 것을 막았다(FO 46/287, Inclosure 1 in No.108. Parkes to Granville, Tôkiô, August 20, 1882; 『외교문서』 제7권, 문서번호 34; 『善隣始末』 제6卷). 또한 톈진으로 납치되어 오여륜(吳汝綸)에게 심문을 받을 때는 "지금의 형세로는 왜(倭)·양(洋)을 배척해선 안 되며, 오직 잘 화호(和好)하고 협의하여 만전의 계책을 세워야 합니다(以今之勢 倭洋不可斥之 惟善善和好協議 爲萬全之策)."라고 진술했다 [李昰應, 『石坡雜記』(영남대학교 중앙도서관 소장)].

행동마저도 서슴지 않는 대원군에게서 당시 조선사회가 필요로 하는 이상적인 지도자의 모습을 발견했던 것이다.

또한 대원군은 오랜 야인 시절의 경험을 통해 조선사회의 신분질서가 갖는 위선적 성격과 모순을 잘 알고 있었다. 그는 집정에 오른 후 무능하고 부패한 양반들보다는 전문적 지식과 실력을 갖춘 중인들을 국정에 적극 활용했다. 이 또한 개화당이 대원군에게 호감을 갖는 이유가 되었다. 이와 관련하여 다시 『정감』의 한 대목을 인용한다.

여러 관사(官司)의 서리들은 모두 총명하고 재주가 있는 자들을 선발해서 일을 맡겼다. (중략) 모두 대대로 서리 집안의 후손들로서 전례(典例)에 익숙하여 일이 생길 때마다 그 자리에서 처리하니, 대원군은 오직 그들의 말에 따랐다. 대신 육경(大臣六卿)은 본래 아침에 제수되었다가 저녁에 교체되므로 관직을 마치 지나치는 여관처럼 보았다. 이에 이르러 각사(各司)에는 모두 운현에서 전임(專任)시킨 서리들이 있었으니, 경상(卿相)은 팔짱을 끼고 도장만 찍을 뿐이었다. (중략) 인재는 본래 귀천에 국한되지 않으며, 중간 정도 되는 재주라면 오직 윗사람이 어떻게 쓰느냐에 달려있을 뿐이다. 비유하면 칼이나 송곳은 공작하는 데 쓰이지만, 또한 물건을 훔치는 데 쓸 수도 있고, 혹은 목을 찌르는 데 쓸 수도 있다. (중략) 만약 국가의 법률이 정비되고 윗사람이 지극히 공정한 마음을 갖고서 개진(開進)에 종사했더라면, 난마처럼 얽힌 일을 처리하는 데 이러한 무리들을 쓸 수 있을 것이요, 이 무리 또한 감히 악행을 저지르지 못할 것이다. 나는 매우 애석하게 생각한다.

하지만 대원군을 향한 여망은 비단 개화당의 것만은 아니었다. 1881년에 극렬한 위정척사운동이 일어났을 때, 한때 대원군의 서원 철폐와 만동묘 폐지에 불만을 품고 그 타도에 앞장섰던 화서학파의 유생들은 대원군의 단호한 배외정책을 그리워하는 상소를 올렸다. 임오군란의 난병(亂兵)들이 폭동을 일으킨 직후에 달려간 곳도 운현궁이었다. 1894년의 동학농민군은 폐정개혁안에서 대원군의 국정 간여를 요구했다. "조선 일반의 인기가 실로 대원군에게 향하고 있음"을 파악한 오토리 게이스케(大鳥圭介) 조선 주재 공사는 7월 23일 경복궁을 무단 점령할 때 대원군을 앞장세웠다.[99]

한말 조선인들이 대원군을 희구한 이유는 그 신분과 정치적 입장에 따라 제각각이었다. 조선사회의 근본적 혁신을 꿈꾼 개화당에게는 무자비한 철퇴를 가해서 구체제를 쳐부수고 무능하고 부패한 양반들을 숨죽이게 만드는 무법자로서, 사도(斯道)를 지키기 위해 서구문명과의 목숨을 건 일대격전을 각오한 위정척사론자에게는 '비아(非我)'를 용납하지 않는 철저한 원리주의자로서, 마치 토마스 홉스(Thomas Hobbes)의 자연 상태(state of nature)를 방불하는 극심한 정치사회적 혼란과 무질서 속에서 생존을 희구한 힘없는 민초에게는 리바이어던(Leviathan)과 같은 존재로 여겨졌을 것이다.[100] 비록 각자가 추구한 꿈은 달랐을지언정 한말의 상황에선 힘이 아니면 그것을 이룰 수 없었다. 대원군은 한말 조선인이 갈망한 힘을 표상하는 존재였다.

---

99 陸奥宗光, 『蹇蹇錄』, 大阪: 大石堂活版部, 1932, pp. 32~33.
100 최정운은 한말에 나타난 독특한 소설장르인 신소설(新小說)의 분석을 통해 당시 조선사회가 '만인의 만인에 대한 투쟁', 즉 전쟁상태가 일상화된 홉스적 자연상태에 가까웠다고 주장했다. 그에 따르면, 이런 곳에서 인간은 '폭력적 죽음의 공포' 속에서 지낼 수밖에 없으며 편안함과 행복을 느낄 겨를도 없고, 당연히 문명도 성립될 수 없다. 공동의 권력이 부재하기 때문에 법이 없고, 법이 없기 때문에 불의(injustice)의 관념도 없다. 힘과 속임수만이 야수로 전락한 개인이 생존할 수 있는 유일한 수단이다. 이러한 대재앙(catastrophe) 속에서 민중은 강한 권력자를 희구하게 된다(최정운, 『한국인의 탄생』, 미지북스, 2013, pp. 69~133).

제
결론 8
장

개화와 반역

개화당은 외세를 끌어들여서 정권을 장악하고 조선사회의 근본적 혁신, 특히 신분제 개혁을 목표로 만들어진 비밀결사였다. 그것은 1871년의 신미 양요를 계기로 의역중인(醫譯中人) 유대치와 오경석이 김옥균을 포섭하면서 처음 결성됐다. 대체로 기존 연구에서는 박규수가 1874년에 우의정을 사임 한 후 그 사랑방에서 김옥균과 박영효를 비롯한 홍영식·서광범·박영교·김 윤식·유길준·김홍집 등 젊은 양반들에게 개화사상을 전수함으로써 개화 파가 형성된 것으로 보았다.[1] 하지만 이는 갑신정변으로부터 거의 50년이 지

1 국사편찬위원회 편, 『한국사 38: 개화와 수구의 갈등』, 국사편찬위원회, 2003, pp. 17~19.

나 박영효의 왜곡된 회고담에 기초해 만들어진 신화에 불과하다.

영국 미간문서에 따르면, 오경석은 이미 1874년과 1875년에 3차례나 북경 주재 영국공사관을 비밀리에 방문해서 조선에 군함을 파견해줄 것을 청원한 사실이 확인된다. 뿐만 아니라 그는 1876년 초에 조약 체결을 위해 일본 군함이 강화도에 들어오자 자발적으로 일본인들과 내통하면서 같은 요청을 하였다.

한편, 김옥균은 1872년에 알성문과에서 장원급제하고 1874년에 홍문관교리에 임명된 뒤로 은밀히 궁중과 젊은 양반들 중에서 동지를 구했다. 그 가장 큰 성과는 1877년에 박영효를 포섭한 것이었다. 이들은 1879년에 승려 이동인을 일본에 밀항시켜서 주일 영국공사관과 일본 외무성에 비선(秘線)을 만들고자 했다.

1882년의 임오군란은 결코 차별대우나 군향(軍餉)의 부실지급 때문에 우연히 발생한 사건이 아니었다. 그 이면에는 고종의 일방적인 문호개방과 왕권강화 정책에 대한 신료와 하층민의 불신과 불만이라는 구조적 요인이 잠복해 있었다. 그리고 임오군란의 결과 19세기 이래로 악화일로에 있던 정부의 재정난은 "1개월 치의 비축분도 없는" 사실상 파산 상태에 이르렀고, 서울의 치안을 담당하는 경군(京軍)은 완전히 와해되어 버렸다.

임오군란의 수습 과정에서 주목할 만한 사건은 기무처의 설치이다. 기무처는 군란 와중에 통리기무아문이 폐지된 후 통리아문과 통리내무아문이 설치될 때까지 유지된 과도적 임시기구라는 것이 기존 통설이었다. 그러나 「기무처절목」에 따르면, 기무처는 국무의 최고 심의·의결·집행의 막강한 권한을 갖는 기구로 구상되었으며, 처음부터 통리기무아문과는 성격이 달랐다. 그리고 그 설치 목적은 고종의 독단적인 국정운영을 막는 한편, 대청외교를 효율적으로 집행하려는 것이었다.

김옥균과 박영효에게 임오군란은 고종에게 중용되어 중앙정계에서 활약

374

하는 계기가 되었다. 고종과 민씨 척족은 기무처를 장악한 친청파 관리들을 견제하기 위해 친일적 성향을 띠는 이들을 일약 수신사(특명전권공사)로 발탁해서 일본에 파견했다.

수신사의 공식사명은 제물포조약의 규정에 따라 사죄국서를 전달하고 배상금 지불조건을 경감하는 것이었지만, 실제 이들의 관심사는 차관도입과 조선 독립의 외교적 승인에 있었다. 차관도입은 고종의 밀명에 따른 것이었는데, 개화당은 그 일부를 전용해서 독자적인 군대를 양성할 음모를 꾸미고 있었다. 그리고 조선 독립의 외교적 승인은 친청파 관료들의 불충(不忠)을 드러내고 지금까지 그들이 이룩한 외교적 성과 — 양득론(兩得論)에 입각해서 체결된 조미수호통상조약과 제1차 조영·조독수호통상조약 — 를 전복(顚覆)하는 정치적 의미를 내포했다.

김옥균과 박영효가 비밀리에 군대 양성에 착수한 것 또한 이때부터였다. 1883년 1월, 박영효는 일본에서 귀국하면서 마쓰오 미요지와 하라다 하지메라는 일본인을 군대교관으로 고빙해 왔다. 그로부터 석 달 뒤인 1883년 4월 23일에 박영효와 윤웅렬은 각각 광주유수 겸 수어사와 남병사에 임명되어 임지에서 군대를 기르기 시작했다.

김옥균은 군대 양성 자금을 마련하기 위해 1883년 6월에 일본에 건너가 마지막 차관교섭을 시도했다. 이노우에 외무경과의 회견석상에서 김옥균은 청으로부터의 독립의지를 강조하면서 원조를 구했지만, 돌아온 것은 야멸찬 냉대뿐이었다. 조선 현지에서 묄렌도르프와 다케조에 신이치로 일본공사의 관계가 원만하다고 판단한 이노우에의 입장에선 개화당의 음모를 도울 이유가 전혀 없었던 것이다. 이에 김옥균은 미국인 모스를 통해 뉴욕 자본시장에서 기채를 시도했지만, 이마저도 여의치 않았다. 결국 그는 후쿠자와 및 고토와 제휴할 수밖에 없었다. 고토가 정변에 필요한 자금과 자객을 마련하는 대신, 조선 개혁의 전권을 위임하는 조건이었다.

만약 김옥균의 당초 희망대로 차관도입이 이뤄졌다면 정변은 몇 년 뒤에, 전혀 다른 양상으로 실현됐을 것이다. 그러나 이제 가망이 없다는 것이 판명되자, 김옥균은 일본식 참간(斬姦)으로 정권을 장악하기로 결심했다. 1884년 8월 5일, 타이완 지룽포대에서 울린 프랑스 극동함대의 포성은 이제 때가 왔음을 알리는 신호탄과도 같았다. 청프전쟁의 여파로 조선 조정 내에서 청 세력이 약화된 것을 기회로 개화당은 10월 초부터 본격적으로 거사 계획에 착수하기 시작했다. 10월 말에 김옥균에게 비우호적이었던 다케조에 공사가 귀임하자 개화당은 잠시 긴장했지만, 그가 조영조약의 통상이익을 균점하기 위해 짐짓 조선 군신을 위협하고 개화당을 지지하는 듯한 태도를 보이자 오히려 이를 역이용해서 정변에 끌어들이는 데 성공했다.

『갑신일록』에서는 갑신정변의 발발과 실패의 책임을 이노우에 외무경과 다케조에 공사에게 전가했지만, 이는 사실과 다르다. 다케조에는 정변 직전까지 그 계획의 전모를 파악하지 못했으며, 일본 외무성은 마지막까지 자국 공사가 개화당의 음모에 간여하는 것을 허락하지 않았다. 기존에 갑신정변의 원인과 경과, 다케조에와 일본 외무성의 개입 여부에 대한 해석이 분분했던 것은, 김옥균이 『갑신일록』을 집필할 당시 처했던 상황과 정치적 의도를 도외시한 채 그것을 섣불리 사실로 맹신한 탓이 크다.

개화당은 수백 년 동안 누적되어 화석처럼 단단하고 난마처럼 얽힌 조선 사회의 온갖 폐단을 척결하고, 무능하고 무지하고 몰염치하면서도 자신들의 지위와 권력을 지키는 데는 놀랄 만한 능력과 단결력을 발휘하는 양반들의 폐쇄적 카르텔을 깨뜨리기 위해선 비상한 수단이 필요하다고 보았다. 조선 후기의 수많은 민란과 역모사건 중에서도 개화당의 그것이 단연 이채를 발하는 것은, 그 수단을 임진왜란 이후 누대의 원수인 일본이나 전통적으로 금수(禽獸)로 멸시해 온 서양의 힘에서 구한 사실에 있다. 이들에게선 정치적 목표를 달성하기 위해 필요한 힘을 반드시 어떤 나라에서 구해야 한다거나, 또는 구해선 안 된다는 식의 고민을 한 흔적이 전혀 보이지 않는다. 누구라도 손을 내준다면 기꺼이 잡을 용의가 있었다. 그런 의미에서 개화당에게 친일파(親日派)나 친영파(親英派) 같은 레터르를 붙이는 것은 별 의미가 없다. 또한 개화당에게선 조선사회의 뿌리 깊은 외국인혐오(xenophobia)의 태도가 전혀 보이지 않는다는 사실도 덧붙여야 한다. 오히려 이들은 같은 조선인보다는 생면부지의 외국인을 더 신뢰하여 선선히 비밀스런 속마음을 털어놓았다. 개화당의 정체가 조선 사료보다는 외국 사료를 통해 더 생생하게 파악되는 이유이다.

개화당의 근본 목적은 후쿠자와 유키치류(類)의 문명개화, 즉 서구화 (westernization)나 근대 문물의 수입에 있지 않았다. 우리가 개화당에 대해 갖는 가장 큰 오해 중 하나는 '개화당'이니까 당연히 '개화'를 추구했으리라는 것이다. 유대치와 오경석, 김옥균 등이 당시 조선에서 가장 국제정세에 밝았으며, 따라서 청이나 일본과 마찬가지로 조선의 문호개방 또한 피할 수 없는 시대적 추세임을 내다본 것은 사실이다. 바로 그것이 국제적 고립상태를 지속하다가 서양 열강의 군사적 침입을 받느니 자발적으로 그들을 끌어들여서 조선사회를 일신하는 계기로 삼자는 발상이 나온 배경이겠지만, 그럼에도 불구하고 이들의 지상목표가 '개화'에 있었다고 보는 것은 옳지 않다. '개화'라는 말은 원래 이 비밀결사가 갖고 있던 고유한 문제의식을 이론적으로 정당화하고, 갑신정변을 공모한 후쿠자와 및 고토와의 유대를 상징하는 기능을 했을 뿐이다. 후쿠자와가 설파한 '개화'와 개화당이 생각한 '개화'의 의미는 반드시 같지만은 않았으며, 또 같을 수도 없는 것이었다.

이는 '독립'의 경우도 마찬가지이다. 당대에는 독립당이라는 이름이 더 일반적으로 통용됐을 정도로 독립은 개화당의 핵심구호였다. 그러나 '개화'가 개화당의 본질을 설명해줄 수 없는 것처럼, '독립' 또한 이들의 궁극적 목표는 아니었다. 이는 개화당에게 독립의지가 전혀 없었다거나 단순한 정치적 수사(rhetoric)에 불과했다고 말하려는 것이 아니다. 다만 그것은 개화당의 유일한 목적도, 심지어 가장 중요한 목표도 아니었다는 것이다.

개화당은 임오군란이 발발하기 10년 전부터 결성되어 있었다. 이들이 외국의 원조를 기대하며 제시한 구호 또한 처음에는 '문호개방'이었다가 임오군란을 전후해서는 '독립'이 되었으며, 후쿠자와 및 고토와 정변을 공모함에 이르러선 '개화'를 주창하고 나섰다. 카멜레온처럼 무상(無常)한 변신 속에서 처음부터 끝까지 변치 않았던 것은, 조선의 개혁과 생존을 위해선 외세를 끌어들이지 않을 수 없다는 처절한 현실 인식과 조선사회 특유의 폐쇄적 신분체제를 무너뜨리려는 평등한 사회를 향한 열망이었다.

실학-개화사상 담론의 기원

기존 연구에서는 대체로 개화당의 등장과 활동을 개화사상(開化思想)과 연관시켜서 설명했다. 이에 따르면, 조선 후기의 북학파 실학이 내재적으로 발전한 결과 문호개방기의 국내외 상황에 조응해서 개화사상이라는 것이 만들어졌다. 이로부터 개화파가 나타났는데, 임오군란을 거치면서 그것은 다시 온건개화파와 급진개화파(개화당)로 분열되었다. 그 이유는 청의 조선 속국화 정책에 대한 비판과 자주독립의 강조, 개화를 추진하는 범위와 속도, 개화독립정책을 단행하기 위한 권력 장악의 방법에 대한 견해차 등에 있었다는 것이다.[2]

이러한 설명은 실학과 개화사상 간의 사상적 인과관계를 설정하는 선험적 전제로부터 도출된 것이다. 이제부터 이를 실학-개화사상 담론이라고 약칭하기로 한다. 방법론상의 관점에서 볼 때 실학-개화사상 담론이 갖는 가장 중대한 결함은, 실학에서 개화사상에 이르는 사상적 발전을 개화파의 저

---

2 국사편찬위원회 편, 앞의 책, pp. 32~36.

작이 아니라 주로 박규수를 중심으로 한 인적계보로 설명한다는 점이다.[3] 그런데 이 책에서 살펴보았듯이, 김옥균과 개화당은 일관되게 외세를 끌어들여서 정권을 장악하고 근본적 개혁을 달성하고자 했다. "그대가 요임금의 옷을 입고 요임금의 말을 하며 요임금의 행동을 한다면 요임금일 따름이요, 걸왕의 옷을 입고 걸왕의 말을 하며 걸왕의 행동을 한다면 걸왕일 뿐이다 (子服堯之服 誦堯之言 行堯之行 是堯而已矣 子服桀之服 誦桀之言 行桀之行 是桀而已 矣)." 설령 김옥균과 박영효가 박규수의 문하에서 수학했다고 해도, 이러한 행태가 개화당의 본질이라고 한다면 이는 결코 박규수의 사상적 영향이라고는 인정하기 어렵다. 실제로 실학으로부터 개화사상으로 이어지는 내적 발전 경로를 실증적으로 규명하려는 시도는 오래전부터 있었지만, 지금까지 별다른 성과를 거두지 못했다고 해도 과언이 아니다.[4]

그럼에도 불구하고 실학은 자주적 근대화의 사상적 원천이고, 개화사상은 실학이 내재적으로 발전한 결과여야만 했다. 하지만 이는 실학과 개화사상을 모두 오해하게 만드는 결과를 초래했다. 즉, 실학은 근대지향적 사상으로 과도하게 해석되었으며,[5] 개화사상은 실학이 근대에 이르러 변용한 결과라는 것 외엔 그것이 무엇인지 알기 어려울 정도로 독자적인 사상으로서

---

3 쓰키아시 다쓰히코 저, 최덕수 역, 『조선의 개화사상과 내셔널리즘』, 열린책들, 2014, p. 25. 여기서 쓰키아시가 주로 언급한 것은 강재언(姜在彦)의 연구였지만, 이러한 방법론상의 취약점은 비단 강재언에게만 국한된 것은 아니며, 실학-개화사상 담론에 전반적으로 해당된다.

4 "그러면 실학과 개화사상과의 관계는 어떠하였던가? 즉, 개화사상은 실학의 영향을 받고 등장하였던가? 유감스럽게도 이를 밝힐 만한 구체적인 사료는 없다. 개화사상가 중에 실학의 영향을 직접적으로 받았다고 증언한 기록을 찾아볼 수 없기 때문이다. 그러나 초기 개화사상 등을 살펴보면, 실학의 영향을 받았던 흔적을 얼마든지 찾아볼 수 있다"(이광린, 「開化思想의 形成과 그 發展—實學의 傳統 및 西歐思想의 收容과 관련하여」, 『한국사시민강좌』 제4집, 일조각, 1989, p. 89). 이 인용문에 이어서 이광린은 실학의 영향을 받은 초기 개화사상가로서 신헌·박규수·강위의 예를 들고 있다. 하지만 강위를 제외하면 나머지 두 사람은 김옥균·박영효·오경석·유대치 등 비밀결사 개화당과 동일한 정치사상적 범주에 포함시키긴 어렵다.

5 임형택, 「21세기에 다시 읽는 실학」, 『대동문화연구』 제42집, 2003.

의 의미를 잃게 되었던 것이다.[6] 다시 말해서 실학-개화사상 담론은 개화사상의 단단한 실체로부터 그 사상적 연원을 실학으로 거슬러 올라가 구하는 것이 아니라, 그 반대로 실학의 사상적 유산이 개화사상의 형성에 영향을 끼쳤을 것이라는 선험적 전제하에 근대적 관점에서 재해석된 실학으로부터 개화사상을 역으로 정의했던 것이다. 쇠로 만든 침대의 길이에 맞추어 여객(旅客)의 몸을 펴거나 잘랐다는 괴물 프로크루스테스(Procrustes)는, 비단 그리스신화 속에서만 찾을 수 있는 것은 아니다.

김영호는 「近代化의 새벽 — 開化思想」(1969)이라는 논문에서 다음과 같이 주장했다.

> 그러나 최근에 와서 실학사상과 개화사상이 내면적으로 서로 밀접히 연결되어 있다는 견해가 제기되고 있다. 필자는 이것을 매우 주목할 만한 문제 설정이라고 생각하고 있다. 만일 실학과 개화사상을 아주 설득력 있게 연결시킬 수가 있다면 그것은 곧 전통의 내부에서 근대화로 이어지는 주체적인 자기전개(自己展開)의 한 논리를 말해주는 것이요, 아울러 전통과 근대의 단절사관을 극복할 수 있는 한 풍토를 열어주는 셈이 되는 것이다.[7]

이 글에 따르면 '최근에 실학사상과 개화사상이 내면적으로 서로 밀접히 연결되어 있다는 견해'가 제기되었다고 했으므로, 실학-개화사상 담론이 대

---

6 예컨대 강재언은 개화사상을 '조선 유교가 근대에 이르러 새로운 시대에 대응한 변통사상(變通思想)'이라고 하고(姜在彦, 『朝鮮の開化思想』, 東京: 岩波書店, 1980), 신용하는 '간단히 말하면 개화사상은 실학을 계승하여 개항 이전인 1853~1860년대에 형성되어 개항 후, 새로운 사태에 대응하면서 발전된 한국인의 새로운 사상체계'라고 정의했다(신용하, 『초기 개화사상과 갑신정변 연구』, 지식산업사, 2000, p. 86). 하지만 이들로부터는 개화사상은 실학이 근대에 이르러 발전한 형태라는 것 말고는 어떤 사상적 실체도 파악하기 어렵다.
7 김영호, 「近代化의 새벽 — 開化思想」, 『韓國現代史』 제6권, 신구문화사, 1969, p. 32.

략 1960년대 중반부터 나타나기 시작했음을 알 수 있다.[8] 또한 이 연구 프로젝트의 목적이 '전통의 내부에서 근대화로 이어지는 주체적 자기전개의 한 논리'를 밝히고 '전통과 근대의 단절사관을 극복'하는 데 있다고 한 대목에서는, 그 기본적 문제의식이 이른바 식민사관(植民史觀)의 정체성론(停滯性論)을 극복하는 데 있었음이 간취된다. 1960년대 이후 한국의 경제사학자들과 사회학자들은 이른바 조선 후기 자본주의 맹아론(萌芽論)을 대안으로 내세우면서 봉건제적 정치구조가 없이도 근대 자본주의로의 이행이 가능함을 실증적으로 입증하고자 했다.[9] 실학-개화사상 담론은 이러한 경제사 및 역사사회학 분야의 문제의식과 연구 성과를 공유하면서 조선 후기 지성계에도 사회경제적 발전과 궤를 같이하는 내재적 발전의 가능성이 있었음을 입증하고자 한 시도였다고 할 수 있다. 여기에는 당시 한국의 정치현실도 직간접적으로 영향을 미쳤다.[10]

---

8 실학-개화사상 담론이 구성되는 데 크게 기여한 연구로는 천관우, 「이조후기 실학의 개념 재검토」, 역사학회 편, 『한국사의 반성』, 신구문화사, 1969; 천관우, 「조선실학개념성립에 관한 사학적 고찰」, 이홍식박사 회갑기념 논문집간행위원회 편, 『李弘稙博士華甲紀念韓國史學論叢』, 신구문화사, 1969; 천관우, 「한국실학사상사」, 고려대학교 민족문화연구소 편, 『한국문화사대계』 VI, 1970; 박종홍, 「서구사상의 도입비판과 섭취」, 『아세아연구』 제12-3(35호), 1969; 이우성, 「실학연구서설」, 역사학회 편, 『실학연구입문』, 일조각, 1971; 김영호, 「유·길준의 개화사상」, 『창작과 비평』 제11호, 1968; 김영호, 「한국사 정체성론의 극복의 방향」, 『아세아』 제1권 2호, 1969; 김영호, 「실학과 개화사상의 연관문제」, 『한국사연구』 제8집, 1972 및 이광린의 여러 논저들을 꼽을 수 있다.

9 정체성론을 극복하기 위한 대안으로서 1960년대 이후 경제사회학 분야에서 제기된 내재적 발전론의 연구 성과와 그 한계에 관해서는 이헌창, 「한국사 파악에서 내재적 발전론의 문제점」, 『한국사시민강좌』 제40집, 일조각, 2007을 참조할 것.

10 원로 사학자 김용섭의 회고록을 인용하면, "당시(1960년대)의 시국은 군(軍)이 5·16 군사 쿠데타로 정권을 장악하고, 안으로는 박정희를 대표로 하는 새로운 군사정부 체제를 수립하느라 분주하고, 밖으로는 경제발전 기금을 확보하기 위해 한일회담을 추진하고 있는 때였다. 이때의 문화 학술운동은, 한반도가 남북으로 분단된 상태에서 남쪽만의 한일회담은 안 된다는 반대운동으로 시작되었으나, 결국 그것이 실현된 뒤에는, 일제가 다시 들어오는 상황에서 무엇을 어떻게 할 것이냐 하는 것이 문제되고, 여기에 역사학자들은 그 대책으로서 문화 학술운동을 전개하게 된 것이었다. 그러므로 이때의 문화 학술운동은, 당시의 시대적 과제를, 일제와의 관계에서 아직도 해결 안 된 문제, 즉 일제강점기에 그들이 침략정책으로

실학-개화사상 담론의 또다른 문제점은 이른바 온건개화파와 급진개화파(개화당)를 유사한 정치세력으로 범주화함으로써 1880년대 초반의 조선정세를 곡해하는 데 있다. 즉, 온건개화파와 급진개화파는 사상적으로 북학파 실학에서 파생된 것이며, 크게 보면 반동수구세력에 맞서 조선의 근대화를 추구한 세력이므로 그 차이는 사소한 것에 불과하다는 오해를 하게끔 만드는 것이다. 하지만 온건개화파로 분류되는 정치세력은 기본적으로 기존의 권력구조를 유지하려는 입장이었으며, 그 틀 안에서 일부 왕권을 견제하고자 했다. 그에 반해 급진개화파(개화당)는 국왕의 환심을 사면서도 권력구조를 철저히 변혁하려는 세력이었다.

그런데 필자가 알기로는 이처럼 김윤식·어윤중·김홍집을 김옥균과 같은 사상적 계보로 엮은 것은 1944년 고균기념회(古筠紀念會)에서 출간한 『김옥균전(金玉均傳)』이 처음이었다.

신중히 근대조선의 정국(政局)에 등장한 많은 인재들 중에 우선 손꼽아보면, 박규수는 한국의 개국(開國)을 지도해서 일한(日韓)의 국교를 회복한 일인자(一人者)이다. 김윤식은 한국 최초의 국제문호(國際門戶)를 정조(整調)한 공신이다. 어윤중은 한말 중기의 재정을 조리(調理)하고, 서북변경의 경략(經略)에 성공한 우

서 깔아놓은 식민주의 역사학을 어떻게 청산할 것인가 하는 문제와, 이와 아울러 우리의 자주적인 새로운 역사학을 어떻게 건설할 것이냐 하는 두 가지 문제로 압축하고, 그와 관련된 역사연구를 성찰하고 그 해결방안 진로를 모색하는 운동으로 전개되었다."라고 하여, 1960년대 제3공화국의 수립과 한일국교정상화 등의 정치현안이 일제 식민사관에 대한 문제의식과 '자주적 역사학'의 필요성을 환기하는 계기가 되었음을 설명하고 있다(김용섭, 『역사의 오솔길을 가면서』, 지식산업사, 2011, pp. 465~466).
한편, 실학-개화사상 담론을 선도한 연구자 중 한 사람인 천관우는, "이 근대지향의식과 민족의식의 일체적인 파악은, 조선 후기 실학사상에서 왕조 말의 개화·자강사상으로, 나아가 일본강점기의 근대화를 전제로 한 민족주의로 이어졌고, 오늘날의 자주적 근대화의 욕구도 그 기저에 있어서는 그 발전된 형태라고 할 수 있다"(천관우, 앞의 글(1970), p. 967)라고 정의했다. 여기서 '자주적 근대화'란 제3공화국의 '조국 근대화' 슬로건과 상통하는 면이 있다고 생각된다.

국자(憂國者)이다. 김홍집은 한말의 초기부터 중기에 이르는 국정을 담당한 탁월한 정치가이다. 이완용(李完用)은 한말 종국(終局)에 있어 일한국교(日韓國交)의 종결을 완성한 위재(偉才)이다. 이용구(李容九)는 일한합방(日韓合邦)의 제창자(提唱者)로서 반도민족(半島民族)의 운명을 지도한 위인이다. 더구나 그 족적을 검토하면 모두 한 정국(政局)·한 시대와 함께 움직이고 한 정변(政變)과 함께 그 운명을 마친 자들로서, 그것을 고균(古筠) 선생의 웅대한 획책(劃策)과 광원(廣遠)한 사상과 대비하면, 1명은 일국(一局)에 국한되고 나머지는 전국(全局)을 짊어졌던 것이다. 이제 선생의 공업(功業)을 이야기하기에 앞서, 저들 한말 위재(偉材)의 공적을 서술해서 선생의 일대(一代)와 서로 대조하고자 한다.[11]

이에 따르면, 김옥균 전후의 사상적 계보는 박규수-김윤식·어윤중·김홍집-김옥균-이완용-이용구로 이어진다. 물론 이러한 계보를 만든 것은, 조선의 '문명개화'와 조일 간 '친선우호'에 공적을 세운 위인들의 계보를 그림으로써 김옥균의 역사적 위상을 높이고, 당시 일제가 벌이고 있던 중일전쟁(中日戰爭)이나 태평양전쟁(太平洋戰爭)에 대한 조선인들의 자발적 협력을 이끌어내려는 의도였을 것이다. 그런데 이 계보를 잘 보면, 친일파로 유명한 이완용과 이용구를 빼고 서재필이나 안창호 같은 인물을 대입하면 우리가 상식적으로 알고 있는 개화사상가의 계보와 크게 다르지 않음을 알 수 있다.

이는 실학-개화사상 담론이 식민사학을 극복하기 위해 만들어진 것이었음에도 불구하고, 실제로는 양자 간에 마치 이란성쌍생아처럼 본질적 공통점이 있음을 시사한다. 그것들은 모두 역사를 국가 중심의 목적론(teleology)으로 해석하며, 이에 따라 19세기 조선과 일본의 시대적 과제는 국가독립과 부국강병이었고 그 유일한 수단은 '개화'에 있었다는 확고한 전제를 공유한다. 이 때문에 단순히 '개화'가 일제(日製)가 아니라 실은 국산

11 古筠紀念會 編, 『金玉均傳』(上), 東京: 慶應出版社, 1944, pp. 1~2.

(國産)이었다고 강변(强辯)하는 것만으로는, 일본이 조일수호조규를 통해 조선을 강제로 '개국'시켰고 청일전쟁으로 비로소 조선을 '독립'시켜주었다는 식의 근대 일본이 만들어 놓은 역사 인식의 틀을 완전히 극복하기가 어려운 것이다.

또한 김옥균과 개화당의 행적 또는 '개화'라는 말 속에는 '친일적'인 것처럼 해석될 수 있는 요소가 분명히 있다. 처음에 털끝만큼 차이가 나면 끝에는 천 리가 어긋나듯이(差若毫釐 繆以千里) 김옥균으로부터 이완용-이용구로 이어지는 계보와 서재필-안창호의 계보는 크게 다른 것 같지만, 사실 그 차이는 굉장히 미묘한 지점에서 갈라질 뿐이다. 따라서 우리는 한말 '개화'의 의미 그 자체를 규명하기 위해 집요하게 질문을 던져야 한다. 그렇지 않으면 우리의 근현대사는 개화라는 말의 주술(呪術)에 빠져 식민지 근대화론이나 친일논쟁과 같은 출구 없는 미궁에서 영원히 헤어나지 못할 것이다.

지금까지 실학-개화사상 담론은 조선의 내재적 근대화라는 강박에 사로잡혀 개화당의 정치사상과 음모의 핵심에 있는 외세와의 관련성을 무시하거나 애써 의미를 축소해 왔다. 그 대신에 통시적으로는 실학-개화사상-근대내셔널리즘으로 이어지는 사상사적 계보를 구성하고, 공시적으로는 19세기의 정치현실을 개화파(급진개화파와 온건개화파) 대 수구파의 대립으로 설명하는 근대사 내러티브를 완성해서 개화당에게 한국 근대내셔널리즘의 만신전(pantheon)에 오르는 영예를 부여했다. 하지만 그 속에서 개화당의 실존은 역설적으로 점차 희미해졌다. 왜냐하면 이 내러티브는 개화당의 모든 혁명적 사상과 비밀스러운 음모를, 자주독립과 근대화를 향한 민족의 뜨거운 열망이라는 용광로 속에서 융해시켜버리기 때문이다.

비상한 재주, 비상한 죽음

갑신정변의 실패 후 일본으로 망명한 김옥균은 일본 정부의 냉대 속에서 태평양의 절해고도 오가사와라(小笠原)에서 2년, 북쪽 끝 삿포로(札幌)에서 2년간 사실상 유배생활을 하는 등 10년간 온갖 고초를 겪었다. 그리고 1894년 3월에 이홍장의 양자인 이경방(李經方)의 초청으로 중국 상하이에 건너갔다가 같은 달 28일 오후 3시경에 미국조계 내 동화양행(東和洋行)이라는 여관에서 홍종우에게 암살당했다.

김옥균의 시신은 청국 군함 위정(威靖)에 실려서 고국으로 송환되었고, 고종은 모반대역부도(謀叛大逆不道) 죄인의 형률에 따라 양화진에서 능지처참(陵遲處斬)할 것을 명했다.[12] 이 잔인한 처형은—몇 달 후 시행된 갑오개혁으로 전근대적 형벌은 공식 폐지되었다—조선사회의 근본적 혁신을 꿈꾸며 외세와 결탁해서 쿠데타를 일으킨 김옥균에게 국가가 내릴 수 있었던 최대한의 보복(revenge)이었다. 5월 31일, 고종은 창덕궁 인정전(仁政殿)에 임어해서 김옥균의 정법(正法)을 경하하는 대사령을 내리고 다음의 교서를 반포했다.

역괴(逆魁) 김옥균은 필시 천지가 개벽한 이래로 없었던 자이니, 이괄·신치운의 난역지변(亂逆之變)에 비할 바가 아니다. 홍영식·박영효의 경효(獍梟: 불효하고 은혜를 모르는 짐승) 같은 마음과 울음소리를 함께 해서 사악한 기운을 불러모았고, 서광범·서재필과 함께 뱀과 지렁이처럼 얽혀서 오랫동안 음모를 꾸며왔다. 그러다가 삼경(三更)에 불을 지르니, 뜻밖에 서울에서 군대가 일어나 왕궁을 이틀간 포위하고 마침내 궁궐 안에서 변이 생겼다. 장상(將相)과 여러 신하들을 교체하여 작명(爵名)을 거짓으로 내리고 재상과 여러 선비들을 참혹하게 죽여서 조신(朝紳)들에게 원한을 갚았으니, 종사(宗社)가 두려움에 떨어 위태롭기가 마

12 『日省錄』, 고종 31년 3월 9일.

치 터럭 끝에 매달린 것 같았고, 전궁(殿宮)이 두 번이나 파월(播越)하였다. 사악한 기운을 확청(廓淸)한 것은 감령(感靈)이 미친 덕분이지만, 재앙의 싹은 마땅히 그 추류(醜類)를 모두 죽여야 하니 어찌 천지 사이에서 숨을 쉴 수 있게 하겠는가?[13]

하지만 이로부터 불과 7개월도 지나지 않아 김옥균은 갑신정변 당시 사망한 박영교, 홍영식 등과 함께 삭탈당한 관직을 회복했다. 그리고 10여 년 후, 경술국치를 두 달 앞둔 1910년 6월 29일과 30일에 순종황제는 김옥균에게 대광보국숭록대부(大匡輔國崇祿大夫)의 작위와 충달(忠達)이라는 시호를 하사했다.

고(故) 호조참판 김옥균은 일찍부터 경륜을 품어서 영예로운 벼슬길에 연연하지 않고, 해외를 돌아다니면서 우내(宇內)의 대세를 통찰해서 누차 창언(昌言: 타당한 말)을 아뢰었고 스스로 종사와 국가의 근심을 떠맡았다. 갑신년에 개혁을 결심해서 기필코 불세(不世: 세상에서 찾을 수 없음)의 업적을 세우려 했는데, 도리어 일이 창졸간에 어그러져서 이웃 나라로 건너가 온갖 풍상을 겪다가 결국 목숨을 잃었다. 그러나 그 오롯한 일념은 일찍이 국가를 잊은 적이 없었으니, 실로 유신의 수창(首倡: 가장 먼저 창도한 사람)이요, 문명의 선각(先覺)이다.[14]

불과 10여 년 사이에 김옥균에 대한 국가의 공식적 평가는 '천지가 개벽한 이래로 존재하지 않았던 역괴(逆魁)'에서 '유신의 수창(首倡), 문명의 선각(先覺)'으로 완전히 역전되었던 것이다. 이러한 평가의 전도(轉倒)는 일제의 정치적 영향력이 증대하는 과정과 일치했다. 청일전쟁 이래로 일본은 조선

---

13 『日省錄』, 고종 31년 4월 27일.
14 『純宗實錄』, 순종 3년 6월 29일.

의 문명개화와 자주독립을 파병과 내정간섭의 명분으로 내세웠으므로, 김옥균과 개화당이 그들에 의해 조선의 선각자로 칭양(稱揚)된 것은 당연했다.

하지만 이는 대한제국의 극심한 가치관 혼란과 분열을 반영하는 것이기도 했다. 미증유의 국난을 맞이해서 한편에서는 전통적인 충효윤리를 복원하고 황실의 위상을 높여서 고종황제를 중심으로 대한제국의 신민이 단결해야 한다는 목소리가 드높은가 하면, 다른 한편에서는 적폐의 온상인 황실의 권한을 제한하고 입헌대의제를 도입해서 개화 지식인이 만민의 대표 자격으로 국정을 운영해야 한다는 독립협회와 만민공동회의 함성이 울려 퍼졌다. 대한제국이 멸망하기 전까지 이러한 갈등과 대립은 해소되지 않았고, 따라서 개화를 기치로 국가를 전복하려고 했던 김옥균에 대한 평가 또한 크게 엇갈릴 수밖에 없었다. 김옥균은 조선의 반역자였을까, 아니면 문명의 선각자였을까.

김옥균이 죽은 지 120년이 지났지만, 여전히 그의 공과(功過)에 대한 역사적 평가는 "성패로 논할 것이 아니라 그 뜻만을 보아야 한다."라는 식의 어중간한 지점에서 그쳐버리고 만다. 아마도 이는 조선과 대한제국에 대한 역사적 평가가 정립되지 않는 한 해결이 요원한 숙제일 것이다. 그렇지만 일제에게 국권을 빼앗긴 비운의 역사가 남긴 부정적 유산 중 하나는, 조선과 대한제국 이후의 역사를 우리 스스로 만들어나가고, 그럼으로써 그것에 대해 공정하고 냉정한 역사적 판단을 할 기회를 박탈당한 데 있다. 그래서 우리가 김옥균에 대해 내릴 수 있는 유일한 평가란, 아오야마(靑山)에 있는 그의 묘비명(墓碑銘)처럼 "비상한 재주를 품고 비상한 때를 만났지만 비상한 공은 없고 비상한 죽음만 있었다."라는 것이 전부일는지 모른다.

아아, 비상한 재주를 품고 비상한 때를 만났지만 비상한 공은 없고 비상한 죽음만이 있었으니 하늘이 김 공을 낳으신 뜻이 이와 같을 뿐이었는가. 뇌락(磊落)

하고 준상(雋爽)하여 작은 절개를 혼동하지 않으며, 선(善)을 보면 제 것처럼 여기며 호협(豪俠)하고 용중(容衆)한 것이 공의 성품이었으며, 괴걸(魁傑)하고 헌앙(軒昻)하며, 특립독행(特立獨行)해서 백 번 꺾여도 굽히지 않고 천만 명이 막아도 가고야 마는 것이 공의 기상이었으며, 신단(神壇)의 국가를 일으켜 세워 안전한 태산과 반석 위에 올리고 성이(聖李)의 종사(宗社)를 보익(輔翼)해서 천양(天壤) 간에 아름다움의 터전을 닦는 것이 공이 자임한 뜻이었다.

공은 조정에서 벼슬을 하실 때 현달하지 않았던 적이 없었고, 임금님의 지우(知遇)를 입은 뒤로는 사무를 전담하지 않았던 적이 없었다. 그러나 완악한 무리들과 간교한 척신(戚臣)들이 작당해서 조정을 가득 메우고는 희희낙락하며 현인의 등용을 막고 국정을 농단했다. 이로 인해 간절한 공의 말은 오직 여러 사람의 분노만을 초래하였고, 심원한 사려는 도리어 많은 사람의 의심을 불러일으켰다.

안으로는 정령(政令)이 다기(多歧)해서 생민들이 고초를 겪고, 밖으로는 교린(交隣)이 도를 잃었는데도 서로 분쟁하는 소리만이 어지러이 들림에 나라가 거의 자립할 수 없게 되어 조석의 근심이 생겼다. 이에 공은 개연히 떨치고 일어나 임금님의 주변을 깨끗이 청소할 것을 도모하셨다. 개국 493년(1894) 갑신년 겨울에 동지를 규합해서 승여(乘輿)를 경우궁으로 모시고는 조정의 대사를 처리했다. 그러나 3일이 지나 성대한 모습으로 주상께서 창덕궁으로 돌아가시자 조정의 잔당들이 청국 장수를 선동해서 순리를 범하고 난을 일으키니, 양측 병력의 차이가 현격하여 맨주먹으로 싸움을 벌였지만 형세 상 버틸 수가 없었다. 이에 공은 간신히 일본공사관에 투신하고 바다를 건너가 험난한 여정을 자신의 천명으로 여겼다.

간악한 무리는 공을 두려워했고, 심지어는 장차 공에게 복수해서 반드시 해침으로써 만족을 얻고자 했다. 전후로 자객을 파견하여 그들의 머리와 등이 서로 보일 정도였지만 공이 치밀하게 방비했으며, 또 공을 비호하는 힘이 매우 커서 끝내 뜻을 이루지 못했다. 하지만 공 또한 정처 없이 유랑하는 가운데 하루라도 편안할 날이 없어서, 남쪽으로 불모의 땅으로 이주하고 북쪽으로 궁발(窮髮)의 땅으로 옮겨 다녔다. 그 곤고(困苦)와 핍액(逼阨)은 대부분 사람들이 감당할 수 있는 것이 아니었지만, 공은 편안하게 처해서 마음에 둔 적이 없었다.

동방(東方)의 일을 논하실 때면 매번 삼국이 합종을 하지 않으면 자염(紫髥)의 걸오(桀驁)함과 각축을 벌일 수 없다고 했는데, 홀연히 갑오년 봄에 옷깃을 나부끼며 춘신(春申)의 포구에 왔다가 흉인 홍종우에게 습격을 당했다. 시신이 고국으로 돌아와 사지가 찢기는 치욕을 당하니 일본의 지사(志士)들이 한편으로 분개하고 한편으로 노해서 마치 친척의 일을 당한 듯 비통해했다. 그 유의(遺衣)로 초혼을 하고 아오야마의 언덕에 장례를 치른 것이 이제 벌써 11년이 되었다.

이를 논평하는 자들이 혹 말하길, "공은 몸소 성명(聖明)을 만나 지위가 공고(公孤)에 버금갔으며, 편안히 규간(規諫)하고 심려(心膂)로서 뜻을 펼쳐서, 간언을 올리면 반드시 들어주시고 계책을 세우면 반드시 써주셔서 이룰 수 없는 일이 없었다. 그런데도 거동이 괴격(乖激)하고 행보가 크게 난폭하여 패망에 이르더라도 물러서지 않았다. 또 자루에 숨어 목숨을 구한 이후에는 마땅히 조용히 처하며 때를 기다려서, 광채를 숨기고 정밀하게 연마하여 일의 가능성을 본 뒤에 움직여야 했다. 그런데도 형세와 시기를 살피지 않고 경솔하게 위험한 지역에 갔다가 마침내 화를 당했으니 그 몸가짐의 경솔함이 또한 심하다."라고 한다. 그러나 이는 공을 아는 자의 말이 아니다.

권세 있는 간신들이 발호해서 국가의 형세가 매우 위태로워 한갓 말로만 다툴 수가 없었다. 이 때문에 차마 자신의 절개만 소중히 여기고 일신의 결백함만을 지켜서, 군국(君國)의 위태로움을 좌시하며 구하지 않을 수 없었던 것이다. 그러므로 차라리 한번 천둥의 내리침을 빌려 혼란의 근본을 씻어내려고 하신 것이요, 일이 손쓸 수 없게 된 뒤에는 도랑에 빠져 죽는 필부의 의리를 달갑게 여기지 않으셨던 것이다. 참으로 내 몸이 있어야 우리 임금님을 편안히 할 수 있고 우리 국가를 보전할 수 있다. 그러므로 이역에서 부평초처럼 떠돌면서도 그 뜻은 더욱 견고하고 장해졌던 것이다. 그가 서쪽으로 간 일은, 그 뜻이 매우 은미해서 다른 사람이 알 수 있는 바가 아니었다. 불행히 중도에 좌절되어 천고를 적막하게 만들고 말았으니 공의 일은 성패로 논할 수 있는 것이 아니요, 마땅히 그 뜻만을 보아야 할 뿐이다.

충성을 바쳤으나 참언을 당하고, 마음이 진실했으나 의심을 받은 이가 예로부터 어찌 한량이 있겠는가마는 공처럼 가혹했던 경우는 있지 않았다. 그럼에도 공의 뜻은 시종 일관되었다. 시와 노래, 음주와 놀이에 있어서는 마치 풍류객인 듯했으나 방탕하지 않았으며, 선문(禪門)의 정오(靜悟)에 있어서는 마치 고승(枯僧)과 같았지만 속세를 저버리지 않았다. 한 조각 우국애민(憂國愛民)의 단심(丹心)이 가슴속에 충만해서 금석이라도 뚫을 수 있었지만 이제는 사라지고 말았으니, 이 사람이 이러한 운명을 만난 것은 아마도 하늘의 뜻이리라!

공이 돌아가시던 해에 청일전쟁이 발발했다. 그러자 사람들이 "공의 죽음이 이를 격발시켰다."고 말했다. 그제야 비로소 국인(國人)들이 조금씩 공의 뜻을 깨닫고 함께 분발해서 그 유지를 이으려고 생각하기 시작했으니, 공은 비록 돌아가셨지만 국가에 공을 세운 것이 크다.

공의 맏아들 영진(英鎭)이 장차 비를 세워 효도를 다하려고 할 때, 내가 공과 생사의 정의(情誼)가 있다고 하여 글을 지어줄 것을 청했다. 차마 필력이 부족함을 이유로 사양하지 못하고, 눈물을 흘리며 난잡한 글이나마 기록하여 후세 사람들에게 공이 비상한 인물이었음을 알리고자 하노라.[15]

15 유길준 저, 유길준전서편찬위원회 편, 『유길준전서』 제5권, 일조각, 1971, pp. 285~289.

부록

부록 1

오경석과 메이어스의 회견기록

Memorandum of interviews with Corean Commissioner, Peking, March 6th. 1874 (FO 17/672, No.25)

Having sent a card yesterday to the Corean Residence, proposing to pay a visit to the Envoy who is at the head of the mission, a message was brought back to the effect that it was convenient to receive me there, but that one of the mission, whose card was sent in return, would call upon me at this legation today. Accordingly at 1.30 pm. a Corean official arrived, accompanied by a single attendant. He stated that he is third in rank in the embassy now here, to which he acts as interpreter. He speaks Chinese well, though with effort. According to his own statement, he had come without the knowledge of the other envoys, who, he said, would have forbidden any intercourse with foreigners had they known of his intention; but that this was altogether the case I think may be doubted. The reason my visitor alleged for breaking through the ordinary rule of strict non-intercourse was that he happens to be one of a very small number of Coreans who know anything of external affairs and who have not an inveterate prejudice against everything that is foreign. He is third in rank in the *Sze I Yüan* or Board of Interpretation, which is presided over by one of the six *Shangshu* or Departmental ministers of the Corean government, one of whom is the chief envoy now here. For sixteen generations, his ancestors have filled the same office, and he spoke with bitterness of the national system in pursuance of which he is debarred from rising to any higher rank than that which he holds. In the course of conversation, he asked me—among other questions—whether Western nations look down with contempt in official interpreters, as is the case, he implied, in his own country. It is not only in his own line of duty, however, that the principle of hereditary forms of employment prevails; on the contrary, this appears to be a leading feature in the social organization of Corea, combined with an approach to the system of caste, exemplified in the monopoly of the higher official dignities by the representatives of a few families. With this system, the commissioner appeared to feel much dissatisfaction.

I accounted to him for my wish to call upon the embassy by requiring to the "General Sherman" case, and inquiring whether there is any ground for the belief entertained in certain quarters that some of the supposed victims of the massacre that befell her ship's company in 1866 might still be held in captivity in Corea, but he assured me that every soul had perished with the vessel at the time. This led to a mention of the American expedition under Admiral Rodgers in 1871, upon which the Commissioner stated that he himself was the official who visited the U.S. flagship on her arrival off Kang hwa. The despatch then handed to him was delivered to the Regent, who determined, in conformity with the policy previously pursued, that no answer should be returned and no terms should be made with the foreigners. The attack on the U.S. surveying party which precipitated a collision was made by the officer in charge of the forts without any positive instructions to engage in hostilities. His orders simply were to guard the approach to the capital. On the repulse of the americans, the Regent was highly elated, considering it a proof that Corea is capable of holding her own against the dreaded Westerns. The Commissioner stated that he personally felt convinced that this was a delusion, as he had seen the insignificant members of the American force, and was able to judge that no preparations had been made for a serious invasion. He went on to remark that sooner of later Corea must doubtless be brought within the pale of intercourse with other countries, as has been the case with China and Japan, and for his own part, he said, he would be glad to see this take place; but so deep is the antipathy of the governing class to any departure from the ancient system that he feels suite sure a change of this kind can only be brought about by force. What the ruling oligarchy and their numerous kinsfolk apprehend is that any change must entail a diminution of their own privileges and [?], and they not only know nothing of the world outside but are resolved that no knowledge shall come either to themselves or to the people they govern. For her recent revolutionary changes, Japan has incurred the deep resentment of the Regent and the Council, who for the last two or three years have refused all intercommunication with the Japanese, and have sent back their letters unopened, after upbraiding them at the outset for their departure from the ancient ways. The Commissioner asked, with evident anxiety, for news of the present state of affairs in Japan, and particularly desired to have my opinion concerning the time that must elapse before the Japanese would be ready to attack Corea. He thought that internal affairs consequent on the recent changes must occupy the Japanese government for at least two or three years; but he looked upon war as inevitable in the long run. I avoided giving any definite reply to his questions, but took the opportunity to remark that if the Coreans wish to secure themselves against aggression from their neighbours on either side—the Japanese and the Russians—their best course would be to enter on friendly relations with foreign powers generally. The Commissioner exclaimed that this is precisely his own opinion, and that he has frequently said the same thing among his own people, but that the grandees in office dismiss the idea contemptuously. He spoke with anxiety of the Russians on the northern frontier, divided, as he remarked, only by a river from Corean territory; but he knew of no communications from that quarter within recent years. He recurred again and again, with expressions of dread, to the Japanese. Concerning their last year's embassy to China, he had heard the ambassador at his audience with the Emperor put forward three questions, to wit: war with Corea, an expedition to Formosa, and trade at Macao. [This reference to Macao may perhaps have grown out of same allusion to the "Macao Luz" case] On these subjects he asked me for information, which I was unable to give him. He was aware of the fact that the European ministers had been admitted to an audience, and that they had not performed the Kotow.

The stringency with which the prohibition of foreign intercourse is enforced is illustrated by the fact that, although much interested in the scraps of foreign news he has gleaned from Dr. Martin's monthly "Peking Magazine," the Commissioner does not venture to take a copy home with him to his lodgings here. He has seen copies from time to time at a bookshop in the city. The geographical work published a quarter of a century ago under the title *Hai Kwoh T'u Che* forms part of the library of his department at the Corean capital, Sháh-ùll(or Sêh-ull), and this he has evidently read with great attention. He spoke repeatedly, however, of the utter and wilful ignorance which prevails throughout Corea respecting every external matter; and he mentioned the contempt with which trade of all kinds is viewed as one of the obstacles to a good understanding with the commercial natures of the West. He expressed a hope, however, that this may be brought about, saying: "the people will have to suffer from hostilities for no fault of their own; but whenever you do come, let it be in force and with the determinations to stay until matters are settled. If the Americans had remained a couple of months in 1871, instead of running away as they did, the Regent would have lost heart and have given in." he added somewhat later: "You may be surprised at my talking as I do, but I feel both sorrow and apprehension for my country, and I know that our present seclusion cannot last."

The Commissioner confirmed the report I have already obtained from a private individual, respecting the accession of the king to power and the downfall of his father, the Regent; but he alleges that the grand councillors of state are of the same mind with the Regent, and I could not gather from him a confirmation of the assurance that the interdict on trade in foreign merchandize is likely to be removed. He rather represented the change that has taken place in the light of a simple coming-of-age of the young Sovereign; but on this point, he was more reserved than in other respects; and from a remark to the effect that the Regent still cherishes a desire to return to power, it may be inferred that the story of his having been imperatively removed is not without foundation.

Respectively the French missionaries and their converts, the Commissioner stated that after the massacre of the missionaries in 1866, every native Christian has put to death, to the number of 20,000; and he believes the converts to have been totally exterminated.

Neither of the remaining members of the embassy speaks Chinese, an accomplishment which appears to be discouraged by the Corean government except within the strictest limits of necessity. At his reception by the Emperor, the Corean ambassador has not a syllable to utter. He merely prostrates himself and retires. The Board of Interpretation at Sháh-ùll comprises persons versed in Chinese,

396

Japanese, Manchu, and Mongolian. The whole literature of the country is written in the Chinese character, the national alphabetic form of writing being held in light esteem, and confined almost exclusively to employment by illiterate persons and women, for whom it presents a ready and extremely simple method of transcribing the sounds of the native language.

The Commissioner stated that, notwithstanding the diligence with which tribute is annually sent to Peking and the Emperor acknowledged as suzerain of the kingdom, the existing Manchu dynasty in China is, owing to its foreign origin, secretly regarded with dislike by the Corean oligarchy. The old traditions of the Ming dynasty are fondly cherished as the type of legitimacy. His countrymen, the Commissioner remarked, esteem and magnify themselves on the ground of being the same today that they were the times of the *San Tai* —that is to say, four thousand years ago.

(signed) W. F. Mayers
Chinese Secretary.

Farewell visit from Corean Commissioner, Peking, March 27th. 1874 (FO 17/672, No.29)

The Corean Commissioner who has already paid me two visits called again today by appointment to take leave, as the embassy is to set out in a day or two on its return to Corea. It is real object in coming was to ascertain the latest news from Japan, being seriously disquieted in mind by the account I had previously given him of the clamour that has arisen near Nagasaki for war with Corea. I informed him that according to our last accounts the rising of the samurai had for the present been put down; but I intimated that it is impossible to foresee what action may be decided upon by the Mikado's government. During a conversation lasting upwards of two hours, he repeatedly deplored the blind infatuation of his countrymen, who, in their wilful ignorance, believe themselves a match for any invader; and he expressed the singular hope that a European power may erelong compel the Corean government to abandon its system of self-seclusion by force of arms. He explained this utterance by saying that, as he looks upon a Japanese or a European invasion as inevitable, he would prefer to see the undertaking carried out by Europeans, who he believes would deal more humanely with the country than the Japanese, the hereditary foes of Corea. He again reiterated his statement that high and low are equally ignorant, among his own people, of everything connected with the outer world, and that if he should breathe a word at Shául of the opinions he has personally formed concerning foreign nations, his head would be in danger. He also stated once more that none of his colleagues in the embassy were aware of his visit to myself, which, indeed, were a profound secret from everyone but the single personal attendant he brings with him.

He informed me that letters have been received from Shául dated last month, to the effect that the proposed reversal of the late Regent's policy in respect of the cash coinage has been carried into effect, and the ancient currency restored to circulation. Nothing is said respecting the trade in foreign imports.

(signed) W. F. Mayers
Chinese Secretary.

Visit from Corean Official, Peking, Feb.16th, 1875 (FO 17/702, No.264)

I received a visit this afternoon from the interpreter to the Corean mission lately arrived here, the same individual with whom I had several interviews during the course of last winter. Having heard that he had returned with the mission, I communicated with him a day or two ago, upon which he arranged to call upon me.

He was eager for information about the state of affairs in Japan and between Japan and China. On arrival here he had learnt that the Japanese troops had withdrawn from China, and had read in the Chinese newspapers and account of Mr. Wade's mediation in the case. I showed him a copy of the agreement concluded in November last, which he read with interest. The only intelligence that had reached Corea on the subject up to the time of his departure from Shaúl was contained in the despatch forwarded by the Chinese government to the King in July last, of which the Corean trader gave me an account a fortnight ago. The additional information I elicited today on the subject is that the despatch quoted a report from the Imperial Commissioner in Formosa, Shên Pao-Ch'êng, to the effect that he had been informed by the foreign officer Jih-i-ko(Giquel) that in all probability the Japanese, aided by the French and Americans, would attack Corea after leaving Formosa, and the Corean government was warned that it would not be able to withstand such an attack. Not much was done in consequence of the receipt of this intelligence; indeed, as my informant observed, the country is so poor, and so totally unprovided with military force or with organization(*ping yeh mei yeo, kwei Rü yeh mei yeo*) that there was nothing for the government

400

to do. The ruling class is so blindly ignorant as to be utterly unaware, he declares, of the actual helplessness of the country. The direction of affairs is now engrossed by two members of the aristocracy, named Min and Chao, of whom the first-named is the King's brother in law. His sister, the Queen Consort, exercises great influence over the young King, and it was through this channel that means were brought to bear for the overthrow of the Regent in December 1873. The Regent is said to be biding his time in his present seclusion, hoping for some turn of affairs to put him again at the head of the government. The young King, who is aged 24, is described as weak and indolent, and the character of his two chief advisers as abandoned in the extreme. There is no party disposed in favour of the slightest approach to foreign intercourse. The most complete ignorance prevails with reference to everything appertaining to the outer world.

The envoy or messenger from Japan, who had been lingering for two or three years at the Japanese settlement on the East coast, returned home in the course of last year, taking back with him the despatch from the Japanese to the Corean government unopened. During the Regent's tenure of power, all communication was contemptuously refused, but after the Regent's overthrow the Japanese question was further discussed at Shaúl. The point on which greatest stress was laid was the employment of the characters *Ta Jih-pên* (Great Japan) in the heading of the despatch, whilst the character *Ta* was not attributed to *Chao-sien* (Corea); but from the account of the tenor of the communication which was given verbally by the bearer, to wit, that commercial intercourse with the whole of Corea was sought to be obtained, the Corean government was led to oppose all the more resolutely the acceptance of the document. The Japanese official was sent back, however, with the message that the despatch would be received if the character *Ta* were omitted from the appellation of Japan, in conformity with previous usage.

My visitor was extremely anxious to learn whether there is a likelihood of speedy hostile action on the part of Japan, especially in the event of her overtures for friendly relations being rejected, as he says they are certain to be. In the same way as last year, he expresses a wish that a European power would coerce the ruling powers at Shaúl to open the country to foreign intercourse, and he again dwells on the facility with which this might be done with adequate force. Without being overawed, he declares, the Court will never consent to the establishment of relations; but it has absolutely no means of resistance at its command.

He is conscious of the danger which is implied in the proximity of Russia to the northern frontier of Corea, though he says that this fact is scarcely understood by the government of his country. As I reported last year, he describes himself as one of a very small number of persons who have obtained by reading and by visits to China a certain degree of knowledge and enlightenment. He speaks bitterly of the tyranny of the *liangban* or aristocracy.

Having informed him that further news from Japan may be expected in a day or two, I was asked by him to let him see me here again after the arrival of the mail.

(signed) W. F. Mayers
Chin. Sec.

402

『메이지 17년 조선경성변란의 시말(明治十七年朝鮮京城變亂の始末)』

> 『明治十七年朝鮮京城變亂の始末』(이하 『시말』로 약칭)은 갑신정변에 관한 후쿠자와 유키치의 수기(手記)로 알려져 있다. 이 문헌과 관련해서 필자는 ①『시말』은 후쿠자와의 저술이 아니라 그의 제자들이 김옥균과 박영효가 남긴 「석필일기(石筆日記)」 및 이노우에 가쿠고로와 이마이즈미 히데타로의 「조난기사(遭難記事)」를 토대로 다른 목격자들의 증언을 덧붙여서 만든 문헌이라는 것, ②『시말』의 원본은 일본 사노시 향토박물관에 소장된 『조선갑신일기(朝鮮甲申日記)』(이하 『일기』로 약칭)라는 것, ③ 김옥균의 『갑신일록』은 『시말』을 저본으로 하여 이를 일부 수정·보완하는 방식으로 작성된 회고록이라는 것, ④『시말』과 『갑신일록』의 일차적 목적은 모두 후쿠자와 일파의 갑신정변 간여 사실을 은폐하고, 모든 책임을 이노우에 외무경과 다케조에 조선 주재 공사에게 돌리는 데 있었다는 것 등을 주장했다(이 책의 제7장 3절 참조). 『시말』은 『갑신일록』의 집필 의도와 갑신정변의 경과를 이해하는 데 매우 중요한 문헌이 된다. 따라서 『시말』의 번역문을 싣고 『갑신일록』 및 『일기』와 중요한 차이를 보이는 구절을 살펴보고자 한다.
>
> * 이 번역문의 각주는 원문의 두주(頭註: 세로쓰기한 문서에서 본문 위쪽에 달린 주석)를 옮긴 것이며, 역자의 견해는 미주(尾註)로 덧붙였다.

17년 경성변란의 시말에 관해서는 선생이 직접 기록한 상세한 기사가 있기 때문에 다음에 게재한다. 단, 이 기사가 김옥균의 『갑신일록』과 대동소이한 것을 보면 아마도 김옥균이 정변 후 일본에 도망쳐 와서 선생의 집에 숨어 있을 때, 주로 김옥균에게서 들은 사실에 근거해서 기록한 것 같다.

메이지 17년 조선경성변란의 시말

김옥균은 다년간 국왕의 신임을 얻었고, 사대당(事大黨)의 주의(主義)에 분개해서 크게 일을 하고자 메이지 15년에 수신사 박영효와 함께 일본에 와서 은밀히 일본 정부에 의뢰할 것을 도모했다. 하지만 당시 정부의 마음에 들지 못하고, 간신히 당국의 후의로 17만 엔의 돈을 요코하마 정금은행(正金銀行)에서 차용했을 뿐이다. 17만 엔으로는 국사에 쓰기에 부족했으므로, 메이지 16년 초여름경에 본국에서 300만 달러 외채 위임장을 갖고 다시 일본에 왔다. 그리고 미국공사의 은밀한 주선으로 요코하마 재류 미국인 모스에게 부탁해서 미국에서 외채 모집을 시도했지만, 성사되지 않고 메이지 17년에 빈 손으로 귀국했다.[1] 이 일을 주선하는 동안 일본 정부의 조선 정략을 살펴보면 오히려 퇴수주의(退守の主義)처럼 보였다. 김옥균의 거동은 전혀 일본 정부의 뜻에 부합하지 않았고, 김옥균과 박영효라고 하면 그 이름만 들어도 경조부박(輕佻浮薄)한 자들로 간주해서 외무성 등에도 접근할 수 없었다.[2] 일본에서 이러했으니 조선주재 일본공사관 또한 마찬가지였다. 당시 귀경 중이던 조선공사 다케조에 씨 같은 경우는 거의 김옥균·박영효와 절교한 것과 다를 바 없고, 재임 중이던 대리공사 시마무라 씨 이하 공사관 관원들도 모두 이들을 멀리했다. 김옥균은 그해 3월에 귀국했다.[1] 그런데 그 뒤로 주의에 주의를 기울여서 공사관의 상황을 관찰해보니, 8, 9월부터는 전과 조금 상황이 달라진 것을 깨닫고 점차 그것에 접근할 방법을 생각했다.

이노우에 가쿠고로는 원래 김옥균·박영효 등과 함께 조선에 왔다가 나중에 조선 정부에 고용되어 『한성순보』에서 붓을 잡았다. 그해 봄부터 많은 지나인(支那人)들이 그를 비난했고, 또 조선 정부에서 주는 월급이 매우 적었으므로 한편으로는 일신의 보호, 다른 한편으로는 생계 보장을 일본 대리공사 시마무라에게 청했지만 전혀 들어주지 않았다. 이는 일본인들이 가

---

1) 이 외채위임장을 다케조에 공사는 위조문서라고 해서 김옥균의 계획을 방해했다.
2) 제일은행의 시부사와 에이치(澁澤榮一)가 김옥균에게 10만 내지 20만 엔을 대부해주려고 했지만, 외무경 이노우에 가오루의 동의를 얻지 못해서 중단된 것도 17년 1, 2월경이었다.

쿠고로를 김옥균·박영효와 이인동의(異人同意)로 간주했기 때문이었을 것이다. 이에 가쿠고로는 5월에 경성을 떠나 귀경(歸京)했다. 그때 청프전쟁이 마침내 일어나려 하고 있었다. 7월에 이르러 세상 사람들은 이미 그 전쟁이 불가피하다고 생각하고 있었다. 그때 외무성에서는 가쿠고로에게 약간의 보호금(保護金)을 줘서 다시 조선에 건너가게 했다. 그 주된 의도는 『한성순보』를 지나인의 손에 넘겨주지 않으려는 데 있었다. 가쿠고로가 다시 조선에 건너간 것은 8월 중순이었다. 당시 시마무라 씨는 조선 정부에 대해 일한무역장정(日韓貿易章程)에 영한장정(英韓章程)의 조건을 균점할 것을 요구하던 중이었는데 조선에서는 전혀 듣지 않았다. 그때 일본공사관에서는 한규직·이조연과 친해서 일본인들은 이들을 일본당(日本黨)이라고 불렀고, 아직 김옥균·박영효와는 친하지 않았다. 그런데 가쿠고로가 다시 건너간 것을 전후해서 시마무라 씨와 김옥균이 가까워져 무역장정의 담판에 관해서도 상담했다.

9월 중순에 일본에서 편선(便船)이 왔다. 그것이 가져온 신문에 따르면, 지나(支那)는 프랑스와 싸우는 이유를 국내에 선포했다고 하였다. 또 「북경몽침(北京夢枕)」이라는 제목의 니시키에(錦繪)와 『시사신보(時事新報)』에 실린 각국 정부가 지나를 분할 점령한 그림 등이 도착했다. 당시 조선 상하의 소동은 대단해서, 청과 프랑스가 진짜로 전쟁하면 어떻게 해야 할지 의논이 일어났다. 그때 시마무라 씨는 김옥균 또는 한규직에게 속히 지나에 군대 철수를 요청해야 한다고 은밀히 말했다. 10월 초순의 일이었을 것이다. 민영익은 지나인을 향응하거나 함께 사냥을 하면서 아무튼 일본인을 소원하게 대했으므로 시마무라 씨도 내심 큰 불만을 가졌다. 바로 그때 김옥균은 조선관리 및 시마무라·아사야마(淺山)·이소바야시(磯林)·마쓰오(松尾) 등을 초대해서 향응하는 등 일본공사관에 적지 않게 호의를 표시했다. 이 때문에 시마무라가 김옥균을 대하는 교정(交情)이 날마다 더욱 깊어졌던 것 같다. 그 전에도 박영효는 공사관에서 심하게 배척당하지 않았고 가끔 왕래하는 일도 있었다. 그런데 박영효와 김옥균의 관계는 원래 일신동체(一身同體)로서, 이번에 김옥균이 공사관에 출입하는 길을 연 것은 독립당의 큰 행운이었다. 이때부터 그 수령 박영효·김옥균·홍영식·서광범[이외에 서재필은 나이가 적은 듯하지만 모주(謀主) 가운데 1명이다]은 예전부터의 계획에 한 걸음 더 나아가, 점점 더 깊이 시마무라 씨에게 접근해서 왕래가 빈번해졌다. 어느 날, 김옥균이 조용히 시마무라에게 말했다. "지금 조선의 사태는 귀하가 보는 것처럼 나라의 주권은 마치 지나인에게 귀속된 것과 같고, 우리 조정의 대신들은 오직 지나인의 눈치만 살필 뿐 우리나라가 있음을 알지 못하고 또 국왕께서 계심을 알지 못한다. 이러한 때 우리 동지들은 죽음을 맹서하고 나라를 위해 일을 하려고 하나, 일본 정부가 지나를 크게 두려워하니 어찌하겠는가? 가까이는 내가 작년 이후 귀국에 머물렀을 때도 외무성을 비롯한 모든 귀국 정부의 당국자들에게 소외당해서, 털끝만치의 도움을 얻기는커녕 가끔은 내 일에 방해를 한다고 할 정도였다. 이와 같아선 의뢰해도 소용없겠지만, 우리는 이미 죽기로 결심하고 나라를 위하는 사람들이니, 설령 다른 사람의 응원이 없어도 그 뜻은 변치 않을 것"이라는 등의 의미였다. 강개(慷慨)와 불평을 번갈아 토로하니, 시마무라는 대단히 활기하게 김옥균을 위로하며, "조선의 개혁은 크게 동의한다. 또 일본 정부가 지나를 두려워해서 조선의 일에서 손을 떼는 일은 말할 것도 없이 있을 수 없다. 일본 정부는 반드시 조선의 독립을 도울 것이다. 지금도 그대들이 무언가 일을 하려고 기도한다면, 우리도 남의 일처럼 보지 않을 것이다."라고 했다. 그 말투가 대단히 활발한 것을 본 김옥균은 마음속으로 기뻐하면서 더욱 더 동지들과 협의했다. 10월 말경에 이르러서는 시마무라의 뜻이 확고불발(確固不拔)해서 확실히 독립당을 도울 것임에 틀림없다고 판단하고, 마침내 세부사항에 대해 밀담하려고 했다. 그런데 바로 그때 다케조에의 입경(入京)을 당하게 되었던 것이다. 다케조에가 곧 다시 조선에 온다는 소문을 들은 독립당은 크게 낙담했다. 김옥균이 시마무라에게, '다케조에가 온다면 예전의 인순퇴수(因循退守)로 볼 때 도저히 함께 대사를 도모할 수 없을 것이다. 또 나는 평소 다케조에와 물과 기름처럼 서로 용납할 수 없는 사이이니 심한 방해를 할지도 모른다.'라고 그 사정을 말하자, 시마무라는 조금도 염려하는 기색 없이 "다케조에 공사라도 우리와 의견이 다르지 않을 것이다. 또 그대와 공사가 평소 잘 지내지 못했다고 해도 그것은 사사로운 교제일 것이다. 나랏일은 사적인 일과 다르다. 다케조에가 그대와 나랏일을 도모하는 데 어찌 평소의 사감(私感)을 개입시키겠는가? 조금도 염려하지 말라."라고 웃으며 말했다. 그 모습은 오로지 독립당 사람들에게 낙담하지 말라고 특별히 곁에서 힘을 북돋아 주는 것 같았다.[2]

10월 30일, 다케조에 공사가 일본에서 다시 건너와 서울에 들어왔다. 그 열흘 전쯤에 센다이(仙臺)의 진병대(鎭兵隊)가 교대했다. 다케조에가 입경한 다음 날인 31일에는 조금 불쾌하다는 이유로 참내(參內: 입궐)하지 않았다. 이날 다케조에는 대리공사 시마무라(島村)와 이노우에 가쿠고로를 불러서, '우리 정부는 이번에 지나를 공격하기로 결정했다. 만약 조선에 틈이 있으면 그것을 이용할 것이다. 또 그 인망(人望)을 얻기 위해 40만 달러의 상금(償金: 임오군란의 배상금)을 돌려주게 되었다.'와 같은 여러 가지 이야기를 했다. 이 일은 신속하게 김옥균·박영효의 귀에 들어갔다. 박영효는 당일로 공사관으로 다케조에를 찾아갔지만 만나지 못하고, 다음 날인 11월 1일에 다시 방문했다. 이야기가 국사에 이르러, 반드시 일본의 힘을 빌려 개혁을 행하겠다는 뜻을 밝혔다. 다케조에도 개혁이 필요함을 논하면서 크게 장려하는 말투였지만, 양쪽 모두 아직까지는 자세한 이야기를 하지 않고 돌아갔다. 이날 오후 김옥균도 공사관을 방문해서 다케조에를 만났다. 오랜만에 재회 인사를 나눈 다음에 김옥균은 조선의 국정(國情)에 관해 말했다. '이대로 놓아둔다면 나라는 점차 쇠퇴해서 지나의 속국이 되거나 멸망해서 흔적도 남지 않을 것이다, 우리는 반드시 나라가 망하기 전에 구하려는 사람들'이라고 했다. 다케조에는 이 말을 듣고, '그것은 실로 지당한 말이지만, 국가의 멸망을 구하는 데 어떤 수단이 있는가?'라고 질문했다. 그러자 김옥균은 화제를 돌려서, "있다. 그 수단과 책략은 여러 가지이지만, 무릇 남에게 일을 말하고 또 일을 도모하려면 먼저 그 사람을 믿는 것이 긴요하다. 그런데 공사 귀하는 몇 년 전부터 나를 크게 의심했다. 나는 분명히 안다. 참으로 다른 사람에게 의심을 받으면서 그 사람에게 일을 말하고 또 일을 도모할 수는 없다. 귀하가 지금까지 나를 의심한 것은 무엇 때문이며, 무슨 증거가 있는가?"라고 기탄없이 솔직히 말했다. 다케조에는 묵묵부답하다가 잠시 뒤에 "만약 조선의 국사와 관련해서 다른 나라에서 그것을 돕는 사람이 있다면 어떻겠는가? 만약 그럴 경우에 그대들은 어떻게 하겠는가?"라고 물었다. 김옥균은, "참으로 우리나라의 형세로 볼 때 나랏일에 착수하려면 남의 힘을 빌릴 수밖에 없다고 생각한다. 하지만 이 일에 관해서는 동지들과 상의하기 전엔 뭐라고 말하기 어렵다."라고 답하고 고별했다. 사실 김옥균의 심중은 다케조에의 생각과 일본 정부의 정략이 크게 기조가 변한 것을 보고는 희열을 억누르기 어려웠지만, 먼저 자신의 신용을 두텁게 하려고 생각했고, 또 한편으로는 다케조에가 의기양양한 나머지 경솔하게 실수할 것도 크게 우려스러웠으므로 우선 이 날은 일부러 아무 이야기도 하지 않고 헤어졌던 것이다.

11월 2일, 다케조에 공사가 참내(參內)해서 알현의 예식을 행했다. 그 상금(償金) 40만 불을 돌려준다는 공무상의 명령을 아뢰고, 또 무라타(村田) 소총 16정을 바쳤다. 공무를 마치고 내알(內謁)을 청했다. 그 자리에는 좌우를 물리칠 것을 청해서 이조연 1명만 시립(侍立)했다. 이 자리에서 공사는 지나(支那)는 의뢰하기에 부족함을 거듭 아뢰고, 혹은 서양의 바람(西洋の風)이 불어

오고 있음을 진술하면서 국왕에게 독립을 크게 장려했던 것 같다.

이 알현을 할 때 민태호 이하 여러 대신들은 모두 참내(參內)했고 김옥균도 마찬가지였다. 다케조에 공사가 통역 아사야마(淺山) 씨와 어전에 있는 동안 수행한 시마무라 씨도 옆의 다른 방에서 조선 대신들과 함께 있었다. 김옥균은 일본어로 시마무라 씨와 이야기했다. 마침내 거사할 뜻을 밝히니, 시마무라 씨는 "과감하게 착수하십시오. 당장에라도 지장 없습니다."라고 답했다.[3]

다음 날은 11월 3일 천장절(天長節)이었으므로, 공사관에 연회를 베풀고 조선 대신 중에 박영효·김옥균·홍영식·서광범·한규직·김굉집을 초청했다. 단, 공사관에서는 한규직을 크게 신뢰하고 오히려 김옥균·박영효의 당(黨)을 의심한 형적이 있다. 그래서는 한규직 때문에 일에 지장이 생길 것이었으므로, 그 뒤로 김옥균·박영효는 은밀히 계책을 시행해서 한규직과 공사관 사이를 절교시킬 방법을 연구했다. 11월 중순에 이르러 그 계책이 성공한 것은 독립당의 다행이었다. 만약 한규직이 예전과 같이 공사관의 신임을 얻었더라면, 다케조에도 어쩌면 김옥균·박영효의 말을 채용하지 않고, 별도로 방편을 구했을 것이라고 한다.[4]

천장절의 연석(宴席)에는 미국공사 푸트, 영국 영사 애스턴, 지나(支那) 영사 진수당(陳樹棠), 그리고 묄렌도르프가 참석했다. 주연이 한창일 때 아사야마는 자리에서 일어나 연설했는데, 조선어로 맹렬히 지나인의 비굴·나약·몰염치함을 매도하며 "지나인은 뼈가 없어서 마치 해삼과 같다."라고 하

---

3) 다케조에와 시마무라는 이조연과 한규직을 진짜 일본당(日本黨)으로 생각해서 내알(內謁)할 때도 이조연 1명을 배석시켰다. 또 이들을 잘못 믿었기 때문에 다케조에의 음모는 신속히 조선·지나(支那) 양국에 누설되었다.[3]

4) 김굉집은 다케조에의 입장에서 보자면 지나당(支那黨)이지만, 당시 서리외아문독판(署理外衙門督辦)이기 때문에 초대했다. 이조연은 다케조에가 일본 정부의 결의를 공언한 것을 들은 뒤로 남의 이목을 꺼려서 공사관에 출입하지 않았다. 그러므로 이날 초대했지만 오지 않았던 것이다.

면서 진수당 쪽을 쳐다봤다. 진수당도 아사야마가 하는 말을 모두 이해하지는 못했지만 안색에 불쾌한 기색이 드러났다. 나중에 어떤 이에게 들으니, 그 자리에서 진수당은 '뼈가 없다'고 한 '뼈'의 발음을 주의 깊게 들었다가 옆자리의 묄렌도르프에게 물었지만, 묄렌도르프는 그 말을 알아듣지 못했다. 다시 애스턴에게 물어봤는데, 애스턴 씨는 그 말은 알아들었지만 뜻은 모른다고 답했다. 그래서 끝내 아사야마의 연설은 충분히 진수당에게 전달되지 못했다고 한다. 조선어에서 해삼(海鼠)을 '해삼'이라고 하고, 뼈(骨)를 '뼈'라고 한다. 그런데 이 '뼈'의 발음은 'ㅅ'와 'ㅆ'의 중간 소리로 외국인이 발음하기 어렵기 때문에 그 자리에 있던 누구도 알아듣지 못했을 것이다.

11월 4일, 다케조에 씨는 외아문에 출두해서 무역장정 균점(均霑) 건을 담판했는데, 외아문에서 바로 이를 승낙하고 며칠 뒤인 6일에 그것을 조인했다. 이 자리에서 다케조에는 김윤식에게 "당신은 일찍이 지나당(支那黨)의 이름이 있고, 또 문장에 능하니 지나(支那)로 이주해서 그 내신(內臣)이 되시오. 반드시 후한 녹을 받을 것이오."라고 말하고, 또 윤태준에게 "그대는 원세개와 친하고, 실로 지나인(支那人)을 군상(君上)과 같이 우러러 봐서 자기 군상을 잊는 것 같으니, 그대는 지나(支那)에 충성하고 제 나라에 불충한 자요."[4]라고 말했다. 그러자 윤태준이 그 말을 꾸짖어서 마침내 일대 쟁론이 벌어졌다. 하지만 사람들이 말려서 이 자리에서는 아무 일도 일어나지 않았다. 이는 다케조에가 일본은 지나를 공격할 각오가 있음을 한규직에게 말한 것을, 한규직이 내밀하게 조선 관리들에게 알렸기 때문에 조선 관리들이 모두 일본을 두려워했으므로 윤태준도 이 정도까지라고 생각해서 우선 참았던 것이다.

이날 저녁, 박영효의 집으로 김옥균·홍영식·서광범을 불러서 작은 모임을 가졌다. 시마무라를 불러서 김옥균이 처음으로 대사 계획을 발설했는데, 시마무라는 놀라지 않고 그 방법을 물었다. 김옥균은 홍영식이 우정국에서

410

연회를 열어 그 자리에서 할 것이라고 답했는데, 실은 홍영식도 처음 김옥균·박영효의 결심을 알고 놀란 것 같았다. 김옥균은 이때도 한규직은 신용할 수 없다고 시마무라에게 말했다.

처음에 김옥균과 박영효는 두 집 중 한 곳에서 연회를 열어 그 자리에서 거사하려는 생각이었다. 그래서 김옥균은 일부러 저택을 신축하고, 시험 삼아 한패인 서재창(徐載昌)에게 연회를 열어 여러 대신들을 초청시켜 보았는데 온 사람이 적었다. 이러한 상태로는 김옥균이나 박영효도 마찬가지로 의도한 손님을 불러 모으는 일은 어려울 것으로 짐작해서 바로 우정국으로 정했지만, 홍영식은 여하튼 주저하며 결심하지 못했다. 그래서 다시 한 가지 계책을 고안해서, 암살자에게 지나(支那) 옷을 입혀서 먼저 민태목(閔泰穆-閔泳穆의 오기—인용자)·한규직·이조연을 편의한 장소에서 죽이고, 즉시 그 죄를 민태호 부자에게 돌려서 두 사람 모두 죽이려고 했다. 하지만 한패 중에 이 계책은 기발하긴 하지만 지나치게 교묘하다고 하여 좋아하지 않는 사람이 있었다. 또 다른 계책에, 김굉집이 경기감사에서 독판으로 자리를 옮기고 그 후임으로 왕비의 조카 심상훈(沈相薰)이 임명된 것을 이용해서, 그에게 권하여 홍영식의 별장을 빌려 축하연을 열게 하기로 이야기가 끝났는데, 주인 심상훈에게 문제가 생겨서 갑자기 연회 소식을 전하기 어렵게 되었다. 그렇다면 시기가 늦을 것이니 어떻게 해야 할까라고 크게 걱정했다. 11월 초순부터 독립당(獨立黨) 사람들은 자주 일본인과 왕래하고, 또 여기저기서 밀회(密會)를 갖는 등 매우 분주했다. 이달 4일에 박영효의 집에서 집회한 다음 날에도 홍영식은 다케조에의 집에 갔다. 또 그 다음 날은 박영효도 다케조에의 집에 가서 조만간 무슨 일을 벌이겠다는 뜻을 밝혔는데, 주인은 크게 동의하는 것 같았다.

11월 6일은 일본의 초혼제(招魂祭)로서, 일본 병사와 재류 일본인을 남산에 모아서 스모(角力)·격검(擊劍) 등의 유희를 가졌다. 이날 초대받은 조선인은 한규직의 장자 아무개와 서재필 이하 주종(主從) 14명이었다. 회주(會主: 모임을 주관하는 사람)는 공사 다케조에였다. 주연(酒宴)의 여흥으로 다케조에 씨는 중대장 무라카미(村上)에게 부탁해서 병사를 두 편으로 나누고, 각각 적·백 두 깃발을 주었다. 그리고 백기를 일본, 적기를 지나(支那)라고 부르고, 서로 깃발을 빼앗아 승부를 겨루게 했다. 적기를 가진 편이 패배하니 공사는 크게 기뻐하면서 길조라고 했다. 조선인도 많이 구경하고 있는 가운데 홀로 날뛰며 기뻐하는 모습은 매우 기이하게 보였다.

그 다음 날, 즉 11월 7일에 김옥균은 조선의 바둑기사 2명을 데리고 공사관에 갔다. 이는 관원 중에 우치가키(內柜) 아무개와 스즈키(鈴木) 아무개가 바둑을 잘 두었기 때문에 조선인과 일본인의 기량을 겨룬다는 핑계로 공사관에 왕래하는 종적을 숨기려는 것이었다. 하지만 이날은 특별히 중요한 일은 말하지 않고 돌아갔다.[5]

11월 10일은 김옥균의 집에서 바둑모임을 열었다. 오후 3시경부터 모인 사람들은 다케조에·시마무라·고바야시(小林)[인천영사]·제일은행 지점의 기노시타(木下)·통역 아사야마와 스즈키, 조선인으로는 서광범·박재경(朴齋絅: 朴齋絅의 오기—인용자)·윤치호였다. 밤이 되자 홍영식도 연락을 받고 왔다.

11월 20일의 일이다. 일본 병사들이 한밤중에 갑자기 남산에 올라가서 대항운동(對抗運動)을 했다. 이 운동을 할 때는 원래 일본공사가 외아문에 사전에 통보하도록 되어 있으며, 또 반드시 일과 중에 하는 것이 관례인데, 이번에는 사전통지도 없이 한밤중에 갑자기 시행한 것이다. 특히 10월 30일 다케조에 공사가 입경한 뒤로 한 말들이 모두 밖으로 누설돼서 조선인과 지나인 모두 시의(猜疑)를 품고 있던 때였으므로, 다음 날 아침에 조선 정부가 공사관에 문의하는 등 소동이 대단했다. 그때 어떤 사람이 다케조에 공사에게 왜 이런 일을 벌였는지 물었는데, 다케조에는 "그냥 한(韓)·지(支)의 병민(兵民)이 어떻게 반응하는지 시험해 보고 싶었다."라고 답하고, 또 "이 정도

412

일로 소동을 일으키는 자들이라면 다루기 쉽겠다."라고 하면서 득의양양한 기색이었다.[6]

그 뒤에도 독립당 인사들은 공사관에 왕래해서 교제가 날이 갈수록 두터워졌다. 11월 25일[26일?] 오후 1시경부터 김옥균이 홀로 공사관에 가서 다케조에 씨와 면회했다. 처음으로 대사의 계획을 밝히고 민 씨 및 다른 대신들을 제거하려는 음모를 말했는데, 다케조에는 분명하게 동의한다는 말을 하지 않았다.[7] 김옥균은 '원래 반드시 죽기로 각오하고 있으니, 설령 공사의 도움이 없어도 우리 동지들의 목적은 우리의 손으로 달성할 것이다.'라고 말했다. 이로부터 마침내 이야기가 국사(國事)로 이어졌다. 김옥균은 '조선 정부의 개혁 후 당장 필요한 것은 자금이다. 다케조에 귀하의 주선으로 마련할 수 있는 것이 있는가?'라고 물었다. 다케조에는 선뜻 응낙하고, '정부의 개혁만 성공한다면 자금은 반드시 마련해 주겠다. 당장 쓸 비용은 조선국에 있는 금으로도 사방에 있는 상인들에게 모으면 10여만 엔을 얻을 수 있다. 당장에라도 빌려주겠다.'라고 했다. 또 마침내 화제가 대사(大事)에 이르자 '일본군과 지나군이 접하는 상황이 되면, 가령 지나의 병력이 1천 명이라도 우리 1개 중대 병력으로 북악(北岳)을 점거하면 2주간, 남산을 지키면 2개월을 버틸 수 있다.'라고 시원시원하게 이야기했다. 하지만 공사가 과연 암살을 도울 것인지는 명언(明言)하지 않았기 때문에 김옥균도 결국 여기서 계약하지 못하고, 다만 서로 묵시적으로 양해한 것 같은 모양이 되었다. 김옥균은 자세를 바로 하고, '오늘 밤이 사별(死別)일지 생별(生別)일지, 부디 다시 만날 수 있기를 바란다.'라고 하고 결별했다. 그 뒤로 다시 공사관에 가지 않았다.

다음 날 김옥균은 근교 별장에 갔다. 그 다음 날은 중대장 무라카미 씨를 불러서 여러 가지 일을 이야기하고, 11월 29일에 경성에 돌아왔다.[8] 그 다음 날은 박영효의 집에서 집회를 가졌다. 마침내 대신 참살(斬殺)에 관한 구체적인 이야기에 이르렀다.[9] 이 일에 일본 소시(壯士)를 쓰는 문제에 관해 갖가지 의론이 있었는데, 우선 조선인의 손으로 하고 일본인은 뒤에서 대비하는 것으로 결정했다. 대체로 이번 대사와 관련해서 독립당 일파가 오직 일본 정부를 믿고 의뢰심(依賴心)을 굳혔던 이유는, 메이지 17년 8·9월경부터 일본공사관의 관원들이 김옥균과 박영효를 대하는 태도가 달라지고, 10월 말 다케조에가 다시 온 뒤로 '일본 정부는 조선의 독립을 도와서 지나(支那)를 공격한다는 주의(主義)로 묘의(廟議)가 결정됐다.'라고 공언했으므로 이를 믿지 않을 수 없었던 것이다. 또 그 내정(內情)으로 생각하더라도, 다케조에라는 인물은 일본에서 그렇게 지위가 높지 않고, 또 그 성격도 우유온순(優柔溫順)해서 어떤 사정이 있어도 스스로 분발해서 위험에 뛰어들 인물이 아니었다. 그런데 이번만큼은 그 언행이 활발과단(活潑果斷)해서 사람들의 이목을 놀라게 했다. 이 모습을 보고는 '그가 일본 정부의 묘의(廟議)라고 떠드는 것은 결코 공허한 말이 아니며, 그 묘의는 과연 진실한 묘의일 것이다. 일본에서 외무경은 물론 대신과 참의들이 모두 동의일치(同意一致)했을 것'이라고 여겨서 점점 더 그를 신뢰하여 한 점의 의심도 없었다. 그리하여 한번 거사하면 일본 정부가 반드시 배후에서 지원할 것(고쓰메[後詰]: 후방에 배치해둔 예비부대 또는 그 응원)으로 믿고 착수했던 것이다.

이번에 독립당에서 제거하기로 지목한 자는 민태호·민영익·민영목·조영하·한규직·이조연·윤태준의 7명이었다. 박영효·김옥균·홍영식·서광범 등은 미리 그 수순과 방법을 모의해서, 지나(支那) 옷으로 변장하는 계책을 이야기했지만 이것도 적절치 않았다. 그 후 홍영식의 별장을 심상훈에게 빌려주는 계획도 시일을 지연해서 때를 놓칠 우려가 있었으므로, 대신 등을 어딘가로 모이게 한 뒤에 별궁(別宮)[세자가 혼례(婚禮)를 하는 궁으로 매우 중요한 장소이다[10]]에 방화하고, 불이 난 곳으로 달려갈 때 벤다는 계책을 정했다. 12월 1일 밤 12시경에 김옥균·홍영식·서광범이 공사관에 갔는데 다케조에는 만나주지 않았다. 그래서 시마무라를 만났는데, 그는 "공사가 면회하지 않는 것은 심중에 이미 결정한 것이 있기 때문이다. 마음이 결정된 뒤에 또 면회를 하면 오히려 쓸데없는 말을 해서 결심을 해칠 우려가 있다. 그러므로 오늘 밤 공사가 면회를 사절한 것은 바로 그 마음이 군건함을 표시하는 것이다. 이러한 뜻을 내가 전해드리게 되었다."라고 말했다. 그래서 김옥균·박영효·서광범은 별궁방화 계책을 말했다. 시마무라도 찬성하고 날짜를 물었는데, 김옥균 등은 '확실하게 말할 수 없다. 아무튼 이번 달 20일[12월 7일] 이전이 될 것이다.'라고 대답했다. "그렇다면 그 날짜가 확정되는 대로 꼭 이쪽에 알려 달라."라고 말하고 고별했다.[12월 7일은 대략 지도세마루(千歲丸)가 입항하는 날이었다. 김옥균 등의 생각으로는 일본 묘의(廟議)의 변화를 예측할 수 없으니, 혹시 그 우편선으로 어떤 훈령이 공사관에 도착해서 관원 등의 움직임을 방해할까 우려해서 반드시 그 배가 입항하기 전으로 결정했던 것이다.] 돌아오는 길에 박영효의 집에 가니 같은 당의 소시(壯士) 십여 명이 모여 있었으므로 계책을 알려주었다. 별궁 방화는 오는 4일로 정하되, 만약 그날 비가 오면 불을 지르기에 불리하므로 다음 날인 5일에 하기로 하고, 다음과 같이 분담했다. 단, 소시는 모두 일본에 와서 도야마(戶山) 학교를 졸업한 자들로서 굴강(屈强: 의지가 굳세어 남에게 굽히지 않음)한 무인들이었다.[5]

민영익	△ 윤경순(尹景純)○ 이은종(李殷鐘)	윤태준	박삼룡(朴三龍) △ 황용택(黃龍澤)
이조연	최은장(崔殷章: 崔恩童의 오기―인용자) 신중모(申重模)	한규직	△ 이규완(李奎完)○ 임은명(林殷明)

이와 같이 1명당 두 사람씩 자객을 배당하되, 후방 지원군은 □이인종(李寅鐘)과 이희정(李熙禎)으로 한다. 인종은 나이가 많으므로 호령과 방포(放砲)를 맡는다.

5) 우정국 암살의 수순은 이와 같았지만, 조선인들은 민영익이 우정국에서 달아날 때 주저하며 나서지 못했다. 그러므로 일본인이 솔선해서 결국 그를 찔렀다.

왕래·정탐·통신은 유혁로(柳赫魯)와 고영석(高永錫).

궁내 방화는 김봉균(金鳳均)과 이석윤(李錫尹: 李錫伊의 오기—인용자).

이상 14인

△인(印) 실제 거사에서 시종 힘을 모은 자
○인(印) 별궁에 방화한 자
□인(印) 별궁의 방화가 실패하자 다른 3개 장소에 방화한 자

금호문(金虎門)의 복병으로는 수령 신복모 외 13명[나중에 유지장년(有志壯年)들이 달려와서 전체 수는 43명이 되었다.]으로 하고 민태호·민영목·조영하를 맡는다.

전영(前營)의 소대장 윤경완(尹景完)은 평소부터 독립당의 심복으로서, 그날 밤에 마침 궁궐 수비의 당직(當直)을 맡았으므로 평상시처럼 병졸 60명을 인솔해서 대궐에 있을 것이다.

이와 같이 배치하고, 일본인은 4명이 뒤에서 대기하다가 한인(韓人) 가운데 결손이 생기면 반드시 뒤를 잇기로 약속했다.[6] 12월 4일 밤, 우정국의 개업식에서 성대한 연회를 열었다. 내빈은 여러 외국 공사 및 영사에 한정(韓廷)의 대신들이 빠짐없이 모였다. 하지만 일본공사 다케조에는 병을 이유로 가지 않고 시마무라에게 대리시켰다. 공사관에서는 이날 아침부터 여러 가지 준비로 분주했고, 탄약과 병량(兵糧)을 병영에서 수송해 왔다. 오후에는 병사들도 집결해서 언제라도 출병(出兵)하는 데 차질이 없었다.[7] 그런데 이날 밤 원래 준비한 계획은, 연회의 술자리가 한창일 때 별궁에 불이 나면 여러 대신들 가운데 민영익·윤태준·이조연·한규직은 무신(武臣)이므로 화재 현장으로 달려갈 것이니 그 자리에서 찌르고, 민태호·민영목·조영하는 노

6) 일본인 4명 중에 1명은 육군, 1명은 공사관에서 차출하고 다른 2명은 김옥균과 박영효의 손에서 나왔다.

7) 시마무라도 연회에 갈 때 그 호위순사에게 계심(戒心: 경계)을 명했다.

신(老臣)이므로 대궐에 참내(參內)할 때 금호문 안에 매복해둔 병사들로 찌르는 것이었다. 또 별궁에 불이 나는 것과 동시에 일본공사관에서 병사 30명 정도가 금호문 밖으로 오기로 약속되어 있었다.

그런데 실제에서 계책에 차질을 빚은 것은, 이규완을 비롯한 4명의 소시(壯士)들이 별궁에 불을 내려고 석유를 붓고 불을 붙였지만, 아무리 해도 거대한 건물이라서 쉽게 불이 나지 않았다. 결국 화약을 던졌지만 여전히 아무렇지도 않았다. 석유를 2번이나 붓고, 화약을 2번이나 써봤지만 모두 효과가 없었으므로, 은밀히 우정국으로 달려와서 어떻게 할지 김옥균의 지휘를 청했다. 김옥균은 연회석상에서 음식을 먹으며 담소하던 도중에 잠깐 자리를 비우고 소시들을 만나 별궁에 효과가 없으면 근처 초가(草家)에 불을 내라고 명했다. 그 명에 따라 세 곳에 불을 붙였는데, 두 곳은 소방대의 힘으로 바로 진화됐다. 하지만 다행히도 우정국 뒤편의 한 초가에서 연기가 올랐다. 연회석상은 갑자기 혼란에 빠져 술잔과 그릇들이 어지럽게 흩어졌다. 문 밖도 무언가 소란스러운 모양이었으므로 내객들은 앞 다퉈 밖으로 빠져나가려고 했다. 그때 가장 먼저 뛰어나갔던 민영익이 칼에 찔려서 쓰러졌다. 그 자리의 혼란은 이루 말할 수 없었다.[8]

김옥균·박영효의 당(黨)은 별궁 방화가 효과가 없어서 당초 계책이 차질을 빚자 어떻게 할지 갑자기 생각해내지 못하고, 우선 일본공사관으로 가서 상황을 보기로 했다. 공사관에 가니 관내는 순사(巡査) 및 다른 이들이 병비(兵備)에 한창이었다. 시마무라도 급히 공사관으로 복귀했는데, 문 안에서 김옥균·박영효를 보았다. 김옥균과 박영효는 "어째서 빨리 대궐로 가지 않는가?"라고 큰 소리로 질타하는 것 같은 모습을 보고, 그대로 참내(參內)해서 국왕을 알현하고 사건 경위를 아뢰었다. 두 사람은 지금은 일본 병사로 경우궁·계동궁의 요지를 수비하는 것이 유리하다고 생각하고, 왕에게

8) 자객 구전(口傳)

일본 군대에 의뢰할 것을 설득했다. 그리고 곧장 변수(邊燧)를 일본공사관에 보낸 것과 동시에 국왕에게 천좌(遷座)를 권했다. 하지만 왕비와 다른 많은 부인들은 수군거리기만 할 뿐 움직일 기색을 보이지 않았다. 그러는 동안 궁전 마루 밑 두 군데서 화약을 폭발시켜서 놀라게 하니 천좌(遷座) 문제도 신속히 결정됐다. 우선 경우궁으로 가려고 사문(四門)을 통과하는데, 제이문(第二門) 밖에서 김옥균과 박영효는 일본공사를 부르는 데 단지 일개 변수를 사자(使者)로 보내는 것은 정중하지 않다고 생각했다. 다케조에도 혹시 왕명(王名)에 응하지 않을 것이 우려됐으므로, 이러한 뜻을 아뢰고 친필(親筆)을 청하자 왕도 지당한 일이라고 했다. 곧바로 박영효가 종이를 꺼내고, 김옥균이 연필(ペンシル)을 올리자 왕은 이를 받아서 '일본공사래호아(日本公使來護我)'의 7자를 적어서 친히 박영효에게 하사하여 달려가게 했다.[9] 궁중의 방화도 원래 독립당이 일으킨 것으로, 두 곳 중에 한 곳은 궁녀 모씨(某氏)의 손으로 한 것이었다. 모씨는 예전부터 생과방(生果房)의 궁녀로 궁내의 과일을 담당하는 직책이었는데, 아녀자면서도 평소부터 사대당의 비굴함에 분노해서 몇 년 전부터 김옥균과 박영효에게 편당(偏黨)하고, 이번에도 음모에 참여한 사람이라고 한다.

국왕과 왕비를 비롯한 황족(皇族)이 경우궁에 안착한 것과 거의 동시에 일본공사는 곧바로 궁중에 들어오고 병대(兵隊)는 대문 안팎을 경비했다. 또 전영(前營) 소대장 윤경완은 당직 병사들을 인솔하고, 신복모와 이인종 무리는 소시(壯士)들을 지휘해서 모두 요소에 배치했다. 경우궁 안은 독립당으로 가득했지만 이를 눈치챈 사람은 없었다. 많은 신하들이 사변(事變)을 듣고 국왕의 안부를 살피고자 속속 궁궐 대문에 도착했다. 하지만 경비를 선 일

<hr />

9) 그 후 이노우에 대사 등의 말을 들으니, 국왕의 친필에는 '朝鮮國大君主李熙'의 옥새가 압인된 (교지로서―인용자) 충분한 것이라고 했지만, 이는 이노우에가 사실을 알지 못한 것이다. 그 서면(書面)에 관해서는 구전(口傳)이 있다.[11]

본 병사들은 쉽게 들여보내지 않고, 문에 와서 명함을 제출하면 우선 심부름꾼을 시켜서 내전(內殿)에 들여보낸 뒤에, 안에서 허가해서 그 증거로 김옥균·박영효 또는 서재필의 명함을 가져오면 그 사람은 들여보내고, 그렇지 않은 사람은 허락하지 않았다. 이는 사전에 김옥균·박영효와 일본 병사 간에 약속한 것이 있었기 때문이다. 이렇게 해서 대신 중에 어떤 이는 들어가고, 어떤 이는 거절당했다. 그 사이에 민영목이 도착했다. 안팎의 파수병들이 잠깐 기다리게 하고 그 이름을 안에 전하니, 안에서는 처음부터 준비하고 기다리던 바였으므로 무조건 입내(入內)를 허가하고, 오직 종자(從者)들만 불허했다. 민영목은 단신으로 대문에 들어섰다. 들어오자마자 문을 닫아버리니 마치 독 안에 든 쥐가 되었다. 경비병들이 도열한 가운데를 지나 제이문(第二門)에 들어섰을 때 옆에서 자객이 달려들었다. 일본 병사들이 그 주위에 있기 때문에 달아날 길도 없이 단 한칼에 쓰러졌다. 그가 쓰러지자 곧바로 핏자국을 닦아서 아무 일도 없었던 것처럼 하고 다음 사람을 기다렸다.[12] 단, 자객은 한인(韓人)으로서 일본인은 칼을 들지 않았다. 민영목이 살해된 다음에 들어온 자는 조영하, 그 다음은 민태호였는데 세 사람 모두 같은 운명을 맞았다.

이조연·한규직·윤태준은 이미 입궐해 있었으므로 궁중에서 죽일 방법이 없었다. 그래서 김옥균은 이 세 장수에게 각각 밖으로 나가 병사들을 데리고 와서 국왕을 호위하라고 재촉했다. 결국 꾸짖어서 밖으로 내쫓고, 현관에서는 서재필이 준비를 마치고 기다리고 있다가 세 장수가 주저하는 것을 보고 손으로 밀쳐내기까지 해서 마침내 밖으로 나왔다. 대문 쪽으로 가지 않고 산속의 문으로 나가려고 하여 제일문(第一門) 주변에 이르러 주위를 보니 윤경완의 병사들이 준비를 단단히 하고 지키고 있었다. 물론 대장의 명을 듣지 않았다. 세 사람 모두 당황하고 있는데 자객을 만났다.

경우궁에의 천좌(遷座)는 4일 밤 11시경에 이뤄졌다. 그 뒤로 대신들이 살해당한 것은 아직 공식적으로 아뢰지 않았지만, 궁중이 어쩐지 평온치 않았으므로 왕비를 비롯한 궁녀 등은 계속해서 대궐로 돌아가려고 생각했다. 여러 가지 일들이 지체되고 있는 사이에 동이 터오고 있었다. 5일 오전 7시경에 환관의 우두머리로서 예전부터 세력이 있는 유재현을 포박해서 옥좌 가까이 있는 낭하(廊下)로 끌고 와 죄상을 열거하고 베어버렸다. 선혈이 튀어서 어의(御衣)를 더럽힐 것 같은 모습에 그 자리에 있던 모든 이들은 낯빛이 창백해져 적막하게 아무 소리가 없었다. 그 뒤로 궁녀와 환관들도 모두 숨을 죽이고 궁궐로 돌아가자는 말을 하지 않았다. 이날[5일] 오전 10시에 다시 계동궁으로 옮겼다.

계동궁에서도 궁궐로 돌아가는 말을 했다. 왕비와 대왕대비는 물론 국왕도 간절한 것 같았다. 김옥균과 박영효의 당(黨)은 항상 지나(支那) 군대의 불우의 습격을 우려해서 궁궐로 복귀하는 것이 위태로운 길임을 알았으므로, 다케조에게 부탁해서 국왕에게 여기서 수비하는 것이 이로움을 설명하게 했다. 하지만 다케조에는 왕의 뜻에 맞서지 못했고, 오후 4시[5일]경에 부질없이 대궐로 복귀했다. 이때는 정부의 권병(權柄)이 완전히 독립당에게 돌아갔으며, 조금씩 관리의 경질도 있었지만 대체로 큰일은 없었다. 밤에 궁문을 닫으려고 할 때, 지나의 병영에서 30명 남짓 선인문(宣人門)에 와서 오늘밤은 이 문을 닫지 말라고 했다. 궐내에서는 여러 가지 의논이 있었지만 우선 이날 밤은 그 말에 따르기로 하고, 문 안에서 병비(兵備)를 엄중히 하고 문을 열어둔 채 하룻밤을 지새웠다. 5일부터 6일 오전·오후까지는 독립당의 승리였다. 제도개혁에 하나씩 착수해서 문벌폐지의 논의를 실시하고, 조세법을 개정하고, 대부미(貸附米)의 구폐(舊弊)를 제거하고, 환관의 권한을 줄이는 한편 일반 관직에 임용하는 길을 열고, 지나(支那)에 조공하는 허례(虛禮)를 폐지해서 독립국의 명실(名實)을 굳건히 하고, 궁내성(宮內省)을 설치해서 이씨 종친을 많이 등용하여 존왕(尊王)의 뜻을 천명하고, 각영(各營)의 통령을 교체했다. 혹은 세자를 육군대장에 임명한다는 등의 내의(內議)도 있어서, 앞으로의 계획이 적지 않고 또 당장 발등에 불이 떨어진 준비를 하는 데도 분주했다. 그때 김옥균은 다케조에에게 '예전에 대략 말했던 것처럼 국사개혁(國事改革)을 위해 당장 필요한 것은 자금이다. 이 일은 일본 정부의 주선으로 가능한가?'라고 물었다. 그러자 다케조에는 괴이하게 여기는 기색도 없이 "금책(金策: 돈을 마련함)은 충분히 일본이 할 수 있지만, 저당은 어떻게 하겠는가? 금액은 대략 어느 정도인가?"라고 물었다. 김옥균은 500만 엔을 말하고 싶었지만, 우선 줄여서 300만 엔에 저당으로는 금산(金山: 금광)을 이야기했다. 다케조에가 너무나도 선선히 보증했으므로 김옥균은 다시 한 번 확인하기 위해 "일본에서 300만 엔을 마련해주겠다고 하지만, 내가 보는 바로는 일본 상인들에게 그런 거액은 어려울 것이다. 실은 일본국에서 차용하지 않더라도, 일본국의 주선으로 서양 국가들로부터 조선의 국채를 모집하는 방법을 부탁할 뿐이다."라고 했다. 그러자 다케조에는 웃으며 "일본 상인들로는 물론 300만 엔의 거액은 어려울 것이다. 하지만 그대는 일본 정부의 대장성을 모르는가? 내가 말한 일본에서 자금을 마련한다는 것은 대장성을 가리키는 것이다. 겨우 300만 엔의 금액쯤은 당장이라도 마련할 수 있다."라고 명언(明言)해서 크게 안심했다. 예전에 10여만 엔의 돈을 조선 현지에서 즉시 조달할 수 있다고 했는데, 이제 또 외채 이야기에는 일본 정부의 돈을 대부해주겠다고 했으니, 더욱 다케조에를 신뢰하고 또 일본 정부에 의뢰해서 다시는 의심을 품지 않았다고 한다.

계동궁에서 다케조에가 국왕과 대신들에게 정치 연설을 했는데, 그 취지는 '서양문명의 풍조가 점차 동방에 밀려오고 있다. 지나(支那)와 같은 노대국(老大國)은 의뢰하기에 부족하며, 조선도 자강(自强)해서 독립의 방책을 세워야 한다.'는 것으로, 평소[17년 10월 다시 건너온 이래]의 지론과 다르지 않았다. 또 국왕과 대화하던 중에 병사(兵士) 문제에 이르러, "사영(四營) 가운데 가장 쓸 만한 것은 전영(前營)입니다. 이 병졸들은 일본식으로 일찍이 박영효가 지휘했습니다. 따라서 오늘날 이 병영을 맡을 사람은 박영효 말고는 없을 것입니다."라고 권고했다. 이에 따라 박영효가 특별히 전영 대장에 임명됐다고 한다.

계동궁에서 대궐로 돌아온 것에 관해서는, 국왕의 마음은 간절했지만 김옥균와 박영효는 그 불가함을 논하면서 절대 움직이지 않았다. 하지만 오직 다케조에가 우유부단했기 때문에 왕의 말을 따랐던 것이다. 처음에 김옥균과 박영효가 일을 꾸밀 때, 일단 거사한 뒤엔 왕을 모시고 강화도에 웅거했다가 평온해진 다음에 환어(還御)하기로 계책을 정했다. 이미 11월 25일에 김옥균이 다케조에와 면회했을 때도 이 계책을 말했는데, 다케조에는 자꾸 대궐을 떠나는 것이 불리하다고 하면서 김옥균과 박영효의 말을 듣지 않았다. 그 뒤에 시마무라에게 이야기했지만 그 역시 다케조에와 같은 말을 할 뿐이어서 어찌할 수가 없었다. 그렇다면 충분한 요해(要害: 요충지)는 아니지만 만일의 경우엔 경우궁으로 파천하기로 하고 비로소 다케조에 등의 동의를 얻었던 것이다. 이렇게까지 염려했던 일이었으니, 5일 오후에 대궐로 돌아온 것은 독립당에게는 가장 위험한 바였지만, 다케조에 이하는 평소 지나 군대를 두려워하지 않았으므로 대궐에서도 쉽게 방어할 수 있다고 생각했던 것 같다.

12월 6일 아침, 김옥균은 서한을 써서 원세개에게 보냈다. 그 내용은 '어젯밤 지나 병사가 우리 대궐의 선인문을 닫지 말라고 지시한 것은 매우 듣기 어려운 것이었다. 궁문을 여닫는 것은 사소한 일이 아니다. 앞으로 그러한 지시가 있어도 이쪽에서는 결코 따르지 않을 것이다. 무리하게 한다면 스스로 처분하는 방법이 있을 것이다.'라는 것이었다. 하지만 답장은 오지 않고, 거의 동시에 오히려 저쪽에서 국왕에게 서신 1통을 바쳤다. 그 내용은 다음과 같았다.

통령주방각영기명제독(統領駐防各營記名提督) 꿔융빠투루(果勇巴圖魯) 오조유가 대왕전하께 아룁니다.

어젯밤에 공연히 놀라셨다는 소식을 들었습니다. 이제 다행히 대왕의 홍복(洪福)으로 경성 내외가 평소처럼 조용하니 부디 대왕께선 마음을 놓으소서. 폐군(敝軍) 삼영(三營) 또한 비호해주신 덕택에 무사함을 아울러 성명(聲明)하옵니다. 머리를 조아리며 균안(鈞安)하시길 빕니다. 제독 오조유가 올립니다.

대왕안계(大王安啓)

한정(韓廷)에서는 도승지 박영교(朴英敎) 이름으로 영수증을 교부했다. 또 거의 동시에 원세개가 사자를 보내서, '국왕에게 배알(拜謁) 드리는 것과 관련해서, 병사 600명을 인솔해서 동서(東西) 두 문으로 각각 300명씩 들어갈 것'이라고 전해 왔다. 김옥균은 답서를 보내서, '보통의 호위병을 거느리고 참내(參內)하는 것은 무방하지만, 몇 백 명의 병사를 대궐에 들어오게 할 수는 없다. 억지로 힘으로 들어오려고 한다면, 이쪽에서도 각오가 있다.'라고 대꾸했다. 그러자 저쪽에서 다시 사관(士官) 중에 일명(一名) 주수비(朱守備)라는 자를 보내와서 국왕의 면알(面謁)을 청했는데, 홍영식이 '대장 신분이라면 알현을 허락할 수 있지만 사관의 신분으로는 온당치 않다.'라고 응대해서 돌려보냈다. 근래의 예에 따르면, 오조유와 원세개 등이 글을 바치면 국왕의 이름으로 응답하고, 또 사관이라도 알현을 청할 때는 허락하는 것이 관행이었다. 그런데 이번에 특별히 이를 고친 것이 반드시 지나인(支那人)의 불만을 불렀을 것이다. 박영교가 난후(亂後)에 살해된 것으로 미뤄보더라도 그것이 사실임을 알 수 있다.

같은 날[6일] 오후 2시 반경에 원세개가 국왕에게 서한 1통을 바치고, 거의 동시에 군대를 인솔해서 대궐을 포위하고 계속 발포했다. 그 서한은 김옥균과 박영효의 손에 들어가서 읽을 수 없었지만, 글 하반부에서 대왕을 보호하고 아울러 일본 병사를 보호한다는 등의 문자를 흘낏 볼 수 있었다고 한다. 발포로 인한 소동과 함께 왕비, 세자, 세자비(世子妃─원문)는 서둘러 궁중을 탈출하고, 이어서 대왕대비와 대비 등도 모두 떠나서 남은 것은 오직 국왕 한 사람뿐이었다. 김옥균과 박영효는 일이 쉽지 않음을 깨달았다. 또 대궐이 수비하는 데 불리함은 처음부터 알고 있던 바였으므로, 왕을 모시고 우선 인천으로 내려가기로 하고 왕에게 권유했다. 하지만 왕은 이를 듣지 않고 오로지 대왕대비가 계신 곳으로 가려고만 해서 어찌할 수가 없었다. 4일 이래로 국왕과 왕비 곁에 있었던 자들은 모두 독립당이었으므로, 밖에서 온 서한 같은 것은 어디서 왔는지 모를 수가 없었다. 그런데 불가사의한 것은, 6일 아침에 왕비가 식사할 때 누군가 은밀히 서한을 바쳐서 왕비가 바로 그것을 읽는 것을 엿본 사람이 있었다. 순식간에 일어난 일이라 옆에서 그것을 상세히 알기는 물론 어려웠지만, 밖에서 온 서한이라는 것은 확실하다.[13] 따라서 추측을 해보면, 이 서한은 어쩌면 지나인(支那人)의 손에서 나온 것으로, 오후에 대포 소리가 들리는 것과 동시에 궁중을 탈출하라고 알리고, 또 나와서 갈 방향을 알려준 것이 아니겠는가라고 일단 의심을 품었다고 한다.

지나 병사가 들이닥침과 동시에 조선 병사들도 응전했다. 특히 저 별초병(別抄兵)이라는 것이 계속해서 대궐 뒷산에서 총을 쏘았다. 김옥균은 격노하여 산 아래로 달려가 큰 소리로 "네놈들은 대왕께 탄환을 바치는 것인가!"라고 꾸짖었다. 그러자 병사들은 복종하며 모두 "아니오. 대왕께 향한 것이 아니오. 적(敵)은 일본인이오."라고 답했다. 그래서 사격은 잠시 멈췄지만, 김옥균이 가자 다시 난사하기 시작했다. 이에 다케조에는 크게 의기소침해져서 다시 수비할 뜻이 없는 듯 했다. 게다가 국왕은 오로지 왕대비가 계신 곳으로 가자고만 요구했다. 대체로 왕비 이하 황족은 북묘(北廟)에 있었는데, [왕비 이하 황족이 북묘에 도착한 것은 이날 밤 10시 이후로, 그 전에는 광지궁(廣智宮: 廣智營의 잘못─인용자)에 있었다. 이 군영은 대궐 북외문(北外門)의 병영이다. 북묘보다 대궐에 가깝다.] 북묘는 관우의 사당으로 대궐 밖 북서쪽에 있었다. 이 날의 형세로 보면 아마도 지나병(支那兵)의 방어선 안에 있었던 것 같다.

국왕은 이미 후원(後園)으로 나가고 김옥균·박영효·홍영식·서광범의 무리가 그 뒤를 수행했다. 다케조에도 함께 있었다. 김옥균과 박영효는 이미 일이 실패한 것을 알았지만 여전히 인천으로 행어(幸御)할 것을 단념하지 못하고, 후원(後園)을 지나 북문을 나가기까지 7번 걸음을 멈추고 이를 간언(諫言)했지만 왕은 7번 모두 듣지 않았다. 이 이상은 오직 다케조에의 결심에 달려있다고 생각하고 만일의 요행을 기도했다. 하지만 다케조에는 신속하게도 벌써 퇴거(退去)할 각오를 정한 것처럼 보였다. 문 안에서 왕에게 고별하니 김옥균과 박영효도 이제는 어쩔 도리가 없었다. 왕이 가는 곳으로 따라가려고 했지만, 저 북묘 주변에는 반드시 지나(支那)의 복병이 있을 것을 탐지했다. 그리하여 문 안에서 하직을 고하려 할 때, 왕이 돌아보면서 "너희는 어디로 가느냐?"라고 물었다. 김옥균과 박영효는 눈물을 쏟으며, "한번 죽는 것은 아직 국가를 위해 아껴두고자 합니다. 신 등은 이제 일본으로 가서 지난 여러 해 동안의 특은(特恩)을 저버리지 않고, 나라를 위해 그리고 전하를 위해 목숨을 바쳐 청천백일 아래 다시 천안(天顏)을 뵈올 날이 있을 것이옵니다."라고 했다. 그리고 나서 좌우에 고별하고 김옥균, 박영효 이하는 다케조에와 함께 공사관으로 가고, 국왕은 북묘 쪽으로 달려갔다. 그때 홍영식이 왕을 따라 북묘로 간 것은, 그는 평소 온후하다는 소문이 있는 인물인데다가, 4일 이래 소요의 와중에서도 은밀히 병사를 보내서 민영익의 집을 보호해 주는 등 그 조처가 대단히 온당했다. 그러므로 설령 지나(支那) 병사들의 손에 잡히더라도 참독(慘毒)을 면하리라고 생각해서 같은 당의 여러 사람들도 굳이 그가 가는 것을 만류하지 않았던 것이다. 하지만 나중에 생각하니 사지에 빠뜨린 것과 다르지 않다고 하여 독립당의 사람들은 아직까지도 이 일을 후회해 마지않는다고 한다.

주

1 김옥균은 ~ 귀국했다: 김옥균이 서울에 나타난 것은 1884년 5월 3일이었다. 이 책의 제5장 4절 참조.

2 김옥균은 다년간 ~ 북돋아 주는 것 같았다:『시말』의 체제는, 1882년에 김옥균과 박영효가 수신사로 일본에 파견됐을 때부터 1884년 10월 30일에 다케조에 공사가 서울에 귀임하기까지의 경위를 서술한 전문(前文)과 1884년 10월 30일부터 갑신정변이 3일천하로 끝난 12월 6일까지의 경과를 일기체(日記體)로 기록한 본문(本文)의 두 부분으로 구분된다.『갑신일록』또한 이러한 체제를 답습했는데,『갑신일록』의 전문을『시말』의 그것과 비교해보면 다음 세 가지의 특징이 간취된다. 첫째,『시말』에선 김옥균·박영효·홍영식·서광범·서재필을 모주(謀主)라고 표현하고 이들이 예전부터 '계획'이 있었다고 했다. 반면,『갑신일록』은 정변의 사전모의에 관해선 철저히 함구하고 있으며, 갑신정변의 원인이 사대당의 탄압에 있는 것처럼 서술했다. 둘째,『갑신일록』에는『시말』에 없었던 묄렌도르프 및 당오전에 관한 서술이 추가되었다. 셋째,『시말』에선 일부 이노우에 가쿠고로의 활동에 관한 언급이 있었지만,『갑신일록』에서는 그에 관한 서술을 모두 삭제함으로써 철저하게 그 존재를 감추었다.

3 다케조에와 시마무라는 ~ 누설되었다:『갑신일록』에는 고종이 다케조에의 알현을 받을 때 김옥균에게 시립(侍立)할 것을 명했지만, 김옥균이 혐의를 피하기 위해 스스로 고사하고 이 조연에게 대리시킨 것으로 기록되어 있다.

4 그대는 ~ 불충한 자요:『갑신일록』에는 11월 1일에 다케조에가 윤태준에게 매우 심한 말을 해서, 윤태준이 겁을 먹고 외무협판을 사임했다고 기록되어 있다. 그런데「統理衙門協辦先生案」에 따르면, 윤태준이 통상아문의 협판직을 사임하고 군국아문으로 복귀한 것은 11월 4일이었다. 그렇다면 11월 4일에 다케조에가 외아문을 방문해서 김윤식과 윤태준에게 막말을 했다고 한『시말』의 기록이 사실에 가깝다고 생각된다.

5 하지만 이날은 ~ 돌아갔다:『갑신일록』에는 "이날 떠나면서 다케조에와 대화했다. 나의 논의에 대해 다케조에는 모두 수긍했다. 대계(大計)는 실로 이 자리에서 결정됐다."라고 기록되어 있다.

6 11월 20일의 일이다 ~ 기색이었다:『갑신일록』에는 일본군의 불시 야간훈련이 11월 11일에 있었고, 11월 12일 아침에 놀란 고종이 김옥균을 불러 다케조에에게 자세한 사정을 알아보라고 지시한 것으로 기록되어 있다. 그런데『統署日記』에 따르면, 11월 12일은 왕비의 탄신일로 진수당·푸트·다케조에·애스턴 등이 입궐해서 경하를 올렸다고 한다. 따라서『갑신일록』의 기록은 잘못된 것일 가능성이 크다.

7 다케조에는 ~ 하지 않았다:『갑신일록』에는 "다케조에는 그 계획에 모두 찬성했다(竹添無不贊成)."라고 하여 정반대로 기록되어 있다. 그런데 제7장 1절에서 살펴본 것처럼, 당시 다케조에는 개화당의 원조 여부에 관해 외무성의 회훈(回訓)을 기다리고 있던 중이었다. 그렇게 본다면『시말』이 더 사실에 부합할 것으로 생각된다. 또한『갑신일록』은 김옥균과 다케조에 간의 대화 형식을 빌려 임오군란 이후 일본의 조선 정략이나 외채 모집의 실패 경위 등을 장황하게 서술했다. 이는 실제 이런 대화가 있었다기보다는, 정변에 실패하고 망명한 김옥균이 자신의 소회를 토로하고 그 책임을 다케조에에게 전가하기 위한 것으로 볼 수 있다.

8 그 다음 날은 ~ 경성에 돌아왔다: 무라카미는 일본공사관 경비중대장 무라카미 마사쓰미

(村上正積)를 가리킨다. 『일기』와 『시말』의 내용은 대동소이하지만, 큰 차이를 보이는 부분이 몇 군데 있다. 그중 하나는, 『일기』에는 무라카미와 일본공사관 경비대의 갑신정변 간여 사실이 기록된 반면, 『시말』에서는 그것을 완전히 지워버린 것이다.

예컨대 『일기』에는 이 구절 다음에 다음과 같은 대목이 있다.

"이야기가 점점 더 깊어져서 비밀에 이르렀다. 그때 김옥균이 '교대해서 우리나라에 오는 일본병(日本兵)이 휴대하는 탄약은 매번 3만 발 내외에 그쳤던 것 같은데, 이번에 교대할 때는 14만 발을 준비했다고 들었다. 그것은 어째서인가?'라고 질문했다. 무라카미는 '14만 발 가운데 10만 발은 내가 사적으로 구입해서 가져온 것이다.'라고 답했다. 하지만 김옥균은 수긍하지 않고, '그대에게 이렇게까지 비밀을 말했는데, 여전히 옥균을 의심해서 거짓말을 하는가?'라고 하며 마주 앉아 쟁론(爭論)했지만, 끝내 그대로 거짓말만 할 뿐이었다. 김옥균은 이번에만 탄약이 많은 것은 무언가 일본 정부에도 소견이 있어서 그런 것이라고 자꾸 마음을 쓰면서도, 속으로 믿음직하다고 생각했기 때문에 이 질문에 집착했던 것이다(談話マスマス深クシテ秘密ニ亘リ此時金玉均ノ質問ニ日本兵ノ交代シ當國ニ來ルモノハ其携帶スル彈藥每ニ三萬發內外シテ限リトシタルカ如シ然ルニ今回ノ交代ニ十四萬發ノ用意アリト聞タリノハ何故ナルカト尋ネシニ村上ハ答ヘテ十四萬內十萬ハ拙者カ私力ニ買フテ持來リシモノナリト云フタレモ金玉均ハ中ニ之ニ服セズ君ヘハ迄ノ秘密ヲ告ケタルニ尙ホ玉均ヲ疑フテ僞ヲ告ル歟トテ對座爭論シタレトモ遂ニ其儘ニ僞リタリ蓋シ金ハ今度ノ限リ彈藥ノ多キハ何カ日本政府ニモ見ル所アリテ然ルモノナラント頻ニ之ニ心ヲ配リ竊ニ賴モシント思フタルヨリ此質問ニカタヒタルナリ)。"

9 마침내 ~ 이르렀다: 『일기』에는 이 문장 뒤에 다음과 같이 김옥균과 무라카미가 정변 공모를 한 사실이 상세히 기록되어 있다. 이는 『시말』에서는 삭제되었다.

"김옥균이 반드시 조선인의 손으로 행하고, 일본인은 배후에서 대비해야 한다고 하자, 무라카미는 크게 반대했다. '일을 행하면 직접 국면을 담당해야지, 어찌 하릴없이 다른 사람의 뒤치다꺼리나 하겠는가? 반드시 일본인의 손에 맡겨야 한다.'라고 주장했다. 하지만 김옥균은 이 말에 따르지 않았다. 김옥균이 일본인을 배후에 두겠다고 한 것은, 그들을 약하게 보아서가 아니라 실은 조선인에게 안심하지 못했기 때문에 굴강(屈强: 남에게 굽히지 않음)한 일본인에게 기대서 만에 하나 일을 그르쳤을 경우에 대비하려는 뜻이었다. 쌍방 말이 격해져서 한바탕 쟁론(諍論)이 일어났다. 서재필도 곁에서 염려하여 김옥균을 만류하고, 고타니도 무라카미를 달래서 마침내 고타니의 중재로 열띤 대화가 끝났다(金玉均ハ是非共朝鮮人ノ手ヲ以テ之ヲ行ヒ日本人ハ殿後ニ備ヘント云ニ村上ハ甚ダ不同心事ヲ行ハバ直ニ局面ニ當ル可シ何ソ空シク他人ノ後見ヲ爲ス者アランヤ必ス日本人ノ手ニ引受クベシト主張スレトモ金ハ之ニ從ハス玉均カ日本人ヲ殿後ニト云ハハ之ヲ弱イトスルカ爲メニ非ス實ハ朝鮮人ニ不安心ナルカ故ニ屈强ナル日本人ニ依賴シテ萬一仕損シノ時ニ備ヘントスルノ意ナリトテ双方言ツノリテ一場ノ爭論ト爲リ徐載弼モ傍ヨリ心配シテ金玉均ヲ引留メ小谷モ村上ヲ慰メ遂ニ小谷ノ仲裁ヲ以テ熱談ニ局ヲ結ヒタリ)。"

10 세자가 ~ 장소이다: 『갑신일록』에는 이 구절이 할주(割註)로 "別宮者 世子婚禮時 所處之宮 特其重大之處"라고 옮겨져 있다. 조선인이라면 별궁이 무엇인지 모를 리 없다. 따라서 이는 『시말』이 『갑신일록』의 저본이 되었음을 입증하는 증거 중 하나가 된다. 이밖에도 『갑신일록』은 『시말』에 기록된 '米國', '佛國', '別莊'이라는 일본식 표기를 그대로 옮겨 썼다. 조선식으로는 각각 '美國', '法國', '亭子'가 되어야 한다.

11 국왕의 친필에는 ~ 구전(口傳)이 있다: 구전(口傳)이란 입소문이란 뜻으로, 고종의 '일사래위

(日使來衛)'교지에는 이노우에 외무경이 미처 알지 못한 비밀이 있었다는 뜻이다. 이는 아마도 김옥균과 다케조에가 공모해서 고종의 교지를 위조한 일을 가리킨다고 생각된다.(제7장 2절 참조) 이와 관련해서 『시말』에는 김옥균과 박영효가 자발적으로 고종에게 친필교지를 청한 것처럼 서술되어 있지만, 『갑신일록』에는 다케조에가 김옥균과 정변을 공모하는 단계에서부터 이미 이를 요청했으며, 11월 29일에 김옥균이 고종에게 백지 교지를 청하자 고종은 흔쾌하게 이를 하사했다고 기록되어 있다.

12 그가 쓰러지자 ~ 기다렸다: 『일기』에는 이 뒤에 "이는 일본 병사들의 손으로 이뤄졌다(是〃日本兵士ノ手ニ成ル)."라는 구절이 있다. 이상에서 보듯이, 『시말』은 일본 공사관 수비대와 중대장 무라카미의 갑신정변 공모 및 개입 사실을 철저히 은폐했다.

13 그런데 불가사의한 것은 ~ 확실하다: 『朝鮮甲申事變稿本』에는 경기도감사 심상훈이 이용구를 통해 아침 수라상 공기 밑에 숨겨서 왕에게 전달했다는 기록이 있다(이 책의 제6장 2절 참조). 또한 박영효의 「吾等一生の失敗」라는 회고록에도 12월 5일에 궁궐 밖의 형편을 알리는 밀서가 식기 밑에 숨겨져서 몰래 반입되었으며, 고종은 이를 읽고서 창덕궁으로 환어(還御)할 것을 고집했다고 기록되어 있다(박영효, 「吾等一生の失敗」, 『古筠』創刊號, 東京: 古筠會, 1935). 단, 『갑신일록』에는 이 서한에 관한 기록이 없다.

참고문헌

미간 외교문서·외교문서집

1. 한국

『구한국외교문서』, 고려대학교 아세아문제연구소 편, 고려대학교 아세아문제연구소, 1965~1970.

『근대한국외교문서』, 근대한국외교문서 편찬위원회 편, 동북아역사재단/서울대학교 출판문화원, 2010~2015.

『주한미국공사관·영사관 기록: 1882~1905』, 한림대학교 아시아문화연구소 편, 한림 대학교 출판부, 2000.

2. 일본

『善隣始末』, 日本外務省 編, 東京: 日本外務省, 1930.

『日本外交文書』, 日本外務省 編, 東京: 日本外務省, 1933~1963.

『日本外交年表竝主要文書』, 日本外務省 編, 東京: 日本外務省, 1965.

『日韓外交資料集成』, 金正明 編, 東京: 巖南堂書店, 1962~1967.

3. 중국

『清季中日韓關係史料』, 中央研究院 近代史研究所 編, 臺北: 中央研究院 近代史研究所, 1972.

『清光緒朝中日交涉史料』, 古宮博物院文獻館 編, 臺北: 古宮博物院文獻館, 1970.

4. 구미

(1) 영국

FO 17(General Correspondence before 1906, China)/672, Wade, 1874; 702, Wade, 1875.

FO 46(General Correspondence before 1906, Japan)/231, Parkes, 1878; 285, Parkes, April~July 1882; 287, Parkes, August 1882; 288, Parkes, September~October 1882; 289, Parkes, November 1882; 290, Parkes, November~December 1882; 328, Plunkett, February~March 1885.

FO 228(Consulates and Legation, China: General Correspondence, Series I)/750, From Corea. 40~to end, 1884.

FO 405(China and Taiwan Confidential Print)/31, Chefoo Convention. Further Correspondence, 1887; 33, Affairs of Corea. Further Correspondence, 1883.

Bourne, Kenneth & Watt, D. Cameron, eds., *British Documents of Foreign Affairs*, Part I Series E Vol.2; Korea, Ryukyu Island, and North-East Asia, 1875~1888, Lanham, Md: University Publication of America, 1989.

Park, Il-Keun, ed., *Anglo-American Diplomatic Materials Relating to Korean, 1866~1886*(AADM), Seoul: Shin Mun Dang, 1982.

(2) 미국

NARA II(National Archives and Records Administration Micro Films).

Shufeldt Papers: Letters, Library of Congress.

McCune, George M. & Harrison, John A. eds., *Korean-American Relations*, Vol.1., Berkeley: Univ. of California Press. 1951.

(3) 프랑스

Correspondances politiques(Political Correspondences, the National Archives and the Archives of the Ministry of Foreign Affairs of France, Courneuve).

사료

1. 조선

(1) 공문서

『高宗純宗實錄』, 탐구당, 1970.

『備邊司謄錄』(高宗朝), 제26~28책, 국사편찬위원회, 1959.

『承政院日記』(高宗朝), 국사편찬위원회, 1967~1968.

『日省錄』(高宗朝), 서울대학교 고전간행회, 1967.

『正祖實錄』, 국사편찬위원회 편, 『朝鮮王朝實錄』 제45~47책, 탐구당, 1986.

『政治日記』, 편자 미상, 1865~1884, 서울대학교 규장각한국학연구원 소장.

『推案及鞫案』, 義禁府, 서울대학교 규장각한국학연구원 소장.

『統理交涉通商事務衙門參議先生案』, 統理交涉通商事務衙門 編, 1882~미상, 서울대학
        교 규장각한국학연구소 소장.

『統理交涉通商事務衙門協辦先生案』, 統理交涉通商事務衙門 編, 1882~1890, 서울대학
        교 규장각한국학연구소 소장.

『統署日記』, 統理交涉通商事務衙門, 1883~1895, 서울대학교 규장각한국학연구소 소장.

『弘齋全書』, 正祖, 민족문화추진회 편, 『韓國文集叢刊』 제262~267책, 민족문화추진
        회, 2001.

(2) 신문·잡지

『開闢』.

『大韓每日申報』.

『장성군민신문』.

『皇城新聞』.

(3) 개인 자료

姜瑋, 『姜瑋全集』, 한국학문헌연구소 편, 아세아문화사, 1978.

金玉均, 『金玉均全集』, 한국학문헌연구소 편, 아세아문화사, 1979.

金允植, 『續陰晴史』, 국사편찬위원회, 1955.

──── , 『雲養集』, 민족문화추진회 편, 『韓國文集叢刊』 제328책, 2004.

──── , 『陰晴史』, 국사편찬위원회 편, 『從政年表/ 陰晴史』, 국사편찬위원회, 1955.

金澤榮, 『金澤榮全集』, 한국학문헌연구소 편, 아세아문화사, 1978.

金衡圭, 『靑又日錄』, 국사편찬위원회, 1976.

432

金弘集, 『金弘集遺稿』, 고려대학교 출판부 편, 고려대학교출판부, 1976.

李光秀, 「박영효 씨를 만난 이야기」, 『東光』 제19호(1931. 3.).

李圭琬, 「甲申大變亂의 回想記」, 『別乾坤』 제3호(1927. 1.).

李裕元, 『嘉梧藁略』, 민족문화추진회 편, 『韓國文集叢刊』 제315~316책, 2003.

李昰應(興宣大院君), 『石坡雜記』, 영남대학교 중앙도서관 소장.

朴珪壽, 『瓛齋先生集』, 金允植 編, 서울대학교 규장각한국학연구원 소장, 1911.

朴祥植, 『東渡日史』(이성주 역, 『동도일사』, 부산박물관, 2012).

朴泳孝, 「甲申政變」, 『新民』 제14호(1926. 6.).

────, 『使和記略』, 국사편찬위원회 편, 『修信使記錄』, 국사편찬위원회, 1974.

────, 「吾等一生의 失敗」, 『古筠』 창간호(1935. 3.)

朴殷植, 『朴殷植全書』, 단국대학교 동양학연구소 편, 단국대학교 출판부, 1975.

朴定陽, 『朴定陽全集』, 한국학문헌연구소 편, 아세아문화사, 1984.

朴齊家, 「貞蕤閣集」(정민 외 역, 『정유각집』, 돌베개, 2010).

朴周大, 『羅巖隨錄』, 국사편찬위원회, 1980.

卞鍾運, 『嘯齋集』, 민족문화추진회 편, 『韓國文集叢刊』 제303책, 2003.

徐載弼, 「回顧 甲申政變」, 『東亞日報』(1935년 1월 1·2일).

宋近洙, 『龍湖間錄』, 국사편찬위원회, 1979~1980.

申櫶, 『沁行日記』(김종학 역, 『심행일기(沁行日記): 조선이 기록한 강화도조약』, 푸른역사, 2010).

兪吉濬, 『兪吉濬全書』, 유길준전서편찬위원회 편, 일조각, 1971.

尹致昊, 「韓末政客의 回顧談」, 『東亞日報』(1930년 1월 11일).

────, 『尹致昊日記』, 국사편찬위원회, 1974~1986.

尹孝貞, 『風雲韓末秘史』, 秀文社, 1984.

李能和, 『朝鮮佛敎通史』, 新文館, 1918.

李敦化, 「混沌으로부터 統一에」, 『開闢』 제13호(1921. 7.).

李鑪永, 『日使集略』, 1881, 국립중앙도서관 소장.

鄭喬, 『大韓季年史』(조광 편, 변주승 역주, 『대한계년사』, 소명출판, 2004).

崔南善, 『故事通』, 三中堂, 1943.

編者 未詳, 『乙丙日記』(김종학 역, 『을병일기』, 국립중앙도서관, 2014).

黃玹, 『梅泉野錄』(임형택 외 역, 『역주 매천야록』, 문학과 지성사, 2005).

────, 『梅泉集』, 金澤榮 編, 1911, 고려대학교 중앙도서관 소장.

2. 일본

(1) 공문서

『公文別錄』.

『朝鮮關係考證彙集』, 서울대학교 중앙도서관 고문헌자료실 소장.

『韓國借款關係雜纂』, 『外務省記錄』(1-7-1-2).

野村靖, 『渡韓日記』, 日本國會圖書館 憲政資料室 『野村靖關係文書』收錄.

奧義制, 『朝鮮交際始末』, 日本外務省, 1877.

花房義質, 『花房文書』, 국사편찬위원회 소장.

黑田淸隆, 『使鮮日記』, 1876.

(2) 신문 · 잡지

『東京日日新聞』.

『時事新報』.

『新聞集成明治編年史』, 中山泰昌 編, 東京: 財政經濟學會, 1934~1936.

『郵便報知新聞』.

『朝鮮新報』.

『朝野新聞』.

『興亞會報告 · 亞細亞協會報告』, 黑木彬文 · 鱒澤彰夫 編, 東京: 不二出版社, 1993.

(3) 개인 자료

犬養毅, 「朝鮮第一の人物」, 葛生東介 編, 『金玉均』, 東京: 民友社, 1916.

慶應義塾 編, 『福澤諭吉全集』, 東京: 岩波書店, 1958~1964.

古筠紀念會 編, 『金玉均傳』(上) 東京: 慶應出版社, 1944.

近藤吉雄 編, 『井上角五郎先生傳』, 東京: 東京凸版印刷株式會社, 1943.

吉田淸成, 『吉田淸成關係文書(書翰篇)』, 京都大學文學部 編, 京都: 思文閣出版, 2000.

────, 『吉田淸成文書』, 京都大學文學部 國史研究室 소장.

多田好問 編, 『岩倉公實記』, 東京: 皇后宮職, 1906.

大谷派本願寺朝鮮開教監督部 編, 『朝鮮開教五十年誌』, 京城: 大谷派本願寺朝鮮開教監
　　　督部, 1927.

大喜多義城, 「隱れたる義人須永元翁回顧錄(一)」, 『古筠』 第23號(1936. 11).

飯田三次, 「金玉均氏を福澤先生に紹介す」, 葛生玄晫 編, 『金玉均』, 東京: 民友社, 1916.

福城駒多朗 編, 『朝鮮處分纂論』, 東京: 椿香堂, 1882.

福田(景山)英子, 『妾の半生涯』, 東京: 東京堂, 1904.

434

石川幹明 編, 『福澤諭吉傳』, 東京: 岩波書店, 1932.

石川傳吉 編, 『國事犯事件公判傍聽筆記』, 東京: 正文堂, 1887.

奧村圓心, 『朝鮮國布敎日誌』, 栢原祐泉 編, 『眞宗史料集成』第11卷, 京都: 同朋舍, 1974.

宇田友猪·和田三郎 編, 板垣退助 監修, 『自由黨史』, 東京: 岩波書店, 1957.

陸奧宗光, 『蹇蹇錄』, 大阪: 大石堂活版部, 1932.

伊藤博文, 『秘書類纂 朝鮮交涉資料』, 東京: 原書房, 1970.

──, 『伊藤博文關係文書』, 伊藤博文關係文書硏究會 編, 東京: 塙書房, 1973.

──, 『伊藤博文文書(秘書類纂朝鮮交涉)』, 檜山幸夫 編, 東京: ゆまに書房, 2006.

著者 未詳, 『朝鮮甲申事變稿本』, 佐野市 鄕土博物館 須永元文庫 소장.

井上角五郞, 「渡韓の目的」, 『故紙羊存』, 東京: 弘文堂, 1907.

──, 『福澤諭吉の朝鮮御經營と現代朝鮮文化とに就いて』, 東京: 明治印刷株式會社, 1934.

──, 『井上角五郞自記年譜』, 日本慶應大學 福澤硏究センター 소장.

井上角五郞 談, 「關係書類は何もない」, 葛生東介 編, 『金玉均』, 東京: 民友社, 1916.

井上馨, 『井上馨關係文書』, 日本國會圖書館 憲政資料室 소장.

井上馨候傳記編纂會, 『世外井上公傳』, 東京: 內外書籍, 1934.

竹添進一郞, 『棧雲峽雨日記』, 東京: 中溝熊象, 1879.

萩原延壽, 『遠い崖: アーネスト·サトウ日記抄』, 東京: 朝日新聞社, 1980, 1998~2001(*PRO 30/33/15/6; Satow Diary의 일본어 번역).

3. 중국

馬建忠, 『適可齋紀行』, 張豈之·劉厚祜 交點, 北京: 中華書局, 1960.

余乾耀, 『輶軒抗議』, 沈雲龍 主編, 『近代中國史料總刊續編』第100輯, 臺北: 文海出版社, 1983.

魏源, 『海國圖志』, 陳華等 點校·注釋, 湖南: 岳麓書社出版社, 1998.

殷夢霞·于浩 選編, 『使朝鮮錄』, 北京: 北京圖書館出版社, 2003(김한규 역, 『사조선록 역주 5』, 소명출판, 2012).

李鴻章, 『李鴻章全集』, 顧廷龍·戴逸 主編, 合肥: 安徽敎育出版社, 2007.

──, 『李文忠公全集』, 吳汝綸 編, 臺北: 文海出版社, 1965.

張謇, 『張季子九錄』, 張孝若 編, 上海: 中華書局, 1931.

黃遵憲, 『私擬朝鮮策略』, 국사편찬위원회 편, 『修信使記錄』, 1958.

4. 구미

Moellendorff, Rosalie von, *P. G. von Moellendorff: ein Lebensbild*, Leipzig: O. Harrassowitz, 1930(신복룡·김운경 역주, 『묄렌도르프 자전』, 집문당, 1987).

Ruxton, Ian, ed., *Sir Ernest Satow's Private Letters to W. G. Aston and F. V. Dickins: The Correspondence of a Pioneer Japanologist from 1870 to 1918*, North Carolina: Lulu Press Inc. 2008.

──────, ed., *A Diplomat in Japan Part II: The Diaries of Ernest Satow, 1870~1883*, North Carolina: Lulu Press, Inc., 2010.

연구

1. 국문

강범석, 『잃어버린 혁명—갑신정변연구』, 솔, 2006.

고병익, 「穆麟德의 雇聘과 그 背景」, 『진단학보』 제25-27합집, 1964.

국사편찬위원회 편, 『한국사 38: 개화와 수구의 갈등』, 국사편찬위원회, 2003.

권석봉, 「洋務官僚의 對朝鮮列國立約勸導策」, 『淸末對朝鮮政策史硏究』, 일조각, 1986.

──────, 「李鴻章의 對朝鮮列國立約勸導策에 대하여」, 『역사학보』 제21집, 1963.

권오영, 「신기선의 동도서기론 연구」, 『청계사학』 제1집, 1984.

권혁수, 「한중관계의 근대적 전환과정에서 나타난 비밀 외교채널」, 『근대 한중관계사의 재조명』, 혜안, 2007.

김도태, 서재필 박사 자서전』, 을유문화사, 1974.

김명호, 「대원군정권과 박규수」, 『진단학보』 제91집, 2001.

김민규, 「근대 동아시아 국제질서의 변용과 청일수호조규(1871)」, 『대동문화연구』 제41집, 2002.

김봉진, 「『甲申日錄』에 관한 一硏究」, 『한국학보』 제12집 1호, 1986.

김사억, 「『甲申日錄』에 대하여」, 북한사회과학원 역사연구소 편, 『김옥균』, 역사비평사, 1990.

김석근, 「개화기 '자유주의' 수용과 기능 그리고 정치적 함의」, 『한국동양정치사상사연구』 제10권 1호, 2011.

김성우, 「개화파의 경제사상과 경제정책」, 한국근현대사연구회 편, 『한국근대 개화사상과 개화운동』 신서원, 1998.

김영호, 「近代化의 새벽―開化思想」, 『韓國現代史』 제6권, 신구문화사, 1969.

――, 「실학과 개화사상의 연관문제」, 『한국사연구』 제8집, 1972.

――, 「유길준의 개화사상」, 『창작과 비평』 제11호, 1968.

――, 「한국사 정체성론의 극복의 방향」, 『아세아』 제1권 2호, 1969.

김용구, 『세계관 충돌과 한말외교사, 1866-1882』, 문학과 지성사, 2001.

――, 『세계관 충돌의 국제정치학: 동양 예와 서양 공법』, 나남, 1997.

――, 『임오군란과 갑신정변』, 원, 2004.

김용섭, 『역사의 오솔길을 가면서』, 지식산업사, 2011.

김원모, 「遣美使節 洪英植 研究」, 『사학지』 제28집 1호, 1995.

――, 「조미조약체결사」, 『사학지』 제25집, 1992.

――, 「朝鮮 報聘使의 美國 使行(1883) 研究(上·下)」, 『동방학지』 제49·50호, 1985/1986.

김재호, 「조선후기 중앙재정의 운영: 『六典條例』의 분석을 중심으로」, 『경제사학』 제43호, 2007.

김정기, 「1876-1894년 청의 조선정책 연구」, 서울대학교 박사학위논문, 1994.

――, 「조선정부의 청 차관도입(1882~1894)」, 『한국사론』 제3집, 1976.

김종원, 「조·중상민수륙무역장정에 대하여」, 『역사학보』 제32집, 1966.

김종학, 「이노우에 가쿠고로와 갑신정변: 미간사료 『井上角五郎自記年譜』에 기초하여」, 『한국동양정치사상사연구』 제13권 1호, 2014.

――, 「조일수호조규는 포함외교의 산물이었는가?」, 『역사비평』 제114호, 2016.

――, 『개화당의 기원과 비밀외교, 1879-1884』, 서울대학교 박사학위논문, 2015.

김현숙, 「고문관 러젠드르(C. W. LeGendre: 李善得)의 경제개발안과 화폐개혁안의 성격―富國策(1883)을 중심으로」, 『경제사학』 제30호, 2001.

――, 「묄렌도르프(Möllendorff)의 외교정책과 경제개발정책의 성격」, 『호서사학』 제34집, 2003.

김현철, 「박영효의 1888년 상소문에 나타난 민권론의 연구」, 『한국정치학회보』 제33집 4호, 1999.

노계현, 「Möellendorff가 한국외교에 끼친 영향」, 『비교문화연구』 제1집, 1982.

노대환, 「閔泳翊의 삶과 활동」, 『한국사상사학』 제18집, 2002.

다보하시 기요시(田保橋潔) 저, 김종학 역, 『근대 일선관계의 연구』 (상)·(하), 일조각, 2013/2016.

마루야마 마사오(丸山眞男) 저, 김석근 역, 『문명론의 개략을 읽는다』, 문학동네, 2007.

박은숙, 『갑신정변연구』, 역사비평사, 2005.

박일근, 『근대한미외교사』, 서울: 박우사, 1968.

─────, 「李鴻章과 穆麟德의 在韓外交活動에 對한 小考」, 『중국문제연구』 제11호, 1985.

─────, 「韓美修好條約에서 본 美·中의 對韓外交政策: 高宗의 秘密外交를 中心으로」, 『한국정치학회보』 제11집, 1977.

박종홍, 「서구사상의 도입비판과 섭취」, 『아세아연구』 제12-3(35호), 1969.

박준규, 『韓半島 國際政治史論』, 서울대학교 출판부, 1986.

박찬일, 「개항초기(1883-1885) 한국의 경제정책과 묄렌도르프의 역할」, 『한국외국어대학교논문집』 제16집, 1983.

박훈, 『메이지유신은 어떻게 가능했는가』, 민음사, 2014.

박희병, 「홍대용은 과연 북학파(北學派)인가」, 『민족문학사연구』 제50호, 2012.

발터 라이퍼(Walter Leifer) 편, 『묄렌도르프』, 정민사, 1983.

배항섭, 『19세기 조선의 군사제도 연구』, 국학자료원, 2002.

백승종, 『정감록 역모사건의 진실게임』, 푸른역사, 2006.

송병기, 「李裕元─李鴻章의 交遊와 李鴻章의 西洋各國과의 修交勸告」, 『近代韓中關係史研究: 19世紀末의 聯美論과 朝淸交涉』, 단국대학교 출판부, 1985.

신용하, 「갑신정변의 주체세력과 개화당의 북청·광주 양병」, 『한국학보』 제25집 제2호, 1999.

─────, 「오경석의 개화사상과 개화활동」, 『국사학보』 제107집, 1985.

─────, 『초기 개화사상과 갑신정변 연구』, 지식산업사, 2000.

쓰키아시 다쓰히코 저, 최덕수 역, 『조선의 개화사상과 내셔널리즘』, 열린책들, 2014.

씸비르쩨바 따찌아나, 「19세기 후반 조·러간 국교수립과정과 그 성격: 러시아의 조선침략론에 대한 비판적 고찰」, 서울대학교 석사학위논문, 1997.

안대회, 「초정(楚亭) 사상의 성립배경과 그 영향」, 안대회 외 저, 실시학사 편, 『초정 박제가 연구』, 사람의 무늬, 2013.

야스카와 주노스케(安川壽之輔) 저, 이향철 역, 『후쿠자와 유키치의 아시아 침략사상을 묻는다』, 역사비평사, 2011.

연갑수, 『대원군집권기 부국강병책 연구』, 서울대학교 출판부, 2001.

오두환, 「당오전 연구」, 『경제사학』 제6호, 1983.

원유한, 「18세기에 있어서의 화폐정책─동전(銅錢)의 주조사업 중심」, 『사학연구』 제19호, 1967.

———, 「當五錢攷」, 『역사학보』 제35·36집, 1967.

———, 「李朝末期 獨逸로부터의 近代 造幣技術 導入에 대하여」, 藜堂金載元博士 回甲
　　　紀念事業委員會 編, 『金載元博士 回甲紀念論叢』, 을유문화사, 1969.

유동준, 『유길준전』, 일조각, 1987.

유영렬, 「李東仁에 관한 Satow의 文書」, 『史學研究』 제31집, 1980.

유자후, 『朝鮮褓負商攷』, 정음사, 1948.

———, 『朝鮮貨幣考』, 學藝社, 1940.

윤기엽, 「廢佛毀釋과 메이지 정부」, 『불교학보』 제45집, 2006.

은정태, 「고종친정 이후 정치체제 개혁과 정치세력의 동향」, 『한국사론』 제40집, 1998.

이광린, 「『近世朝鮮政鑑』에 대한 몇 가지 問題」, 『한국개화사연구』, 일조각, 1969.

———, 「李樹廷의 인물과 그 활동」, 『한국개화사연구』, 일조각, 1969.

———, 「『海國圖誌』의 한국 전래와 그 영향」, 『한국 개화사연구』, 일조각, 1969.

———, 「開化黨의 形成」, 『개화당연구』, 일조각, 1973.

———, 「開化思想의 形成과 그 發展―實學의 傳統 및 西歐思想의 收容과 관련하여」,
　　　『한국사시민강좌』 제4집, 일조각, 1989.

———, 「開化僧 李東仁」, 『개화당연구』, 일조각, 1973.

———, 「開化僧 李東仁에 關한 새 史料」, 『東亞研究』 제6집, 1985.

———, 「서재필의 개화사상」, 『동방학지』 제18집, 연세대학교 국학연구원, 1978.

———, 「統理機務衙門의 組織과 機能」, 『이화사학연구』 제17~18집, 1988.

———, 『개화기의 인물』, 연세대학교 출판부, 1993.

———, 『김옥균: 삼일천하로 끝난 개혁 풍운아』, 동아일보사, 1994.

이광린·신용하, 「대담: 開化史 認識의 問題」, 『현상과 인식』 제1집 2호, 1977.

이석륜, 「典圜局小論」, 『경희대학교논문집』 제9집, 1979.

———, 『한국화폐금융사연구』, 박영사, 1971.

이선근, 「奇傑했던 開化僧 李東仁의 業績과 生涯」, 『東亞論叢』 제3집, 1966.

———, 「朴齊炯의 近世朝鮮政鑑과 大院君時代 研究의 再檢討」, 『芝陽申基碩博士 華甲
　　　記念學術論文集』, 지양 신기석박사 회갑기념학술논문집 편찬위원회, 1968.

이시이 다카시(石田孝) 저, 김영작 역, 『메이지유신의 무대 뒤』, 일조각, 2008.

이양자, 『조선에서의 원세개』, 신지서원, 2002.

이영훈, 『한국경제사 I』, 일조각, 2016.

이용희, 「東仁僧의 行績(上)―金玉均派 開化黨의 形成에 沿하여」, 『국제문제연구』 제1
　　　집, 1973.

이우성, 「실학연구서설」, 역사학회 편, 『실학연구입문』, 일조각, 1971.

이종춘, 「統理機務衙門에 對한 考察」, 『논문집』 제3집, 1968.

이철성, 『조선후기 대청무역사 연구』, 국학자료원, 2000.

이태진, 「1884년 갑신정변의 허위성―'일사래위 어서 위조의 경위'―」, 『고종시대의 재조명』, 태학사, 2000.

이헌창, 「한국사 파악에서 내재적 발전론의 문제점」, 『한국사시민강좌』 제40집, 일조각, 2007.

임계순, 「韓·露密約과 그 후의 韓·露關係(1884-1894)」, 『韓露關係百年史』, 한국사연구협의회, 1984.

임종국, 『실록 친일파』, 돌베개, 1991.

임형택, 「21세기에 다시 읽는 실학」, 『대동문화연구』 제42집, 2003.

장인성·김현철·김종학 공편, 『근대한국 국제정치관 자료집』 제1권, 서울대학교 출판문화원, 2012.

전해종, 「淸國問答」, 『역사학보』 제22집, 1964.

―――, 「統理機務衙門 設置의 經緯에 대하여」, 『역사학보』 제17·18집, 1962.

정광호, 『근대한일불교관계사연구―일본의 식민지정책과 관련하여』, 인하대학교출판부, 1994.

정옥자, 「시사(詩社)를 통해서 본 조선말기 중인층」, 『한우근박사정년기념논총』, 지식산업사, 1981.

정용화, 「조선에서의 입헌민주주의 관념의 수용: 1880년대를 중심으로」, 『한국정치학회보』 제32집 2호, 1998.

―――, 『유길준의 정치사상 연구: 전통에서 근대로의 복합적 이행』, 서울대학교 박사학위논문, 1998.

제홍일, 「근대 여명기 일본의 조선정책과 宮本小一」, 『역사와 세계』 제37집, 2010.

조경달 저, 허영란 역, 『민중과 유토피아』, 역사비평사, 2009.

조광, 「황사영 백서의 사회사상적 배경」, 『사총』 제21·22집, 1977.

조동걸, 「奧村의 『朝鮮國布教日誌』」, 『한국학논총』 제7집, 1985.

조일문·신복룡 편역, 『갑신정변 회고록』, 건국대학교 출판부, 2006.

조재곤, 『보부상―근대 격변기의 상인』, 서울대학교 출판부, 2003.

차기진, 「조선후기 천주교 신자들의 성직자 영입과 양박청래(洋舶請來)에 대한 연구」, 『교회사연구』 제13집, 1998.

천관우, 「이조후기 실학의 개념 재검토」, 역사학회 편, 『한국사의 반성』, 신구문화사,

1969.

──, 「조선실학개념성립에 관한 사학사적 고찰」, 이홍식박사 회갑기념 논문집간행
위원회 편,『李弘植博士華甲紀念韓國史學論叢』, 신구문화사, 1969.

──, 「한국실학사상사」, 고려대학교 민족문화연구소 편,『한국문화사대계』Ⅵ,
1970.

최덕수,『개항과 朝日관계─상호인식과 정책』, 고려대학교 출판부, 2004.

최덕수 외,『조약으로 본 한국근대사』, 열린책들, 2010.

최병옥,『개화기의 군사정책 연구』, 경인문화사, 2000.

최영희, 「歐美勢力의 浸透」, 국사편찬위원회 편,『한국사 16』, 탐구당, 1975.

최인택, 「개항기 奧村圓心의 조선포교 활동과 李東仁」,『동북아문화연구』제10집,
2006.

하우봉, 「개항기 수신사행에 관한 일연구」,『한일관계사연구』제10집, 1999.

한국역사연구회 19세기정치사연구반,『조선정치사 1800-1863』, 청년사, 1990.

한국전통상학회 편, 이훈섭 역,『負褓商關聯史料譯解』, 보경문화사, 1988.

한상길, 「일본 근대불교의 韓·中 포교에 대한 연구─淨土眞宗 奧村圓心과 小栗栖香頂
의 활동을 중심으로─」,『韓國禪學』제20집, 2008.

──, 「한국 근대불교와 오쿠무라 엔신(奧村圓心)」,『일본불교문화연구』제9집, 2013.

한승훈, 「조영조약(1883.11)과 불평등조약체제의 재정립」,『한국사연구』제135집, 2006.

한우근,『한국개항기의 상업연구』, 일조각, 1970.

한임선, 「장서각 소장자료『談草』를 통해 본 魚允中의 개화사상」,『藏書閣』제23집,
2010.

한철호, 「統理軍國事務衙門(1882-1884)의 組織과 運營」, 이기백선생 고희기념 한국사
학논총 간행위원회 편,『韓國私學論叢』(下), 일조각, 1994.

후쿠사와 유키치 저, 허호 역,『후쿠자와 유키치 자서전』, 이산, 2006.

2. 일문

甲賀宜政, 「近世朝鮮貨幣及典圜局の沿革」,『朝鮮總督府月報』第4卷 12號, 1914.

康玲子, 「甲申政變の問題點─『甲申日錄』の檢討を通じて」,『朝鮮史硏究會論文集』第22
輯, 1985.

岡本隆司,『馬建忠の中國近代』, 京都: 京都大學學術出版會, 2007.

──,『属国と自主のあいだ: 近代淸韓関係と東アジアの命運』, 名古屋: 名古屋大学出版
会, 2004.

姜在彦,『朝鮮の開化思想』,東京: 岩波書店, 1980.

高橋秀直,「形成期明治國家と朝鮮問題―甲申事變期の朝鮮政策の政治・外交史的檢討」,
　　　『史學雜誌』第98輯 3號, 1989.3.

―――,『日淸戰爭への道』,東京: 東京創元社, 1995.

琴秉洞,『金玉均と日本:その滯日の軌跡』,東京: 綠蔭書房, 1991.

金義煥,「朝鮮開化黨の幕後の指導者劉大致の活躍とその最後」,『朝鮮學報』第98輯,
　　　1981.

大內兵衛・土屋喬雄 編,『明治前期財政經濟史料集成』第4～6卷, 東京: 改造社, 1932.

都倉武之,「明治27年甲午改革における日本人顧問官派遣問題―後藤象二郎渡韓計劃を
　　　中心に」,『武蔵野短期大学研究紀要』第20號, 2006.

藤村道生,「征韓論爭における外因と内因」, 日本国際政治学会,『国際政治37 日本外交史
　　　の諸問題 III』,東京: 有斐閣, 1968.

鈴木信昭,「一八世紀末朝鮮天主教信徒の西洋船舶要請計劃―信徒らの西洋觀と關聯し
　　　て」,『朝鮮學報』第171輯, 1999.

菱木政晴,『淨土眞宗の戰爭責任』,東京: 岩波書店, 1993.

毛利敏彦,「〈条規〉という用語」,『日本通史 第16巻 月報』,東京: 岩波書店, 2010.

美藤遼,「日本仏教の朝鮮布教」,『季刊三千里』第16號, 1978.

栢原祐泉,『日本佛教史 近代』,東京: 吉川弘文館, 1990.

福澤諭吉事典編輯委員會 編,『福澤諭吉事典』,東京: 慶應義塾, 2014.

山口正之,『朝鮮西教史』,東京: 雄山閣, 1967.

―――,『黃嗣永帛書の研究』,大阪: 全國書房, 1946.

山邊健太郎,「甲申日錄の研究」,『朝鮮學報』第17輯, 1960.

―――,『日本の韓國併合』,東京: 太平出版社, 1966.

衫田聡,『福澤諭吉 朝鮮・中國・臺灣論集』,東京: 明石書店, 2010.

窪田文三,『支那外交通史』,東京: 三省堂, 1928.

遠山茂樹,「『自由黨史』解說」,『遠山茂樹著作集』第3卷, 東京: 岩波書店, 1991.

原田環,「朝・中『兩截體制』成立前史李裕元と李鴻章の書簡を通して」,『朝鮮の開國と近代
　　　化』,廣島: 溪水社, 1997.

朝井佐智子,「須永元―金玉均を支援した日本人」,『愛知淑徳大学現代社会研究科研究報
　　　告』第3號, 2008.

青木功一,「『金玉均伝原稿』と雑誌『古筠』―その探索及び『甲申日録』の否定について」,
　　　『朝鮮史研究会論文集』第18集, 1981.

442

崔吉城·原田環 共編, 『植民地の朝鮮と台湾: 歴史·文化人類学的研究』, 東京: 第一書房, 2007.

坂野正高, 『近代中國政治外交史』, 東京: 東京大學出版會, 1973.

彭澤周, 「フェリ一內 閣と日本」, 『史林』 第45卷 第3號, 1962.

─────, 「朝鮮問題をめぐる自由黨とFrance─主として山邊氏說に對する批判」, 『歷史學研究』 第265號, 1962.

─────, 『明治初期日韓淸關係の硏究』, 東京: 塙書房, 1969.

恒屋盛服, 『朝鮮開化史』, 東京: 博文館, 1901.

3. 영문

Ch'en, Jerome, *Yuan Shih-K'ai*, Stanford: Stanford Univ. Press, 1972.

Chu Djang, 「War and Diplomacy over Ili—Russian Design in Central Asia」, *The Chinese Social and Political Science Review*, Vol.XX. No.3. October, 1936.

Cohen, Paul A., *Discovering History in China: American historical writing on the recent Chinese past*, New York: Columbia Univ. Press, 1984.

Cook, Harold F., *Korea's 1884 incident: It's background and Kim Ok-kyun's elusive dream,* Seoul: Royal Asiatic Society, Korea Branch, 1972.

Cortazzi, Hugh & Daniels, Gordon, *Britain and Japan, 1859-1991: Themes and Personalities*, London: Routledge, 1991.

Cortazzi, Hugh ed., *Britain&Japan: Biographical Portraits*, Vol.IV, London: Japan Library, 2002.

Craig, Albert M., 「Fukuzawa Yukichi: The Philosophical Foundation of Meiji Nationalism」, Robert E. Ward ed., *Political Development of Modern Japan*, Princeton Univ. Press, 1968.

Dennett, Tyler, *Americans in Eastern Asia*, New York: Macmillan company, 1922.

Deuchler, Martina, *Confucian gentlemen and barbarian envoys: the opening of Korea, 1875-1885*, Seattle: University of Washington Press, 1977.

Drake, F. C., *The Empire of the Seas*, Honolulu: University of Hawaii Press, 1984.

Eastman, Lloyd E., *Throne and Mandarins, China's search for a policy*

during the *Sino-French controversy, 1880-1885*, Cambridge: Harvard
University Press, 1967.

Hulbert, Homer B., 「Baron von Möllendorff」, *The Korean Review*, Vol.1, No.6,
1901.

Jones, F. C., *Foreign Diplomacy in Korea, 1855-1894*. Ph. D. Dissertation,
Harvard Univ., 1935.

Kiernan, E. V. G., *British Diplomacy in China, 1880 to 1885*, New York:
Octagon books, 1970.

Lane-Poole, Stanley, *Sir Harry Parkes in China*, London: Methuen&Co., 1901.

Lowell, Percival, 「A Korean coup d'état」, *The Atlantic Monthly*, Vol.58. Issue
349. Nov. 1886.

Morse, H. B., *International relations of the Chinese empire*, Vol.II, New York:
Paragon Book Gallery, 1917.

찾아보기

450

454

김종학(金鍾學)

서울대학교 외교학과를 졸업하고 같은 대학원에서 「개화당의 기원과 비밀외교, 1879~1884」로
박사학위를 받았다. 민족문화추진위원회(현 한국고전번역원)에서 한학을 수학했다. 전공은 한
국 근대외교사와 정치사상사이며, 동북아역사재단 연구위원과 국립외교원 조교수 겸 외교사연
구센터 책임교수를 거쳐 현재 서울대학교 정치외교학부 부교수로 재직 중이다.
주요 논저로 『근대한국외교문서』(11책, 공편), 『근대한국국제정치관 자료집 1: 개항·대한제국
기』(공편), 「조일수호조규는 포함외교의 산물이었는가?」, 「조일수호조규 체결과정에서의 오경석
의 막후활동: 개화당 기원의 재검토」, 역서로 『심행일기(沁行日記): 조선이 기록한 강화도조약』,
『근대 일선관계의 연구(近代日鮮關係の硏究)』(2책), 『신론(新論)』 등이 있다.

개화당의 기원과
비밀외교

1판 1쇄 펴낸날 2017년 6월 20일
1판 2쇄 펴낸날 2023년 9월 25일

지은이 | 김종학
펴낸이 | 김시연

펴낸곳 | (주)일조각
등록 | 1953년 9월 3일 제300-1953-1호(구 : 제1-298호)
주소 | 03176 서울시 종로구 경희궁길 39
전화 | 02-734-3545 / 02-733-8811(편집부)
　　　　 02-733-5430 / 02-733-5431(영업부)
팩스 | 02-735-9994(편집부) / 02-738-5857(영업부)
이메일 | ilchokak@hanmail.net
홈페이지 | www.ilchokak.co.kr

ISBN 978-89-337-0732-6　93910

값 35,000원

• 지은이와 협의하여 인지를 생략합니다.